"十二五"普通高等教育本科国家级规划教材

北京大学优秀教材

社会心理学（第五版）含数字课程

Foundations of Social Psychology

侯玉波 编著

北京大学出版社

PEKING UNIVERSITY PRESS

图书在版编目(CIP)数据

社会心理学 / 侯玉波编著. -- 5 版. -- 北京 : 北京大学出版社, 2024.8. -- (北京大学心理学教材基础课部分). -- ISBN 978-7-301-35466-7

I. C912.6

中国国家版本馆 CIP 数据核字第 2024C5W821 号

书　　名	社会心理学（第五版）
	SHEHUI XINLIXUE（DI-WU BAN）
著作责任者	侯玉波　编著
责 任 编 辑	赵晴雪
标 准 书 号	ISBN 978-7-301-35466-7
出 版 发 行	北京大学出版社
地　　址	北京市海淀区成府路 205 号　100871
网　　址	http://www.pup.cn　新浪微博：@北京大学出版社
电 子 邮 箱	zpup@pup.cn
电　　话	邮购部 010-62752015　发行部 010-62750672　编辑部 010-62752021
印 刷 者	北京市科星印刷有限责任公司
经 销 者	新华书店
	850 毫米×1168 毫米　16 开本　23 印张　476 千字
	2002 年 3 月第 1 版　2007 年 8 月第 2 版
	2013 年 7 月第 3 版　2018 年 8 月第 4 版
	2024 年 8 月第 5 版　2025 年 6 月第 2 次印刷（总第 58 次印刷）
印　　数	566301—571300 册
定　　价	69.00 元（含数字课程）

未经许可，不得以任何方式复制或抄袭本书之部分或全部内容。
版权所有，侵权必究
举报电话：010-62752024　电子邮箱：fd@pup.cn
图书如有印装质量问题，请与出版部联系，电话：010-62756370

第五版前言

时间过得真快，一转眼这本《社会心理学》就到了第五版。从2002年这本书出版，我就一直在思考中国社会心理学的体系建构。作为心理学的基础分支，社会心理学在西方心理学体系中有着重要的影响。当今世界上最有影响力的心理学家大都具有社会心理学背景，但在中国，社会心理学没有受到足够的重视，其重要原因是社会心理学的理论与实践未能为中国社会发展提供知识支撑。对这个问题的系统解读，离不开我们对这一问题认识的不断加深。

1987年我考入杭州大学，那时全国只有四所大学有心理学系。杭州大学有两位老师教社会心理学，我在二年级时上了龚浩然教授的课，龚老师以苏联的社会心理学体系为主，主要讲集体和社会的作用；另一位是郑全全教授，他则以美国的社会心理学体系为主。他们二人的课我都学过，但那个时候美国的理念比较流行，所以龚老师的课我只记住了他讲的维果茨基，而郑先生的课则记住了大部分的内容，尤其是认知失调的各种范式。我真正开始学习社会心理学是1991年，那年我考入北京大学，师从沈德灿先生，沈先生当时是中国社会心理学会理事会会长。借着参与学会工作的机遇，我认识了中国社会科学院的李庆善教授，以及杨国枢和杨中芳两位先生。我有幸参加了几位先生用个人经费创办的社会心理学博士课程班，第一次系统地了解了社会心理学的知识体系、研究方法和本土心理学的理念。这个阶段尽管我有了朴素的本土意识，但主要理念依然建立在西方心理学体系之上。

我对构建中国社会心理学知识体系的思考是从1994年毕业留校教授"社会心理学"课程开始的。教好一门课不是一件容易的事情，缺乏资料是当时最大的问题。当时国内的社会心理学以苏联体系为主，尽管后来也接触到了欧美的社会心理学，但在那个通信靠邮寄的时代，能看到国际上最新的论文和书籍也是一件奢侈的事情。有幸的是经杨中芳老师介绍，我得到了刚从美国哥伦比亚大学毕业回到香港大学的赵志裕教授的帮助。赵老师给我寄来了数千页文献资料和教学大纲，这是我第一次看到视野之外的社会心理学进展。赵志裕老师及其夫人康萤宜教授都是社会心理学领域的大家，从他们身上我学到了睿智、严谨、无私和善良。1998年，我在朱滢先生的指导下攻读博士学位，朱先生是我国实验心理学的开拓者，他邀请了当时已经是伯克利加州大学终身教授的彭凯平先生共同指导我的博士学位论文。在二位先生的尽心指导下，我的博士学位论文《中国人整体思维方式的结构及其影响》得以完成，从此我开始了对东西方文化的研究。从2000年开始至今，我先后主持了7项国家自然科学基金项目和3项教育部人文社会科学研究项目，以及20多项部委或企业委托的课题。这些课题涉及东西方思维差异、中国人的批判性思维、儒家式应对与中国人的君子人格、青少年问题行为与社会适应，以及互联网对中国人心理与行为的影响等。这些研究的成果对构建中国社会心理学体系提供了丰富的资料，在对第四版《社会心理学》进行修订的时候，我补充了这方面的内容。

在本次修订过程中，我延续了社会心理学经典研究领域，如社会认知、社会态度、社会行为、人际关系、社会影响和团体心理，进一步拓展了积极心理学、文化心理学和健康心理学的内容。习近平总书记指出："数字技术正以新理念、新业态、新模式全面融入人类经济、政治、文化、社会、生态文明建设各领域和全过程，给人类生产生活带来广泛而深刻的影响。"我本来打算增加一章内容，专门论述网络、社交媒体和人工智能技术的发展对我们的影响，后来我发现这些内容都可以归结到本书已有的体系中，所以最终我选择在各章节中穿插介绍这方面的研究成果。我希望这些尝试能够为构建符合中国实际的社会心理学体系贡献专业力量。

截至目前，本书累计印数近60万册，是国内同类书籍中发行量最大、使用单位最多的教材之一；2008年被评为北京市精品教材，2012年入选"十二五"普通高等教育本科国家级规划教材，2018年被评为北京大学优秀教材。国内许多高等院校的社会心理学课程选择它作为教材，许多老师和学生在使用过程中对本书提出了宝贵的意见，在此深表感谢。最后，我要特别感谢北京大学给我提供的这个平台；感谢我的导师沈德灿、朱滢和彭凯平三位先生，他们给了我无私的关怀和帮助；感谢康奈尔大学的王琪师姐与我十多年的合作，我们在互联网领域的研究始终走在国际前沿；感谢北京大学出版社的陈小红和赵晴雪两位编辑，没有她们的付出这本书也难以走到今天。在第五版修订过程中，我的学生董志文、黄莲琼、杨天宸、郑尧、孙朝阳、余慧慧、冯敏轩、马树艳、张玉民、田锦均和袁梦婵等提供了资料并做了文字整理工作。

本书在内容和体系上还有许多需要改进之处，希望同行和读者批评指正。

侯玉波

2023年6月于北京大学王克桢楼

目 录

1 社会心理学导论 ··· 1
　§1　学习社会心理学的意义 ··· 1
　§2　什么是社会心理学 ·· 6
　§3　社会心理学简史 ·· 10

2 社会心理学的理论与方法 ·· 19
　§1　研究的基本问题 ·· 19
　§2　社会心理学基本理论 ·· 23
　§3　研究过程 ·· 30

3 自我 ·· 41
　§1　人类自我探索的历史 ·· 41
　§2　和自我有关的概念 ·· 42
　§3　自我偏差 ·· 53
　§4　自我与文化 ··· 57

4 社会认知 ··· 64
　§1　社会认知 ·· 64
　§2　个人知觉 ·· 70
　§3　归因 ··· 78

5 社会行为 ··· 86
　§1　人类社会行为的基础 ·· 86
　§2　人类的侵犯行为 ··· 91
　§3　利他行为 ·· 104

6 态度与偏见 ·· 116
　§1　态度概述 ·· 116
　§2　态度的形成 ··· 123
　§3　态度改变 ·· 127

§4 说服 …… 134
§5 偏见 …… 143

7 人际关系 …… 150
§1 人际吸引 …… 150
§2 亲密关系 …… 160
§3 爱情 …… 170
§4 中国人的人际关系 …… 174

8 社会交换与社会影响 …… 181
§1 社会交换 …… 181
§2 社会影响 …… 187
§3 从众、顺从与服从 …… 195

9 团体与领导 …… 209
§1 团体概述 …… 209
§2 团体领导 …… 216
§3 团体内部沟通 …… 223
§4 团体决策 …… 230

10 健康心理学 …… 242
§1 与健康相关的概念 …… 242
§2 压力 …… 246
§3 应对方式 …… 255

11 文化心理学 …… 265
§1 文化心理学概述 …… 265
§2 文化心理学的主要研究领域 …… 274
§3 对中国文化的分析 …… 284

12 积极心理学 …… 290
§1 积极心理学的基本问题 …… 290
§2 积极心理学的基本内容 …… 292
§3 积极心理学与人类幸福 …… 301

参考文献 …… 307

1

社会心理学导论

社会心理学是心理学的基础分支之一，按照心理学家杨国枢先生的观点，心理学可分为两大领域，一是人格与社会心理学，二是实验与认知心理学，人格、社会、实验和认知也因此成为心理学的四个支柱。人格心理学从人本身出发，探讨个体特征对行为与心理的影响；社会心理学除了考虑个体本身的特性，还把个体与社会的种种关系加以考虑，目的在于了解各种社会因素对个体及群体行为的影响；实验心理学解决的是研究方法问题，所有心理学研究都是以实验心理学提供的方法为基础；认知心理学探讨的是过程与机制，它使我们能够更好地了解心理现象发生的心理机制。其他心理学分支都是在这四个支柱的基础上建立起来的。

§1 学习社会心理学的意义

一、认识自己

"认识你自己"这句篆刻在希腊德尔菲神庙入口处的名言一直启示着人们不断地认识和发现自我。古希腊哲学家亚里士多德把自我看作灵魂，认为自我是联合了个体多种知觉的单纯而主动的实体。美国心理学创始人之一詹姆斯（William James）更是将自我置于心理学研究的中心位置。在现代心理学框架中，自我一直是心理学研究的前沿课题。伴随着文化心理学的发展，文化对自我的影响得到越来越多的关注。在社会心理学中，自我一直是核心内容，社会心理学家对自我的分类和对自我概念的测量能够帮助人们更好地认识自己。

学习社会心理学能让我们对自己有更清楚的认识。在现实生活中，尽管人们可能会常常反省自己的所作所为，但由于种种原因，对自己的认识远远少于对他人或者事件的认识。比如，一位母亲知道孩子的优点与缺点，但对自己到底是什么样的人则不一定很清楚。三国时期的诸葛亮之所以能够成为那个时代的智者，除了他具有丰富的知识、卓越的能力、很好的机遇之外，更为重要的是他对自己有一个清楚的认识，他了解自己的优点和不足，这样的人往往会赢得对手的尊重。比如在京剧《空城计》中，诸葛亮对自己的剖析就是自我认知的典范：

> 我本是卧龙岗散淡的人，论阴阳如反掌保定乾坤，
> 先帝爷下南阳御驾三请，算就了汉家的业鼎足三分。
> 官封到武乡侯执掌帅印，东西征南北剿博古通今，
> 周文王访姜尚周室大振，俺诸葛怎比得前辈的先生。
> 闲无事在敌楼我亮一亮琴音，我面前缺少个知音的人。

大家可以看看京剧《空城计》，仔细体会诸葛亮对自己的剖析。如果每个人都能对自己有一个清晰的认识，就会免去很多无知的冲动。在现实生活中，由于个人往往会夸大自己的能力、高估自己的水平，所以经常会提出一些不切实际的要求，当这些要求不能获得满足时，痛苦也就难免。

二、认识他人

生活中我们时时刻刻在和不同的人打交道，尽管不同的人的行为差异很大，但还是有规律可循的。认识他人有两种思路：一是从对方的人格特点出发，知道对方是一个什么样的人；二是从情境出发，知道他人在什么样的情境之下会有什么样的表现。人格心理学采用第一种思路，而社会心理学采用第二种思路。

人格心理学研究给我们提供了从特质认识他人的思路。在当今心理学领域，关于人格特质的理论主要有两个，一个是科斯塔（Paul Costa）和麦克雷（Robert McCrae）等研究者提出的"大五"（big-five）人格理论，认为由于人类所面临的生活环境具有相似性，因此人格结构也具有共同性。这一理论认为，人格可以从五个维度衡量。①神经质（neuroticism）：指个体的情绪稳定性和情绪调节状况，得分高的人经常有忧伤、焦虑、愤怒等负性情绪；得分低的人则能够保持情绪平静，不会大喜大悲，并且自我适应良好。②外向性（extraversion）：指个体如何对待与他人的交往等，得分高的人乐于交际，精力充沛；得分低的人则比较含蓄稳健。③开放性（openness）：指个体能否接受新思想以及对未知事物的探索等方面持开放态度，得分高的人不循规蹈矩，喜欢独立思考；得分低的人则喜欢熟悉事物，并且比较传统。④宜人性（agreeableness）：指个体对待他人的态度，得分高的人有同情心，古道热肠，并且注重与他人的合作；得分低的人喜欢竞争，会为信念或利益与他人斗争。⑤尽责性（conscientiousness）：指个体做事的态度，得分高的人做事有计划、有恒心，善于自律；得分低的人则容易转移兴趣和注意力，做

事不拘小节。这五个维度的英文名称首字母刚好能够构成"OCEAN"这个单词,所以有人称"大五"人格理论就像是人格的"海洋",适用于所有的文化。

另一个较有影响的理论是"大七"(big-seven)人格理论,该理论认为个体的人格结构是环境因素与个体特点相互作用的结果。在历史发展中,个体适应环境的行为被保留下来,形成了稳定的人格结构。由于在不同文化环境中某一行为的含义和出现频率,以及人们对其描述或评价存在差异,导致对行为的归类不同。而人格结构正是在对行为进行归类的基础上形成的,所以不同文化下人们的人格结构也必然存在差异。人格结构的跨文化差异不仅表现为人格维度数目的不同,而且维度的内涵也不同。我国学者以中国文化和语言为背景,通过因素分析的方法确认了中国人人格的七因素结构。①外向性:指个体活跃、合群、乐观。②善良:指个体利他、诚信、重感情。③行事风格:指个体严谨、自制、沉稳。④才干:指个体决断、坚韧、机敏。⑤情绪性:指个体有耐性、直爽。⑥人际关系:指对人热情、宽和。⑦处世态度:指个体自信、淡泊名利。

"大七"和"大五"既有共同的成分,也有分别属于西方人和中国人的独特内涵。通过学习这些理论,我们能更好地理解他人。除了从人格特质去理解一个人,社会心理学也为我们提供了其他认识他人的思路。在社会认知一章的归因理论部分,我们会看到社会心理学家提出的根据行为推测原因的过程;在社会交换与社会影响一章,我们会看到在一个社会情境下个体如何选择自己的行为。

三、认识社会

每个人都生活在社会中,我们所处的社会是一个怎样的社会,常常决定着我们个人的行为选择。改革开放以来,中国社会经历着前所未有的变革,经济的飞速发展以及由此引发的诸多问题一直困扰着这个时代的人。心理学家发现,现在的人尽管比20世纪60年代的人拥有更多的变化机会和财富,但是对生活的满意感却比那个时代的人低很多。为什么?社会心理学用社会比较理论解释了这一现象。通过学习社会心理学,我们能够理解自己所处的社会的特性以及在这样的社会中个体的可能反应,从而有助于我们更好地适应社会。

专栏 1-1　　良好的人际关系是幸福的关键

1938年,哈佛大学启动了一项名为"The Grant & Glueck Study"的研究项目。在这项研究中,研究人员选择了两组被试:一组是从哈佛大学本科二年级学生中选出的268名高才生,这些人后来经历了第二次世界大战,并且其中大部分人参军作战;另一组则是来自波士顿贫困家庭的456个小男孩,大部分人住在廉价公寓中，很多人家里甚至连洗澡的热水都没有。在研究开始时，两组被试都接受了面试和身体检查，研究人员挨家挨户走访了他们的父母。这些参与者经历了二战、经济萧条、经济复苏、金融海啸，也经历了结婚、离婚、升职、成功、失败、东山再起、一蹶不振，有人顺利退休安度晚年，有人则早亡。研究持续到2014年，他们长大成人，进入社会各个阶层成为工人、律师、医生，有人成为酒鬼，也有人得了精神分裂症；有人从社会底层一路扶摇直上，也有人掉落云端。在这70多年中，研究人员积累了几十万页的访谈资料和医疗记录。

2015年，该项目第四任主管瓦尔丁格（Robert Waldinger）在TED上介绍了这项研究的成果，回应了"什么让人觉得幸福"这一问题。到底什么能让人觉得幸福呢？一般人首先想到的可能是金钱、名望或者成就感，但从这项研究的结果上看，上述答案都不对，真正让人感到幸福的是良好的社会关系。研究发现，与不善交际、不合群的人相比，那些跟家庭成员更亲近、更喜欢与朋友或邻居交往的人更快乐、更健康、更长寿。研究显示，那些被孤立的人，到中年期健康状况急速下降——不仅大脑功能下降快，而且寿命也会缩短。良好、亲密的婚姻关系能减缓衰老带来的痛苦，即使到了80岁身体出现各种毛病，但他们依旧觉得很幸福。以记忆力为例，研究发现良好的人际关系可以保护大脑——如果80多岁时婚姻生活还温暖和睦，对自己的另一半依然信任有加，知道对方在关键时刻能指望得上，那么记忆力就不易衰退。反过来，那些觉得无法信任另一半的人，记忆力就会更早表现出衰退。

除此之外，其他研究也发现当智力达到一定水平后，一个人挣钱多少主要取决于自己与他人的关系。拥有温暖关系的人最高年收入比平均水平高14万美元；孩提时得到母爱关怀的人比没有母亲关怀的人平均每年多赚8.7万美元；孩提时和母亲关系差的人，年老以后更可能得阿尔茨海默病，且孩提时得到父爱关怀的人成年后焦虑较少。

四、认识生活的意义

生活的意义到底是什么？对于这个问题，人们一直在争论。社会心理学从个人和社会的角度深入探讨了人类生活的价值。从个人的角度来讲，要想理解生活的意义，必须先知道我们最需要什么。研究者发现，对现在的人而言，生活的意义不是有钱或者名声响亮，而是在以下四个方面有优势：一是能够自主，自己的事情能够自己决定，而不是由他人决定；二是能力，能有足够的实力把自己决定的事情或者他人交代的任务完成；三是关系，在生活中和他人建立起密切的联系，而不是孤军奋战；四是自尊，对自己有清醒的认识和积极的评价。

曾经有一位哲学教授，用一个生动的例子阐述了生活的意义到底是什么，以及如何去追寻这种意义。他用石块、小石子和沙子来比喻人们生活中的不同事件，用一个大的罐子来比喻人生的范畴。对两个问题的回答有助于我们理解自己生活的意义：一是代表人生的罐子里装了什么，二是这些东西装入的顺序。假如人生是一座房子，那么这个房子的支柱就是他所称的四个基石（用石块表示）：家庭、配偶、孩子、健康。每个人的一生都离不开家庭，家庭关系、教养方式、孝道等决定着我们将来能够成为怎样的人。夫妻关系也属于家庭关系，但它比与家庭相关的其他内容更为核心，如何处理夫妻关系，不仅是个人的事情，也是社会和谐与稳定的基础。孩子对中国人而言尤其重要，父母经常把大部分的心思放在孩子身上，望子成龙，但过分的压力反而有可能阻碍孩子的发展。健康的作用不言而喻，没有健康的身体，就算心有余也会力不足。

除了这四个基石，生活中也有一些比较重要的东西（用小石子表示）。一个人的工作如何、房子大小和开什么样的车，均可以归到这一类。拥有这些，可能表明你是一个成功人士，但这些东西并不是每个人都渴望的。最后，生活中所有琐碎的事情都可以被看作有意义的生活的填充物（用沙子表示），有这些东西会使生活更圆满，没有它生活也不至于空虚。另外，这些东西装入罐子的顺序也很重要，只有先放入最重要的，再放入次要的，最后放入不重要的，整个人生才是充实的。相反，如果一个人的生活被琐碎的事情（比如负性情绪）充满，那么更有意义的事情就无法装入了，这样的生活也就没有了意义。

正如乔布斯的临终遗言："作为一家世界 500 强公司的总裁，我曾经叱咤商界，无往不胜，在别人眼里，我的人生当然是成功的典范。但是除了工作，我的乐趣并不多，到后来，财富于我已经变成一种习惯的事实，正如我肥胖的身体——都是多余的东西组成。此刻，在病床上，我频繁地回忆起我自己的一生，发现曾经让我感到无限得意的所有社会名誉和财富，在即将到来的死亡面前已全部变得暗淡无光，毫无意义了。我在深夜里多次反问自己，如果我生前的一切被死亡重新估价后，已经失去了价值，那么我现在最想要的是什么，即我一生的金钱和名誉都没能带给我的是什么？有没有？黑暗中，我看着那些金属的检测仪器发出的幽绿的光和吱吱的声响，似乎感到死神温热的呼吸正向我靠拢。现在我明白了，人的一生只要有够用的财富，就该去追求其他与财富无关的，应该是更重要的东西，也许是感情，也许是艺术，也许只是一个儿时的梦想。无休止地追求财富只会让人变得贪婪和无趣，变成一个怪物——正如我一生的写照。上帝造人时，给我们以丰富的感官，是为了让我们去感受他预设在所有人心底的爱，而不是财富带来的虚幻。我生前赢得的所有财富我都无法带走，能带走的只有记忆中沉淀下来的纯真的感动以及和物质无关的爱和情感，它们无法否认也不会自己消失，它们才是人生真正的财富。"

§2 什么是社会心理学

一、社会心理学的定义

对于社会心理学的定义，不同的心理学家有不同的观点。心理学家弗里德曼（J. L. Freedman）从行为主义视角出发，认为社会心理学是系统研究社会行为的科学，它研究我们如何认识他人、如何对别人做出反应、别人如何对我们做出反应，以及我们怎样受所处社会环境的影响等问题。社会心理学所研究的问题涵盖了人与人之间相互作用的所有领域，包括与社会现象直接相关的各种行为。这一定义在20世纪80年代之前一直占据主流地位，随着行为主义的衰落和认知革命的出现，人们对社会心理学的定义发生了变化。

与弗里德曼的观点不同，迈尔斯（David G. Myers）从社会认知的思路出发，认为社会心理学是研究人们怎样想、怎样相互影响，以及怎样与别人相联系的科学。正是由于这一点，在迈尔斯编著的《社会心理学》教科书中，我们可以看到在其他书中看不到的一些内容，比如社会信念，书中也用较多的篇幅讨论了社会认知与社会影响。他从社会认知和社会影响的角度对社会心理学的重新界定，使得社会心理学的研究范畴更为广泛，他的《社会心理学》现在已经出了第11版，是全球范围内最受推崇的社会心理学教科书之一。

国内学者也对社会心理学做了定义，已故著名社会心理学家吴江霖教授认为，社会心理学是研究个体或若干个体在特定社会生活条件下心理活动的变化发展的科学。他的定义明显是以个体为主，尽管也提到了若干个体，但若干个体并不等于集体。吴江霖的观点和他对心理学框架的看法有关，在他看来心理学的基础有两个：生理心理学和社会心理学。前者揭示心理活动的生理基础，而后者则探讨社会因素对人的心理与行为的影响，两者强调的重点都是个体。除此之外，沈德灿、沙莲香、乐国安、周晓虹、金盛华和佐斌等人都对社会心理学的概念进行过讨论。沈德灿教授在对所有这些概念做了分析整合之后，认为社会心理学是研究个体和群体的社会心理、社会行为及其发展规律的科学，这个定义也是最全面的。

二、社会心理学与常识

与其他社会科学的知识一样，社会心理学知识与常识有紧密的联系。社会心理学在一定程度上可用常识说明，但常识未必总是正确。米尔格拉姆（Stanley Milgram）关于服从的研究就是常识与事实不符的典型代表。在实验开始前，实验者问被试在实验情境下是否会有服从行为，被试的回答是否定的，但实验结果却与被试所说的相反。因此，我们有必要去区分常识中的哪些东西是正确的，哪些东西是不正确的。

社会心理学与常识不同，这一点与人类行为的非理性特征有紧密联系。人的行为并不是完全由意识或理性指引，正如弗洛伊德所言，引发行为的原因在很大程度上是无意识的，人不能完全掌握自己的命运。心理学家、诺贝尔经济学奖获得者西蒙（Herbert A. Simon）有限理性原则的研究也支持了这一点。在关于决策的研究中，西蒙发现人们遵循的是满意原则而不是理性原则。更有趣的是，情绪在很多时候会左右我们的行为，使我们的行为展现出非理性的一面。当今的心理学家开始用社会信念（social belief）来解释非理性特征对人类行为的影响，认为人们一旦对某些事件形成了某种信念，要想改变就很困难，这也是人们固执己见的原因。比如，邪教分子拒绝转变，就和他们对邪教所持的社会信念有关。

社会心理学与常识的不同还表现在意识形态对社会心理学的影响上。尽管社会心理学的基本理论似乎不带意识形态成分，但是由于社会心理学家所研究的问题的特殊性，还是或多或少会受到意识形态的影响。2000年，心理学家肯德勒（H. H. Kendler）撰写的一篇题为《价值观在心理学中的角色》（The role of value in the world of psychology）的文章就受到很多人的批评，学者们认为在社会心理学研究中，忽视价值观的影响是不可能的。在这篇文章中，肯德勒反对把心理学价值化，认为价值观的偏差和自利性，使得它对心理学研究本身和社会生活都造成了危害。社会心理学研究从来离不开价值观，尤其是在选题、干预社会行为和推广应用方面，社会心理学家所持的价值观都起着重要的影响。

三、社会心理学的研究层次

社会心理学研究常被分为四个层次：

1. 个体过程

个体过程主要涉及与个体有关的心理与行为研究，到目前为止这个层次的研究课题包括：①成就行为与工作绩效，韦纳（B. Weiner）的成就归因、阿特金森（J. W. Atkinson）的成就动机研究、麦克莱兰（David C. McClelland）和温特（David G. Winter）等人对胜任特征的研究都探讨了这一领域的问题。②态度和态度改变，态度一直受到心理学家的重视，许多理论被用来说明态度的形成及改变，霍夫兰（Carl I. Hovland）和西尔斯（Robert R. Sears）等人在这方面做出了重要的贡献。③归因，产生于20世纪50年代，到80年代中期已经有许多理论；20世纪90年代以来，随着文化心理学的兴起，人们对东西方归因差异的兴趣使这一领域又受到了关注。④认知与认知失调，20世纪60~80年代人们关心这一问题，现在人们把对这个领域的研究与消费和决策问题结合在一起，有时候人们也用这些原理来处理大众传播问题。⑤自我意识，这一直是心理学家关注的问题，心理学家发现许多问题都和它有关，比如鲍迈斯特（Roy F. Baumeister）、巴斯（Arnold H. Buss）等人对内在自我和公众自我的区分就被用在广告、说服等许多领域。⑥人格与社会发展，这是社会心理学的传统研究领域，它向人们展示了在个体人格与社会发展中的许多因素（如学校、家庭、社会环境和先天因素）是怎样起作用的。⑦应激，研究人们如何处理生活情境中的紧张刺激，以及采用何种方式消除其影响。

专栏 1-2　　中国人如何对自己的成功进行归因？

人为什么能成功？不同的人对这个问题有不同的看法。中国人常说"勤能补拙""驽马十驾，功在不舍""三分天注定，七分靠打拼"。天道酬勤的思想自古就有，《论语·子张》首倡"学而优则仕"，强调在封建世袭之外凭个体努力获得成功。《礼记·大学》中提出的"身修而后家齐，家齐而后国治，国治而后天下平"，更是将努力视作取得成就的必由之路。不论是秦汉郡县制，还是隋唐科举制，都消解了家族门第对个体向上流动的束缚。而在当代中国，用努力解释成就更成了一种共识，许多人相信努力可以超越家境、天赋和运气。尽管如此，在寒门出贵子的社会流动性理想之外，"龙生龙，凤生凤，老鼠生儿打地洞"的观念也有一定的市场，持这种观点的人认为，家庭背景的好坏决定一个人能否成功。

为解答这一疑问，葛枭语和侯玉波对北京大学社会调查中心"中国家庭追踪调查"（China Family Panel Studies）2010年、2012年、2014年和2016年共四年的数据加以分析。他们运用潜在剖面分析的方法，依据7个指标从28 768个样本中识别出了4种主要的成就归因模式，分别是：

（1）努力决定论（effort-determinism，占比37%），强调努力和受教育程度对成功的影响，而不太重视家庭社会地位和家庭财富的影响。持努力决定论的个体认为努力是取得成就的决定性因素，相信一个人能通过努力超越家境的限制。

（2）努力改善论（effort-betterment，占比10%），同样强调努力和受教育程度，但在中等程度上重视家庭社会地位和家庭财富的影响。持努力改善论的个体对成功的解释常常是，在一定的家庭社会地位和人脉的基础上，个体能通过勤奋好学获得成就。

（3）代际继承论（inherited，占比7%），对努力程度的重视极低。持代际继承论的个体不太相信一个人的成就来自努力，而更愿意相信家庭背景、天赋、运气等的影响，更倾向于认为富人的孩子就算是躺着也能自然而然地继承父辈的成就。

（4）多元决定论（multi-determined，占比46%）。持多元决定论的个体倾向于将成就归因于家庭社会地位、努力程度，同时对家里有人脉、受教育程度的重视也很高。

在这4种归因模式论中，除去代际继承论，其他3种模式的人群在样本中累积占比超90%，而它们都强调个体努力，可见对努力的重视是中国人成就归因的主流特点。当一个人取得成就，超九成的人都愿意相信努力是重要原因之一，所以要想成功，努力最重要！如果想进一步了解这一研究，请阅读：

GE X, HOU Y, 2022. Patterns of achievement attribution of Chinese adults and their sociodemographic characteristics and psychological outcomes: a large-sample longitudinal study. Personality and individual differences, 184:111230[2023-10-27]. https://doi.org/ 10.1016/j.paid. 2021.111230.

2. 人际过程

人际过程涵盖了人与人之间相互作用的所有领域，研究课题主要包括：①侵犯和助人行为，侵犯行为为什么会产生、生活中挫折的来源、如何促进助人行为等都是这个领域的研究课题。心理学家研究这些问题的最终目的是减少侵犯行为、培养人们的利他观念，为创造幸福的生活提供理论指导。②人际吸引与爱情，人际吸引是人际关系的基础，爱情则是一种最典型的亲密的人际关系。对这些问题的研究可以为发展人际关系提供指导。20世纪80年代以来，心理学家对中国人的人际关系模式及其影响产生了浓厚的兴趣。③从众和服从，谢里夫（Muzafer Sherif）、阿施（Solomon E. Asch）和米尔格拉姆为这一领域的研究树立了榜样，同时也为社会心理学的发展做出了极大的贡献。④社会交换与社会影响，把人际关系与人际交往看成是一种社会交换，看起来是对人的一种讽刺，但是霍曼斯（George C. Homans）和蒂鲍特（John W. Thibaut）等人确实证实了社会交换对人类生活的重要性。与此相反，人们对社会影响的看法倒是很一致，拉塔内（Bibb Latané）提出的社会影响理论就说明了这种影响的机制。⑤非言语的交流，在人际互动过程中，人们常常用非言语的线索表达自己的信念和情感，表情、体态语言和语气等都是这个领域的研究课题。⑥性别角色和性别差异，从20世纪80年代起就引起了心理学家的极大兴趣,性别差异的基础是什么？男性和女性到底有什么不同？这些不同有什么样的影响？所有这些问题都促使心理学家去探索其中的奥妙。

3. 群体过程

群体过程从群体与社会环境的角度研究人类心理与行为问题，研究课题主要包括：①环境心理学，随着人们对地球环境及人类生活环境的关注，心理学家越来越多地考虑到环境对人类心理与行为的影响。人口过快增长所引发的人口爆炸，人们对资源的过分消耗所引发的资源枯竭与环境污染等问题都引起了心理学家的关注。人类必须改变自己的行为方式,以保护我们赖以生存的环境。②团体过程与组织行为,团体生活是人类生活的基本方式,我们所处的团体和组织对人们的心理与行为有着极大的影响。对团体运作过程中的规律进行研究一直受到社会心理学家的重视,组织结构、团体与组织决策以及团体领导等问题都属于这一领域。③种族偏见,从 20 世纪 40 年代起心理学家就开始研究种族偏见,但到目前为止,研究的结论还不足以解决这个问题。种族偏见不仅造成了不同民族之间的冲突与仇杀,还对世界和平与稳定构成了威胁,这个领域的研究正在变得越来越重要。④健康心理学,这是自 20 世纪 80 年代以来受到重视的课题,社会支持、与疾病有关的社会心理因素等都属于此课题,这类问题将在 21 世纪受到更大的重视。

4. 文化过程

文化过程从文化的视角研究人的心理与行为,主要研究领域包括:①跨文化心理学,通过对不同文化中人们心理与行为的对比来揭示文化差异。此领域研究产生于 20 世纪 60 年代,到 90 年代末期受到了越来越多的关注,其中有许多人为此做出了贡献。60 年代费正清等人提出的"近代化理论",80 年代特里安迪斯(Harry C. Triandis)等人对个人主义-集体主义的区分,以及 90 年代尼斯贝特(Richard E. Nisbett)和彭凯平对东西方归因方式的研究都具有代表性。②本土心理学,试图理解特定社会或文化中那些朴素的文化因素在人类心理功能中的重要作用。杨国枢、杨中芳和黄光国等人于 20 世纪 90 年代倡导的"本土心理学运动"为解读中国文化的影响提供了理论和实践的基础。③文化心理学,探讨文化和心理相互影响的机制,比如尼斯贝特、彭凯平、侯玉波、纪丽君、张智勇等人对中国人思维方式的研究,把思维方式作为一种元认知因素,中国人独特的整体思维和辩证思维影响着我们的认知和行为。

§3 社会心理学简史

在科学心理学建立初期,社会心理学并没有进入学者们的视野。冯特在建立心理学的时候,最初的目的依然是用 19 世纪流行的结构主义去分析人的感觉和知觉等活动,到底什么是心理的社会方面,这并不是他及其后继者关心的问题。只是随着冯特对人类心理认识的不断深入,他发现仅仅依靠生理心理学是不够的,因为人的社会和文化层面是不可以用结构主义去理解的。从 1900 年开始,他用自己生命的最后二十年写了一套十卷本的《民族心理学》丛书,并且向 600 多人讲授。可惜那个时代的科学范式是结构主义,所以没有人关心他对于人的社会性的理解。

一、学派时期的社会心理学

学派时期是心理学发展最为迅速的时期,它的时间跨度大约从 19 世纪末到 20 世纪 60 年代。在这段时间内,心理学各个流派的理论如雨后春笋般成长起来。其中最有影响的流派有三个:精神分析、行为主义和人本主义。行为主义由于在美国占主导地位,被看成是第一势力;精神分析被称为第二势力;人本主义产生于 20 世纪 50~60 年代,被称为心理学的第三势力。

1. 精神分析学派

1879 年,德国莱比锡大学心理学家冯特建立了世界上第一个心理学实验室,从而宣布了现代心理学的诞生。大约十年之后,奥地利著名心理学家弗洛伊德创立了古典精神分析理论,从内在动力的思路对人类的人格与心理发展加以分析,取得了前所未有的荣耀。尽管人们对他的理论有着这样或那样的不满,但是弗洛伊德的勇气和远见卓识使得他的影响遍布人类生活的所有领域:文学、艺术、宗教、哲学、民俗学、医学和心理学等。古典精神分析最致命的弱点是它忽视了外在的社会因素对人格发展的影响,把人格的发展看成是一个可以独立于外部世界的封闭体系。同时弗洛伊德对性因素的过分强调使得他的追随者也不能容忍,被他视为左膀右臂的两个学派中坚阿德勒和荣格先后退出精神分析学派就足以说明这一点。

阿德勒反对弗洛伊德把人格发展归于性因素的观点,认为在成长过程中的自卑感才是推动人格发展的动力。阿德勒用补偿作用(compensation)、权力意志(will for power)、生活风格(life style)和社会兴趣(social interest)等因素解释人格的成长与发展,他的这一思路到目前为止依然被继承,阿德勒的心理学理论被称为个体心理学(individual psychology)。

与阿德勒一样,被弗洛伊德看成是"精神分析王国王储"的荣格也强调广泛的社会因素对人格发展的影响,他把弗洛伊德提出的力比多(libido)看成是一种普遍的生命力,而不仅仅是性能量。荣格最重要的贡献是他对无意识理论的发展,在他看来,无意识还可以分为个体无意识(personal unconscious)和集体无意识(collective unconscious)。个体无意识指的是个体与生俱来的本能和生命早期被压抑的欲望,集体无意识则是指在种族发展过程中积累起来的一些特性,它从核心层次上决定了人类的行为与心理特征。荣格的集体无意识实际上是强调社会文化积淀对个体心理发展的作用,荣格心理学被称为分析心理学。

在弗洛伊德之后,精神分析学派进一步发展,弗洛伊德的女儿安娜·弗洛伊德对弗洛伊德理论加以发展,在《自我和防御机制》一书中,她用自我发展的观点替代了其父的性因素说。而她的学生哈特曼(Heinz Hartmann)和埃里克森(Erik H. Erikson)进一步提出了各自的自我心理学（ego psychology），强调自我发展对人的意义。新精神分析学派中的社会文化学派强调社会和文化对人格发展的影响。其中，霍妮（Karen Horney）认为家庭环境和教养方式决定了人格，性因素不是行为错乱的原因，西方社会的竞争制度才是罪魁祸首。沙利文（Harry Stack Sullivan）则从人际关系与人际交往的角度看待人格发展，认为人格的形成与社会影响有着紧密的联系，人格就是那些经常发生在人与人之间相互交往过程中相对持久的行为模式。卡丁纳（Abram Kardiner）用人类的文化材料说明人格的形成，提出文化与社会的变化为检验和发展人格理论提供了背景。

2. 行为主义

行为主义强调外部环境对人类行为的影响，正如行为主义的创始人华生所言："给我一打健康的婴儿，让他们在我设定的环境中成长，那么我保证不论他们的潜能、能力、爱好或者祖先的种族如何，我能够把他们培养成我任意选定的人——医生、律师、艺术家、工头，甚至乞丐或者小偷。"行为主义反映了美国人对社会控制的追求，尽管它的原理来自动物实验，但是美国人对它的热衷程度超过了所有其他理论。行为主义的产生背景就决定了行为主义者对人类社会生活的关注。1920 年的一首诗《基督再临》反映了人们的不安与焦虑：

> 黑暗再次降临，
> 现在我才知道；
> 在冷酷无情中沉睡的二十世纪，
> 就像在暴动的摇篮里做了一场噩梦。
> 人面兽心，
> 它的末日就要来临；
> 没精打采地朝向伯利恒。

这种不安很快就有了答案。1913 年，华生在《心理学评论》上发表了《行为主义者眼中的心理学》一文，揭开了行为主义时代的序幕。华生宣称在行为主义心理学框架之内，心理内容并不是其方法论中的必要成分，预测并控制行为才是心理学的真正目的。华生的观点被斯金纳推向了极致，在斯金纳看来，我们所做的任何事情和我们本身都是由奖励和惩罚的历史来决定的。在他 1971 年出版的名著《超越自由与尊严》（*Beyond Freedom and Dignity*）中，斯金纳用操作性条件作用的原理解释人类社会生活中的一系列复杂概念，如自由、尊严、价值和文化等，他指出尊严是对一个人行为所给予的肯定。在小说《瓦尔登湖第二》（*Walden Two*）中，斯金纳向人们展示了一个乌托邦的全景，他借助这个乌托邦的创始人弗雷泽之口表达了自己的观点："我一生只有一个信念，就是对人类行为加以控制。"斯金纳认为，人类要想获得幸福，就必须用积极强化来控制人类行为，这种强化比由社会环境任意控制更为有效。行为主义不强调广泛的社会因素，再加上缺乏灵魂和思想，所以在20世纪五六十年代遇到了前所未有的挑战，其中最主要的来自两个方面：认知革命和社会心理学的发展。前者从个体内在加工机制看待行为主义的刺激-反应原理，认为个体内在的心理特征在刺激和反应之间起着决定性的作用；而后者则从心灵主义的思路理解人类行为，认为行为可以通过不可见的过程加以理解。

专栏 1-3　　社会心理学的奠基者——麦独孤

威廉·麦独孤（William McDougall），英裔美国心理学家，策动心理学的创建人；1871年6月22日生于英国，1938年11月28日卒于美国。麦独孤于1890年进入剑桥大学医学院，1900年任伦敦大学学院讲师，1904年到牛津大学任教，1908年出版了《社会心理学绪论》，这一年也被后人看成社会心理学的诞生年。1912年，麦独孤当选为英国皇家学会会员，并在1920年被哈佛大学聘为心理学教授。作为一名社会心理学家，他明确提出心理学是研究行为的实证科学，并进一步提出了以本能为基础的行为学说。在他看来，策动和维持行为的动力是人的本能，而一切行为都是为了达到一定的目的。因此他的心理学理论体系被称为目的论心理学或策动心理学。

麦独孤之所以被认为是社会心理学的创立者，最主要的原因是他的本能论是最早解释人类行为的理论。在《社会心理学导论》中，麦独孤用本能解释人类的社会行为，从而为人类行为找到了深层原因，而这也是社会心理学家提出的第一个系统解读人类行为的理论。对于把他看成是社会心理学的创建者，也许有人会有异议。因为如果以社会心理学研究做参照的话，我们会发现早在1895年，特里普利特（Norman Triplett）就做了社会促进的研究。但作为心理学的主要分支，社会心理学的诞生却是以理论的提出为依据。也正是基于这一点，现代社会心理学认为麦独孤才是其创建者。

麦独孤一生致力于研究本能与动机问题。他反对德国传统的实验心理学，认为它无助于解决社会心理学问题。为解决这个问题，麦独孤开始寻找先天的行为动力或本能。他继承、发展了美国心理学家伍德沃思（Robert S. Woodworth）的传统，最终形成了他的目的论心理学体系。麦独孤指出："本能是人的一切活动的主要动力，每一种浮想联翩，不管它是否平淡无味，但由于某种本能的意志或冲动力的支持也可以达到。如果没有这些本能倾向及其强有力的冲动，机体就不能进行任何活动，就像被除去发条的坏表或已熄火的蒸汽机。这些冲动是保持和形成个体生命的精神实力，在它们那里存在着生命、心灵和意志的奥秘。"如果有读者想进一步了解麦独孤的本能理论，请阅读他的《社会心理学导论》。

3. 人本主义

人本主义心理学是马斯洛（A. H. Maslow）和罗杰斯（Carl R. Rogers）在批评精神分析和行为主义的基础上，借鉴了现象学和存在主义哲学而创立的一个心理学流派。与精神分析强调内部因素和行为主义注重外部因素相比，人本主义更强调人的整体性，认为人的价值、尊严和自我实现才是心理学研究的终极目的。人本主义心理学强调内在因素的作用，并不重视人的社会性。在所有的人本主义理论中，马斯洛的需要层次理论和自我实现理论是影响最广泛的理论。马斯洛把人的需要从低级到高级分为五个层次：生理的需要、安全的需要、归属与爱的需要、尊重的需要和自我实现的需要。这些需要从低到高排成了一个阶梯，只有当低级需要得到满足或部分满足之后，高级需要才会产生。马斯洛的这一理论在管理和教育实践中产生了极大的影响，许多激励手段都是以此为理论基础的。

马斯洛对自我实现的论述反映了他对完美人格的渴望。在他的眼中，自我实现就是一个人最大限度地发挥自己的潜能，从而成为自己渴望成为的人物。通过对上千名成功者的研究，马斯洛总结出了自我实现者的一系列特征，这些特征包括：

- 能了解并跟上现实；
- 能接纳自己、他人和环境；
- 能超越环境，而不只是适应环境；
- 有自发而不流俗的思想；
- 入乡随俗但能够保持独立性，能欣赏生活的宁静；
- 有个人的处世哲学和道德标准；
- 社会兴趣广泛；
- 能与他人建立深厚的友谊并乐于助人；
- 能容忍他人，具有民主的风度；
- 有幽默感，能够在生活中化解紧张；
- 能承受欢乐与悲伤的情感冲击。

马斯洛认为只有1%的人能够达到自我实现，大部分的人停留在其他需要层次上。人本主义的思想对社会心理学的影响是巨大的，21世纪的积极心理学运动就是人本主义的延续。这些问题我们将在本书的最后一章详细讨论。

二、现代社会心理学的产生与发展

1. 产生（1895—1934）

与现代心理学相比，社会心理学的产生稍晚。1895年，美国印第安纳大学的特里普利特教授做了第一个社会心理学实验，回答了"当有他人在场的时候，个体的作业绩效会有什么样的变化"这一问题。特里普利特发现,当有他人在场的时候,个体骑自行车的速度要比自己单独时快,并且也不觉得费力。后来他又让参加实验的被试做在钓竿上绕线的工作,也发现一起做的时候要比单独做时快。1897 年,特里普利特发表了他的研究结果,他的实验研究取向成为实验社会心理学的指路明灯。到现在为止,社会心理学一直在沿着这个方向发展。Journal of Personality and Social Psychology 中约四分之三的研究是以实验研究为基础的,调查研究只占四分之一。

尽管特里普利特的工作开创了美国社会心理学研究的先河,但社会心理学真正建立却是 1908 年。因为这一年有两本以社会心理学为题的书出版,一本是麦独孤撰写的《社会心理学导论》,另一本是罗斯(Edward A. Ross)撰写的《社会心理学》。麦独孤以个体作为研究的重点,用本能论解释人类个体的行为,认为人类的行为都是由本能决定的,本能决定着个体的动机和行为倾向。在《社会心理学导论》这本书中,麦独孤罗列了人的一系列本能。比如,人类的好斗本能使得战争不可避免,而人类的积聚本能使得人们发财致富,积累更多的财富。随着社会心理学的发展,人们意识到仅仅用本能解释人类的行为是远远不够的,但本能的影响却依然存在,许多基于进化的理论在解释人类的社会行为时都用到了它。比如 20 世纪 80 年代社会生物学在解释人类利他行为时就采用了这一思路。与麦独孤的思路不同,罗斯则从人际过程,如模仿和暗示,来理解社会影响对人类行为的作用,他认为社会心理学应该研究团体而不是个体的心理与行为。社会心理学真正引起广泛注意是在 1924 年,这一年 F·奥尔波特(Floyd H. Allport)出版了历史上第三本社会心理学教科书。在这本书中,他指出实验方法能够为理解人类社会行为提供重要的手段,社会心理学也必将成为心理学的一个分支。F·奥尔波特还指出,社会行为受许多不同因素的影响,其中包括他人及其行为,他研究的问题包括从众、非语言沟通和社会促进等。

2. 发展(1935—1945)

1935—1945 年是社会心理学的初步发展阶段。这段时间内,有两件事情对社会心理学发展产生了很大的影响。一是美国的经济大萧条,二是产生于欧洲的第二次世界大战。1929 年的经济危机使得美国许多年轻心理学家失业,这种经历让他们体会到了失业等社会因素对人类生活的重要性。1936 年,关心社会问题的美国学者发起并成立了一个专门研究社会问题的组织——社会问题的心理学研究协会(Society for the Psychological Study of Social Issues,SPSSI)。该组织对政治、社会运动等问题进行深入的研究。同时,种族主义在德国的兴起也引起了心理学家的关注,为了寻找解决这些问题的方法,一些来自欧洲的社会心理学家,海德(Fritz Heider)、谢里夫、勒温(Kurt Lewin)和阿多尔诺(Theodor W. Adorno)等人开始从更广泛的社会层面去探索人类的行为。其中谢里夫对社会规范的研究、勒温对领导和群体过程的研究在这个时期影响最大。勒温把内部和外部因素结合在一起，分析二者对社会行为的影响，为社会心理学指出了一条相互作用的研究思路。

3. 繁荣（1946—1969）

社会心理学的繁荣是从第二次世界大战后开始的。大批心理学家从欧洲移居到美国，对美国心理学的发展起到了巨大的推动作用。这些人除了继承格式塔心理学派的传统，即重视认知过程在人们解释社会行为的作用之外，也开始关注文化等因素对人的影响。1950年，阿多尔诺对权威人格进行了研究，发现在德国出现的反犹太情绪与德国人的权威人格具有重要的关联。1963年，米尔格拉姆对服从行为的研究，以及费斯汀格（Leon Festinger）对认知失调的研究都反映了社会心理学的繁荣。

20世纪60年代的美国正处于多事之秋，政治谋杀、城市暴力、社会反叛和厌战情绪充斥着报纸和电视，人们对未来的关注和期望促使心理学家开始考虑更深层次的问题。在这种思路的影响下，心理学家把研究的重点从对个体的分析转到了对人际过程的分析，他们开始研究利他行为、侵犯行为、人际吸引和爱情等问题。

4. 危机（20世纪70年代）

20世纪70年代，人们发现从实验中获得的结果在解释人类行为，如女性问题、种族问题等方面是那么令人失望，对社会心理学的反思使社会心理学面临着自产生以来的最大的危机。这种危机促使心理学家开始从更广泛的因素去分析人类的文化和社会环境等对行为的影响。最引人注目的是心理学家开始对实验社会心理学进行反省，对这些研究结果的外部效度产生疑问，他们想知道从实验室得到的结果是否可以用来理解现实中的人类行为。这种反省很快就收到了效果，心理学家发现如果实验设计得当，用基于行为指标的实验社会心理学得到的结果能够揭示人类的行为规律。为了解决这些问题，心理学家开始把生态效度看作衡量一个研究的主要标准。为了提升实验研究的生态效度，参与观察和现场研究也成为社会心理学常用的研究方法。

5. 新发展（20世纪80年代至今）

20世纪80年代，社会心理学的发展进入了一个崭新的时代。就美国社会心理学发展而言，研究的问题越来越广泛，也越来越贴近现实。韦纳的成就归因理论和艾布拉姆森（Lyn Abramson）对归因风格的研究，以及班杜拉（Albert Bandura）对自我效能的研究就反映了这种倾向。社会心理学开始关注环境、性别、偏见与政治生活、健康、司法心理学和犯罪心理学，以及市场、消费、营销等与人类生活密切相关的问题。社会心理学在欧洲、亚洲、南美洲等国家和地区也迅速发展起来，欧洲和亚洲的社会心理学工作者分别成立了研究协会，创立了相应的社会心理学杂志，这些学术期刊已经成为全球性的心理学学术期刊。

随着国际交流的日益频繁，文化的影响开始受到全世界社会心理学家的重视，各种各样的理论应运而生，"知己知彼，百战不殆"这句名言对我们显得比任何时候都重要。在与其他文化的对比中分析自己、取长补短，将是今后社会心理学在全球发展的最重要的成就。与此同时，社会认知神经科学也发展起来了，社会心理学家开始将注意力延伸到社会行为的生物基础上。社会认知神经科学整合生物学与心理学的观点，探究社会性行为和情绪行为的神经和心理基础。比如沙克特（Daniel L. Schacter）和阿迪斯（Donna Rose Addis）发现杏仁核和前额扣带回的激活增强与人类的乐观偏差有关，休斯（Brent Hughes）和比尔（Jennifer Beer）的研究发现前额叶脑区对乐观偏差的产生和维持具有重要作用。另外，还有菲利普斯（M. L. Phillips）等人发现了自动情绪调节和有意情绪调节在脑区激活上存在差异，其中腹侧前额叶负责有意的情绪调节，而内侧前额叶负责自动的情绪调节。总的来说，随着科学技术的发展，心理学家开始将生物学技术（如ERP、fMRI等）应用到各个社会心理学研究中，探究心理和行为背后的神经机制，揭示大脑的秘密。

推荐读物

1. FRANZOI S L, 2016. Social psychology. 7th ed. Redding, CA: BVT Publishing. 这本书是社会心理学教材中较好的一本，它涵盖了社会心理学的传统研究领域，总结了截至21世纪前20年的社会心理学发展趋势，重要的是它把自我研究和文化心理学贯穿到所有心理学研究的领域之中。

2. CRAWFORD T, 1999. Introduction to human social behavior. 2nd ed. Hartford: Pearson Custom Publishing. 这本书系统收集了20世纪80年代到90年代末期社会心理学的一些重要研究领域的成果，一些著名社会心理学家的有关论述都可以在这本书当中看到。它涵盖了动机、认知发展、社会发展、认知失调、社会影响以及社会行为等诸多领域的文献。

3. MILLS J, 1999. The human aspect: selected works in psychoanalysis, behaviorism, and existential phenomenology. Island Park, NY: Whittier Publications Inc. 这本书值得所有对心理学与哲学感兴趣的人阅读，它收集了心理学三大理论学派的代表人物的主要论述。尽管写作语言与现行英语存在差别，但先驱者的思想光芒却是掩不住的。多读几遍，你会感受到伟人的思想精髓。

4. 斯金纳, 1988. 超越自由与尊严. 王映娇, 栗爱平, 译. 贵阳：贵州人民出版社. 这本书是斯金纳重要的著作之一，一经问世便成为风靡北美的畅销书，随即流行世界。在书中他根据行为主义的原理，对传统人文研究方法的深层心理研究运动进行了猛烈的抨击，并指出人类根本不可能有绝对的自由与尊严，人只可能是环境的产物，因此人类面临的首要任务是设计一个最合适自身生存的文化与社会。

5. VINEY W, BRETTKING D, 2004. A history of psychology: ideas and context（心理学史：观点与背景/第3版，影印版）. 北京：北京大学出版社. 这本书是一本比较新的关于心理学历史发展方面的书籍，没有心理学基础知识而英文较好的读者可以看看这本书，有助于对社会心理学发展的认识。

6. LEE R, NISBETT R E, 1991. The person and the situation: perspective of social psychology. Philadelphia: Temple University Press. 这本书第一章系统阐述了社会心理学的一些基本问题，包括社会心理学研究的一些经验和教训。

7. 彭凯平，钟年，2010. 心理学与中国发展：中国的心理学向何处去？北京：中国轻工业出版社. 这是一本关于中国心理学未来的书。书的内容来自彭凯平、乐国安、许燕、钟年、金盛华、梁觉和石铁等人发起的一个关于强国心态的论坛。随着中国经济的发展，中国在世界上的地位越来越受重视，大国就要有与大国相应的心态，心理学应该为回答这些问题提供必要的理论支持。

8. 亨特，1999. 心理学的故事：上下卷. 李斯，译. 海口：海南出版社. 这是一本介绍心理学家的书。从有人类文明的那时起，心理学家就开始了他们对人的探索，这些人为什么会固守某种思想或者观念，这往往和他们的生活经历联系在一起。这本书有助于读者了解这些人以及他们的思想。

9. 施瓦茨 R E，施瓦茨 F，2023. 具身认知：知觉心理学重塑你的世界. 李雪，余萍，译. 北京：人民邮电出版社. 具身认知是近年来心理学很受关注的领域，这本书阐述了我们的身体和认知的关系，对我们理解心身关系有重要的参考意义。

思考题
1. 为什么要学习社会心理学？
2. 怎样理解社会心理学知识与常识的关系？
3. 从社会心理学的研究领域谈谈社会心理学对人类生活的广泛影响。
4. 精神分析、行为主义和人本主义是怎样看待社会因素在人格发展中的作用的？
5. 西方社会心理学的产生与发展经历了怎样的历程？

2

社会心理学的理论与方法

本章主要讨论社会心理学的基本理论和研究方法问题。我们从理论和假设入手，探讨社会心理学研究的方法论问题。内容包括社会心理学常用的研究方法，并从一个完整的研究过程入手，分析研究人员如何形成想法，从哪里开始研究，概括性地介绍社会心理学家检验其想法的研究方案，最后讨论社会心理学研究中的伦理问题。

§1 研究的基本问题

一、假设与理论

在开展一项研究之前，我们对研究的问题总会有一些想法。这些想法在开始的时候是非常模糊的，同常识或猜测没什么区别。但随着思考的不断深入，这些构想有可能越来越清晰，从而形成研究假设：一种清晰的、可被检验的预测，它是对研究变量之间关系的系统预测。形成研究假设是社会心理学研究的重要步骤，正是因为假设的存在，才使我们的研究区别于常识。对科学研究的假设有三个要求：

第一，可证真伪。假设必须是可以证伪的，即通过系统的研究设计能够证明它的对或错，比如遗传学家提出精神病的发病率与遗传有紧密的联系，如果在家系研究中，我们发现有精神病史的家族比没有精神病史的家族的精神分裂症患病率高出十几倍，那么我们就可以得出结论说遗传的影响确实重要，从而使假设得到证明。

第二，量化表达。这一点被认为是社会心理学区别于描述性研究的标志。不论是两个变量之间的相关系数，还是多元方差分析中的交互作用，或者是结构方程中的模型，实际上都是用变量之间的数量关系来验证假设。我们研究中常常用到的回归系数，就是用量化的方式来表达自变量对因变量的效用大小。

第三，简洁清晰。假设不能附加其他太多的条件。由于人类社会心理的复杂性，任何一个变量都不能完整预测人的行为。所以社会心理学在解释因素效应时的解释度不会很高，大部分时候仅仅在统计上有显著差异即可。为了解释更多的变异，有些研究者会把更多的因素考虑进来，但这种做法面临的最大问题是会出现折扣效应——自变量和因变量之间的关系会因为其他可能变量的出现而受到影响——使得解释度降低。从这一点来讲，在一项社会心理学研究中，不宜考虑过多的影响因素，两个或者最多三个因素就足够了。

理论是一套用来对观测到的现象进行解释的有组织的原则。构建理论是科学研究的主要目的之一，通过建构系统的社会心理学理论，使我们对现象的解释更清晰。通常情况下，评价一个理论好坏的标准有四个。①准确。理论如果不能准确地预测现象发生的规律，就不是一个好的理论。②一致。用理论解释现象的时候不能前后矛盾，应该始终保持一致性。③简洁。理论不能太复杂，应该简明扼要地对事件之间的关系做出描述。④广泛。理论应该能够解释一系列现象，不能只解释某些特殊现象。如果几个理论在其他方面相同，其中一个形式更简洁、表述更准确，能囊括所有的相关信息且前后保持一致，那么这个理论就是最好的。

理论的价值体现在四个方面：①统合现有的知识。比如对人类利他行为的探讨，心理学家提出的利他规范理论统合了许多关于利他的知识。②解释已有现象。人们构建理论就是为了在一个科学完整的框架内解释一系列现象。③做预测。理论最重要的作用在于使我们对现象的发生具有预测性，正是因为有了理论，我们可以预测在某种情境之下人的行为反应。④指导研究方向。从理论中演绎出需要研究的问题，从而使理论得到进一步检验与发展。

与物理学中的牛顿经典力学或者量子力学不同，社会心理学中没有一个能囊括所有现象的理论，即使像弗洛伊德和皮亚杰这样伟大的人也做不到。实际上，社会心理学家所建立的是更精确的微理论，这些理论强调人类行动的某一具体方面，从而能够对这些行为做出预测，并可以通过实证研究加以检验。因为没有一个统一的理论，初学社会心理学的学生往往会对这个学科缺乏共识感到惊讶。这种缺乏共识从某个角度上说，反映了社会心理学依然是一门年轻的科学。在这样的发展阶段中，不成熟的理论与对立甚至迷惑的理论共同存在，而争论恰恰可以推动理论和社会心理学学科的发展。

二、社会心理学的两种取向

同样从事社会心理学的研究，来自社会学和来自心理学领域的研究者由于学科背景不同，他们研究社会心理学问题的出发点与思路有着明显的不同。社会学的社会心理学（sociological social psychology，SSP）与心理学的社会心理学（psychological social psychology，PSP）是明显不同的两种取向。社会学的社会心理学家注重用定性方法探讨社会心理学问题，而心理学的社会心理学家则强调在定量基础上的定性分析。比如，同样研究对改革的态度，前者往往以百分比揭示人们的态度，如果70%的人给予肯定的回答，他们就会说大部分人赞成改革，而不会区分不同人群对改革在赞成程度上的差异。相反，后者不仅考虑到质的差异，还强调人们的反应在量上的不同。除了方法上的不同，在研究的取向上社会学的社会心理学与心理学的社会心理学也各有特色：前者往往从宏观的角度探讨社会对人的影响，在这种影响中个体是被动的；而后者则是从个体的角度出发，研究在环境影响下个体如何主动做出反应，强调个体如何主动去适应环境，这种倾向在美国的社会心理学中居于主导地位。它们的区别如表2-1所示。

表2-1 两种取向的社会心理学的区别

比较的项目	心理学的社会心理学	社会学的社会心理学
强调的重点	个体的心理与行为	团体或社会的影响
理解行为途径	分析心理状态、人格	分析社会变量，如地位、角色
首要目标	预测行为	描述行为
选择方法	以实验为主，兼调查	调查和参与观察为主要方法

二者尽管有许多不同，但也存在一些相似之处。比如，在研究问题的选择、结果的解释和研究方法的使用等方面都有共通之处。同时随着学科交叉的进一步深入，不同出身的社会心理学家在很多方面也有融合的趋势。

三、社会科学研究的三个层面

人类的社会行为是许多学科共同感兴趣的问题，社会学、政治学、人类学、信息学、经济学和心理学的许多分支都对其有兴趣，这些学科均采用了科学的方法研究人类的行为，这些学科统称社会科学。不同社会学科之间的区别在于它们研究社会行为的不同方面。例如，经济学研究的是经济行为，政治学研究的是政治行为，而社会心理学研究多种环境下不同种类的行为。但在研究与解释这些问题的时候，不同学科的取向层面却截然不同。归结起来，这些学科在研究社会问题的时候主要有三个层面：

1. 社会层面

社会层面（social level）是社会学与政治学采用的研究层面。社会学与政治学常常用比较广泛的因素解释社会行为，比如认为经济、历史和社会力量决定人类的行为，这些影响因素包括阶级、宗教团体、政府组织、经济改革等。以社会学为例，社会学家和社会心理学家有许多共同的兴趣，比如都关注暴力、偏见、文化差异和婚姻等现象。然而社会学关注的是社会层面，社会心理学关注的则是人际层面。例如，社会学家会追踪记录中产阶级的政治态度,而社会心理学家则会考虑是什么因素导致一个人更喜爱某个候选人。另外,社会学家通常研究人们的行为和社会变量的关系;而社会心理学家则更倾向于研究人们的行为和更为直接的变量之间的关系,这些变量包括情绪、态度和情境等。

2. 人际层面

人际层面（interpersonal level）是社会心理学家采用的研究层面,社会心理学家常常用个体当时所处的情境及个体与周围他人的人际关系来解释行为。情境包括环境中的他人、这些人的态度和当时活动的背景。社会心理学家要探究的是什么样的社会情境决定了人类的行为。比如解释犯罪行为为什么产生,不同层面的解释便截然不同。经济学家、政治学家与社会学家采用社会层面,用广泛的因素解释人的犯罪行为为何会发生。他们可能会认为犯罪率的上升与贫困、城市化及工业化有关。为了证明这些结论,他们提出了一系列证据,比如穷人犯罪比富人多,城市犯罪率高于农村,经济危机时犯罪率高,等等。与社会层面的解释不同,临床与人格心理学家用个人的原因对此加以解释,他们想要弄清楚在同样的条件下,为什么有些人犯罪而有些人不会。为了解释这些差异,临床与人格心理学家往往强调这个人的生活背景,如家庭教养方式、学校环境等。社会心理学家则从人际层面出发,分析在当时的情境下,个体为什么会产生该行为,个体产生了什么样的主观感受,继而影响了个体的行为,何种人际因素会导致愤怒情绪和侵犯行为,比如社会心理学家认为挫折会导致愤怒,并引发侵犯行为。

3. 个人层面

个人层面（individual level）是临床心理学家与人格心理学家所采用的层面。在临床与人格心理学家看来,一个人具有的特质可以用来解释他的行为,他们常常用人格特质（personality traits）解释在相同情境下,人们为何采用不同的行为方式。以临床心理学为例,如果告诉一个不太了解心理学的人,你正在学习社会心理学,他很可能会说:"哦,好极了,你现在可以对我进行心理分析了。"或者"上了这些课,你就能告诉我为什么我家里总是一团糟了吧"。临床心理学研究有心理困扰或心理障碍的人并进行干预,而社会心理学更关注个体的思维、感受、行动或互相影响的方式。临床心理学和社会心理学都研究人们如何在社会情境中应对焦虑或压力,都研究受压抑或不受压抑的个体在处理信息、对行为进行归因、寻求互动等方面的差异。人格心理学和社会心理学都关注个体的思维、感受和行为。但人格心理学致力于理解个体之间存在的具有跨情境稳定性的差异;而社会心理学致力于研究社会因素如何影响大多数人,无论他们是否存在人格上的差异。人格心理学家可能会问:"这个人是否在任何环境、任何时间都表现出外向和友好?"社会心理学家则对不同情境如何导致不同的行为感兴趣,他们可能会问:"一般而言，人们在高度焦虑的情况下是否会更倾向于寻求同伴关系？"人格心理学和社会心理学的联系是非常紧密的。美国心理学会有 50 多个分会，人格心理学和社会心理学仍然属于同一分会，该分会主办了两种刊物，分别是 Journal of Personality and Social Psychology（JPSP）和 Personality and Social Psychology Bulletin（PSPB），这两本杂志也是心理学领域的顶级期刊。

随着认知神经科学的发展，越来越多的社会心理学家对生理机制和社会行为之间的联系越来越感兴趣。比如关于激素与行为之间关系的研究、关于人类免疫系统的研究和关于大脑神经机制的研究等。为了研究大脑及其与行为的关系，心理学家在实验中采用了一些复杂精细的技术。例如使用脑电图仪（EEG）将电极置于被试头皮，来测量其大脑电流变化；还有利用功能性磁共振成像（fMRI）扫描测量被试大脑中血液流动的变化。社会心理学家会在被试进行思考、加工社会信息时使用这些技术，从而描绘出不同脑区活动与社会信息加工之间的关系。尽管这种研究还处在发展阶段，但有希望打开人类大脑活动与行为之间关系的新领域（Chiao et al.，2010；Harmon-Jones，Winkielman，2007；Lieberman，2010；Ochsner，Gross，2007）。比如，心理学家开始探讨认知失调的神经科学基础。研究者从一项 fMRI 研究中得到了认知失调的神经科学证据（Van et al.，2009）。实验中的被试被安排在 fMRI 扫描仪中进行 45 分钟无意义的实验，然后被试需要评价这次实验的体验。在评价之前，实验组（产生认知失调组）被试被告知下一名被试正紧张地盯着屏幕（显示被试的评价结果）；而控制组（不产生认知失调组）被试被告知高评价将额外获得 1 美元的报酬。结果发现与控制组相比，实验组在评价过程中有关冲突和厌恶反应的脑区被激活。这一结果为冲突引发的不适感造成认知失调这一观点提供了有力的证据。

§2 社会心理学基本理论

同一个问题可以从不同的层面来研究，同一层面的问题也可以用不同的理论来解释。心理学在 20 世纪发展出了一系列理论，这些理论在解释人类行为时的侧重点不同。下面是一个叫利兹的青年人逃避警察拘捕的例子：

利兹是在纽约某贫民区长大的孩子，他刚刚过了 20 岁生日。利兹的父母在他 10 岁的时候离婚了，父亲因为吸毒和抢劫被判入狱，母亲也抛弃了他。利兹从小就和一群小流氓混在一起，偷窃、抢劫、吸毒什么事情都干过。在去年的圣诞夜，他趁着一个小商店店主全家过圣诞节的机会，从小商店后面的窗户爬进去偷了一大包东西出来。在他刚刚觉得大功告成的时候，正在附近巡夜的警察皮特突然出现在他面前，皮特喝令利兹站在原地，但利兹并没有理会皮特而是撒腿就跑。皮特鸣枪示警，这时利兹也拔出自己携带的手枪，向皮特射击并打伤了皮特，利兹也因此得以逃脱。一年以后，利兹在抢劫银行的时候被警察抓捕归案，他因为一系列罪行被判终身监禁。

对于这个例子不同的理论有不同的解释，下面我们列举几种与社会心理学有关的理论，看看这些理论是如何解释人类社会心理与社会行为的。

一、生物理论

麦独孤、弗洛伊德和洛伦茨（Konrad Lorenz）等人强调生物因素对人类行为的影响，他们提出的理论统称为生物理论。生物理论认为人的许多生物特质是与生俱来的，这些特质在决定行为方面扮演着重要的角色。早期的生物理论认为生物因素限制了人类能力的极限，比如人不能飞、有语言、智商高、记忆力好、有很好的视力和听力，但只对一定范围的光波和声波敏感。与动物相比，人类的成熟过程比较缓慢，小时候需要较多的保护，在6岁前无法独立生活。而山羊一出生便会走路，并且很快能够独立。生物理论强调两个方面的因素对人类行为有决定性作用。

第一，本能。本能对社会行为的影响有多大？麦独孤和弗洛伊德等人曾经用侵犯和冲动的本能来解释人类在战争中的仇杀行为。洛伦茨也认为人类的侵犯性冲动生来就有，且无法改变。洛伦茨对幼小动物印记（imprinting）行为的研究提供了本能影响动物行为的证据。在对刚刚出生的小鸭子的依恋（attachment）行为进行研究时，洛伦茨发现刚学会走路的小鸭子会追随它出生后看到的第一个活动的客体（有生命或无生命均可，只要能够活动就可以），并与其建立起依恋关系，这种现象就叫印记。后来人们做了进一步的研究，并用关键期这一概念说明本能的影响，比如鸟类建立印记行为的关键期是出生后12~24小时，人类口语发展的关键期是2~3岁，书面语言发展的关键期是4~5岁，而儿童建立数的概念的关键期是5~5.5岁。

第二，遗传差异。一些心理学家认为，有些人因为遗传因素具有更强的攻击性。比如与具有正常染色体的人相比，XYY染色体的人更容易犯罪。另一种相关的生物理论则以其他生理因素，如激素失去平衡或脑损伤解释攻击行为，认为激素分布不平衡以及大脑生理机制方面的原因造成了一些人侵犯行为增加。随着认知神经科学的发展和大脑扫描技术的进步，心理学家力图找到侵犯与暴力行为在大脑中的控制机制，从而可以有效地进行干预。

生物理论用遗传特性、本能及生理原因解释人类的社会行为，显然这缺乏科学性。因此尽管有人对此理论很热衷，但很多心理学家并不认可。班杜拉等一大批社会心理学家更喜欢用后天的环境因素解释人类的行为。特克海默（Eric Turkheimer）1998年在《心理学评论》上发表的文章就指出：

人类的任何一种行为特征都与遗传有关，都有其生理基础，也都在某种程度上与一定的脑功能相联系。但如果我们仅以此为基础去理解人类的行为将是可笑的。因为生理基础与行为不在一个层次上，就好像生理特征是电脑硬件，而行为是电脑软件，哪个有问题电脑都会出毛病。所以看待生物或者本能因素时，我们要重视，但不能过分夸大它的作用。

专栏 2-1　本能与学习在人类行为发展中的重要性

生物理论是社会心理学的第一个理论，却从一提出就受到了批判，因为用本能理解人类的行为低估了环境的影响，而这是行为主义者及强调教育的人所不能接受的。人们对本能在行为产生与发展中的作用的理论探讨一直没有停止过，20世纪80年代社会生物学的兴起就说明了这一倾向。20世纪90年代末期，美国俄亥俄大学的赖斯（Steven Reiss）教授通过对2300多名被试300多种行为做因素分析，发现这些行为可以聚类为15种类别，这些行为类别大多数由本能支配的。这15种行为类别是：好奇，学习的欲望；食物，吃的欲望；荣誉，希望遵守某种行为准则；拒绝，害怕被社会排斥；性，性行为和性幻想的欲望；体育运动，开展体育活动的要求；秩序，生活的组织性；独立，独自做决定的欲望；报复，被冒犯时实施报复的欲望；社会交往，与他人交往的欲望；家庭，与亲属在一起的欲望；社会威望，渴望获得地位和被肯定；厌恶感，对痛苦和焦虑的厌恶；公民身份，对公益服务的需求；权力，对他人施加影响的欲望。在这15种行为类别中，只有拒绝、独立和公民身份是环境造成的，其他行为在很大程度上都是由基因决定的。

行为主义的出现对生物理论提出了挑战。从桑代克、华生、斯金纳，一直到班杜拉，他们都反对本能决定人类行为的论断，认为人类的社会行为是学习的结果。桑代克提出的试误学习理论认为人类的学习是一个不断尝试错误的过程，这个过程受练习律、效果律和准备律的支配；华生关于行为主义的论断更是强调环境在塑造行为中的作用；斯金纳的强化概念对外界影响的机制做了详细的说明；班杜拉从强化、认同和内化的视角对外界影响的阶段性加以说明。在这些研究的基础上，社会心理学家提出了社会心理学的第一个公理，指出在个体与外界环境之间，外界情境的影响要大于个体内在因素的影响。而这一公理得到了米尔格拉姆等人的实验验证。

二、学习理论

与生物理论不同，学习理论强调经验对行为的影响，认为在任何情境下个体都会学到某种行为，并在多次学习后成为习惯，以后当类似情境再次出现时，个体将会采取惯用的方式做出反应。例如，如果有一双手伸向我们，我们便会与他握手，这是因为我们已经学会了对伸过来的手做如此反应；如果一个人骂你，你可能会骂他，但也可能去尝试感化他，这取决于你过去习得的是什么样的反应方式。在前面的例子中，当利兹拒捕并向警察开枪时，我们便会想到这是因为他过去学到在面对权威者挑战时应该采取猛烈还击的方式。学习理论在20世纪初就开始流行，并成为行为主义的基础，赫尔（Clark L. Hull）、斯金纳、米勒（George A. Miller）、多拉德（John Dollard）等人都将行为主义原理运用到社会心理学上。班杜拉提出社会学习理论（social learning theory），在解释人类社会行为方面取得了极大的成功，这一理论认为人类学习主要通过三种机制来实现：

第一，联结（association），又称经典条件作用（classical condition），最早是由巴甫洛夫提出来的。巴甫洛夫在他的条件反射研究中发现：狗之所以学会一听到铃声便分泌唾液的反应，是因为每次铃声都与食物同时出现。经过一段时间的学习后，狗会将铃声与食物联结在一起，这时即使没有食物一同出现，狗也会对单独的铃声产生分泌唾液的反应。对人类来说，态度的形成也要经过联结过程，例如"纳粹"一词常与可怕的罪行联结在一起，因此当研究者向那些在二战中受迫害的犹太人提起这个词的时候，常会引起他们的恐惧情绪。

第二，强化（reinforcement），它是指人们学会一种特别的行为是因为这种行为经常伴随着愉快、能满足某种需要或者可以避免某种不愉快的后果，强化是学习理论的核心。例如一个男孩可能会对在学校里侮辱他的人加以拳脚，因为每当他为了维护自己的权利而与人打架时，父亲总是加以赞赏。另一个学生可能学会不在课堂上和老师争辩，因为他这样做总会引来老师的白眼，甚至惩罚。

第三，模仿（imitation），指个体通过观察他人的态度及行为来学习社会态度。比如，一个小男孩学会了怎样生火，是因为他曾看到母亲这样做；儿童、青少年的政治态度在很大程度上与父母一致。模仿的发生并不需外界的强化，只需观察他人的行为和结果便可以产生。在这里我们必须知道模仿是儿童进行社会学习的重要机制，对成人来说这种机制未必有效。

学习理论有三个特点：首先，学习理论强调过去的经验对个体行为的影响，忽略了当时的情境细节，假定行为主要由个人过去的学习经验而来。以前面的例子来说，利兹之所以向警察开枪，可能是由于过去他所见到的警察都是粗暴的、有敌意的，并且没有丝毫的怜悯心。也可能是因为他过去在与权威产生冲突而采取暴力反应时，均受到了强化；相反，如果他采取非暴力的方式，则常常受到惩罚。或者他小时候常常看到父亲的粗暴举动，而模仿了父亲的这种暴力模式。其次，学习理论倾向于将行为的原因归于外在环境，而忽略个人对环境的主观感受。它强调过去的外部事件与刺激的联结情形、早期对某种行为反应的强化过程以及个体曾接触过的行为模式等外在因素。学习理论在解释行为的起因时，较不看重个体对于当时情境的主观感受或者当时的情绪。最后，学习理论通常只想解释外在的行为，而非主观的心理状态。以利兹为例，只解释罪犯的外显行为——开枪打伤了警察，而不去了解他的愤怒、罪恶感等情绪状态。

三、诱因理论

诱因理论认为，个体的行为取决于对各种行动的可能结果所做的诱因分析，人们以行为后果的有利或不利为判断依据而决定采取何种行为。以前面的例子来说，利兹认为假如逃跑的话将会被追捕，并可能遭到射杀，这些结合起来形成负性诱因；假如他投降则肯定会被送入监狱，这也是一种负性诱因；最后他可能认为，如果开枪就可能带着偷来的东西逃掉，这不仅不是负性诱因，还是很强的正性诱因。所以诱因分析只是简单地考虑某一行为的正性与负性结果，并依此预测人们将采取的行为方式。社会心理学中有三种重要的诱因理论：

一是理性决策论（rational decision making theory），它是经济学家对人类行为的基本看法。这一理论假设在做选择的时候，人们会估计不同行为的利益及代价，并以理性的方式做出最佳选择——以最低代价获得最大利益。这一理论以 1954 年爱德华兹（Ward Edwards）的预期价值论（expectancy value theory）最具代表性。该理论认为在做决策的时候，人们以对下列两项因素所做的判断结果为基础：①某一决策各种可能后果的价值（结果的重要性）；②某一决策后果真正实现的可能性大小（实现某种结果的概率）。比如经济学家在做决策时采用的决策树就是以此为基础建立起来的，这种理性的模型能很清楚地预测我们如何决策，所以是极有用的标准化模型。理性决策论常被用来作为预测个人、公司、政府进行经济抉择时的模型。

二是交换理论（exchange theory），将理性选择扩大到两个人之间的互动就变成了交换理论，这一理论将人际互动视为彼此所做的一连串理性决策。也就是说，人们之间的互动取决于彼此对各种结果的代价及利益所做的评估。以罪犯和警察为例，他们二人由于利益冲突而产生敌对——罪犯逃跑有利，而警察抓住他方能获益。同样以护士及病人间的人际互动为例，病人如果与护士合作便可获得利益（能得到正确的治疗并尽快痊愈），而护士也能够从对病人的友好态度中获得利益，比如能得到病人的合作，并因工作出色而受到表扬。在这个例子中，护士和病人二人共同的利益建立在合作及友善的互动之上。社会交换理论的重点在于强调相对代价及利益，该理论在分析协商情境时很有价值。

三是需求满足论（need satisfaction theory），该理论认为每个人都有某种需求或动机，一个人之所以有某种行为，是因为这种行为能满足这些需求或动机。例如有两名女孩同时在追求一位男士，你认为男士会爱上其中哪一位呢？我们又怎样解释这位男士的选择呢？从需求满足论出发，我们要找出他的需要，以及这两个女孩所能给予的条件，并通过这些来预测他的选择。我们可以用这个理论来解释利兹的行为，他心里可能积压了很多挫折与愤怒，他之所以向警察开枪，是因为这样可以满足他发泄愤怒的需求，假如他举手投降的话，这些需求便无法得到满足。以上三种诱因理论都说明了个体面对多种选择时，依照自己能从各个行为方案中获得或损失多少利益来做决策。与学习理论不同，诱因理论将重点放在当时的情境下各种可能行为的相对获利或损失，而不是强调过去的习惯。也就是说，诱因理论认为行为的起因在于个人当时所处的环境，该理论关心的是个人的内在状态，而不只是外部环境。

四、认知理论

认知理论（cognitive theory）是社会心理学中最重要的理论之一。认知理论认为行为取决于个体对社会情境的知觉与加工过程。心理学在研究人类认知过程时发现，有关社会知觉的定律和对物体知觉的定律极为相似，人们常常很自然地把对某一社会情境的知觉、想法和信念组织成一种简单而又有意义的形式，就像对物体的知觉一样。并且不管社会情境如何错综复杂，人们都会将它变得有规律。这种对环境的知觉、组织及解释影响了个体对社会情境的反应。这个解释社会事物的过程被心理学家称为社会认知（social cognition）。社会认知的范围很广泛，不仅包括人们对自己的认识和对他人外在特征的认识，还包括我们对他人内在特质、人际关系，甚至是行为原因的认识。

认知理论强调，在认知过程中，人类的认知过程有两个基本的特点：一是分类（categorization），人们知觉事物的时候，往往先根据一些简单的原则将事物分类。例如看到一个人的时候，常常最先依据性别的相似性把他或她归入男性或女性；我们也可能根据地域的接近性把这个人归为山东人或是陕西人；也可能根据过去与其交往的经验把这个人归结为可信任或不可信任的人。二是聚焦（focus），也就是将注意力集中到主题上，忽略背景的影响。比如我们看到某个场景时，立即就能知觉出什么是主题、什么是背景。一般来说，色彩鲜艳、移动、独特及近处的刺激是主题，而灰暗、静止、形状相同及远处的刺激是背景。比如一个高大的成年人站在一群儿童中间，我们很容易把注意力集中在这个成年人身上。

以上两个基本特点不仅适用于对物体的知觉，也适用于对社会情境的知觉。由于分类和聚焦的缘故，人们往往存在着按照某种方式对事物加以组织的倾向，并且这种将事物加以组织的倾向非常强烈。比如你在校园中看到一男一女两个学生走在一起，你想把焦点集中在其中一个人身上，并把每个人看成是单一个体，但这是很困难的，如果把他们看成一对儿就容易多了。另外，如果有一群学生在校园散步，你想把注意力平均分配到每一个人身上就很难做到，实际情况是人们总是注意到其中几个特别的人。

在认知理论中有两个理论特别重要：一是归因理论（attribution theory），这一理论主要是想说明我们如何解释事件的原因。例如我们怎样知道一位推销员奉承你是因为他真的喜欢你，还是因为他想让你买他的东西；当一个人喊救命时，我们会对他喊叫的原因做怎样的猜测，这种猜测将影响我们是否要帮助他。二是认知失调理论（cognitive dissonance theory），该理论主要解释当态度与行为不一致的时候，人们如何改变自己的态度或行为以使二者协调一致。认知失调理论在解释态度改变等方面相当成功，因此在过去的几十年中备受推崇，成为社会心理学理论影响人们社会生活的典范。

五、角色理论

角色理论是与社会学紧密联系的一种理论，最早由比德尔（Bruce J. Biddle）和托马斯（Edwin J. Thomas）提出，强调个体的行为是由其社会角色提供的。其中，角色是指一套与个体在社会中所处地位有关的思想、信念与行为方式。角色理论从角色、角色期望、角色技能等方面的相互关系中去解释行为的原因，有助于我们了解为什么人的行为会随着他在社会系统中的位置的变化而变化，一个人能否认清自己的角色以及能否遵守角色规范，对其行为的适应性有重要意义。

六、社会认同理论

社会认同理论（social identity theory）由塔费尔（Henri Tajfel）于1979年提出，后由特纳（John C. Turner）等人加以发展。该理论是群体关系研究中最有影响的理论，系统地解释了个体所获得的对群体成员身份的认同是影响个体社会知觉、社会态度和社会行为的最重要的因素。也就是说，人们不仅会从自己个人的成就中获得认同感，也会从同一个群体中的其他人那里得到认同感（Tajfel, Turner, 2001；Spears, 2011；Stroebe, Spears, Lodewijkx, 2007）。在生活中，我们对他人的偏见以及把别人看成"圈内人"或者"圈外人"都和这一理论有关。

§3 研究过程

一、问题提出

社会心理学研究常常从两个方面考虑提出研究问题：一是从理论中演绎出要研究的

问题，这种研究的主要目的是评价或验证一个理论。比如，我们可以从特里安迪斯提出的个人主义-集体主义这一构念中推论出在团体中通过讨论做决策的时候，中国人比美国人更容易达成一致，因为中国人的集体主义倾向要比美国人高，因此对和谐的要求也更高。如果在研究中确实得到了这个结果，就可以认为特里安迪斯的理论构念是正确的。二是从实践中提出问题，这类研究的目的是收集更多有关某一特殊现象的资料，或解决实际生活中的问题。大部分社会心理学研究都属于这一类，这也是社会心理学为社会生活服务的例证。比如我们可以研究不同社会阶层的人对改革的态度，从而为相关的决策提供科学的依据，党的十九大报告中提到的社会心理服务就催生了很多这方面的课题。

提出一个好的研究问题并不是一件容易的事情。从理论中演绎出研究问题对研究者的理论素养要求很高，它需要研究者掌握丰富的理论知识，而这些知识往往建立在阅读大量文献的基础上。从以往的研究中能够知道你所选择的问题的研究深度和广度。从实践中提出问题相对容易，但如何把以往的理论和所提出的问题结合起来，使你研究的问题有坚实的理论背景也不是一件容易的事情。要想提出一个好的问题，并让人们觉得你的研究有价值，必须要阅读大量的文献。

二、阅读文献

一旦我们提出了需要研究的问题，看看前人关于这个话题或相关话题做过什么研究就很重要了。你可以参考社会心理学的教科书、学术期刊，或者通过互联网数据库查找你感兴趣的文章和书籍。电子数据库查找起来非常快，也非常容易。一些数据库，例如 PsycLIT 和 PsyINFO 等是查阅心理学文献所必需的。使用数据库进行搜索，在几秒之内可以找到成百上千篇相关的论文和书籍。输入作者姓名、关键词或发表年代等，就可以立即看到符合搜索条件的论文摘要。除了搜索心理学文献专用的数据库之外，也可以使用其他搜索方法，例如搜索万维网，或包含新闻和报纸文章索引的数据库。一旦你找到了相关的论文，就能从这些论文的参考文献中找到更多相关的论文。

查阅了大量的文献之后，需要对这些文献进行分析归类，看看哪些文献和我们的研究有关，哪些文献和我们的研究无关。对那些与选题有关的文献要做进一步的梳理，从选择的变量、所用的方法、得到的结论和存在的问题等方面做分析。对文献把握的好坏，是能否写出好文章的最关键的因素。

三、方法选择

社会心理学采用的研究方法可以归为相关研究和实验研究两大类。

1. 相关研究

相关研究是指被动地观察两个变量之间关系的研究方法。相关经常用相关系数来衡量，可分为正相关（如身高与体重）、负相关（如温度与衣服）和零相关（如身高与所穿衣服颜色）。相关研究适合研究一些无法控制实验条件的问题，如水灾、地震等。与实验研究相比，相关研究能收集到更多的资料。比如在研究环境温度对犯罪行为的影响时，心理学家就采用了相关研究。研究者收集了几十个美国城市的气温资料和当时的犯罪记录，通过相关研究发现二者之间存在一定的关系：在一定的温度范围内（如 25～40℃），随着气温的增高，犯罪率也在上升。

相关研究的缺陷是不能说明因果关系，主要是因果关系的方向无法确定，并且有的时候，两个变量之间存在中介因素。存在相关关系并不意味着一定存在因果关系。变量 A 和变量 B 存在相关关系，并没有揭示从变量 A 指向变量 B 的因果路径，而是包含了三种可能的因果关系：A 导致 B，B 导致 A，或者第三个变量 C 导致了 A 和 B。假设某个人每晚睡眠的时间（用小时数表示）与他感冒的次数呈负相关，说明当睡眠时间增加时，感冒的频率下降。对这种关系的一种合理解释是缺乏睡眠（变量 A）导致人们更容易得感冒（变量 B）。第二种可能的解释是，得了感冒的人往往睡不好，即感冒（变量 B）导致了睡眠的缺乏（变量 A）。第三种解释是，另一个变量（变量 C）同时导致了睡眠的缺乏和感冒次数的增加，这个变量可能是压力。事实上，压力的确能对人产生某些影响。

2. 实验研究

实验研究是人为安排两种或多种情境，并把被试随机分配到这些情境中，然后测量感兴趣的行为，并探寻自变量与因变量之间的关系的方法。实验研究的最大优点是因为它对变量控制严格，所以避免了因果关系的混淆。从实验研究中能够清楚地看出自变量对因变量的作用，并且结果可以得到重复验证，所以实验研究具有较高的内部效度。但实验研究必须满足两个要求，自变量可以操纵，以及被试的随机分配。

根据对实验条件的控制程度，可以把实验研究分为实验室研究（laboratory study）和现场研究（field research）。前者最大的优点是对实验情境的控制程度高，因而内部效度高，并且方便、经济，以此为基础的实验社会心理学是当今西方社会心理学的主流。但实验室研究也有缺点，其外部效度低，实验室情境不等于现实生活，因而结果难以推论到实际生活情境中去。现场研究是研究者为了克服实验室研究外部效度低而发展出来的一种方法，这种方法是在真实条件下进行的，因而结果可推广到生活中去，外部效度高。

四、收集数据

社会心理学研究收集数据材料的方法有以下几种：

1. 观察法

观察法就是直接观察被试的行为，这种方法简便易行，比如研究者可以通过观察小学生在课堂上的发言行为来了解老师的鼓励对孩子表达自己态度的影响。观察有多种形式，采取何种形式取决于研究者想要发现什么、研究者和所观察对象之间的关联程度。民族志（ethnography）就是观察的一种，指研究者在没有任何预先假设的前提下，通过内部观察来理解一个团体或一种文化方式的丰富和复杂性。民族志是文化人类学的主要研究方式，随着社会心理学对文化的关注，这种观察方法也得到了越来越多的使用。现今所谓的扎根研究，实际上也是一种用观察的方式获取一手资料的方法。

但观察法也有一些明显的不足：第一，某些特定的行为很难观察，因为它们很少发生，或只会私下发生。例如为了确定旁观者如何对一次暴力犯罪做出反应，研究者可能要在全市各街角徘徊，耐心等待攻击事件的发生，然后仔细地观察每一个旁观者的反应。显然，研究者必须长时间的等待直到攻击事件当场发生；而且当一个真实的紧急事件在眼前发生时，人们发现收集资料是非常困难的。第二，观察法往往局限在一个特定的团体、情境或某种特定类型的活动中，如果研究目的是将某种观察结果归纳概括，并应用到不同的人群、场合和活动中去，这个方法就行不通了。

2. 调查法

调查法采用被试自我报告的方式获取研究资料，这种方法可以使用有代表性的样本，简单易行，能收集到大量的资料。但是它过分依赖自我报告，而自我报告有时候并不正确，其中社会赞许是最可能对结果产生影响的原因。社会赞许（social desirability）是指人们在回答一个问题的时候，不是按照自己的真实意愿，而是选择社会上认为应该或正确的方式。比如一个准备外逃的贪官，他并不爱国，但你要是调查他对爱国的态度，他的回答肯定是"百分之百爱国"。所以，通过调查获得的数据，我们需要慎重对待，最好能把它和调查对象的行为结合在一起，所谓听其言观其行，二者一致时才能真实地反映一个人真实的想法。

由于选举与市场推广的需要，调查法越来越流行。从政治问题到人们对社会问题的态度，乃至对肥皂颜色的偏好都要调查。调查的途径包括面谈、电话访谈、信件和网络调查等。实际生活中的许多社会心理学问题只能使用调查法，因为对某些变量的直接观察或操纵是难以进行或不道德的，例如研究人们对未来和人类性行为的看法，就只能采用调查法。

为了使调查结果更可信，调查问卷的设计要遵循科学的方法，问卷中涉及的情境、措辞等都需要谨慎考虑。而且调查人员要经过一定的训练才能开始工作。调查的样本也必须有代表性，研究者要知道自己所选择的样本能不能代表这个研究的群体。为保证调查的准确性，样本必须在年龄、性别、收入、教育背景、文化背景等重要特征上与总体类似。要想获得这种代表性，最好使用随机抽样的方法，保证总体中每个个体具有均等的机会被选取到样本中。调查人员可使用随机程序，例如用计算机生成随机数字表来选取构成样本的个体。

3. 实验法

实验法是社会心理学最常用的方法，社会心理学的实验是一种广义的实验，包括情境反应等方法。通过对情境的有效控制，实验法得到的数据相对来说很准确。但也存在的问题：如果实验样本无代表性，结果就很难推广到其他情境中。况且有一些事情是不能用实验法加以研究的，比如一些重大的历史事件。由于有些情境无法寻找和创造，所以社会心理学家研究人们在这类情境中的反应时，常常采用行为场景法（behavioral scenario methods）。这种方法首先向被试提供一个情境，让被试根据情境来选择自己的行为评价，通过对被试反应的分析，我们就可以获得在某种情境下，多种因素影响个体行为的机制。

人的心理和行为往往同时受到很多因素的影响，这些因素如何整合在一起对个体起作用一直是心理学家关心的问题。在社会心理学研究中，自变量对因变量的影响叫主效应，交互作用则是指某个因素对因变量的影响受这个因素之外的其他因素的共同作用。比如，心理学家发现一个人所感受到的压力和他的身体健康之间有关系，但这种关系在不同人格的个体身上表现不一样：对悲观者而言，随着压力的增加，身体健康状况变差，而对于乐观者而言，压力和健康之间的关系不明显。在这种情况下，我们就可以说压力和人格两个因素在健康上存在交互作用。

随着文化因素在社会心理学研究中的地位越来越高，其他研究方法也开始被采用。莫里斯（Michael W. Morris）等人采用文化启动研究（cultural priming study）的范式来研究中国人和美国人在归因上的不同。这种方法通过向被试呈现一些与社会和文化现象无关的动物图片，来观察处在不同文化情景下的人的反应。比如，彭凯平等人以鱼群为启动刺激，探讨中国人与美国人的归因倾向，发现中国人对个体行为的归因以外在归因为主，而美国人则以内在归因为主。许多心理学家对这种方法的有效性给予了充分的肯定，并进一步指出启动实验在揭示内隐的文化差异方面的优越性是其他方法无法比拟的。

专栏 2-2　社会心理学研究中的内隐联想测验

内隐联想测验（implicit association test，IAT）是格林沃尔德（Anthony Greenwald）于1998年提出的一种研究范式，这一实验范式在克服社会赞许方面有一定的优势。它通过测量概念词和属性词之间的评价性联系，对个体的内隐态度进行间接测量。例如，在一项实验中，计算机分别呈现花的名字（rose）、昆虫的名字（bee）、积极词汇（peace）和消极词汇（rotten），研究者要求被试对这些刺激进行分类，并按照实验要求按键做出反应。实验中，被试需要完成两个联合任务：在任务1中被试对花的名字和积极词汇做相同的反应（如按A键），对昆虫的名字和消极词汇做相同的反应（如按B键）。在任务2中，被试对花的名字和消极词汇做相同的反应，对昆虫的名字和积极词汇做相同的反应。内隐联想测验是以态度的自动化加工为基础的，有关内隐态度的研究表明，对评价性语义内容的加工是一种在视觉基础之上的自动化过程。内隐联想测验就是通过一种计算机化的分类任务来测量概念词与属性词之间自动化联系的紧密程度，继而对个体的内隐态度进行测量。内隐联想测验以反应时为指标，基本过程是呈现属性词，让被试尽快进行辨别归类并按键反应，由计算机自动记录反应时。

格林沃尔德等人于1998年最早运用内隐联想测验对"非洲裔/白人种族刻板印象"进行了研究。研究中他们以一些典型的非洲裔姓氏和白人姓氏，以及包括积极词和消极词在内的形容词作为材料，运用内隐联想测验发现不相容部分的反应时明显长于相容部分，这说明人们更易于将白人和好的属性联系在一起，而将非洲裔和坏的属性联系在一起，证实了种族内隐刻板印象的存在。研究还发现种族内隐刻板印象和相应的外显态度之间是相对独立的。格林沃尔德等人进一步研究了日裔美国人和韩裔美国人对日本民族和韩国民族的态度，发现了内群体-外群体效应。人们更容易把快乐的词语有与自己民族特征的名字相联，不快乐的词语与具有对方民族特征的名字相联。Setoh等人（2019）研究了新加坡3～7岁华裔和印度裔儿童对内种族和外种族的态度，发现华裔儿童呈现强烈的内-外群体偏见，内隐和外显态度都很显著。

内隐联想测验还可以测试人们的社交过程。Goldring和Sterlan（2017）开发了测量宽恕的内隐联想测验，如果被试宽恕他人的倾向较强，就能够把代表宽恕的词语和愉快的情绪相联，把代表报复的词语和不悦的情绪相联。宽恕的内隐联想测验结果与被试的自我报告也有一定相关，但是相关度较弱。在宽恕他人的倾向上，大家会让自己表现得更加高尚、乐于宽恕，但内心也许并不这样想。

4. 档案研究法

档案研究法是通过对现存的档案资料进行分析而获取结论的一种方法。这些档案资料包括新闻评论、病历、日记、运动统计数据、个人广告、法律文件、犯罪记录、自杀遗言或互联网上的犯罪事件报道等。有一些事情只能通过这种方法研究，如对历史人物的心理分析、对历史事件的分析。档案研究法的一个主要优点是，因为研究者观察的是行为的二手资料，便可以排除情境对行为的影响。这种方法的局限性是这些记录往往不完整或不够详细，并且搜集的方式也不够系统。档案研究在研究文化和历史趋势中特别有价值，比如我们用这个方法可以研究改革开放以来，青少年暴力犯罪率的变化趋势，可以观察这些趋势在近几年有何改变，以及其他国家在这方面上的差异。这些数据均来源于档案记录，包括法院的记录、统计局的记录等。

5. 元分析方法

元分析是运用一套统计程序从一个新的角度对已开展或已经报告的有关研究进行检验分析。通过对一系列在不同地点、由不同实验者开展的研究进行元分析，心理学家能够精确地衡量某个特定效应的强度和可信程度。例如，已经公开的有关酒精和侵犯行为的研究结论可能会相互冲突，有时候酒精能促进侵犯行为，有时候不起作用。研究人员通过整合与某个假设有关的许多研究的数据，并对它们做元分析，就能确定酒精的作用，甚至可以确定在什么情况下能发生这种作用。这种方法在现今社会心理学研究中得到了越来越多的应用。使用元分析方法我们就可以对某些研究领域的成果做深入分析，从而确定某些因素确实对人的心理与行为产生影响。比如 Maccoby 和 Jacklin（1974）就采用元分析方法，通过对 200 多项有关性别差异的研究进行分析，发现男性和女性之间确实在侵犯性、语言能力、空间知觉和数学能力等方面存在差异。

6. 大数据分析

大数据分析包括数据库分析和网络大数据分析。与传统的样本推论不同，数据库数据一般包含很大的样本量。国家统计局的数据库或者其他部门的数据库就包含了海量的数据样本。这些样本有的还是连续的追踪样本，所以这些数据对我们研究某些变量的影响更有意义。在最近的一项研究中，我们以"北京大学社会调查中心"提供的数据库资料为基础，运用潜在剖面分析方法将 2010 年中国家庭追踪调查（CFPS）28 768 个样本划分为 5 个具有相似成就归因模式的子群体，分别为勤能补拙型、勤学添花型、代际继承型、内外兼备型、无明显偏向型，并用 2012 年、2014 年、2016 年数据分析不同模式的心理后果差异。发现不同成就归因模式在人口统计学和成长经历类变量上存在异质性，在多个后果变量上存在显著差异，勤能补拙型和勤学添花型更积极，代际继承型在主观幸福、人际生活、社会态度上更消极，内外兼备型的身心健康程度较低。

随着互联网与社交媒体的出现，研究者也开始利用网络大数据研究人们关心的社会问题。早在十年前，我们就以网络热点李天一事件为背景，通过对人民网相关帖子和观点的研究，总结出了网络暴力发酵的规律和发展趋势，并探讨了影响这一事件发酵的因素。具体可以参考侯玉波和李昕琳于 2017 年发表在《北京大学学报（哲学社会科学版）》上的相关文章。

五、研究设计

确定了要研究的问题以及用什么方法之后，研究者就可以进行研究设计并进行实际研究了。首先要确定自变量与因变量，在实验中研究者操纵一个或多个自变量，并且考察这些操纵对一个或多个因变量的作用。例如，我们让大学生观看希拉克和勒庞在法国总统选举电视辩论中的三段录像。一些大学生看到的是未经剪辑的辩论录像；另一些大学生看到的是剪掉了希拉克几句俏皮话的版本，并且观众对这些俏皮话的正面反应也被剪掉了；还有一些大学生看到的是保留了这些笑话，但观众的正面反应被剪掉的版本。在这个研究中，自变量是呈现给被试的不同版本的辩论录像。因变量是让被试在一个七点量表上对希拉克进行评价，评分从"很糟糕"到"优秀"。结果发现自变量确实对因变量产生了显著作用：看到保留了希拉克两句俏皮话，但剪掉了观众反应录像的被试，对希拉克的评价明显低于另外两个条件下的被试的评价。

无论做什么研究，研究的效度总是至关重要的。当研究者知道正是由被其操控的自变量产生了研究结果时，这个研究就具有内部效度（internal validity）。也就是说研究者应当保证实验条件在其他任何方面都是不变的，并且对于不同实验条件下的被试来说，在他们进入实验室之前也不应有任何区别。此外，内部效度同时要求实验的设定对被试而言是真实可信的，如果过于虚假，被试不相信实验者告诉他们的事情，或者被试没有理解实验者给他们讲的某些重要信息时，研究就会缺少内部效度，研究者将无法自信地得出结论。外部效度（external validity）是指一个新建立的实验与外部环境紧密相连，且实验结果能够应用到这类情况中的可能性大小。当研究者不知道如何将实验中得出的结论推广到实际生活中时，就说明这个研究的外部效度很差。当实验情景很少能代表实际生活中的情况时，实验的外部效度也很差。如果实验者的目的是直接将实验结果应用到实际生活中，外部效度就至关重要。比如，我们想要弄清楚电视暴力是否会导致儿童更具攻击性，儿童在实验情境中看到的电视节目和儿童的攻击行为都应该能真正代表实际情况，被监视的行为应该是实际生活中儿童可能会做出的行为。

如何增加实验的外部效度？最好的方法就是做现场实验。现场实验在观念上类似于实验研究，但是在实际生活情景中进行的，被试通常并没有意识到他们是在参与一项实验研究。例如研究人员在拥挤的公交车或火车上研究被要求让座的被试的反应。科恩（Dov Cohen）和尼斯贝特用这种方法研究了美国的南方人和北方人对一名罪犯的求职信的反应（Cohen, Nisbett, 1997）。研究中罪犯的罪名有两种：偷摩托车或者在出轨恋中杀了人。因变量是被试对求职信件的回应程度，从没有回应到回复信件加以鼓励。结果发现，南方人对杀了人的罪犯的鼓励远远超出了北方人。与北方人相比，南方人认为以暴力回应羞辱是可接受的行为。在研究中对偷窃罪犯的信件，南方人的反应与北方人的反应没有差别，那么以偷窃为罪名的罪犯的求职信就是这项现场实验中的控制组。而且由于这个实验的参与者都确信自己是一位正在回应一名真正的求职者的潜在雇主，这个实验的外部效度，相比在实验室条件下去询问被试是否愿意提供工作来说，就有了明显的提升。

六、研究中应注意的问题

在社会心理学研究中,有许多问题需要我们注意,主要包括以下几个方面。

一是样本的代表性,由于不恰当的取样会对结果及结论的适用范围产生影响,所以选择有代表性的样本对一项研究来说非常重要。为了解决这一问题,我们要采取随机取样的方式,使每个人都有同等的被选择的机会,并且样本要尽量异质化,即被试要尽量包括总体中各个层次的人。

二是要克服实验者偏差,由于研究者的期望与暗示会对被试的行为产生极大的影响,所以在研究中要尽量采用双盲实验,使实验者的影响减至最小。另外还要尽量使情境标准化,避免情境对结果的影响。

三是要避免被试偏差,被试的社会赞许倾向会使他们揣摩实验者的研究意图,从而降低结果的有效性,为了克服被试偏差,最好的方式是不让被试知道实验假设。

四是要注意伦理问题,社会心理学的研究有时会对被试造成身心伤害,如有关服从的研究等,在研究中要尽量避免伤害。另外,在社会心理学研究中有时也涉及欺骗被试的问题,一般情况下这样的隐瞒是允许的,但在实验完成后,主试有责任告诉被试真实的研究目的。

七、论文的撰写

完成一项社会心理学实验后,研究者通常要撰写研究报告或论文。论文写得好,他人就能更好地了解你所做的研究的价值。社会心理学论文的写作形式与一般的心理学论文的撰写格式基本一样,主要由引言、方法、结果和讨论四个部分组成,此外还包括标题、摘要和参考文献等,许多论文还有脚注、图表和附录等。关于论文的撰写,可以参照中国心理学会编写的关于论文写作的书籍《心理学论文写作规范》,也可以参照美国心理学会(APA)关于论文写作的要求,随着中国心理学日益走向国际,了解这些内容对一个心理学研究者来说至关重要。

(1) 标题:论文的标题应该简单明了地指出研究的主要问题,尽量让读者能够从中看出你要研究什么问题。比如一项研究的标题为"人格因素对个体社会适应性的影响",就比较简明地说明了研究的问题和主要变量。论文的标题不要超过20个字,最好能引人入胜。

(2) 摘要:摘要是对研究的主要内容与结果的简短总结,一般应在400字以内。摘要不是概括论文的段落大意,而是对所研究的问题、使用的方法和主要结论的总结。它决定着人们是否会继续研读该论文,是论文的重要组成部分。摘要应该准确、独立、简练且具体。

（3）引言：在引言部分，研究者应该阐明研究的理论框架，以及同一课题以前的研究文献，但它并非文献综述。引言部分应该使读者了解研究的目的和实际原因，并且说明先前研究对进一步研究的动力，指出将在先前研究的基础上探讨新的问题。

（4）方法：详细地说明用以检验假设的实验设计和程序，使读者获得足够的信息，可以重复这个研究。方法部分应写清三个内容：①被试（subjects），包括数目、取样方法、基本特征（年龄、性别、来源等）；②仪器设备与工具，包括研究所用的仪器设备、测量工具、问卷和量表等；③程序步骤，包括研究的过程、指导语、变量的水平、被试分配、实验步骤等。

（5）结果：结果部分是利用正确的统计分析方法对研究数据所做的总结，应该简要地说明每一个研究结果与研究假设的关系。结果部分应该全面报告研究的发现，而不能只报告与假设一致的内容。在报告结果的时候，最好能够使用一些图表，图表可以明确、简洁地报告大量的信息。另外，在作图时应该加上简短的解释，让读者能看懂。

（6）讨论：讨论是对研究结果的含义和意义的评价，应该说明结果是否支持研究假设，并讨论研究的效度以及理论和实际意义。在讨论部分，研究者还应指出研究的局限和需要进一步研究的问题。

（7）参考文献：在论文的末尾应该列出全文所引用的资料的来源，包括作者、时间、文题、发表的刊物及页码等。参考文献的排列可以按照作者的姓氏笔画（西文以字母）顺序，也可以按照引用的顺序。

（8）附录：附录部分包括研究所用的主要问卷或量表，以及研究所涉及的重要推导或公式，有时也包括一些无法在结果部分列出的数据资料。

一篇完整的心理学论文包括上述几个部分，要写出一篇优秀的论文，细节性的工作还有很多。其中有几个方面需要特别注意。首先要注意引言部分对文献的总结，这是你的文章是否会得到赞许的第一步。只有阅读了大量文献，并善于梳理这些文献的时候，你才有可能很好地完成这一步的工作。除了要有一个好的开头，如何对数据进行分析，如何理解学术期刊编委的偏好等都是论文能否被接受和发表的重要前提。

专栏 2-3　　对斯坦福监狱实验的质疑

近年来，心理学界掀起了一股热潮，即对传统社会心理学经典研究的质疑，首当其冲的就是斯坦福监狱实验。在这项研究中，大学生被试被指派在模拟监狱里扮演囚犯或狱警。实验开始后"狱警"出现虐待"囚犯"的行为，并且随着时间的推移虐待行为愈演愈烈。据此，这项研究的主持人津巴多（Philip G. Zimbardo）指出，如果把无辜的人放到特定环境中，并给予他们权力，这些无辜的人就会滥用权力，而被剥夺权利的一方便会被迫屈服并对权力逆来顺受。这一研究结果很快受到人们的关注，大量电影、电视节目、书籍等都引用了这一结论。

然而，最近有研究者质疑这一研究结果，称该实验不仅存在伦理问题和数据缺失，而且还有欺骗行为。最近发表在 Medium 网站上的一篇文章就揭露了这一切。这篇文章的作者不仅研究了津巴多未公开的实验录音，还采访了当年参加实验的被试，最终给出的结论为：这是一个虚假的实验，实验中"狱警"的残忍做法实际上是受了引导而做出的。这篇文章还指出，实验中最让人难忘的是一个"囚犯"蜷缩着尖叫，而这其实是"囚犯"的表演。参加过实验的一个"狱警"说自己把它当成了一次即兴练习，他认为自己在做研究人员希望他做的事。对于这种质疑，许多人认为与严谨的科学相比，斯坦福监狱实验更像是学术界的"真人秀"，这个实验进行到一半就终止了。批评者认为它不能证明权力本身可以导致残忍，而是表明权威人士如果想要对他人做出残忍行为，可以说服别人听从他的指令。所以服从并不是天生、盲目和不可避免的。

社会心理学家巴维尔（Jay Van Bavel）在社交网站上发表文章称，津巴多不但把这一点搞错了，而且他的研究误导了许许多多的人，现在必须停止对这项研究的称赞。另一名人格心理学家瓦齐尔（Simine Vazire）甚至要求把该实验从教科书里删除。我们该如何看待这个问题？不能被重复的实验就是错的吗？最近，许多经典的心理学实验陆续被指出是错误的，批评者认为要么是研究者作假，要么是实验本身过时了。一些人开始质疑这些经典研究所揭示的事实，并用重复实验的方法加以验证，这就是心理学面对的"重复危机"。有意思的是，尽管人们对这些经典实验的可重复性提出了质疑，也并未动摇这些实验在心理学教学与研究体系中的地位。你对这个问题怎么看，对此现象你是否有更合理的解释？

推荐读物

1. 王重鸣，2004. 心理学研究方法. 北京：人民教育出版社. 这本书是国内关于心理学研究方法的好书之一，它详细而系统地对心理学研究中的方法问题做了清楚的论述，本章关于论文写作的内容就选自这本书的有关章节。对心理学有兴趣的人应该好好读读这本书，以提高自己实验设计、统计分析以及各方面的能力。

2. 中国心理学会，2016. 心理学论文写作规范：第 2 版. 北京：科学出版社. 这本书是中国心理学工作者必读的书籍，它全面系统地叙述了心理学研究和写作论文的规范问题，是一本工具书。

3. 石绍华，张梅玲，2000. 问卷编制的几个问题. 心理学动态，8(4)：69-76. 这篇文章系统地总结了心理学研究中问卷编制需要注意的方方面面，是社会心理学和管理心理学研究者必读的文章。

4. 朱滢，2006. 心理实验研究基础. 北京：北京大学出版社. 这本书是朱滢教授几十年教学经验的总结，内容涵盖了传统的心理学方法和研究技术，对社会心理学家提高自己的方法修养有十分重要的价值。

5. KRUEGER J I, FUNDER D C, 2004. Toward a balanced social psychology: cause, consequence, and cures for problem-seeking approach to social behavior and cognition. Behavioral and brain sciences, 27: 313-376. 这是一篇理论性文章，对传统社会心理学的一些关注点提出了批评，认为我们不仅要关注人类行为中不好的一面，更应该关注好的一面。

6. 鲁格，彼得，2009. 给研究生的学术建议. 彭万华，译. 北京：北京大学出版社. 这是一本关于学术规范和学术道德的书籍，作者详细地介绍了选择导师、阅读与写作、参加学术会议、做报告、处理与导师的关系、建立人际关系网络、论文答辩等主题，对读研究生的学生很重要。

7. 黄希庭，2021. 人格研究的中国化. 重庆：西南大学出版社. 这本书是"黄希庭心理学文集"中的一本，在心理学研究中如何考虑我国的实际情况是黄先生思考的核心问题。黄先生以对中国人人格的研究为例，回答了这一重要的问题。黄先生的工作对促进文化自信有着重要的参考价值。

思考题

1. 什么是假设？什么是理论？一个好的理论有什么特点？
2. 社会学的社会心理学与心理学的社会心理学有哪些区别和联系？
3. 社会心理学所取的研究层面有什么特点？
4. 开展一项社会心理学研究要经过哪几步？
5. 社会心理学家在研究中需要注意的问题有哪些？
6. 社会心理学研究报告由哪些部分组成？
7. 生物理论和学习理论的主要观点是什么？二者在解释人类行为时的侧重点有何不同？
8. 诱因理论有哪些形式？该理论如何看待人类行为？
9. 认知理论和角色理论是如何解释人类社会行为的？
10. 社会神经科学如何解释人类的社会行为？

3

自 我

　　自我也叫自我意识，是一个人对自己的内在认知观念。对自我的探讨是社会心理学中最重要的内容之一，本章我们将对自我和与自我相关的问题进行分析，这些分析有助于我们理解自我。

§1　人类自我探索的历史

　　对自我的关注贯穿人类认识自己的全过程。希腊德尔菲神庙入口处的铭文"认识你自己"，可以说人类从诞生的那一天起，就在考虑自我的问题了。亚里士多德把自我看成是一个单纯而又主动的实体，即他所谓的灵魂，并认为灵魂联合了个体的多种知觉。亚里士多德的观点一直影响着后来的思想家们，包括中世纪的奥古斯丁、阿奎那，理性时代的笛卡儿。与亚里士多德不同，洛克则从经验主义角度出发，将自我与人的记忆相联系，认为人的自我统一性是由我们的记忆完成的。而启蒙运动时代的休谟则声称自我完全是虚构的，只是"我"这个代名词所指的幻想的东西。18世纪，哲学家和心理学家康德则在古典灵魂论（或称实体论）的基础上，提出超验的自我的概念。19世纪的实验心理学家甚至不谈论自我，英国联想主义者用联想规律去解释人的心理活动，在他们的眼里，自我是一个虚妄的存在。直到威廉·詹姆斯，这种状况才发生了改变，他找到了将自我归还心理学的办法。詹姆斯把自我分为经验自我与纯粹自我，前者包括物质自我、社会自我、精神自我，研究者可以对这部分的自我进行实证研究；认为自我具有二元性，自我既是由对自己的看法与信念所组成的"宾我"，又是一个活跃的信息处理器，即"主我"。自此，自我成为心理学中的一个重要议题，众多心理学家纷纷开启探索自我的研究道路。

　　库利（Charles Cooley）提出自我是通过人际关系建立的自我，不仅是一个个人实体,还是社会的产物,他把自我的这个方面称为投射自我(reflected-self)或镜中自我(looking-glass self)——人们不仅会想象他人如何看待自己,还会想象他人如何评价他们眼中的自己,以及人们对这些反射性评价的情绪反应。米德(George H. Mead)强调社会经验在自我形成中的作用,指出当个体与其他人进行比较时,只有明白在某一社会环境中其他个体对自己的态度时,互动才能进行,即没有社会经验,自我就不可能产生。受库利和米德的影响,沙利文十分强调自我发展的社会和人际关系基础,强调家庭成员对儿童自我形成的直接作用,认为自我只有在人与人的关系中才能得到发展。塔费尔和特纳提出的社会认同理论认为,社会关系是自我概念的重要组成部分,人们努力使自己的自我感觉良好,所以当人们发现自己所属的群体比其他群体更好时感觉更好(Tajfel,Turner,2004)。由此可见,从心理学的发展历史上来看,心理学非常强调自我概念赖以生存、发展的社会文化环境。

与上述思路不同,弗洛伊德认为自我(ego)是人格结构的重要组成部分之一,除此之外还有本我(id)和超我(superego)。自我在德语中的意思是自己可意识到的执行思考、感觉、判断或记忆的部分,它的机能是寻求本我冲动的满足,同时保护整个机体不受伤害。弗洛伊德的观点影响了之后的心理学家,罗杰斯认为自我是个人现象场中与自身有关的内容,是个人自我知觉的组织系统,代表一个人看待自身的方式。罗森伯格(M. Rosenberg)认为自我是个体对自我客体的思想和情感的总和,包括个体对自己多方面的看法。沙维尔森(Rich Shavelson)认为自我是通过经验和理解形成的自我知觉,这种知觉源于对人际互动、自我属性和社会环境的经验体验,它是多维度的,并按一定层次组织到一个范畴系统中。马库斯(Hazel Markus)和沃夫(Elissa Wurf)则认为自我在内容和结构上是一个多面体,是不同印象、图式、概念、原型、理论、目标、任务的集合(Markus,Wurf,1987)。

§2 和自我有关的概念

心理学家不仅对自我本身很感兴趣,还从这个概念衍生了很多和自我有关的概念。

一、自我图式

自我图式是指人们用来组织和指引与自己有关的信息的一套自我信念。马库斯和沃夫认为自我图式构成了人们的自我概念,它可以帮助人们分类和提取经验。希金斯(E. Tory Higgins)等人在研究记忆时提出的自我参照效应(self reference effect)说明了自我图式在组织记忆方面的作用,发现人们在加工与处理和自己有关的信息时效率更高,记忆效果也最好。

Markus 和 Kitayama（1991）认为自我图式在不同文化下存在差异，中国人的自我图式包含与自己关系密切的人，而西方人的自我只包含自己。朱滢等人在一项中国人自我神经机制的研究中，利用 fMRI 数据发现中国人的自我参照和母亲参照都激活了内侧前额叶，中国被试在母亲参照和自我参照时的记忆成绩一样好，而西方被试母亲参照加工的成绩往往没有自我参照加工的好。这说明了中国人的自我概念和母亲有重叠。阿伦（Arthur Aron）的自我扩展（self expansion）模型对此做了解释，即个体通过建立亲密关系的方式进行自我扩展，且倾向于将亲密关系对象纳入自我。因此，中国人的自我包含母亲等与自己关系亲密的其他人，而生活在个人主义文化下的西方人的自我中没有其他人。也正因为如此，自我参照效应范式可被用于探索个体亲密关系的差序格局——记忆效果差异可从他人在差序格局的不同位置进行解释（马伟军 等，2021）。

希金斯提出的自我差异理论（self-discrepancy theory）进一步说明了自我概念的内涵。他认为个体知觉到的自我概念包含三个部分，理想自我（ideal self）、应该自我（ought self）和实际自我（actual self）。理想自我和应该自我具有自我指引的作用，其中理想自我指引着个体对目标的追求，而应该自我使我们回避一些目标。比如对财富的追求，既可能是我们所追求的理想自我，也可能是我们所回避的应该自我。希金斯认为，个体会努力缩小实际自我和理想自我之间的差距，如果做不到这一点，个体会产生沮丧的情绪；如果个体无法缩小实际自我和应该自我之间的差距，则会引发愤怒。与实际自我和应该自我之间的差距相比，实际自我和理想自我之间的差距会使人产生更大的遗憾（Davidai, Gilovich, 2018）。元分析研究也证明了自我差异与负性情绪，如焦虑、抑郁等的稳定关联（Mason et al., 2019）。

自我概念是如何构建起来的？对于这一问题，心理学家认为与以下几个方面有关：

（1）从自己的行为推断：人们常由自己的所作所为来推断内在自我概念，即"我做了什么我就是什么样的人"。

（2）从他人的行为反应推断："别人认为我是怎样的"，他人对我们的反应是我们了解自己的主要途径之一。

（3）通过社会比较推断：通过与别人的比较，人们会对自己有更清楚的认识。比如你认为自己的胆子比较大，怎样证明这一点？可以与你的朋友比较，晚上在野外走的时候，你不害怕，而你的朋友害怕，你就可以推论自己的胆子比较大。

（4）通过自我意识来推断：请你仔细想一想自己是什么样的人。一般情况下，我们可以通过让人们反省自己来了解他的自我。

库恩（Manford H. Kuhn）编制的"20 句陈述测验"（Twenty Statements Test）就是据此发展而来的，该测验要求被试在一定的时间内对"我是谁"这一问题写出 20 条答案，通过对答案的分析，确定被试自我意识的内容。

在理解个体自我建立的过程时，社会学家米德提出的社会互动理论（social interaction theory）给我们提供了另一种思路。按照米德的观点，社会生活中人与人之间有意义的交流导致了自我和社会现实的整合，自我就是一个人通过行为展现自己时使用的符号，自我概念就是一个人用来定义自己的思想和情感的总和。

二、自我觉知

自我觉知（self-awareness）是指个体把自己当作注意对象时的心理状态。当我们把注意力集中在自己身上时，我们会根据自己的内在标准与价值观对自己现在的行为进行评价和比较（Carver，2003；Duval，Silvia，2002）。巴斯把自我觉知分为内在自我觉知（private self-awareness）和公众自我觉知（public self-awareness），前者是指个体对自己的内部特征和感受比较重视，后者是指个体对自己的外在比较在意。由于内在自我和公众自我的关注点不同，它们引起的反应也不同。内在自我占优者对自己的感受比较在乎，因此他们常常会夸大自己的情感反应；同时由于他们对自己的特征比较关注，所以其自我概念中的内在事件清楚而明确；内在自我者常常坚持自己的行为标准与信念，不太会受到外界环境的影响。

与内在自我者不同，公众自我占优者由于太看重外界环境和他人的影响，他们害怕别人评价自己，担心别人对自己有不好的评价；由于看重来自他人的反馈，他们常常会产生暂时性的自尊感低落，理想自我与实际自我之间产生距离；公众自我占优者比较在乎外在的行为标准。在这里，我们还需要对自我觉知和自我意识（self consciousness）加以区分。Davis 和 Franzoi（1986）认为自我意识是个体参与自我觉知时的一种习惯性倾向，自我意识相对稳定，甚至可被看作一种人格特质。

三、自尊

自尊（self esteem）是自我概念中与情绪有关的内容，指一个人如何肯定与赞扬自己，是自我评价的重要维度。詹姆斯在《心理学原理》中论述了自尊的含义和重要性，后来马斯洛、罗杰斯、罗森伯格，以及 Coopersmith（1967）、Branden（1969）等人进一步探讨了这一概念。在心理学家看来，拥有自尊是人格成熟的重要标志。

心理学家把自尊分为外显自尊和内隐自尊，对二者的测量方法不同。我们可以通过调查问卷，例如问一些开放式的问题（如"我认为我是个对社会有贡献的人"），来测量外显自尊。而内隐自尊的测量则需要一些更微妙的方法，例如测量被试对某一特定事物的偏好并在这个过程中记录反应时，这类方法的有效性已经得到了证实（Izuma et al.，2018）。心理学家发现那些外显自尊得分较高的被试，内隐自尊得分不一定高，但两者之间有一致性。区分外显自尊和内隐自尊很重要，因为有时它们可以预测不同的行为。比如只有内隐自尊能预测危险的手机使用行为（Lannoy et al., 2020）。内隐自尊存在性别差异，男性追求积极品质，而女性更追求外貌（赵旭，彭茂滢，杨娟，2020）。

随着本土心理学研究的发展，心理学家开始意识到在不同的文化中，人们对自尊的理解是不一样的。西方关于自尊的研究建立在个人主义文化基础之上，在这样的文化氛围中，个体具有强烈的保持和扩张自尊的需求。比如，Carlock（1999）把自尊看成是个体对自己的感受，即自己有多好。她认为可以从个体对六个问题的回答来判断个体的自尊：

- 相信自己可爱的程度；
- 感到被他人需要的程度以及有归属感的程度；
- 相信自己是特别的或独特的程度；
- 感到自己在能力上胜任的程度以及实现个人潜能的程度；
- 愿意冒险并面对挑战的程度；
- 设定目标、达到目标以及完成目标的能力。

在上述六个问题中，除了第二个，其余五个均针对个人自尊，这种自尊是典型的西方人的自尊。对中国人而言，这种理解未必合适。杨国枢等人通过系统研究，认为中国人的自尊是多元而非一元的。这种多元自尊除了个体对自己的评价，还包括从关系、家族和他人角度出发对自己的评价，他把这四种自尊命名为个人取向自尊、关系取向自尊、家族或团体取向自尊以及他人取向自尊。

大量研究证明自尊在不同文化下具有普遍性，例如跨文化研究支持了自尊的跨文化对等性。V. S. Y. Kwan 等人指出，在中美两种文化下，自尊的差异都可以从仁慈、品质及积极自我偏差三方面得到解释。也就是说，无论是在中国还是在美国，一个人有高自尊，可能都是因为他们对自己和他人相对仁慈，他们有好的品质，他们对自己有积极的认识，或者是这三个方面共同作用的结果（Kwan, Kuang, Hui, 2009）。但在某些方面，文化对自尊的影响依然存在。L. Gaertner 等人对中国文化下积极自我与适应能力的关系进行了探讨，发现只有积极的集体自我和个体的心理调适存在显著正相关，积极的个体自我和心理调适无关。也就是说个体在集体特质词上的自我评价越高，适应能力就越强，个体在主体特质词上的自我评价与适应能力无关。

大多数心理学家认为自尊的确立有两条途径：一是让个体有自己控制环境的成功经验，二是让他人对自己有积极的评价。鲍迈斯特提出了一系列提高自尊的方法：

- 学会用自我服务的方式去解释生活；
- 用自我障碍的策略为失败找借口；
- 使用防御机制否认或逃避消极反馈；

- 学会向下比较以及采用补偿作用；
- 在某一方面的能力受到怀疑时转到自己擅长的活动中去。

专栏 3-1　中国人的适恰自尊

跨文化研究显示中国人的自尊不如北美人高，而本土心理学研究发现，中国人的自尊并不比西方人低。为什么会出现这种现象？是中国人不像北美人一样拥有保持高自尊的需要，还是说中国人需要的是一种不同于北美人的自尊类型？为了回答这一问题，王轶楠和刘嘉（2021）通过研究发现，已有的自尊理论和针对自尊的测量工具都是基于对西方人的探讨发展而来，难以揭示中国人对自尊的理解，因为文化差异会对自尊的根源和表达产生影响。为此，二人立足中华优秀传统文化，从中庸理性的视角，提出了一种代表中国人社会文化心理特点的理想型自尊——适恰自尊。

王轶楠和刘嘉认为，中国人的理想自尊不同于西方人的理解。西方主流的自尊理论把自我与他人置于对立面，而中国人的自我结构是同心圆式的，既包含自我，也包含重要他人，乃至集体，可分为"小我"和"大我"两个部分。从本质上讲，小我和大我拥有不同的价值追求：小我追求个人独特性，而大我要维持个体间的融合，并且二者之间经常会产生矛盾。中国人的成长与社会化是个体的小我与大我融为一体的过程，所以中国人能够随情境需要灵活且适度地改变大我与小我的边界，让大我和小我同时得到均衡、适度的满足，保持对自我的积极评价。中国人理想型自尊建立的基础，既不是无限地追求小我的特立独行，也不是为迎合大我而刻意压抑小我，而是适度、恰当地同时满足大我和小我的需要——适恰自尊。适恰自尊体现了理性、平和的中庸智慧，试图让小我的需要在大我的约束之中达到无过无不及，达到大我和小我价值的真诚一致与和谐统一。为此，他们构建了一个测量中国人自尊的《适恰自尊量表》，该量表包括特立自尊、妥协自尊和兼顾自尊三个维度。进一步的研究发现，适恰自尊对提升中国人生活满意度（个体）、促进人际融洽（人际）和自我的社会性发展（集体）具有多重意义。想进一步了解相关的内容请阅读：

王轶楠，刘嘉，2021. 让小我融入大我：适恰自尊的积极心理学意义. 心理发展与教育，37(4)：568-575.

四、自我效能

自我效能（self-efficacy）是班杜拉在 20 世纪 90 年代提出的概念，指一个人对自己有能力完成特定任务的信念。班杜拉认为自我效能反映了一种积极思维的力量，人可以从对自己的能力与效率的乐观信念中获得巨大回报。自我效能感高的人行为有韧性，较少感到焦虑和抑郁，活得健康并且有更高的学业成就。Stajkovic 和 Luthans（1998）在一项研究中发现，自我效能指引人们制定有挑战性的目标，并且在面对困难的时候更加坚强。自我效能还可以预测员工的生产力，出现问题时，自我效能高的人能保持平和的心态，他们会努力寻求解决问题的方案，而不是翻来覆去地想。

Levy（1996）做了一个通过对自我效能的控制来影响行为的研究。研究者用消极或积极的年龄类型词启动了老年人的自我效能，以 0.066 秒的时间间隔呈现一系列词语，比如下降、遗忘、衰老、明智、聪明和有学问。尽管被试只是下意识地知觉到了光的闪现，但积极词仍会导致他们记忆自我效能的提高，使他们对记忆的信心也提高。而呈现消极的词则会有相反的作用。研究者推测中国老年人普遍具有积极的、受人敬仰的形象，因此其记忆的自我效能高。与西方国家的老年人相比，中国老年人遭受记忆丧失的比例要低（Schacter et al.，1991）。随着社会的发展，中国人自我效能水平出现了上升的趋势，与心理健康的联系也更加紧密（李松 等，2019）。这些研究证明自我效能作为一种积极的信念，决定其是否能起作用的关键因素是个体对环境的控制感。你可能觉得自己是个合格的司机，但醉酒后你还敢开车吗？你可能感觉自己是个有能力的学生，但当你认为自己因为外表而受到歧视的时候，你还敢说自己前途无量吗？

五、自我表演

自我表演（self-presentation）也叫自我展示，指人们在别人对自己形成印象时所做的显露。我们常常管理和营造自己的形象，通过推脱、辩护和道歉等方式来支撑自尊并检验我们的形象（Schlenker，Weigold，1992）。在日常生活中，人们总是想让他人对自己有一个良好的印象，所以自我表演的方式也是多种多样的。社会心理学家 Jones 和 Pittman（1982）总结了 6 种自我表演的策略：

- 自我抬高（self-promotion），通过行动或语言把自己的正性信息呈现给他人；
- 显摆（exemplification），向他人显示自己正直、有价值，引起他人内疚；
- 谦虚（modesty），故意低估自己的良好品质、成就和贡献；
- 恳求（supplication），向他人表达自己的不足与依赖，引起他人同情；
- 恫吓（intimidation），用威胁的方法使他人接受自己的观点；
- 逢迎（ingratiation），说他人喜欢听的话，俗称"拍马屁"。

近年来有研究发现，谦虚的自夸是一种常见但无效的自我表演策略，反而会被认为是不真诚，甚至还不如直接吹嘘有效（Sezer et al.，2018）。

自我表演是印象管理的核心，为了给别人留下一个好的印象，我们经常会使用上述策略。不过，印象管理有时也没那么简单，比如在帮助情景中，求助者以为寻求帮助会降低他人对自己能力的感知，为维护自我形象倾向于不求助，但潜在的施助者反而认为，在对的问题上向对的人求助的个体比回避求助的个体更有能力（王逸璐，谢晓非，2019）。

六、自我监控

自我监控（self monitoring）是指人们在与他人交往的过程中，通过观察他人自我表演的线索来对自己的自我表演加以控制，也就是说根据别人的表现来决定自己的行为。Snyder（1987）和 Fiske（1992）等人对自我监控进行了全面的研究，指出高自我监控的人善于自我表演，能根据情境和他人的需要来塑造自己的行为；而低自我监控的人不善于在别人面前表演，不看重情境与他人的影响，这些人表达的是自己真实的态度与感受。研究还发现中国人的自我监控能力较强，比较在乎他人的要求与期望，所以中国人在社会中的适应能力较强。此外，高自我监控的人更可能成为工作和社交场合中的领导者（Kudret et al.，2019）。心理学家还发现自我监控程度不同的个体，在生活中采取的适应方式不同。在工作选择方面，高自我监控的人喜欢角色明确的工作，而低自我监控的人则选择与自身人格特征相吻合的工作。在工作中高自我监控的人常常刻意地使自己符合工作的要求，他们适合做的工作包括警察，以及与法律和公共关系相关的职业；低自我监控的人则常常按照自己的兴趣和动机找工作，他们适合做与研究和艺术等相关的工作。

与自我监控紧密相关的是印象管理（impression management）。Barry R. Schlenker 在《印象管理》一书中提出，人们总是试图在别人面前表现出自己好的一面，以使他人对自己有一个良好的印象。有趣的是心理学家发现，幽默是一种强大的印象管理工具——当不得不披露关于自己的负面信息时，使用幽默可以影响对方对信息真实性的看法，从而增强对方对自己的温暖和能力的感知。

七、自我障碍

自我障碍（self-handicapping）是指人们提前准备的用来解释自己预期失败的一系列行为策略。人们对自我形象很关心，所以当失败可能出现时，人们会毫无疑问地采用自我障碍的方式（Arkin，Baumgardner，1985）来摆脱可能出现的困境。使用这种策略如果失败了，就可以使他人不把失败归结于我们缺乏能力；而如果成功了就更可能做出我们有能力的归因。比如在考试前张三预料到自己考不好，为了避免被他人认为自己笨，他就使用了自我障碍的策略。他会说在考试的前一个礼拜他有点儿感冒,家里来信说奶奶生病了,再加上宿舍旁边晚上在施工。张三会把这些原因都摆出来,告诉他的同学这些事极大地影响了学习,并预测说自己这一次肯定考得一塌糊涂。考试结束后,如果张三确实没考好,由于上述原因,没有人会认为是因为他比较笨才没有考好;相反如果他考好了,人们就更有理由把他的成功归于能力。遇到这么多不利的事情他还是成功了,你能不承认他聪明吗?

在一项研究中,Berglas 和 Jones(1978)让被试想象自己是杜克大学的学生。首先让被试通过猜测回答一系列智力难题,然后告诉被试:"您的得分目前最高!"当被试还在对自己的幸运感到难以置信时,主试拿出两种药丸放在被试面前,让被试服用其中一种,然后继续做下面的题目。这时主试对被试说一种药丸能促进你的智力活动,另一种则会干扰你的智力活动。在这种情况下被试会挑哪种药丸吃呢?结果发现多数学生会挑选第二种药丸,这样做是在为以后可能出现的失败寻找客观借口。

自我障碍策略的表现方式很多,运动员会通过减少为重要赛事做准备来实施自我障碍(Rhodewalt,Saltzman,Wittmer,1984);有些人则在任务刚开始时不好好干,通过降低对自己的期望来实施自我障碍;还有一些人会通过在涉及自我形象的任务中不尽全力等方式实施自我障碍。有意思的是,研究者发现男性比女性更倾向于采用自我障碍策略。

专栏 3-2 如何用幽默应对网络"恶搞"?

网络"恶搞"是出现在社交媒体上的一种新型网络暴力,指通过移花接木或篡改、变形等手法对正面的人或事进行丑化和庸俗化,以达到娱乐、搞笑及讽喻等目的。最近,不少名人在社交媒体上遭遇了网络恶搞,虽说这种做法迎合了大众的消费主义心理和娱乐化风潮,但却极大地损害了名人的声誉和形象,降低了其人际喜欢程度。自我贬低型幽默是指通过取笑自己或暴露自己的弱点来寻求他人支持的行为,常见于社交媒体等非正式沟通的语境中。一些研究发现自我贬低型幽默是一种以问题为中心的应对方式,它在降低网络声誉威胁的同时,能够引发公众的积极态度。我们的一项研究主要探讨了名人在遭遇网络恶搞的时候,如何使用自我贬低型幽默来提高自己的人际喜欢程度,以及知觉到的宽恕在其中的中介作用。社会距离是指个体对他人与自我之间关系的感知,按照差序格局理论,人们一般会在以"自我"为中心的前提下,将周围的人赋予不同的重要价值与意义,并根据社会距离的不同做出相应的处理与评估。因此,我们还探讨了社会距离在上述关系中的调节作用。

我们通过 4 个实验依次研究了这些问题。研究 1a 和研究 1b 分别采用了被试内和被试间的实验设计来操纵名人的自我贬低型幽默，并考察其对人际喜欢的影响。结果显示，名人使用自我贬低型幽默回应网络恶搞可以增加他们的人际喜欢程度。研究 2 采用了 2（自我贬低型幽默）×2（社会距离）的混合实验设计，在研究 1 实验设计的基础上，操纵了被试的社会距离。结果发现，自我贬低型幽默只在远距离情境下有效果，在近距离情境中的效果不显著。因此，研究 3 我们考察了在远距离情境中，知觉到的宽恕在自我贬低型幽默与人际喜欢关系中的中介作用。结果表明被试在自我贬低型幽默情境中知觉到了更多的宽恕，也会获得更多的人际喜欢，同时知觉到的宽恕在自我贬低型幽默影响人际喜欢的过程中起到了中介作用。

八、自证预言

自证预言（self-fulfilling prophecies）也叫自我实现的预言，指我们对他人的期望会影响对方的行为，使对方按照我们的期望行事的效应。Darley 和 Fazio（1980）最早提出这一概念，人们常说的罗森塔尔效应就是一种自证预言。在一项研究中，罗森塔尔从一所小学的六个年级中各选了三个班，并向任课老师说根据自己对学生的测验，估计在这一学期里将会有一些人表现出较大进步，同时通报了这些人的名字。其实这些人是从花名册上随机挑出来的。8 个月之后，他对这些学生再次施测，结果发现被指名的学生的学习成绩有显著的进步，老师对他们在品行方面也做了较好的评价。在解释这个结果的时候，罗森塔尔借用了希腊神话皮格马利翁的故事，指出：由于教师对学生的期待不同，所以他们对儿童施加影响的方式也不同，学生往往会顺着老师的期望发展。关于自证预言起作用的机制，Darley 认为有三个：首先与人们对其他人产生的预期有关，其次这种预期会影响人们对待别人的行为，最后这种对待他人的方式会导致那个人的行为与人们最初的预期相一致，使预期成为现实。最近有研究者使用纵向数据对此进行了实证检验，发现老师的自证预言确实会使其对学生表现给予更积极的反馈（Gentrup et al., 2020）。

九、体像

体像（body image）是用来描述与个体对自己的躯体知觉有关的现象的总称。随着对减肥研究的深入，研究者发现由于人们很看重自己的体像，并且不满自己的体像，从而使减肥盛行。Cash、Winstead 和 Janda（1986）在研究中发现，82%的男性与 93%的女性很注意自己的外表，女性更容易对自己的体像不满，85%的女性认为自己应该减肥，而只有 40% 的男性认为自己胖，甚至有 45% 的男性希望自己更胖一些。Thompson（1991）发现青少年对自己体像的要求更高，他通过让青少年选择与评价他们想象的、实际的与社会认可的几种体像，证明大部分青少年对自己的体像不满。

体像比较是个体产生消极体像、体像烦恼，以及之后一系列负面影响的主要来源。根据社会比较理论，体像比较是诱发个体消极自我认知，并进一步诱发心理适应问题的重要认知过程。自我差异理论认为，体像比较诱发理想体像和现实体像之间的认知差异，是导致与体像相关的行为及情绪适应不良的重要因素（赵云燕 等，2021）。社会与人格心理学家认为，人的行为和态度与自我及社会现实紧密联系在一起，躯体经验是自我的一部分；而精神分析学者则把躯体经验看成是人格过程的反映，当一个并不胖的人认为自己很胖的时候，就认为这个人与外部世界的界限不清。

专栏 3-3 社交媒体如何影响体像满意度？

在过去十几年中，随着社交媒体的迅速普及，越来越多的研究关注它对体像的影响。一方面，社交媒体是传播理想体型、体重、时尚等社会文化标准和社会期望的重要途径，这使得人们暴露在媒体中盛行的"非现实的理想体型"的标准下。比如，女性应该拥有苗条身材，而男性应该肌肉发达。许多研究表明，媒体塑造的理想体型与个体的消极体像相关。

心理学家发现，长期受媒体倡导的理想体像的影响，个体对自身体形的关注不断增加。在网络时代，社交媒体作为社会交往的重要工具，从三个方面影响体像：① 社会比较，在社交媒体上，个体更多地直接暴露在他人（明星、同伴等）的理想体型图片中，促使其进行上行社会比较。② 同伴外貌反馈，越来越多的年轻人将自拍照上传到网络平台上供他人浏览与评价，会收到更多关于自己外貌的反馈，这会使个体更加关注自己的身体形象。③自我客体化，社交媒体的使用可能增加了个体的自我客体化风险。面对迎合他人审美的压力，个体可能会在对身体图片进行编辑美化的过程中，用一个观察者的视角来审视自己的身体，进一步意识到自己身体的不完美。

目前对体像的研究主要集中在瘦取向的身体不满意上。而中国青少年的消极体像还表现在相貌、身高方面。Wang 等人（2019）对 1496 名中国中学生的研究发现，中学生在浏览社交媒体中他人发布的经过精心美化的自拍照后，会显著减少对自己相貌的满意度。有意思的是这项研究并没有发现之前众多研究指出的性别差异，这或许与当前中国偶像崇拜的潮流有关——越来越多漂亮的男明星开始流行，这可能影响了正处于体像意识迅速发展阶段的青春期男生，使他们与前几

代人相比更加关注自己的外貌形象。想了解相关内容的读者,请参阅:

WANG Y, FARDOULY J, VARTANIAN L R, LEI L, 2019. Selfie-viewing and facial dissatisfaction among chinese adolescents: a moderated mediation model of general attractiveness internalization and body appreciation. Body image, 30: 35-43.

十、自我控制

自我控制(self-control)指克服冲动、习惯或自动化反应,有意识地掌控自己的行为方向,以实现长期目标的能力,它是自我的核心执行功能之一。人们每一天都在为抵抗外部诱惑和避免冲动行为而努力。比如与读这本书相比,你现在是不是更想玩手机,或者打个盹儿?如果你还在看书的话,你就是在施加自我控制。很多减肥者的节食计划半途而废的原因就是缺乏自我控制,也就是我们常说的意志力薄弱。

力量控制模型认为自我控制需要消耗心理资源,但由于人的资源总量有限,所以每执行一次自我控制,都会使资源库中的能量相应减少,这种控制力量被削弱的现象是"自我损耗效应"(ego-depletion)——某一领域的自我控制努力在消耗了能量以后,其他领域能够获得的能量会相应减少,把能量花在一件事情上会限制你在其他事情上施加自我控制的能量。如何提高人们的自我控制能力呢?心理学家提出的策略包括:

- 提高动机水平。如果具备足够的动机,即使处于损耗状态,自我也有可能做到良好的控制。研究发现当个体意识到良好的自我控制能给自己或他人带来好处时,以及认为需要完成的任务非常重要时,自我控制能力会提高。
- 形成具体的执行意图。制订关于何时、何地,以及如何实现目标并避免诱惑的计划。
- 安排好周围环境以避免诱惑。为了避免在学习时玩手机,可以把手机放在书包里。
- 充分休息。自我控制力量经过一段时间的休息后能恢复。
- 保持积极情绪。积极情绪具有能量激活效应,可以增加自我控制力量。

十一、自我连续性

如果在时间维度上对自我进行区分,可以将其划分为过去自我、现在自我和未来自我。自我连续性(self-continuity)指个体对不同时间段的自我之间的联系程度的主观感受,即尽管知道有各种各样的心理或生理变化,自我的内核仍然保持相似性,个体感受到过去、现在和将来的自我是同一个自我。自我连续性是稳定自我概念的重要组成部分,一方面可以为个体的行动提供过去自我的经验参考,另一方面可以为个体提供未来自我的预期指引,对跨期决策、社会行为、身心健康、生活满意度等具有重要的影响。研究显示,与年轻人相比,老年人报告了更高的自我连续性,这一年龄差异在中国和加拿大都存在。跨文化的比较研究表明,尽管中国的年轻人比加拿大的年轻人有更高的自我连续性,但两国老人的自我连续性却不存在显著差异(Ji et al.,2022)。

§3 自我偏差

一、焦点效应与透明度错觉

焦点效应(spotlight effect)指的是人们在自我观察的时候会高估自己的突出程度,把自己看成某一情景的中心,并且高估别人对自己的注意度。为了证明这一点,Gilovich等人(2000)让康奈尔大学的学生穿上某一品牌的 T 恤,走进一个还有其他学生在的房间,并让这些学生判断有多少人会注意到自己。结果发现,穿 T 恤的学生猜测大约一半的人会注意到自己,而实际上只有 23%的人注意到他。与焦点效应相对应的是透明度错觉(illusion of transparency),即人们认为自己隐藏的情绪会被别人发现,实际上别人可能根本看不出来。Savitsky 和 Gilovich(2003)发现,人们总是高估自己内在状态的外露程度,比如说谎的人认为他人会觉察到自己在欺骗别人,或者当你喝了很难喝的饮料,你觉得别人察觉到了你对饮料的厌恶。许多人在公开场合做报告时,会认为自己看起来紧张且焦虑,并认为其他人也会注意到这些,实际上别人根本没看出来。

Savitsky 和 Gilovich 还想知道透明度错觉在那些没有经验的演讲者身上是否也会出现?他们以 40 名康奈尔大学的学生为实验被试,两人一组做实验。其中一人站在台上,另一人坐在对面,由主试给出一个话题,比如"今天最好和最坏的事情",请台上的学生讲 3 分钟,然后两人交换,另一个学生就不同的话题即兴演讲 3 分钟。然后两个人各自对自己和对方的紧张程度从 0 到 10 做出评定,0 表示一点也不紧张,10 表示非常紧张。结果发现人们对自己的紧张程度的评价平均分为 6.65,对他人的紧张程度的评价平均分为 5.25。在 40 名被试中,68%的人认为自己比他们的搭档表现得更紧张。在随后的研究中,Savitsky 和 Gilovich 想知道如果提前告知演讲者他们的紧张表现其实没有那么明显,是否会让他们放松一点?于是他们又以康奈尔大学的 77 名学生为被试,任务是做一个 3 分钟的演讲并录像,通过给予不同指导语,将被试分为三组——

- 告知组:"研究结果已证实,观众不会如你们预期的那样注意到你们的焦虑感……演讲者感觉他们自己很紧张,而实际上并没有那么明显……记住这一点,你们应该放松下来并做到最好。也就是说即使你感觉很紧张,很可能这一点只有你自己知道。"
- 安心组:"你们不必过多担心他人的想法……记住这一点,你们应该放松下来并做到最好,你们不必担心自己表现紧张。"

- 控制组：主试不给出更进一步的说明。

演讲结束后，演讲者和观察者用 7 点量表对演讲的质量和演讲者的紧张程度进行评定，如表 3-1 所示，与其他两组相比，告知组的演讲者对自己的演讲和表现感觉更好，观察者证实了演讲者的自我评价。所以，当你担心自己表现紧张的时候，停下来想一想这些实验给我们的启示：实际上其他人并没有你想象的那样关注你。

表 3-1 演讲者和观察者对演讲的评价

评定类型	控制组	安心组	告知组
演讲者的自我评定			
演讲质量	3.04	2.83	3.50*
放松表现	3.35	2.69	4.20*
观察者的评定			
演讲质量	3.50	3.62	4.23*
镇定表现	3.90	3.94	4.65*

注：*表示 $p<0.05$。

二、自利偏差

自利偏差也叫自我服务偏差（self-serving bias），指当人们加工和自我有关的信息时，一边为自己的失败开脱，一边欣然接受成功的荣誉，并且在很多情况下有一种觉得自己比别人好的倾向。Schmitt 和 Allik（2005）分析了 53 个国家的自尊研究，发现每个国家的自尊分数都在平均分数以上。Campbell 和 Sedikides（1999）也发现，当得知自己成功后，人们乐于接受成功的荣誉——把成功归结为自己的才能和努力，却把失败归咎于诸如运气不佳或者问题本身就无法解决这样的外部因素。

我们可以看看那些造成交通事故的司机的理由，他们会说不知从哪里钻出来一辆车，撞了我一下又跑了；或者说我刚到十字路口，一个东西忽然挡住了我的视线，以致我没看见别的车；甚至说一个路人撞了我一下，就钻到我车轮下面去了。在能力和运气同样重要的情境里，这种现象更容易出现。Kingdon（1967）发现政治家倾向于把胜利归功于自己的勤奋工作、为人民服务或者声誉和策略，把失败归因于不可控的因素，如本选区政党的组织问题等。有研究发现，当公司利润增加时，CEO 把收益归功于自己的管理能力，而当利润下滑时则归于经济不景气。

人们拿自己和别人比较时，也会出现自利偏差。大部分人觉得自己比平均水平好，认为自己道德水平高，更胜任工作，更友善，更聪明，更英俊，更没有偏见，更健康，更具洞察力，自我评价时也更客观。加里森·凯勒在小说《沃伯根湖》（*Lake Wobegon*）

中写道:"所有妇女都很强大,所有男子都很英俊,所有孩子都比平均水平要好。"心理学研究发现虽然 12%的人觉得自己比实际年龄要老,但却有 66%的人觉得自己比实际年龄小。就连弗洛伊德也闹过笑话,他对妻子说:"如果咱们俩中的一个先去世,我想我会搬到巴黎去住。"

Ross 和 Sicoly(1979)研究了婚姻中的自利偏差,发现在加拿大,年轻夫妇对自己承担责任的归因比配偶的要多。丈夫估计自己做了约 42%的家务活,而妻子估计她们的丈夫只做了 33%。对婚姻不忠的人会将过错更多地归咎于环境,其次是伴侣,最后才是自己(Warach et al., 2019)。Allen 等人(2020)研究了运动员的自利偏差,发现运动员不仅倾向于将个人成功归因于内部因素,将个人失败归因于外部因素,还倾向于对团队成功承担更多的个人责任,对团队失败承担更少的个人责任。自利偏差在以下几个方面尤为突出:

- 伦理道德:多数生意人认为自己比一般人更有道德。一个全国性调查有这样一道题目:"在一个百分制的量表上,你会给自己在道德方面的表现打多少分?"50%的人给自己打的分数在 90 分以上,只有 11%的人的打分在 74 分以下。
- 工作能力:90%的经理人对自己成就的评价超过对其普通同事的评价,86%的澳大利亚人对自己工作业绩的评价高于平均水平,只有 1%的人评价自己低于平均水平。
- 聪明才能:大部分人觉得自己比周围的人更聪明、更英俊、更没有偏见,当有人超过自己时,人们则倾向于把对方看成天才。
- 孝顺父母:多数成年人认为自己对年迈父母的照顾比自己的兄弟姐妹多。
- 摆脱偏见:人们往往认为自己比其他人更不容易受偏见的影响,甚至认为自己比多数人更不容易产生自利偏差。

自利偏差水平还会受到个人特质、情绪、情境等多方面因素的共同影响。比如权力感会增加个体在成功-失败归因时的自利偏差(Lammers, Burgmer, 2019);当情境中存在外部线索时,内疚情绪由于补偿修复的目标大多指向他人,会使个体更多地注意外部线索,从而更加客观地评价自我与抑制自利偏差(武峻生 等,2023)。

三、盲目乐观

人们对自己的认知有时候会出现盲目乐观的倾向。人们对未来的生活事件盲目乐观,部分是因为对别人命运持相对悲观的态度。例如罗格斯大学的一项研究发现,学生往往认为自己比其他同学更可能找到好工作、领到高额薪水和拥有更好的房子。而那些悲惨的事情,如酗酒、突发心脏病或遭到抢劫等更可能发生在别人身上。由于人们相信自己总能逢凶化吉,对一些可能的失败往往不去采取明智的预防措施。Burger 和 Burns

（1988）研究大学生性生活时发现，那些意外怀孕的女生大部分认为自己不太可能意外怀孕，因而没有采用避孕措施。盲目乐观的人更有可能选择那些低年费和高利率的信用卡，对一般借款人来说这是最差的选择，其利息费用远远超过年费。那些开车不系安全带、不承认吸烟危害健康、不细心经营夫妻关系的人，都提醒人们盲目乐观如同傲慢一样是失败的先兆。Gibson 和 Sanbonmatsu（2004）发现，赌博时盲目乐观者比悲观者更能坚持，即使连续地输钱。如果股民或房地产商认为自己的商业直觉超过竞争对手，同样可能会遭到严重挫败。亚当·斯密就曾经预言，人类将高估自己盈利的可能性，他认为这种对自己会走好运的荒谬推断来源于绝大多数人对自身能力的自负。

随着时代的发展，心理学研究表明人们盲目乐观的现象也在上升。Twenge 和 Campbell（2008）发现在 19 世纪 70 年代，一半的美国高中毕业生预测他们作为成年人将会成为很好的职工（强于80%的人）；到了 2006 年，三分之二的美国青少年相信自己位于前 20%的行列。尽管目标高远对成功有好处，但把目标定得太高很有可能要面对失败。

怎样才能脱离盲目乐观的弊端呢？Norem（2001）提出防御性悲观可以把我们从盲目乐观中拯救出来。防御性悲观主义者会预见问题的发生，并且促使自己进行有效应对，成语居安思危就是这个意思。另外，我国学者发现，对中国人来说提示将来事件的风险因素也能降低盲目乐观的水平（尹天子，黄希庭，2017）。

四、虚假一致性和虚假独特性

为了树立良好的自我形象，我们常常表现出过分高估或低估他人会像我们一样思考和行事的倾向。人们过高估计别人对自己观点的赞成度以支持自己的立场，这种现象被称为虚假一致性效应（false consensus effect）。如果我们赞成某一观点，我们会满怀希望地以为别人也持同样的观点，好像自己对世界的理解就应该是一种常识。如果在完成任务时失败，我们可能会把这些失误看成是正常的，从而让自己安心。当有人说谎后，便觉得其他人也不诚实，觉得其他人也像自己那样思考和行事。社交媒体的使用会放大虚假一致性，使人高估他人与自己的相似程度。可以把社交媒体平台看作一个回音室，在相对封闭的环境中，意见相似的声音不断重复放大，让人误以为这就是事实的全部（Bunker，Varnum，2021）。

当我们干得不错或获得成功时，虚假独特性效应（false uniqueness effect）则更容易发生。人们把自己的智慧和品德看成超乎寻常，以满足自己的自我形象。Galesic 等人（2018）指出当社交圈以高同质性为特征时，相同的认知过程会导致虚假一致性效应；当社交圈以低同质性为特征时，相同的认知过程会导致虚假独特性效应。

§4 自我与文化

一、独立型自我与依赖型自我

在文化心理学界，有关自我的论述享誉最高的是 Markus 和 Kitayama（1991）的独立型自我与依赖型自我。他们认为东亚文化与美国文化是两种不同的文化意义系统，生活在其中的人们也形成了不同质的自我构念。不同文化下人们对自我、他人及两者之间的关系有着显著不同的观点：美国文化下人们拥有独立型自我，而东亚文化下人们拥有依赖型自我。美国文化下，人们通过关注自我发现和表达自身独特的内在特质而保持自我的独立性；东亚文化下，人们则注重自我与他人的内在联系，强调关注他人，与他人保持和谐的互动关系。在他们看来，与依赖型自我相近的概念还有社会中心主义、整体性、集体主义、非自我中心、全体化和关系主义等。独立型自我要求保持一种独立性，依赖型自我最显著的特点是拥有更多的公共的成分，与他人的区分度相对较低，与重要他人或团体内成员有一定的重合，比如母亲、朋友等。

与独立型自我构念不同，对于拥有依赖型自我构念的个体而言，人际关系不是实现个人目的的工具，维持人际关系才是目的；在维持与他人的关系时，适时注意他人，关注他人的需要、愿望、目标等，但要建立在互惠、双赢的基础上，即帮助他人实现目标的同时，个人自身的目标也能同时得到关注。此外，拥有依赖型自我构念的个体对他人的关注具有选择性，特别表现在对于团体内成员的关注，而对待团体外个体的方式则是截然不同的。这与测量人际距离的研究结果一致，即对于拥有依赖型自我构念的个体而言，自我与团体内成员是相互依存的；和拥有独立型自我构念的个体相比，与团体外成员的距离更远。

朱滢等人以记忆的自我参照效应实验表明，与西方人不同的是中国人与自我有关的记忆并不优于与母亲有关的记忆，而是处于同一水平（朱滢，张力，2001）。脑成像研究发现，对于中国被试，母亲参照与自我参照同样激活了内侧前额叶脑区；而对于西方人，母亲参照激活的脑区与自我参照激活的脑区是不一样的（Zhu，Qi，Zhang，2004），这为不同文化下两类自我构念提供了认知神经科学方面的证据。

专栏 3-4 中国人为什么不犯"所罗门悖论"？

据《圣经》记载，所罗门国王能很好地解答别人的疑惑和问题，但对于涉及自身的重要决定却缺乏洞察力，甚至有点愚蠢。他私吞国库财物、滥用权力，在某种程度上导致了国家的灭亡。心理学家发现大多数人身上都会出现"所罗门悖论"这一现象：个体面对涉及自身冲突或困境时更容易沉浸在自身观点或情绪中，偏向忽视他人观点，坚持自己所认定的立场，从而抑制了自己的智慧与推理；面对涉及他人的冲突或困境时，则能够采纳不同观点，能避免对自身缺点认识不足，从而促进智慧与推理。最终形成个体在他人冲突下智慧推理得分大于自我冲突下智慧推理得分的不等式。以往对所罗门悖论的研究主要是在西方个人主义文化背景下进行，东西方自我构念的不同是否会影响中国文化下个体在面对自我或他人困境与冲突时的表现？

为回答这一问题，有人提出中国人的所罗门悖论可能由于两方面原因表现出不同特点。一方面，具有依赖型自我构念的中国人会将与自己关系亲密的重要他人纳入自我，这可能使其在面对重要他人冲突时，更容易卷入其中，干扰其智慧推理。另一方面，不同于将自我视为一个有边界的实体的独立型自我构念，依赖型自我强调人与人之间的联系，在某种程度上可视为无我形态，这可能使中国人在面对自身冲突时更容易摆脱自我中心式偏见，有利于智慧推理。由此可以推断，在上述智慧-推理不等式中，中国人在他人冲突下与在自我冲突下的智慧-推理得分相近。

为了证明这一假设，魏新东和汪凤炎（2021）做了四个研究，通过测量和启动不同的自我类型，成功证明了这一假设。发现在中国文化下，个体面对朋友冲突时的智慧推理高于面对自我冲突时的智慧推理水平，但差异并不显著。进一步分析发现，中国文化下独立自我得分高的个体同样会表现出所罗门悖论现象，而独立自我得分低的个体则未表现出这一现象。这一结果表明所罗门悖论只存在于独立自我得分高的个体身上，并不具备文化普适性。想进一步了解相关研究的读者请阅读：

魏新东，汪凤炎，2021. 自我-朋友冲突情境下智慧推理的文化差异及其机制. 心理学报，53(11)：1244-1259.

二、东西方文化下自我概念的差异性

众多有关文化与自我关系的理论得到了实证研究的证实，具体表现在自我描述、自尊、认知因素、情绪情感、动机等方面。

库恩的"20句陈述测验"证明了文化差异的存在，而且文化的影响力渗透到了自我发展的各个阶段。Cousins（1989）发现欧洲裔美国人更多地使用一些抽象的心理特征来描述自我，比如"我是诚实的"等；而日本人更多地使用自己的社会角色来描述自我，比如"我是一名大学生"。与美国大学生相比，中国大学生更多地使用社会类别而较少使用个人特征来描述自我（Triandis，1989），韩国的被试更喜欢用具体的特征而较少使用稳定的人格特质来描述自己（Rhee et al.，1995）。

Trafimow，Triandis 和 Goto（1991）发现美国人给出更多有关私人自我的描述，比如善良、诚实等；而中国人则给出更多有关团体自我的描述，比如兄弟、学生等。Hong 等人（2001）发现，中国香港特区的大学生在进行自我描述时通常包含更多的责任而较少提到权利，而北美大学生则正好相反。这种自我描述不仅在成年人中出现文化差异，而且在不同文化下成长的儿童中也存在差异。Wang 等人（2004）的研究发现，美国儿童使用积极的个人特征、抽象的性格以及内在特点等来描述自我，而中国儿童则以中性或谦虚的口吻，使用社会角色、具有情境特异性的特征以及外显行为来描述自己。

西方学者认为自尊是一种人类普遍一致的需要，即人们具有拥有、提升并保持正性的自我观点的动机。但 Heine 等人（1999）对日本文化下的人类学、社会学和心理学的分析表明，并不是所有文化条件下的人们都拥有一致的动机。在日本文化下，自我批评反而更典型。现有的对保持独立自我良好感觉的测量发现，欧洲裔美国人的得分显著高于东亚人和亚裔美国人，同时拥有不同类型自我的个体的自我知觉也存在文化差异。例如，与日本人相比，加拿大人拥有更高程度不切实际的乐观主义。在受威胁情况下，加拿大人比日本人表现出对事件更高的可控感。研究者使用内隐联结测验（IAT）的范式测量了欧洲裔美国人、亚裔美国人及日本人对个体自我和集体自我与正性和负性特征词之间联结的关系。结果表明，那些受北美文化影响不大的个体将集体自我与正性特征词关联在一起，将个人自我与负性特征词关联在一起；而受到北美文化影响较深的个体则正好相反（Hetts et al.，1999）。

文化心理学家对东西方归因方式的研究也发现，西方被试常常对他人行为做特质归因，而东方被试则更多地考虑到情境因素的影响，因而更多地做情境归因（Miller，1984；Morris，Peng，1994；Choi et al.，1999）。米勒对东西方归因方式的研究，成功地说明了文化在个体社会化过程中的显著作用，他发现用一般特质来描述他人特点的倾向在美国被试中随年龄增大越来越突出，但印度被试则没有这种趋势（Miller，1984）。除上述有关归因方式的差异研究，人际知识的研究发现，与拥有独立型自我的人相比，依赖型自我者对他人更关注、更敏感，拥有更多有关人际交往的知识。对于多数美国人而言，记忆中对自我的表征往往比对他人的表征更为精细和独特，并且在记忆中比较容易提取；而在东方文化背景下，个体的表现则正好相反（Markus et al.，1991），东亚人通常拥有更多的有关他人如何看待自己的记忆（Cohen，Gunz，2002）。

研究发现，西方人更容易进行自我中心的情绪投射，即"我悲伤，别人也悲伤"，而东方人则更容易产生他人关系取向的情绪投射，即"我悲伤，别人同情"（Cohen，Gunz，2002）。之前的研究表明，对于西方人而言，保持自我各个方面或者在各种情景中的一致性相当重要，是保持积极心理状态的前提。而近年来对东方文化下被试的研究发现，为适应文化的要求，东方人往往在不同情景下表现自我的不同方面。与美国被试相比，韩国被试往往更能包容对自我的不一致描述。韩国被试的自我一致性与主观幸福感的相关程度比美国被试低得多（Suh，2002）。对关系型、依赖型自我的研究发现，自我同一性对于社会行为和主观幸福感并不是很重要。在关系型自我构念上得分越高的被试，其自我同一性与主观幸福感的相关程度就越低（Cross，Gore，Morris，2003）。

对内在动机的研究发现，独立型自我在拥有自主权时内在动机最高，任务完成得最好。而拥有依赖型自我的东亚人却不尽然，关系取向使他们在他人做选择的情景下也表现出较高的动机。事实上，东亚被试在由团体内成员，尤其是其生活中的重要人物为其做选择时，表现出最高的内在动机，任务也完成得最好（Iyengar，Lepper，1999）。不同文化下人们对自我提高的动机不同，反映在人们对待失败和成功的态度以及之后的行为上。研究发现，一旦成功地完成某项任务，西方人往往会对该任务赋予较高的重要性，在之后的行为中更多地选择该任务，并且坚持的时间更长。日本人表现出一种自我批评的倾向，他们对那些与自我相关的负性信息更敏感，因此日本人往往更关注失败的任务，并对其赋予较高的重要性，将更多的努力投入之前失败的任务中（Heine et al.，2001）。

三、自我的三成分模型

特里安迪斯认为，自我由三个成分组成：一是私人自我，指个体对自己的特质、状态或行为的认识；二是公共自我，指他人对自我的观点的认识；三是团体自我，指团体内成员对自我的认识。每个人的自我都由这三个成分组成，而文化差异会影响个体对自我不同方面的信息提取的概率。在集体主义文化下，人们更多地提取团体自我的内容；而在个人主义文化下，人们更多地提取私人自我的内容。在特里安迪斯看来，在不同文化中，有三个因素会影响对上述三类自我的提取概率：

- 文化范式，指个人主义-集体主义倾向。个人主义倾向越高，对私人自我的提取概率越高、对集体自我的提取概率越低。而集体主义、外来威胁、与外团体的竞争以及共同命运都会增加对集体自我的提取概率。
- 文化松紧性，即文化同质性。文化同质性越高意味着文化特性越紧密，从而集体自我的提取概率越高。
- 文化复杂性，即文化复杂性程度。文化复杂性越高，对私人自我、公共自我的提取概率越高。

以上三种因素存在差异的原因可能与经济发达程度、资源可获得性、生态环境、价值观、教养方式，以及语言、宗教信仰等有密切的关系。

四、华人自我四元论

杨国枢先生认为社会取向和个人取向是人类与环境互动的最基本、最重要的两种模式,东方人特别是中国人,与生活环境的互动方式主要是社会取向,而西方人特别是美国人,与生活环境的互动方式主要是个人取向。他认为中国人的社会取向包括四种次级取向,关系取向、权威取向、家族取向、他人取向,这四种次级取向代表了中国人在社会生活场所中与对方的互动方式。

虽然社会取向是中国传统社会中人们主要的互动方式,但受现代化的影响,当代中国社会中人们的个人取向特征与内涵逐渐增加,社会取向互动特征和内涵则逐渐减少。因此在现代生活中,两种取向的自我结构已经在中国人的个人心智系统中同时并存、互动与运作(陆洛,2003;黄光国,1995;杨国枢,1992)。因此在今天的中国人的自我系统中,个人取向自我与社会取向自我并存,于是就存在五个取向,关系取向、权威取向、家族取向、他人取向和个人取向。后来杨国枢将关系取向与权威取向合为一个,仍称关系取向,这样华人自我就包括四个维度,分别是个人取向自我、关系取向自我、家族取向自我和他人取向自我。

孙蒨如(2002)从个人取向与社会取向观点出发,探讨了自我评价、自我提升及自我保护的问题。她以虚假独特性效应和自我障碍策略为主题的研究表明,华人在个人取向与社会取向两类自我的正向特质上都有高估自己的情形,表示他们的确有个人取向自尊与社会取向自尊的需求,且社会取向自尊需求较高,同时也有个人取向自我提升与社会取向自我提升的现象。当激起个人取向自我时,个体维持正向自我评价的倾向较明显;当激起社会取向自我时,个体维持正向自我评价就变得不是那么重要了。可见中国人也有自尊需要与自我提升,同时在自尊需求的高低与正向自我评价的维持两方面,个人取向自我与社会取向自我是不同的。

杨国枢(2002)对中国人自尊的研究发现,大学生的自尊与尊严、面子和荣誉等社会取向是分不开的。大学生在成功情境中与公私条件下状态自尊的产生与丧失,表现出的是一套在儒家文化圈内的东方人的标准反应模式,即社会取向的模式,这与西方人的标准反应模式——个人取向的模式——是不相同的。从成就动机与自我实现方面看,成就动机虽然是人类普遍存在的动机,但对于成就需要的驱动力在不同的自我构念中是不同的。心理学家发现存在自我取向的成就动机和社会取向的成就动机,其中自我取向的成就动机是指个体为了自己内在的完美的标准而努力,而社会取向的成就动机是指个体为了符合重要他人的期望而努力,特别是家人等(余安邦,杨国枢,1987)。从情绪上讲,根据杨国枢的自我四元论的观点,自我所体验到的情绪应该包括个人取向的情绪、关系取向的情绪、家族取向的情绪、他人取向的情绪。孙蒨如(2002)发现,中国人的关系取向自我受到冲击时对情绪的影响比个人取向自我受到冲击时更大，所体验到的情绪种类也不同，说明两种取向的自我是不同的，这也证明了两种取向情绪差异的存在。

推荐读物

1. 张力，周天罡，张剑，刘祖祥，范津，朱滢，2005. 寻找中国人的自我：一项fMRI研究. 中国科学（C辑），35（5）：472-478. 这篇文章从中国文化影响自我概念的角度，探讨神经层面上文化对自我概念的影响。

2. 贺熙，朱滢，2010. 社会认知神经科学关于自我的研究. 北京大学学报（自然科学版），46（6）：1021-1024. 这篇文章总结了神经科学运用脑成像等技术在社会认知领域对自我的研究进展。

3. BAUMEISTER R F, 1999. The self in social psychology. London: Psychology Press. 这本书是有关自我研究的权威教材，作者用大量的篇幅向读者讲述了自我概念、自我知觉、自我表演、自尊、自我调整、自我和文化等内容，是一本值得看的书。

4. KWAN V S Y, KUANG L L, HUI N H H, 2009. Identifying the sources of self-esteem: the mixed medley of benevolence, merit, and bias. Self & identity, 8(2-3): 176-195. 这篇文章对自尊的来源进行了分析，使我们对中国人自尊的理解更进一步。

5. LU L, GILMOUR R, 2006. Individual-oriented and socially oriented cultural conceptions of subjective well-being: conceptual analysis and scale development. Asian journal of social psychology, 9: 36-49. 这篇文章细致地探讨了华人的个人和社会取向的概念及其对健康、幸福的意义。

6. 杨国枢，2004. 华人自我的理论分析与实证研究：社会取向与个人取向的观点. 本土心理学研究，22：11-80. 这篇文章简述并讨论了华人自我四元论。作者所建构的理论是以个人取向与社会取向（又分为关系取向、家族取向、他人取向）的概念架构为基础，提出个人取向自我、关系取向自我、家族取向自我、他人取向自我四种构念。作者进一步讨论了四种自我之间的可能冲突，也分析了个人取向自我与社会取向自我在社会变迁中的并存与化合问题。

思考题

1. 简述人类认识自我的历程。
2. 什么是自我图式？
3. 简述希金斯的自我差异理论。
4. 个体在自我概念的构建过程中是如何推断自己的？
5. 什么是自我觉知，可以分为哪些类别？

6. 什么是自尊？中国人的自尊和西方人的自尊有什么共同点和不同点？
7. 什么是自我效能？自我效能作用的机制是什么？
8. 简述自我表演的策略。
9. 什么是自我障碍、自我监控和自证预言？
10. 东方人的自我概念和西方人的自我概念有什么不同？
11. 简述自我的三成分模型。
12. 论述华人自我四元论的主要观点。

4

社 会 认 知

在日常生活中，我们时时刻刻接触他人或事物，这些人或事物有的是我们熟悉的，有的则是我们第一次看到的。对熟悉的事物人们往往凭经验处理，而对于新事物则需要加以分析和思考。在心理学研究中，社会认知常常包括我们对自己的认知、对他人的认知、对社会或环境的认知，以及对自己或他人行为原因的认知等。我们在第三章已经讲了对自己的认知，本章主要探讨其他几个方面。

§1 社 会 认 知

社会认知（social cognition）又称社会知觉，Fiske 和 Taylor（1991）把它定义为：人们根据环境中的社会信息推论人或者事物的过程，具体来讲就是人们选择、理解、识记和运用各种社会信息做出判断和决策的过程。人的认知资源有限，心理学家把人看成是一个认知吝啬者（cognitive miser），认为人在不需要付出的时候绝对不轻易付出。社会认知是一个复杂的过程，在社会心理学家看来，人们通常会努力形成对世界的准确印象，并且大部分情况下都能做到，但在此过程中人们会犯各种各样的错误。

一、分类

在认知他人的时候，人们并不是把每个人当成独立的个体，而是自动地将其归到某一类，这一过程就是分类。分类是自发、立即进行的过程。Cantor 和 Mischel（1977）指出，人们分类时往往与原型（prototype）相比较——将被分类物体与该类物体的一个典型或理想的范例相比较，这个范例就是原型。比如，老虎或猫就是哺乳动物的原型。

人们看到一个陌生人时最初的分类常常依据性别，首先把其归入男性或女性，然后再做进一步的分类。通过分类，人们对他人或事物的认识大大地被简化，这可以节省不少认知资源。除性别外，种族也是人们很看重的分类标准，把人按种族分类是种族偏见的基础。在日常生活中，人们倾向于让一个群组中的物体比实际上更统一。比如，人们常常认为同一月份的某两天的气温要比相邻两个月份某两天的气温更接近。Krueger 和 Clement（1994）让被试猜测 8 天的平均气温，结果发现被试对 11 月 15 日至 23 日的平均气温差异的判断要比 11 月 30 日至 12 月 8 日之间的平均气温的差异小。对人的分类也一样，一旦把人分成不同的群体——运动员、心理学系学生、数学教授——我们就有可能夸大群体内部的相似性和群体之间的差异性，从而造成"外群体同质效应"（out-group homogeneity effect），认为类别之外的他人都是相似的，不同于"我们"和"我们的"群体。因为人们一般都喜欢那些与自己相似的人，不喜欢那些与自己不一样的人，所以这种分类最终会导致内群体偏好。

专栏 4-1　网络碎片化信息如何影响人类的认知？

网络和社交媒体的快速发展给我们的生活带来了很大的改变。与传统的阅读方式相比，微信和微博等使阅读变成了一种碎片化的学习。这种学习方式对我们的认知理解能力有什么影响？来自北京大学和康奈尔大学的研究者在 *Computer in Human Behavior* 上发表了题为 Does micro-blogging make us "shallow"? Sharing information online interferes with information comprehension 的文章，用实验方法探讨了碎片化传播方式，以及这种方式对人们信息理解的影响。这项研究由两个实验组成：

实验 1 通过模拟在线微博，研究者让被试阅读 50 条微博信息，其中 40 条是关于社会热点话题"老人摔倒扶不扶"的讨论。实验组的其余 10 条信息是无关干扰信息，控制组的其余 10 条信息是与实验组文字量相等的无意义字符。实验组要对读到的信息做"转发"和"跳转"的选择，而控制组则直接按"跳转"键，读完所有的微博即可。之后被试要根据微博信息回答阅读理解式的题目。研究发现，微博设置的"转发"功能对信息理解存在显著的负面影响，对信息做"转发"和"跳转"反馈的被试对微博内容理解的成绩显著低于单纯阅读组。研究进一步分析了实验组被试对"转发"信息的理解，发现"转发"并没有增进被试对信息的理解，转发错误数是转发正确数的两倍。实验 2 探讨了这种网络在线的碎片化阅读方式对信息理解的影响是否会延伸到线下的实际阅读中。

实验 2 所用的方法与实验 1 相似，但是这一次在完成微博任务之后，被试需要阅读一篇线下文章，并根据文章内容回答问题。结果发现需要对微博信息进行"转发"和"跳转"选择的被试在之后的测试中表现得更差，其原因是"转发"和

"跳转"这样的反馈选择增加了被试的认知负荷。新媒体碎片化的传播方式会影响人们对信息的理解,并且这种影响能够从线上延伸到线下。

该研究一经发表就得到了国外 10 余家媒体的报道。英国认知神经科学家 Christian Jarrett 在 *Research Digest* 报道了这一研究成果,他在接受英国《独立报》采访时说:"这是一篇探究'媒介多任务'的研究……人们在多个任务中跳转往复,这干扰了人们在每个任务上的表现。"文章的作者之一,康奈尔大学的王琪教授在接受有关采访时强调,这篇文章不是讨伐新媒体的檄文,只是告诉人们在按下"转发"键之时,给自己一点时间,多一些自觉的思考,这样才能真正地在互联网时代中获益。更多信息请参见原文:

JIANG T, HOU Y, WANG Q, 2016. Does micro-blogging make us "shallow"? Sharing information online interferes with information comprehension. Computers in human behavior, 59: 210-214.

二、图式

图式(schema)是 S. E. Taylor 和 J. Crocker 提出的概念,包含了我们对人物、事件的知识,指的是一套有组织、有结构的认知现象,包括对所认知物体的知识,有关该物体各种认知之间的关系及一些特殊的事例。比如,对大学食堂的图式——学生们排着队、打饭、吃饭,然后归还餐盘等。

根据不同的内容,心理学家把图式分为以下几种:

(1)个人图式(person schemas),指对某一特殊个体的认知结构,比如人们对毛泽东就有一个个人图式,这个图式的内容包括有勇气、自信、百折不挠等。

(2)自我图式(self-schema),指对自己形成的认知结构,它与自我概念有着紧密的联系。你可能认为自己聪明、有同情心、乐于助人,这些都是你的自我图式的内容。

(3)团体图式(stereotype),指对某个特殊团体的认知结构,也叫团体刻板印象。团体图式使人们将某些特质归于一个特殊团体的成员所共有的,比如人们常常根据刻板印象认为山东人勤劳、诚实,温州人有冒险精神,等等。

(4)角色图式(role schema),指对特殊角色者所具有的有组织的认知结构,比如人们常常认为教授知识渊博、满头银发,而央企领导严肃、稳重。

(5)剧本(script),指对事件发生顺序的图式,尤其是指一段时间内一系列有标准过程的行为。比如到餐厅就餐的事件就符合剧本,什么时候点菜、什么时候结账就是一个剧本。如果这个剧本的顺序发生颠倒,你一到餐厅还没点菜服务员就让你结账,你还会在这个地方吃饭吗?

图式为人们认知世界提供了便利。为节省时间与精力,人们常用图式化的方式去处理大量信息,即图式有助于人们快速且经济地处理大量信息。图式的作用具体表现在三个方面:①帮助我们解释新获得的信息,从而做出有效的推论;②提供某些事实,填补原有知识的空白;③能使个体对未来可能发生的事件的预期结构化,以便在将来做好心理准备。

当人们面对能以多种方式加以解释的信息时,图式能降低模糊性。凯利(Harold H. Kelley)告诉某大学来自不同系别的选修经济学课程的学生,当天的课程将由一位客座教师讲授。为制造关于这位客座教师的图式,凯利对学生们说经济系很想知道不同班级对这位老师的反应差别有多大。参加研究的学生在老师到来之前收到一份介绍,内容包括老师的年龄、背景、教学经验及其人格特点。其中一个版本写道:"认识他的人都认为他是一个非常热心、勤奋、严格、实际且果断的人。"在另一种版本中,除了将热心改成冷酷之外,其余完全相同。客座教师进行了一场 20 分钟的课堂演讲后,凯利让学生对这位老师进行评定。评定内容包括幽默、和蔼、善解人意等。由于老师和学生接触的时间很短,凯利假设这些学生们会运用自我介绍中所提供的图式去填充这些空白。实际情况正是这样,看到的介绍说他是一位热心教师的被试,比那些看到他是冷酷教师的被试在评价上高出许多。

尽管图式通常非常有用,但图式化的处理也有不足之处,它使人们觉得不需要去详细分析与解释。Gilovich(1981)用实验证明图式能左右一个人对当前外交政策的偏好。他让两组被试处理两个假想事件,这两个事件描述的都是一个小的民主国家遭到霸权主义邻国的威胁。唯一不同的是在一组中提到类似慕尼黑事件及第二次世界大战前的象征(丘吉尔、有盖卡车);另一组则提及与越南战争有关的事物(美国当时的国务卿鲁斯克、直升机、小艇),其他条件都一样。结果听到与二战有关事件暗示的被试比较支持小国对抗邻国的行动,而得到与越战有关暗示的人则不支持对抗行动。

总之,社会认知是一个复杂的过程,这个过程中有许多问题需要注意。比如在认知过程中刚刚获得的信息与认知者原有认知结构之间的关系、信息的重要性、信息的易获得性,以及认知者的期望、动机、情绪和情境等都会对社会认知过程和结果产生影响。

三、社会认知法则

由于个人的认知资源有限,同时也由于我们所面对的情境的复杂性,所以在社会认知过程中,我们常常会采取一些法则,这些法则包括:

(1)便利法则(availability heuristic),指人们根据一件事进入脑海的容易程度做出判断。比如,医生在诊断病情时会使用便利法则,不同疾病进入其脑海的容易程度会影响诊断。Markus(1977)认为人们也会运用便利法则对自己做判断,并且这种判断可能会与我们所能回忆起来的自己过去行为的例子的容易程度有关。为了检验这种想法，他设计了一个巧妙的实验。在其中一种情境下，研究者要求被试写出 6 个自己表现出有主见的事情；另一个情境下，研究者要求被试写出 12 个有主见的行为。然后让所有被试评价自己有主见的程度。结果发现人们真的会运用便利法则（回忆起相关例子的容易程度）来推测自己有主见的程度：只被要求回忆 6 个例子的被试都认为自己相对来说是有主见的，因为要想到 6 个这样的例子很容易；而被要求回忆 12 个例子的被试，则认为自己相对来讲没有主见，因为要想到这么多例子并不容易。此外，Lichtenstein 等人（1978）发现，不同媒体图像会使得某些死亡方式更容易被回忆，进而导致公众错误地认为谋杀比自杀更多，溺水比火灾导致更多的死亡。

（2）代表性法则（representativeness heuristic），指人们根据事物与某个典型事物的相似程度来归类。比如，在人们的印象中，北方人比较高大，南方人相对矮小。如果给你一张照片，照片上的男孩子比较高大，他符合一般人对北方人的印象，我们就更可能认为他是北方人而不是南方人。相关研究结果显示成年人推理认知受代表性法则的影响，一项针对儿童推理能力的研究发现，儿童的推理认知能力也会受到代表性法则的影响。

（3）基础比例信息（base rate information），指人们按照总体中不同类别的成员所占的相对比例的信息做出判断。比如，判断一个美国加州大学的学生是哪个地方的人，我们很容易判断为加州人，因为加州人在该学校就读的人数比例最高。

（4）锚定与调整（anchoring and adjustment），指人们以一个数字或数值为起始点，并依据这个起始点进行调整，但这种调整往往并不充分。比如，让你在两种情况下判断乐山大佛的高度，一种是"你的小妹妹昨天刚过 5 岁生日，你说乐山大佛有多高"，另一种是"张三的父亲 75 岁了，你说乐山大佛有多高"。结果发现，在第二种情况下，我们对乐山大佛高度的判断要比第一种情况高。

1987 年，尼斯贝特及其同事还研究了不同科学训练如何影响人们日常生活中的统计和推理能力，结果发现经过两年研究生学习后，学习心理学和医学的研究生的统计推论能力比学化学和法律的研究生进步快。

四、社会认知对健康的影响

社会认知对人类健康和幸福的影响体现在以下几个方面：

首先，社会认知会影响寂寞感。心理学研究表明，在社会认知过程中，如果人们只注意生活中的消极方面，那么就可能体验到更多的寂寞。Anderson 及其同事（1994）指出，与那些抑郁的人一样，长期寂寞的人也经常陷入贬低自己的消极作用圈，他们经常用消极的态度看待自己的压抑，经常责备自己没有良好的社会关系，把事物看成是自己无法控制的等。Jones 等人（1981）还发现，寂寞感较强的人常常用消极的眼光看待他人，比如他们会把自己的室友看成是难以相处的。

其次，社会认知会影响焦虑。焦虑是我们生活中不可避免的事情，比如当你去一个公司接受面试、见一位重要的人物或者是别人评价你的时候，都可能会感受到焦虑。心理学家 Wegner 和 Zanakos（1994）就研究了我们感受到焦虑的情境，发现人们对情境的认知与控制可以使人避免焦虑，津巴多等人的研究也证明了这一点。在这项研究中，津巴多让害羞和不害羞两组女大学生在实验室中与一个英俊的男士谈话。谈话开始前先把这些女学生集中在一间小屋子里，给她们呈现很大的噪声。之后告诉其中一部分害羞的女生，噪声会造成她们心跳加快，并说这是焦虑的症状。结果发现，这部分女生由于把自己在与男士交谈时的心跳加快归因为噪声，而不是自己害羞或者缺乏社会技能，所以她们不再焦虑，谈话也很流畅。不仅是在某些情境中，个体在学习过程中也会产生焦虑，进而影响学习结果。Spielberger（1966）的研究表明，20%以上的高焦虑学生因学习失败被迫辍学，而在低焦虑的学生中，因学习失败而辍学者只有 6%。

最后，社会认知会影响人的生理疾病。随着工业化进程的发展，心理学家发现人类的行为和认知对自身的健康有着重要的影响。行为医学和健康心理学就是在这种思路的影响下发展起来的。在健康心理学家看来，我们对自己的情绪和紧张的认知与疾病产生有着紧密的联系，如图 4-1 所示。

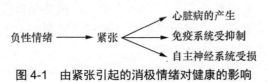

图 4-1　由紧张引起的消极情绪对健康的影响

心理学家在研究社会认知对健康的影响时指出，乐观的生活态度和面对疾病时的乐观解释是人们身体健康的主要条件之一。塞利格曼（Martin E. P. Seligman）和彼得森（Christopher Peterson）提供了这方面的证据，他们研究了哈佛大学 1946 年的一次面谈记录和这些人在 1980 年的健康状况，发现那些乐观的人在身体状况方面远远好于那些悲观的人，这些研究我们在积极心理学一章中还会提到。

> **专栏 4-2**　人类社会分类的线索和影响因素是什么？
>
> 在社会认知的过程中，人们常常依据不同的线索对事物做社会分类。华中师范大学的温芳芳和佐斌（2019）从三个方面对这些线索做了区分：一是从线索的清晰度上把线索分为明显线索和模糊线索。其中，明显线索是指外显的相对稳定

和不可变的线索，如面孔形状、肤色和其他物理线索等；模糊线索是指相对内隐和模糊的线索，如性取向、亲族关系再认、宗教信仰等。二是从线索的来源上把线索分为自然线索和社会线索。其中，自然线索包括性别、种族和年龄，这三种线索常常被称为社会分类的"大三"（big three）类别，它们是人们社会分类感知和推理判断的重要依据；而社会线索包括职业角色、政党派别、身份地位等，它们也在很大程度上影响着我们的社会认知。三是从线索的变化性上把线索分别为静态线索和动态线索。其中，静态线索包括简历、档案等文本信息；动态线索包括面部表情、语音声调和一些非言语线索等，人们通过视听感触等方式，对互动对象进行快速分类判断。

社会分类还受到很多因素的制约，这些制约来自三个方面。一是社会认知因素，包括分类对象的可接近性和凸显性；人们所处的情境（如不同文化背景、合作与竞争情境和社会情境）；感知者的性别、权力、信念和集体记忆等。这三个要素的影响存在交互作用。二是心理动因，包括社会分类动机；结构与确定感需要（是人们简化管理多样信息的重要心理基础）；群体认同（人们自发准确、快速地识别出群体成员间的多样特征并进行群体划分）。三是神经机制，包括社会分类的认知神经基础（双侧杏仁核、扣带回、梭状回和右侧脑岛）；多样社会分类线索表征的神经基础（如腹侧颞叶皮层的内部与之间的语义类别表征渐变与语义分类行为相关联，竞争性感知表征的解决由网状网络来执行等）；社会分类的生理基础（如阈下启动条件，积极或消极情感激活更强的交感神经系统分别引发内群体和外群体的面孔的社会分类）。

温芳芳，佐斌，2019. 社会分类的概念、线索及影响机制. 心理科学，42(2)：395-401.

§2 个人知觉

人们刚认识一个人的时候，总是要根据有限的信息对这个人形成印象，即这个人是不是一个有能力的人或他的性格怎样等，这个过程就是个人知觉（person perception）。回想一下你刚进大学时的情景，与同学第一次见面，你们之间会互相形成一定的印象。人们对他人的认识和期望，最初完全取决于这种印象，这种印象对以后双方的交往非常重要。个人知觉涉及三个方面：首先是对他人的印象形成，其次是采用什么线索形成对他人的整体印象，最后是在个体对他人形成印象时可能出现的偏差。

一、印象形成

印象形成指我们把他人有意义的若干人格特性进行概括、综合，形成一个具有结论性意义的特性的过程。阿施最早对此进行了系统的研究，在研究中阿施把人格特性分为中心特征（如"热情"和"冷淡"）和边缘特征（如"文雅"和"粗鲁"），结果发现对他人的印象形成主要是按照中心特征，边缘特征所起的作用不大。阿施之后，其他心理学家继续对印象形成的过程进行研究，并从以下几个方面对这个过程的特性做了总结。

1. 第一印象

在与陌生人交往的过程中，所得到的有关对方的最初印象叫第一印象。第一印象中最重要、最有力的是评价，即在多大程度上喜欢或讨厌对方。尽管第一印象包含了很多维度，如友善、健康等，但都离不开评价，评价是人们对他人形成印象的基本维度。

Osgood, Suci 和 Tanenbaum（1957）用语义分析实验证明了人们评价事物时的几个基本维度。研究中他们给被试一张配对的特质形容词表，让他们把某一特殊的人或物归到这些特质上去，这些特质包括快乐与悲伤、好与坏、强壮与软弱、温暖与冷淡等。评定的项目包括母亲、玉石等，如让被试评定母亲是快乐还是悲伤。最后，他们找出了评定人或物时的三个基本维度：评价（evaluation），指对他人或事物从好与坏的方面加以评定；力量（potency），指对他人或事物从力量的强弱方面加以评定；活动性（activity），指对他人或事物从主动与被动方面加以评定。Osgood 指出：一旦某个人或物被置于这三个维度上，即使有再多的评定，也无法增加对这个人或物的信息。在这三个维度中，评价是最重要的维度，一旦人们对他人在这个维度上定位，那么对这个人的其他知觉也基本落在同一地方。比如，你和别人初次见面，一旦你对这个人形成有利或不利的印象，就会把它延伸到其他方面。所以有人总结道：尽管第一印象并非总是正确的，但却是最鲜明、最牢固的，它决定着我们对他人的知觉。

既然评价在第一印象中非常重要，那么人们又是根据他人的什么特征对他人进行评价的呢？D. R. Kinder 和 R. P. Abelson 对 1980 年美国总统选举的研究发现，人们对总统候选人进行评价时依据两个维度——能力和是否正直。前者包括知识能力、感召力和领导能力，后者包括是否有道德、诚实和对权力的欲望等。美国人正是根据在这两个维度上对候选人的评价来决定选票，结果里根因为在这两个方面占优而击败卡特当选为美国总统。

2. 整体印象

尽管第一印象很重要，但随着对他人认识的深入，人们会逐渐形成对他人的整体印象。在知觉他人的时候会获得许多信息，人们是怎样把这些信息整合在一起，形成对他人的整体印象呢？N. H. Anderson 从 20 世纪 60 年代开始系统地对这个问题进行研究，在研究的基础上提出了几个信息加工处理的模型,后来这些模型在一定程度上得到了研究的证实。

(1) 平均模型 (the averaging model): Anderson (1965) 提出,该模型认为在印象形成中,人们以简单平均的方式处理所获得的有关他人的信息。如表 4-1 所示,苏珊对约翰整体印象的形成依据平均模型,她把自己对约翰的单个评价加起来后求平均数。平均模型是人们对他人形成印象时采取的最简单的模型。

表 4-1 第一次约会时苏珊对约翰的印象

约翰的个人特质	苏珊的评定
干净	+10
聪明	+10
体贴	+4
矮小	−5
衣着随便	−9
整体印象	10/5=2

(2) 累加模型 (the additive model): 人们对他人片段信息的整合方式是累加的而非平均。以苏珊对约翰的评价为例,苏珊很喜欢约翰 (+6),后来又知道了一些有关他的稍微有利的信息,如约翰比较谨慎 (+1)。根据平均模型得出结论"苏珊不喜欢约翰",因为原分数高于平均值。根据累加模型她会更喜欢他,因为一项正性信息累加到已存在的正性印象之上,约翰的印象分变高了。可惜,支持累加模型的研究不多。

(3) 加权平均模型 (the weighted average model): Anderson (1968) 提出,按照这一模型人们对他人形成整体印象的方式是将所有特质加以平均,但对较重要特质给予较大权重。比如对科学家智力因素的权重大,而对演员来则是吸引力权重大。相对前两个模型而言,加权平均模型能够解释的现象范围更广,是对他人形成整体印象时最常使用的模型。

对加权平均模型的进一步验证是 Fiske(1980)提出的负性效应(the negativity effect)。这一效应指人们在对他人形成整体印象时,与正性信息相比,负性信息会占据更大的权重,即在其他条件相同的情况下,负性特质对印象形成的影响比正性特质大。Hodges (1974) 还从这一效应中引申出正性印象比负性印象更容易改变的结论。侯玉波等人 1998 年在一项研究中发现,中国人在评价他人行为的时候,往往是以他人做错了什么来评价,而不是以他人正确的行为来评价。在生活中常常有这样的事情,当一个人告诉你某个人是骗子以后,不论你对他的其他特质有多少认识,对他的评价都不会太高。

3. 个人知觉中的偏差

在知觉他人的过程中人们常常会出现一些偏差 (bias),这些偏差是不可避免的,

人们可以注意到它,并降低其对知觉过程的影响,这些偏差包括:

(1) 晕轮效应(halo effect),指评价者对一个人多种特质的评价往往受其某一高分特质印象的影响而普遍偏高,就像一个发光物体对周围物体有照明作用一样。比如,你一旦觉得张三比较可爱,就会对其性格、态度及能力等有较高评价。也就是说对可爱这个特质的高分评价影响了你对张三其他特质的评价,对其他特质的评价也普遍偏高。与晕轮效应相反的是负晕轮效应(negative halo),也叫扫帚星效应(forked tail),指评价者对一个人多种特质的评价往往受某一低分特质印象的影响而普遍偏低。Dion,Berscheid 和 Walster(1972)用实验证明了晕轮效应的存在(如表4-2所示)。

表4-2 晕轮效应的证据

特质描述	吸引人者	中等者	不吸引人者
人格的社会融洽性	65.39	62.42	56.31
职业地位	2.25	2.02	1.70
称职的配偶	1.70	0.71	0.39
称职的父母	3.54	4.55	3.91
社会幸福及职业幸福	6.37	6.34	5.28
总体幸福感	11.60	11.60	8.83
结婚的可能性	2.17	1.82	1.52

注:数字越大,表明评价越高,但每个特质的评价尺度不同。

可以看出,长相漂亮的人在大多数方面被给予了较高评价,只有在做父母维度上例外,人们认为长相中等的人较适合做父母。进一步研究发现,外表的晕轮效应能延伸到与外表无关的事情上。在一项研究中,Landy 和 Sigall(1974)先让男性被试看一篇名为《电视在社会生活中的角色及影响力》的论文,假设该论文由一名女大学生所写,同时附上作者照片。所附照片有些很漂亮,有些则不漂亮;论文也是有些写得好(清晰、文法准确、结构严谨),有些写得很糟糕(思路不清、语言僵硬)。被试的任务是评定论文的质量。结果发现:不管论文客观质量是好是坏,由漂亮的人写的文章都被给予较高的评价。此外,Dion(1972)还发现长相漂亮的小孩违反宗教或道德规范时,大人们认为不严重;而同样的错误若是由不漂亮的小孩所犯,则被认为很严重。Landy 和 Aronson(1969)甚至发现模拟陪审团对不漂亮的被告判的刑期较长;更有甚者,杀死一个较漂亮的人比杀死一个不漂亮的人被判刑期更长。

由外表引起的晕轮效应也有不适用的时候。Sigall 和 Ostrove(1975)发现,若一位漂亮的被告所犯的罪与外表吸引力直接相关,将被判重刑。在一项研究中,Sigall 向模拟陪审团描述一件案子,并将被告照片给他们看。案件有偷窃(与外表吸引力无关)与欺诈（与外表吸引力有关）之分。同时还有一个控制组，仅向被试描述罪状而不附照片。结果如表4-3所示，利用自己的外表吸引力犯下诈骗罪的被试被判了重刑。

表4-3 晕轮效应对司法审判的影响

罪名	平均判刑（年）		
	吸引人的	不吸引人的	控制组
欺诈	5.45	4.35	4.35
偷窃	2.80	5.20	5.10

除了研究由外表漂亮而产生的晕轮效应外，研究者还将目光转向消费领域。Leuthesser，Kohli和Harich（1995）在一项针对消费品牌评价方式和准确度的研究中发现，消费者对商品品牌的整体知觉会产生对该品牌的晕轮效应，从而影响个体在品牌调查中对品牌的评价。这也是很多著名公司邀请明星做代言人的目的，通过代言人美好的形象来提升公司和产品的影响力。

（2）正性偏差（positivity bias），也称慈悲效应（leniency effect），指人们在评价他人时对他人的正性评价超过负性评价的倾向。在一项研究中，大学生把92%的教授评定为"好的"，即使学生在课堂上对他们同时有正性和负性印象时也如此。David O. Sears认为这种偏差只发生在评定人时，他称之为人的正性偏差（person-positivity bias）。对于这种偏差发生的原因有两种解释：一是M. W. Matlin提出的"极快乐原则"（pollyanna principle），强调人们的美好经验对评价他人的影响，当人们被美好的事物包围的时候，比如善良的他人、晴朗的天气等，便觉得愉快。即使后来发生了一些不愉快的事情，比如生病、邻居对自己不友好等事情，人们依然会依照美好的经验对自己所处的环境做出有利的评价。最后的结果是，人们对大部分事物的评价总是高于一般水平，因为与不愉快的事情相比，愉快的事情更容易被回忆起来。第二种解释则仅限于我们对人的评价。Sears（1983）指出，人们对所评定的他人有一种相似感，因此人们对他人的评价要比对其他物体的评价更宽容。人们倾向于对自己做较高评价，所以对他人的评价也比较高。

二、个人知觉线索

1. 情绪

情绪是我们知觉他人的首要线索。1872年达尔文就从进化论角度研究了表情的跨文化特性，发现面部表情在任何地方都表达着同样的情绪状态。比如，高兴时面带微笑，忧虑时皱眉头等。Ekman与Friesen（1971）以新几内亚一个没有文字、尚未接触过西方文明的佛尔人（Fore）为研究对象，研究他们对情绪的理解能力。在研究中，他们向佛尔人讲述几个带有情绪内容的故事，然后让佛尔人看6张美国男人和女人表达愤怒、快乐、惊讶、恐惧、厌恶及悲伤情绪的照片。被试的任务是把这些照片与故事匹配在一起。结果发现，佛尔被试的回答和西方被试一样准确。研究者又将佛尔人面部表情的照片展示给美国被试观看，结果美国被试也能正确解读佛尔人的情绪。研究结果诠释了这6种主要情绪具有跨越文化的一致性——这些情绪是人类共通的，而非文化经验产物（Biehl et al.，1997；Ekman，1993，1994；Ekman et al.，1987；Elfenbein，Ambady，2002；Haidt，Keltner，1999；Izard，1994）。

表情的共通性对人类生存具有极大价值。达尔文称这种共通的表情是进化而来的，因为它允许人们向别人表达情绪，从而控制他人的行为。人们常常根据他人的情绪来推断其内部的心理状态，情绪是人们了解他人的最主要线索。对他人外在可见的特质，人们知觉的准确性极高，而对他人的内部状态，比如感觉、情绪、人格等就比较困难。但即使很困难，人们还是可以通过各种方式加以了解。早在1938年，心理学家伍德沃思就指出，人的情绪可以被安排在一个6分的连续维度上，任何两类情绪是否能被区分，与它们在这个维度上的距离有关。现在大多数心理学家则认为，人类有7种不同的情绪：

- 快乐、高兴；
- 惊奇、迷惑；
- 害怕、恐惧；
- 悲伤；
- 生气、愤怒；
- 厌恶、受辱；
- 好奇、恳切。

除了上述几种情绪，研究人员发现"自豪"也具有跨文化的一致性（Sznycer et al.，2017）。自豪通过面部表情、身体姿势和手势来表达，通常表现为微笑、头部向后微倾、胸部扩张，以及手臂交叉放在头顶或臀部上（Tracy, Robins, 2008）。研究发现，美国、意大利和西非布基纳法索的被试都可以准确解码自豪的表达。此外，Tracy and Matsumoto（2008）对2004年奥运会和残奥会的37个国家的盲人及非盲人选手赢得比赛时的表情进行编码，发现这些选手在比赛获胜后露出的面部表情及肢体动作高度相似，从而证实了自豪的跨文化一致性。

2. 非言语线索

人们使用三种信息通道来表达与自己有关的信息，最常用的是言语沟通（verbal communication），即一个人谈话的内容。其他两种是非言语线索——视觉线索和超言语线索，前者指人的面部表情、手势、身体姿势及外观行为，后者指言语中除谈话内容以外的线索，如频率、振幅、速度、音质等。表现为一句话有多种含义，同样一句话，因为重音、停顿或语调不同而产生不同意思。非言语线索在人际沟通中有许多功能，一是表达情绪，如"我生气了"——眼睛变小，眉毛压低、严厉注视，嘴巴紧闭成一条狭长直线。二是表达态度，如"我喜欢你"——微笑、注视对方良久，或"我不喜欢你"——注视他处、语气平淡、身体转向别处。三是表达个人特质，如"我很外向"——肢体动作大，说话音调富有变化，语气活泼有力。四是辅助言语沟通，如在你结束说话时将声音压低，视线移开，使你的谈话伙伴知道你说完了，轮到他说话了（Argyle，1988）。非言语线索能辅助人们完整表达自己的意思，如你微笑着说："我真为你高兴！"非言语线索也有可能跟你所说的话矛盾，如你讽刺他人时说："我真为你高兴。"你可以运用语气，用讽刺的口吻强调"真"这个字，或在说话时转动眼珠（在北美文化中是讽刺的信号）。非言语线索也可以代替言语信息，例如摆出 OK 手势或用一根手指从喉咙划过，可以不通过语言来传达清晰信息。人们常用的非言语视觉线索包括三个：

一是人际距离。当某人对另一个人表现得友善亲密时会选择较近的人际距离，而人们希望让他人觉得自己友善时，也会选择较近的人际距离。因此，我们可以从别人选择的距离来了解他人对我们的态度。但在这里我们也应该考虑到文化因素对人际距离的影响。在 20 世纪 60 年代，心理学家在研究人类空间行为的时候发现，文化规范决定着人们的距离偏好。美国人在与他人交往的时候会选择较远的人际距离，而拉丁美洲和阿拉伯裔会选择较近的距离。人际距离的不同有时候会使来自不同文化的人在交往中产生误会，比如当一个美国人和一个巴基斯坦人交流时，美国人会觉得对方过分亲热，而巴基斯坦人却觉得美国人冷漠。

二是身体姿势。高兴的时候可能手舞足蹈，而害怕时可能畏首畏尾。近几十年出现了以体态语言（body language）为主题的畅销书，指出只要观察他人的身体移动姿势，就能正确地推测他人的思想和语言。但也需要注意，体态语言之所以有意义，是因为观察者与被观察者都了解彼此交流的背景和文化。如果抛开特定的文化环境就会造成误会。比如在西方国家，握手代表友谊和信任，但是在日本，则用鞠躬代替，东南亚国家则是合掌。

三是目光接触。好莱坞电影中常常从一对男女的目光接触开始描写恋爱，接触表示感兴趣，中断表示不感兴趣。当与人谈话时，缺少目光接触会让人觉得你对他不感兴趣。但是当一个人向他人传达坏消息时，则可能会避免目光接触。当人们觉得自己处于困境时，也不希望成为注视的焦点。有时候目光接触可用作威胁的手段，比如一些老师就经常使用它。

与言语线索相比，非言语线索常常会泄漏一个人的真正企图。当一个人说谎说得很成功时，他的真正企图却经常从非言语线索中泄露。Ekman 和 Friesen（1974）发现，人们往往对自己的谈话内容比较重视，而不太注意身体姿势。如果一个人想欺骗别人，他往往会平静地说出谎言，但却从非言语中泄露自己的情绪。说谎的人经常表现得焦虑、紧张、神经质，这些非言语线索在不经意间泄露出他在撒谎。Ekman（1976）发现人们说谎时，声音的平均声调比说实话时高，这种差别正常人无法区分，但声谱仪能正确测出。其次，回答简短、反应间隔长、讲话错误多、紧张等均被认为是说谎者的特征。研究发现，身体姿势比面部表情更容易透露出欺骗的企图。

尽管非言语线索能在一定程度上揭示他人说谎的企图，但在实际生活中，人们侦察他人是否说谎的能力并没有多强。Kraut 和 Poe（1980）做了一项研究，他们随机挑选了一些旅客作为实验组，让他们夹带违禁品过海关，如果能成功通过，就会获得 4000 美元的奖金。另外还随机选了一个对照组。在海关的出口处，包括缉毒专家、海关缉私人员等在内的观察者秘密记录每个旅客的非言语沟通行为，包括外表、姿势、放松心情、微笑、逃避海关人员的注视、谈话中的错误反应情况等。结果实验组和对照组的非言语沟通没有任何可辨别的差异，不论是海关人员还是普通观察者均无法区分谁是夹带违禁品的人。即使事后让观察者从录像中挑出走私者，他们同样无法做到。这表明在现实生活中，人们侦察欺骗行为的能力是有限的。

专栏 4-3　娃娃脸的优势

看到别人的脸时，人们在想什么？为了找出这个问题的答案，Todorov 和他的同事们（2008）让被试从人格维度上给大量中性面孔打分。结果研究者发现有两个较为突出的维度：一是正性-负性，包括评价这个人看起来是否可靠、是否具有攻击性；另一个则集中在权力方面，包括评价这个人看起来是自信还是害羞，倾向于支配还是服从。研究还发现：被试对他人做出判断的能力是天生的，被试知道应该接近还是远离他人（维度一），以及他们可能在一个权力体系中处于何种位置（维度二）。为了进一步证明这一点，Todorov 用电脑软件将这两个维度按照不同程度组合成新面孔，这些面孔中有一些在特定维度上非常极端，日常生活中几乎不可能出现。比如有一些面孔极具男子气概——突出的下巴，看起来让人觉得居高临下；也有一些人浓眉大眼，让人觉得值得信赖。研究中那些看起来值得信赖、不咄咄逼人、可靠而温和的面孔看上去更像孩子们的脸，Leslie A. Zebrowitz 和她的同事称之为娃娃脸——它的特点包括大大的圆眼睛、大额头、高眉毛和相对小而圆的下巴，这些人被认为相对弱小、天真、顺从。和娃娃脸相反，那些有着小眼睛、小额头、瘦削而突出的下巴的人则被认为是强壮、能干和占据支配地位的人。洛伦茨猜测许多可爱的哺乳动物幼崽会触发一种固有的反应，这种反应能确保幼崽和无助的个体得到足够的照顾。人们对幼小生物的这种自然的反应可能让我们认为拥有这些特点的成年人也是可信赖的和友好的。这些特征具有非常大的影响，甚至长着娃娃脸的人作为被告在法庭上受到了更多优待（Zebrowitz, McDonald, 1991）。

§3 归　　因

归因（attribution）是指人们推论他人的行为或态度之原因的过程。我们每天会遇到许多事情，常常要寻找这些事件发生的原因，归因问题也是心理学家所关心的。在社会认知过程中，由于人们不愿轻易付出自己的认知资源，所以并不是对所有发生的事情进行归因，只在两种情况下人们才会进行归因：一是发生出乎意料的事情，比如飞机失事等；二是发生令人不愉快的事情，比如患病、被别人责备等。研究归因的时候，心理学家提出了一系列理论对归因中人们使用的原则和方法加以论述，下面分别介绍这些理论。

一、对他人行为的归因理论

1. 海德的归因理论

1958 年，海德在《人际关系心理学》中从朴素心理学（naive psychology）的角度提出了归因理论。在海德看来，每个人在生活中都有一种试图解释他人行为的冲动，这一理论主要解决日常生活中人们如何找出事件发生的原因的问题。海德认为，人们有两种强烈的需求，一是对周围环境的一贯性理解，即今天看到的世界和以前看到的世界是一致的；二是控制环境，即能够对周围环境施加影响。要满足这两个需求，人们必须有能力预测他人将如何行动，而要做出预测，就必须对行为的原因进行推测。

海德认为，事件的发生无外乎有两种原因：一是内因，比如情绪、态度、人格、能力等；二是外因，比如外界压力、天气、情境等，内因和外因涵盖了一切原因。海德进一步指出，在推断原因的时候，人们使用两个原则。一是共变原则（principle of covariation），即某个特定的原因在许多不同的情境下和某个特定结果相联系，原因不存在时，结果也不出现，就可以把结果归于该原因。比如，一个人老是在考试前闹别扭、抱怨世界，其他时候却很愉快，我们就会把闹别扭和考试联系起来，把闹别扭归于考试而非人格。二是排除原则，即如果内因或外因这两者之一足以解释整个事件，就可以排除另一种归因。比如，当一个凶残的罪犯又杀了一个人的时候，我们在对他的行为进行归因的时候就会排除外部归因，而归于他的本性等内在因素。

2. 韦纳的归因理论

1972 年,韦纳在海德的归因理论和阿特金森成就动机理论的基础上提出了归因理论,该理论主要说明了归因的维度及归因对成功与失败行为的影响。韦纳认为内因与外因的区分只是归因的维度之一,在归因时人们还从另外一个维度——稳定与不稳定的角度看待问题,这两个维度互相独立,就像平面坐标系中的 X 轴与 Y 轴一样。韦纳组合了这两个维度,如表 4-4 所示:

表 4-4 韦纳的归因模型

	不稳定	稳定
内部	努力	能力
外部	运气	任务难度

韦纳的归因理论最引人注目的是归因结果对个体以后成就行为的影响。他指出把成功与失败归于内部/外部或稳定/不稳定的原因,会引起个体不同的情感与认知反应。把成功归于内部稳定的因素会使个体产生自豪感,认为成功的原因是自己聪明;把失败归于内部稳定的因素会使个体产生羞耻感。Dweck(1975)发现,把成功归于努力的学生比把成功归于能力的学生在以后的工作中坚持时间更长,而把失败归于能力的人比把失败归于努力的人在未来的工作中花的时间更少。

20 世纪 80 年代,韦纳进一步发展了他的归因理论,提出了归因的第三个维度——可控制性(controllability),即事件发生的原因是在个人能力控制之内还是之外。在韦纳看来,这三个维度经常并存,可控制性这一维度有时本身也会发生变化。

表 4-5 改进后的归因模型——以对考试成绩的归因为例

	内部		外部	
	稳定	不稳定	稳定	不稳定
可控制	特定的努力	针对某事的暂时努力	老师的偏见	来自他人的偶然的帮助
不可控	特定的能力	心境与情绪	考试难度	一个人的运气

韦纳的归因理论引起了人们对归因风格(attributional styles)训练的兴趣,为帮助人们发展出适应性更强的归因风格,Dweck(1975)用现场实验证明了归因训练的有效性。实验中的被试是一些经常把失败归于自己缺乏能力的小学生,当研究者给这些小学生布置新的学习任务时,他们实际上已经产生了习得性无助(learned-helplessness),即一种认为无论自己怎么努力都注定会失败的信念。Dweck 的训练计划包括 25 个时段,实验过程中,在解决数学问题上给被试一系列成功或失败的经验,当被试失败的时候教会他们把失败归于努力不够,而不是缺乏能力。实验结束之后,Dweck 发现这些学生

的成绩和努力程度都有显著提高。据此 Dweck 提出了成长心态概念,认为人的智力特征并不是固定不变的,智力可以靠后天努力而改变。与成长心态相对立的是固定心态,认为人的智力是固定不变的,常用的智力测验就是以后者为基础建立起来的。Dweck 因为这一理论,获得了"一丹教育研究奖"。

3. 归因风格理论

艾布拉姆森提出了抑郁型(depressive explanatory style)和乐观型(optimistic explanatory style)的归因风格,并把它与日常生活联系起来。具有抑郁型归因风格的个体常把消极的事件归于内部、稳定和整体的因素,把积极的事件归于外部的、不稳定和局部的因素,所以他们常常会从消极的角度解释生活和理解他人。相反,乐观型归因风格者常把积极的事件归于内部、稳定、整体的因素,而把消极的事件归于外部、不稳定和局部因素。

彼得森和塞利格曼在档案研究中发现,这两种归因风格对个体的健康水平有影响,他们发现抑郁型归因风格影响个体的免疫系统,其作用机制与紧张类似;抑郁型归因风格者不是一个好的问题解决者,他们注定会在问题解决中变得疯狂;抑郁型归因风格者常常忽视自己的健康状况,缺乏适当的营养、睡眠和运动;抑郁型归因风格者在面对疾病的时候比较被动,不会主动寻求帮助。

4. 凯利的三维归因理论

凯利吸收了海德的共变原则,于 1967 年提出了三维归因理论(cube theory)。该理论认为任何事件的原因最终可以归于三个方面——行动者(actors)、刺激物(stimulus objects)和环境背景(contexts)。例如,对张三打李四这件事的归因,张三是行动者,李四是刺激物,打架时的环境是背景。凯利指出在归因的时候,人们要使用三种信息:一致性信息(consensus information),"其他人也如此吗";一贯性信息(consistency information),"这个人经常如此吗";独特性信息(distinctiveness information),"此人是否只对这项刺激以这种方式反应,而不对其他事物做同样的反应"。有了这些信息,人们就可以对事件进行归因。凯利还提出在归因过程中人们会使用折扣原则(discount principle)——特定原因产生特定结果的作用将会由于其他可能的原因而削弱。这一原则被广泛应用于我们对他人行为的归因。表 4-6 就是以凯利的理论为基础对某个学生在上课时睡觉这一行为进行的归因。

表4-6 凯利的三维归因理论——"为什么学生会在我的课上睡觉"

	一致性信息	一贯性信息	独特性信息	归因维度
情境1	(低)其他人没睡觉	(高)该学生以前也睡	(低)该学生在别人课上也睡	学生懒惰
情境2	(高)学生们都睡觉	(高)该学生以前也睡	(高)该学生在别人课上不睡	教授没劲
情境3	(低)其他人没睡觉	(低)该学生以前不睡	(高)该学生在别人课上不睡	情境原因

5. 对应推论理论

E. E. Jones 和 K. E. Davis 于 1965 年提出的对应推论理论（correspondent inference theory）适用于对他人行为的归因，该理论试图解释在什么条件下我们可以把事件归于他人的内在特质（dispositional trait），即人格、态度、心情等。Jones 等人认为，一个人的行为不一定与他的人格、态度等内在品质相对应，比如一个善良的人由于自卫误杀了另一个人，我们能说他是一个坏人吗？显然不能。那么什么时候我们能推论一个人的行为与他的内在品质相对应呢？Jones 等人提出了两个条件：一是行为的非期望性与非顺从性，如一个人做了不道德的事，我们就能从其行为推论出他是一个不道德的人；二是行为的自由选择性，如果一个人的行为是其自由选择的，不是在外界强大压力之下做出，我们会认为他的行为代表了他的内心。

二、对自己的归因

人们对自己的行为怎样进行归因呢？贝姆（Daryl J. Bem）于 1967 年提出的自我知觉理论认为，人们往往不清楚自己的情绪、态度、特质和能力等，对自己的推论通常依赖于自己的外显行为。也就是说，我们试图使用本质上相同的资料和相同的归因过程对我们自己的行为进行因果关系的推论。在贝姆之后，其他心理学家系统地研究了人们对自己各方面的归因，发现人们对自己的态度、动机和情绪进行归因的方式有一定的规律。

1. 对自己态度的归因

人们认为自己是靠内省和不断检讨意识里各种不同的认知和情感因素而形成自己的态度，但贝姆反对这种观点，他认为人们所能知觉到的有关自己的态度的内在线索很少且模糊不清，因此人们实际上是通过观察在不同压力环境下自己的行为去了解自己的态度的。为验证自我知觉理论，Salancik 和 Conway（1975）设计了一项宗教行为描述实验，参加实验的学生被随机分到 A 组和 B 组。对于 A 组学生，研究者询问他们是否偶尔才有与宗教相关的行为，如去教堂、看宗教报纸、向牧师问个人问题等。许多学生经历过这样的宗教活动，因此 A 组学生说他们有过不少的宗教行为。而对 B 组的学生，研究者询问他们是不是经常做这些事，由于大多数学生并不经常如此，因此 B 组学生报告的宗教行为较少。由于这两组学生是随机选取并分配的，因此可以假设他们实际发生的宗教行为没有差别。但由于问题中使用的关键词不同，第一组描述自己参加了不少宗教活动，第二组描述自己参加了较少宗教活动。最后研究者问学生：你的宗教信仰有多虔诚？结果第一组比第二组学生更虔诚，说明了人们用行为去推测态度。

2. 对自己动机的归因

完成一项报酬高的工作，常常会使人们做外在归因，认为做这份工作是因为报酬高。而完成相同工作只有微薄的报酬时，人们往往做内在归因，即我喜欢这项工作。因此，心理学家指出少的报酬将引发个体对工作的高内在兴趣，因为个体将工作成就归于内在兴趣而非外在奖励。也就是说，如果从事一项工作的理由被过分正当化的话，就会在不知不觉中削弱个体参与该活动的内在兴趣；如果给做自己喜欢工作的人酬劳，则会降低其内在兴趣。同样，施以外在威胁以避免个体从事某项行为可能会增加个体对该行为的兴趣。例如，即使告知学生在学校不穿校服会受到惩罚，但依然会有学生不穿校服，甚至穿一些奇装异服，此时学生可能将寻求该行为归因为受到了威胁，而非该行为本身的乐趣。

3. 对自己情绪的归因

传统观点认为，人们经由考虑自己的生理状态、心理状态及引起这些状态的外在刺激确认自己的情绪。但最近的研究表明，情绪反应在性质上并无二致，人们能区分出高低不同的唤起状态，但无法辨别不同类型的情绪。Schachter 和 Singer（1962）认为，人们对自己情绪的知觉取决于人们所经历的生理上的唤起程度和人们所使用的认知名称，如快乐、愤怒等。为了得到这一认知名称，人们首先会检查自己的行为及环境。例如如果一个人觉得生理状态激昂，并且对着电视正在播的喜剧片大笑，他会推论自己正处在快乐中，而如果这个人是在拥挤的街道上对推搡自己的人大叫，他会推论自己是愤怒的。Schachter 等人进一步论证了这一问题，认为人们对生理唤起的归因是产生各种各样情绪的根源。

> **专栏 4-4　　归因的文化差异**
>
> 　　文化心理学家认为，东西方的认知模式（cognitive mindset）是不同的。在东方文化背景下生活的群体更擅长在情境中思考，即结合上下文理解问题，这是一种整体性的思维模式；而在西方文化背景下生活的群体的认知模式更偏向于认识物质本身的特性，认为事物的本质是永恒不变的（Nisbett, 2003; Norenzayan et al., 2002），这是一种分析性的思维方式。杨中芳（2008）也提出，东方人尤其是中国人讲求事物发展的平衡，推崇为人处世要找寻一个大家都舒适的中间点，即中庸。那么，这一理论是否在所有情况下都成立呢？
>
> 　　早在 2012 年，我国学者周欣悦等人就在 *Journal of Personality and Social Psychology* 上发表了一篇文章探讨了这一问题。在这项研究中，研究者用 12 个实验证明当中国被试的控制感被剥夺时，他们会摒弃先前的整体型思维方式，转而采用分析型思维方式，以寻求积极结果和机会。在设计实验时，为了启动控制剥夺，实验者在被试做判断时故意给其不完整的判断信息，并让被试体验判断的挫

败感。研究发现被试的控制感被剥夺后，中国被试和西方被试在注意力控制上呈现出显著的趋同于西式风格——高度关注情境中的突出事物；同时中国被试体现出了强烈的对逻辑思维论点的偏好，而非辩证思维论点。这一研究证明虽然东西方文化对个体的认知方式有影响，但却不是绝对的。在控制剥夺的特殊情境下，个体呈现的思维模式具有跨文化的一致性。

三、基本归因偏误

基本归因偏误（the fundamental attribution error）由 Lee Ross 于 1977 年提出，是指人们经常把他人的行为归因为人格或态度等内在特质，而忽视其所处情境的重要性的归因偏差。基本归因偏误有时也表现为行动者与观察者之间的偏差（actor-observer bias）——人们作为一个评价者对他人行为进行归因的时候，往往倾向于稳定的内部归因；而当人们对自己的行为进行归因时却倾向于做外部归因。也就是说，观察者高估个人特质的影响，而行动者高估情境因素的作用。

人们为什么会犯基本归因偏误呢？首要的原因和情境有关，因为当人们尝试解释他人行为时，注意会集中在人的身上，而不会意识到周围的环境（Heider, 1944, 1958）。此外，基本归因偏误依赖于个人的心理理论（Moran, Jolly, Mitchell, 2014）。心理理论（theory of mind）是指通过他人的行为，推测并理解对方意图和心理状态的能力。面对一个陌生人，虽然不知道他心里在想什么，但是你看见他对你做出握手动作，就会认为他想与你认识才这样做。心理理论有生理基础，神经科学研究发现许多脑区和心理理论过程有关，如中前额叶皮质（MPFC）、后扣带回皮质、颞顶交界（TPJ）、颞上沟区（STS）。J. M. Moran 用脑成像技术检测人们对他人行为进行归因时的脑部活动，发现与心理理论有关的脑区活动能预测被试是否做出了有偏差的归因。研究者准备了一些小故事，故事的情节比较模糊，因此对主人公的行为做内部归因或外部归因都是可能的。研究者记录了人们在阅读故事并做出归因时的脑部活动，结果发现在阅读故事时与心理理论过程有关的脑区（中额叶皮质、后扣带回皮质）活动较强，人们对主人公做出内部归因。

基本归因偏误还会使一个人高估其他人的知识。Lee Ross 等人于 1977 年在斯坦福大学进行了一项研究，学生两两一组，一人发问，一人回答。研究者让发问者自编 10 个题目（有挑战性但不是不可回答的）向回答者发问，要尽量难倒对方，最后让双方评估自己和对方的知识。结果表明当发问者所编的问题很难时，回答者会高估发问者的水平，回答者认为与自己相比对方的知识更丰富。显然在研究中回答者更注重外在行为而忽略情境。回答者以为发问者知识丰富，认为他们知道这些难题的答案，实际上他们忽略了情境中的人为因素,即发问者可以编造任何问题,而未必知道问题的答案。即便如此,发问者还是让回答者对自己有了较高的评价,结果如表 4-7 所示。

表 4-7 对自己与他人知识水平的评价

评分人	评定内容	
	发问者知识	回答人知识
发问者	53.5	50.6
回答者	66.8	41.3

注:评分范围为 0~100 分。

基本归因偏误也会受到文化背景的影响。西方人看重内部归因,强调个体或群体的性格特质决定对事情的处理方式;而东方人看重外部归因,强调个体或群体处理事情的方式受所处背景、外部环境的影响(Miller,1984;Choi et al.,1998)。在莫里斯和彭凯平的鱼群实验里,中国被试和美国被试对鱼群和单条鱼(蓝色鱼)的游动轨迹反映出的原因给出了不同的猜测。美国被试认为蓝色鱼与鱼群的游动轨迹不同应归因于内部力量,而中国被试则归因于外部力量(Morris,Peng,1994)。除此之外,Masuda 和 Nisbett(2001)也发现日本人在看动画时,会更多地注意画面中的环境、背景;而美国人则聚焦于主角或动物的活动轨迹。

Nisbett 等人(2001)认为,东西方文化作为两种截然不同的历史悠久的载体,其蕴含的认知论不同,促使在特定文化背景下成长的不同人群理解和认知世界的方式风格也有所不同。东方人的思维方式是整体思维(holistic thinking),具有整体性、联系性、变化性、矛盾性、中和性等特征;西方人的思维方式是分析思维(analytical thinking),具有逻辑性、非联系性、统一性、非矛盾性、排中性等特征(Li et al.,2022)。这些差异也反映出在归因时,东方人对事情的解构往往倾向于联系上下文,结合事物的多个方面辩证地看待问题,而西方人倾向于追溯事物的本质特征,认为环境对事物的影响不存在。西方人强调人的因素,东方人则强调环境的因素,不同国家间应加强交流,这样才能在一定程度上避免不必要的冲突。

推荐读物

1. EKMAN P, 1982. Emotion in the human face. 2nd ed. New York:Cambridge University Press. 该书对情绪问题做了详细的叙述,主要分析了人们如何从他人的表情判断情绪。

2. ANDERSON N H, 1965. Averaging versus adding as a stimulus-combination rule in impression formation. Journal of experimental psychology, 70: 394-400. 这篇文章说明了用特质形容词形成对他人的印象时,平均模型的特色。

3. KELLEY H H, MICHELA J L, 1980. Attribution theory and research. Annual review of psychology, 31: 457-501. 这篇文章对传统的归因理论做了详尽的评价与叙述。

4. PETERSON C, SELIGMAN M E P, 1987. Explanatory style and illness. Journal of personality, 55(2): 237-265. 这篇文章介绍了不同归因风格对个体健康的影响。

5. 普劳斯，2004. 决策与判断. 施俊琦，王星，译. 北京：人民邮电出版社. 本书第四章"直觉与偏差"部分介绍了社会认知的相关内容。

6. 布朗，2004. 自我. 陈浩莺，等，译. 北京：人民邮电出版社. 本书详细地记录了多年来这些处在变化中的概念和心理学自我研究的价值，进一步描述了对自我这个日益重要的社会心理学概念的其他解释。

思考题

1. 人们怎样形成对他人的印象？
2. 什么是晕轮效应？它对我们认识他人有什么样的影响？
3. 人们通过哪些线索形成对他人的知觉？
4. 什么是图式？它可以分为哪几类？
5. 社会认知对我们的健康有什么样的影响？
6. 试述海德、韦纳、凯利和贝姆的归因理论。
7. 人们在归因中会有什么样的偏差？

5

社 会 行 为

对人类行为的研究一直是社会心理学家关心的问题。正如本书一开始讲到行为主义时提到的,行为主义之所以成为心理学的第一势力,不仅因为它符合那个时代的科学规范,更重要的是它对人类社会的建构具有重要的意义。本章主要讲三个问题,一是人类社会行为的基础,二是人类的侵犯行为,三是人类的利他行为。

§1 人类社会行为的基础

在人类行为发展中,遗传与环境的作用一直是科学家争论的问题。早在古希腊时期,亚里士多德就认为人类的灵魂与动物不同,具有意识和自由意志。受亚里士多德的影响,遗传对人类行为的重要性被大大低估,人们过分强调环境因素对行为的决定作用。行为主义者华生认为,除了少数简单的反射外,人类行为完全由外界环境塑造,只要控制环境条件就可以塑造出不同类型的人。

与这种思路相反,在社会心理学产生早期,人们很看重遗传因素的作用。比如,社会心理学的奠基人麦独孤在分析人类的社会行为时就强调遗传本能因素。他指出人类的所有行为都可以用本能解释,本能加上经验作用,就能构成人类一切活动,并进一步形成个人品质与民族特性。弗洛伊德的精神分析理论也认为人的一切行为动机都和性本能有关。尽管弗洛伊德的后继者对这一理论在某些方面做了修改,但总体上依然是以内在动机倾向解释行为产生,环境的影响并没有体现在其理论中。

一、遗传因素的作用

1. 生物学理论的观点

任何行为都有其遗传基础,这是无可争辩的事实。达尔文的进化论从自然选择的视角分析了遗传因素在有机体发展中的作用,个体由于基因构成不同,对环境的适应也不同，适者生存，不适应的则被淘汰。这一理论成功地解释了人类情绪发展，通过面部表达情绪具有固定的模式，这种模式是人类长期进化的结果。P. Ekman 等人也发现了人类情绪表达的普遍性（在不同国家、地区基本一致）、内在性（自然产生的过程）及一致性（儿童与成人一致）的证据，这些都支持了进化论对人类情绪发展的解释。

但心理学家也发现，人类的许多社会行为并不能用进化论加以解释，如合作、父母为后代奉献及利他行为。为了解释这些行为，W. D. Hamilton 用近亲选择扩展了进化论的视野。他认为自然选择不仅因为对个体有益而存在，还会通过对与个体基因类似的其他个体有益而起作用，即一种对个体不利的特征（如助人行为）会因为个体有足够多的近亲而被选择留下。W. D. Hamilton 的观点被 E. O. Wilson 引入了社会生物学，按照这一理论，不论是通过直接或间接的方式，基于遗传的行为总是以最大限度地确保产生后代为目的。W. D. Hamilton、E. O. Wilson 等人提出的理论受到了人们的追捧，在 20 世纪 80 年代出尽风头。可惜的是，与其他源于生物学基础的理论一样，它所能解释的行为很有限，无法长久地对心理学的发展方向产生影响。

2. 遗传与心理发展的关系

任何一种心理特质与行为都会受到遗传因素的影响，但在不同的心理特质与行为层面上，遗传影响的大小不一样。起初人们认为遗传的影响在生命的早期较大，而环境作用在以后的发展中更大，可惜没有证据支持这一观点。相反，随着年龄的增加，基因对智力发展越来越重要。比如基因差异可以解释婴儿在发展测验分数中15%的变异，而对儿童来说基因对智商的贡献超过 50%。对此，Plomin 和 Daniels（1987）指出，不论基因影响的大小如何变化，它对人的心理与行为的影响随着年龄的增加而加大。

基因对身体和智力特征的影响大于它对社会与人格特质的影响，这并不是否认基因对后者的作用，实际上基因对人格特质的影响已为许多研究者证实。Eaves（1983）通过研究儿童与成人期人格的关系发现，不论是人格特质中的内向-外向、神经质，还是个体差异中的社会赞许倾向、害羞等，在各个年龄阶段，很大程度上是由遗传因素决定的。为了应对气候变化和寻觅食物，更好地生存繁衍，人类的祖先离开非洲，来到亚洲、欧洲和北美洲。为适应新环境，早期人类产生了许多新的变异，这些变异大部分集中在外观上。比如留在非洲的人肤色较深，有研究者认为，这是热带地区所需的"遮阳罩"，而那些迁徙到北极的人进化出更浅的肤色，以便在阳光直射较少的地区合成维生素 D。

二、环境对人类社会行为的影响

在心理学体系中，环境对人类心理与行为发展作用的强调是从行为主义开始的。早期的行为主义者用一种极端的形式突出了环境的影响，在一定程度上夸大了环境的作用。随着心理学的发展，人们认为以下几种环境因素对人类行为有很大的影响。

1. 家庭环境

家庭是人们接受环境影响的最初场所,不同家庭教养方式对儿童的心理发展有着极为不同的影响,这一点已经被许多领域的心理学家所证实。即使在同样的家庭中,孩子也面临着不同的教养方式。比如,精神分析流派的心理学家阿德勒就发现,父母对出生顺序不同的孩子的教养方式不同,造成了孩子们在依赖感、成就行为等方面的差异。基于这种思路,现代心理学家在研究家庭影响的时候,不再把一个家庭看作对每一个孩子有同样影响的地方。在成长过程中孩子们往往面临着共同与非共同的两种家庭影响,前者指家庭内部所有孩子共同面对的环境,如社会阶层、教育水平、儿童养育哲学等;后者指家庭内部父母对不同孩子的区别对待。Plomin 和 Daniels(1987)指出对儿童成长而言,后者的影响更大。比如被收养的孩子即使与家庭中其他孩子面临同样的家庭环境,由于父母对待他们的方式不同,他们的人格发展也会与其他孩子不一样。因此在家庭内部,对孩子发展影响最大的是孩子所面临的特殊环境而不是一般性的家庭因素。正是这一原因,麦科比(Eleanor Maccoby)提出家庭研究的方向应该由家庭间转到家庭内部(Maccoby,2000)。

2. 文化环境

与生物进化一样,文化也存在进化的问题。文化进化是指文化特征由上一代向下一代传递的过程,它往往以文化与社会规范的形式表现出来。按照文化进化的观点,人的成长离不开社会与文化环境,文化不仅为个体的发展提供了目标与内容,而且社会化本身就是文化影响个体的过程。与生物进化不同,文化进化有自己的特点。第一,从速度上看,与生物进化相比,文化进化的速度快得多。生物进化一般要经过上万年的时间,而文化进化则通过一代或几代人就能完成。第二,从结果上看,生物进化使人类拥有一些特质,文化进化则决定了人类如何使用这些由遗传得来的能力。文化差异对人行为的影响差异可以说明文化的作用。Morelli 等人(1992)在中非地区的研究发现,由于当地的习俗是父亲带孩子,所以父婴关系对孩子成长的影响更重要;而在其他社会中,母婴关系起主要作用。C. R. Ember 和 M. Ember(2003)研究了肯尼亚的一些部落中男孩与女孩性成熟的原因,发现父母的关注是造成女孩性成熟较早的根本原因;在成长的早期,如果给男孩同样的关注,就没有这样的性别差异。

三、遗传与环境的相互作用

随着心理学的进一步发展,人们认识到了环境与遗传共同决定着人类的心理与行为。比如,社会学习理论认为,个体的行为不是由动机、本能、特质等内在因素决定,也不是由环境力量决定,而是由个体与环境的相互作用决定的。实际上在人类心理与行为的发展过程中,遗传与环境的作用从来都是不可分割的。遗传提供了生理上的基础,而环境提供了发展的空间。许多研究结果可以说明二者之间的相互影响。

1. 遗传建构环境的观点

Sandra W. Scarr 认为，孩子的遗传特征与他的养育环境有着紧密的联系，它们之间的关系可以表述为用遗传特征建构生活环境，这种建构有如下三种形式。①被动型（passive kind）：父母向孩子提供遗传特质和经验，使遗传与环境不可避免地发生关系，如家里的藏书量和父母的读书兴趣对孩子的影响。②唤起型（evocative kind）：孩子在遗传的基础上做出某种反应后，这些反应会进一步强化遗传特征，如爱笑的孩子受到的关注比不爱笑的孩子多，而受到关注本身又会强化笑的行为。③主动型（active kind）：人们基于遗传特征选择适合自己的环境，例如天生身体素质好的孩子，主动选择难度大的运动。

Scarr 认为个体的成长就是遗传与环境相互作用的结果，正如洛伦茨所言："人类的内在活动系统不仅受生理遗传的影响，也受环境与文化传统的影响。"另外，从社会文化与生理变化的关系上看，尽管它们是不同的过程，但总是一起进行。Stebbing（2011）认为使用遗传能力越多的社会，所获得的资源也越多，进步也会越快，而这一切的实现都要借助文化和社会化的作用，教育与学习则是这一过程的关键。遗传特征的进化通过生理过程实现，社会文化的进化则发展不同规范。

2. 行为遗传学的证据

遗传和环境影响行为，但它们的相对影响到底有多大一直是人们争论的问题。行为遗传学（behavioral genetics）在一定程度上解决了这一争论。为区分二者的相对影响，行为遗传学假设：一种心理或行为（如智力分数）如果在不同的时间及情境下一致，就可以归于遗传；一种心理或行为（如侵犯行为）如果可以通过持续强化而固定下来并保持稳定，就认为它由环境决定。行为遗传学强调遗传因素对行为有影响，但同时认为遗传并不直接决定行为，它只是行为产生的生理基础，行为的发展受到环境的影响。以身高为例，父母的遗传和饮食中的营养因素同样重要。行为遗传学通过家系研究（family study）、双生子研究（twin study）和收养研究（adoption study）来区分二者的影响。

I. I. Gottesman 的家系研究发现，在亲属间发现精神分裂症的概率是一般人群的 9～13 倍，所以他认为精神分裂症受遗传因素的影响很大。而 Loehlin, Horn 和 Willerman（1989）在美国得克萨斯所做的一项收养研究发现，从个体的角度来看，孩子的智商与生母的智商相关更高，因此他认为个体的智力差异由遗传决定；他同时发现，从群体的平均智力来看，被收养个体与养父母的智商更相似。这个结果尤其适用于亲生父母智商较低的孩子，从一个条件不好的家庭进入一个条件好的家庭，孩子的智商得分可以提高 15～20 分。双生子研究通过对同卵双生子（monozygotic）和异卵双生子（dizygotic）的研究来区分二者的影响。由于前者所携带的相同的遗传信息是后者的两倍，所以可以用定量的方法加以估计：

$$H^2 = 2 \times (R_{mz} - R_{dz})$$

其中，H^2 代表遗传可解释的变异，R_{mz} 和 R_{dz} 分别代表同卵双生子和异卵双生子的智力相关系数。例如，同卵双生子之间的智力相关系数为 0.75，异卵双生子之间的智力相关系数为 0.50，则

$$H^2 = 2 \times (0.75 - 0.50) = 0.5 = 50\%$$

也就是说，智商差异的 50%源于遗传。对同卵双生子来说，环境可以解释另外 25%。行为遗传学家用这种方法发现在人格特质上遗传的作用占 50%，大于环境的影响。而在精神分裂症与情感异常上环境的影响作用大一些（约为 20%～50%）。智力的 50%～80%基于遗传，15%～25%与后天环境有关；酗酒则主要由遗传决定。

3. 概率渐成论

1998 年，G. Gottlieb 在 *Psychological Review* 上发表了一篇文章，从概率渐成论（probabilistic epigenesis）的角度分析了遗传与环境在生物学基础上如何对个体起作用。他指出分子生物学强调基因对蛋白质结构的作用是通过影响 DNA-RNA-蛋白质合成实现的；概率渐成论则认为来自机体内部与外部的环境信息激活了 DNA，从而产生了适当的蛋白质。John Tooby 也同意这种观点，他们认为在有机体的发展中，基因起了一部分作用，环境也起到一部分作用，二者的协作是构成有机体的重要前提。

弄清遗传与环境对人类行为的作用对心理学的发展有指导意义，有助于人们对心理学的发展趋势形成清楚的认识。20 世纪 80 年代兴起的社会生物学和 90 年代产生的认知神经科学强调了客观生理因素对人类的重要性，反映了人们对这个问题认识的深入程度，但似乎又有矫枉过正的危险。Turkheimer（1998）指出，认知神经科学的发展与遗传学技术的进步，反映了生物遗传因素在心理学发展中的地位受到重视。人类的任何一种行为都与遗传有关，都有其生理基础，都在某种程度上与一定的脑功能相联系。但如果我们仅以此为基础去理解人类的行为则是很可笑的，因为生理基础和行为不在同一个层次上。一个 70 岁的老人，因大脑左半球布罗卡区（Broca's area）中风，脑成像图显示有阴影；另一个 25 岁的年轻人，加入了一个要求沉默和逃避现实的组织。如果对这两个人的沉默寡言进行归因的话，前者往往被认为是生理性的，而后者则是心理性的。因为前者的失语症在大脑中有表征，而后者尽管也与大脑有关，但是没有表征。所以，仅仅从脑功能变异去解释心理与行为显然是不够的。从实践上看，区分这个问题对教育观念的转变有重要的现实意义。素质教育是以承认个体差异为前提的，这种差异既有遗

传基础,又受环境的影响。因此,对具有不同能力的个体,教育的目的与要求也应该有差异。否认这种差异就如同否认教育的作用,是不可取的。所以素质教育应该因人而异,而不是对具有不同爱好、不同能力的人采取千篇一律的做法。

§2 人类的侵犯行为

一、侵犯行为概述

1. 什么是侵犯行为

侵犯行为(aggression)是指有意图地伤害或危害他人的行为。这种行为之所以受到心理学家的重视,主要与第二次世界大战和1964年发生在美国的一起暴力案件有关。在第二次世界大战结束之后,审判战犯的工作给人们出了一个不小的难题:那些在二战中杀人如麻的纳粹军官声称他们之所以杀人,是因为他们必须服从命令,所以他们辩解认为自己无罪。另外一件事是在1964年的一个晚上,当一名无助的妇女在遭受歹徒的袭击时,有几十户居民听到了她的呼救,但却无人救助,甚至没有人打电话报警。这两件事促使美国的心理学家开始关注人类的暴力和助人问题。

心理学家对侵犯行为的界定强调三个方面:①它必须是一种行为,而不是一种意图,尽管这种行为伴有意图。如果人们只是有伤害他人的意图,而没有做出实际的伤害行为,就不能算作侵犯行为。②从效果上看,这种行为在大多数情况下是反社会行为,但也可能是亲社会行为。大多数侵犯行为不为社会所认可,比如打架斗殴等行为,但也有一些侵犯行为是社会许可的,我们称后者为认可的侵犯行为(sanctioned aggression)。比如教练惩罚不认真训练的球员,父母惩罚打架的孩子,以及当国家受到侵略时人们奋起抵抗。③侵犯行为必须伴有侵犯性情绪(aggression feeling),比如愤怒。尽管外在行为不一定总能反映一个人的内部情绪,但大部分情况下侵犯总是与愤怒联系在一起。强调这一点是为了把侵犯行为与一种被称为工具性侵犯的概念区别开来,后者是指为了获得利益而做出的伤害他人的行为,如职业杀手的杀人行为。

区分敌对性侵犯和工具性侵犯是有意义的(Berkowitz,1993)。敌对性侵犯(hostile aggression)是一种源自愤怒的行为,目的是将痛苦或伤害施加给别人。而工具性侵犯(instrumental aggression)则是有伤害他人的意图,这种伤害是一种达到某种目的的手段,不是以给他人造成痛苦为目的。例如在职业橄榄球比赛中,防守前锋通常会想方设法阻止对手,并摔倒带球的队员,这是工具性侵犯;从另一方面来讲,如果该名前锋认为对手耍诈,他可能会因愤怒而特意去伤害对手,即使这样做并没有增加他摔倒带球队员的概率,但这种行为却由工具性侵犯变为敌对性侵犯。

随着网络技术的发展，网络中的侵犯行为已经成为研究热点。其中，网络暴力是指发生在网络与社交媒体中的侵犯行为——攻击网络空间中的他人（Kowalski et al.，2012；Kowalski et al.，2014）。相比于线下侵犯，由于网络暴力不受时间限制，因此发生频率更高（Van Cleemput et al.，2014）、危害性更大。每个人都可能成为网络暴力的对象，如何降低网络暴力的发生率已成为国内外的研究焦点（Clark，Bussey，2020；Huang et al.，2020；Macaulay et al.，2022；Wang et al.，2023；Zhao et al.，2023）。

2. 侵犯行为的生理基础

近年来，研究者使用认知神经科学的方法对侵犯行为的神经机制进行了探究。研究者发现刺激杏仁核后，温顺的动物会变得暴戾，而当这个区域的神经活动受阻，暴戾的动物会变得温顺（Moyer，1986）。心理学家发现，这些行为表现具有弹性，因为社会因素也会对神经机制产生影响。例如一个雄性猴子面对比它弱的猴群时，若脑中的杏仁核受到刺激，它就会攻击其他猴子；但是当这个猴子面对比他更强的猴子时，即使杏仁核受到刺激，它也会逃之夭夭，而不是去攻击对方。以人类为被试的研究证实了前额叶和一些边缘系统（如下丘脑、杏仁核等）与侵犯行为有关。例如，Denson（2011）发现前额叶是自我控制系统的神经中枢，对侵犯行为具有很大的调节作用；而 Hoptman 等人（2010）发现杏仁核和腹侧前额叶的连接与侵犯行为存在显著的负相关关系。

化学成分也会影响侵犯行为。5-羟色胺是存在于中脑的一种化学物质，对侵犯行为的产生有抑制作用。在动物身上，当 5-羟色胺受抑制后，侵犯行为就会增加。研究发现，人类犯罪分子的 5-羟色胺分泌水平比普通人低。实验室研究也发现，当 5-羟色胺的生成被阻断后，普通人的侵犯行为增加。睾酮也有同样的效果，对实验室中的动物注射睾酮，会使它们变得更有侵犯性（Moyer，1983）。

专栏 5-1　睾酮与侵犯行为

睾酮是一种男性和女性体内都会分泌的类固醇激素，男性的睾酮主要源于睾丸间质细胞，女性的睾酮主要由卵巢和胎盘的皮层细胞合成。睾酮对人类生长发育有重要意义，尤其对骨骼肌和性功能有明显影响。睾酮也会通过与位于关键脑结构中的受体相互作用调节各种复杂的社会行为，包括交配行为和攻击行为等。

关于睾酮与人类攻击水平的研究很早就受到学者的关注，许多研究对二者之间的关系进行了探索。早期的研究指出，高水平睾酮个体会表现出更高的攻击性。但后续大量研究表明，睾酮与人类的攻击行为具有双向关系——睾酮可以调节人类的社会行为，而社会行为也可以进一步影响睾酮水平。南瑜等人（2020）通过对以往睾酮与人类攻击行为的研究的回顾与分析，指出睾酮水平的变化可以通过增强杏仁核的反应性或减少前额叶皮质-杏仁核功能耦合来影响攻击行为。以往的研究发现,在竞争过程中睾酮水平可以正向预测男性的攻击行为,但是对女性却没有显著的预测作用。有学者对男性和女性的基线睾酮水平与攻击行为之间的关系进行了元分析,发现男性和女性的睾酮水平与攻击行为之间的关系呈现相似性,即个体的睾酮水平越高,其攻击性越高。另外睾酮水平对竞争的反应性也存在个体差异。多项研究表明,与失败者相比,男性获胜者体内具有较高的睾酮水平,但获胜者和失败者之间的睾酮反应却差异很大。

3. 文化与侵犯行为

侵犯行为在儿童早期生活中,包括游戏时就明显地表现出来。Farver等人(1997)对美国、瑞典、德国和印度尼西亚的120名儿童进行研究,要求4岁的孩子分别用带有侵犯性和不带侵犯性的语言讲两个故事。结果发现美国儿童讲述的故事包含了更多侵犯的观念、与攻击相关的词和带有敌意的字眼。

当侵犯行为来自团体内的权威而不是低级别的团体成员时,生活在集体主义文化下的成员更能够容忍这些侵犯行为。Yang(1986)发现,中国人对高地位侵犯者的侵犯行为的指责少于团体内的其他攻击者,而美国人对侵犯行为的指责在侵犯者的地位或团体成员的身份职能上没有区分。中国人的集体主义和权力距离感水平都很高,而美国人相对较低。换句话说,不管攻击者是谁,美国人都倾向于做出回应并进行还击。

4. 性别与侵犯行为

一般说来男性更具有侵犯性,然而这并不意味着女性比男性更友好、更不愿袭击或者伤害他人。女性倾向于采用关系侵犯——通过操纵人际关系来伤害他人,如传播流言、背后诽谤、回避或排斥他人等(Archer,2004;Blakemore,Berenbaum,Liben,2009;Coie et al.,1999;Dodge,Schwartz,1997;McFadyen-Ketchum et al.,1996),这种性别差异在儿童时期就存在。例如,一项针对3~5岁儿童游戏行为的研究发现,当孩子们想要得到蜡笔时,男孩使用身体侵犯来获得;女孩则使用关系侵犯,散播关于拥有蜡笔的孩子的谣言,或忽略她致使对方哭泣(Ostrov et al.,2004)。一项针对64个实验进行的元分析研究结果表明,尽管在通常情况下,男性比女性更具侵犯性,但当男性和女性都受到侮辱,并给予女性用暴力报复的机会时,性别差异变得非常小(Bettencourt,Miller,1996)。所以不论是男性还是女性,一旦被他人的行为激怒,他们可能都会做出意想不到的暴力行为。

5. 愤怒与侵犯行为

每个人都有"愤怒"的经验,愤怒常常是侵犯行为产生的根源。人们为什么愤怒?

心理学家对这个问题的分析表明，以下几个因素会使人们愤怒。

（1）遭到他人攻击或烦扰。这是引起愤怒的最常见的原因，心理学家 Berkowitz（1983）发现，当人们闻到恶臭、烦人的烟味或看到令人作呕的景象时，侵犯性情绪就会被唤起。Baron（1977）指出，对于他人的攻击，人们常常采用以牙还牙的方式，而这又使侵犯行为因交互报复而扩大。Straus（1980）在研究家庭暴力时指出，这种交互报复使家庭暴力酝酿出了更多的家庭暴力。

（2）遭受挫折。挫折是指妨碍个体获得快乐或达到预期目的的外部条件，如果他人阻碍了我们做自己喜欢或想要做的事情，他人就是挫折。早期心理学家用挫折-侵犯理论解释挫折和侵犯的关系，认为挫折和侵犯互为因果，即挫折导致侵犯，侵犯必然以挫折为前提，并且认为宣泄是减少侵犯的有效方法。Dollard 等人（1939）提出的挫折-侵犯假设（frustration-aggression hypothesis）认为，当一个人意识到自己在实现目标的过程中受到阻碍时，他做出侵犯行为的可能性也会提高。比如，在 Barker，Dembo 和 Lewin（1941）等人的实验中，一组孩子被领到一个屋子里，屋里放满了吸引人的玩具，但是由金属丝网隔着，孩子不能接触这些玩具。经过长时间的等待后这些孩子被允许玩这些玩具。在另一个控制条件下，孩子被允许在未受挫折的情况下，不用等待而直接玩玩具。结果发现先前因为等待而受挫折的孩子，在玩玩具时非常具有破坏性，摔玩具、将玩具往墙上扔、用脚踩玩具等行为常常出现。

随着研究的深入，学者对挫折-侵犯理论提出了批评。Miller（1941）发现挫折并不一定会导致侵犯，当人们感受到挫折是无意的时候，并不会做出侵犯行为。同时，挫折-侵犯理论对宣泄的看法也不一定全对。Mallick 和 McCandless（1966）以小学三年级学生为对象进行实验，让小学生两人一组玩堆积木游戏，每组中的一个孩子实际上是实验者的助手，任务是帮助另一个孩子（真正的被试）完成堆积木任务（没有受到挫折）或阻碍其完成任务（受到挫折）。随后一部分学生（包括受到挫折和没有受到挫折的学生）参加打靶活动，剩余的学生和老师聊天。聊天时老师告诉其中一部分学生在实验过程中他们的同伴累了或是情绪不好，而对另一部分学生仅仅谈了一些比较中性的话题。这些干预之后，让助手进入另一间屋子玩堆积木的游戏，让最初的被试有机会帮助或阻碍这些助手完成任务，被试可以做的是按"伤害键"不让助手完成或不按键使其完成任务。结果发现，除非告诉被试他的同伴是由于疲劳或情绪不好，否则挫折一般是会引起侵犯行为的。这一结果说明当人们认为他人有意给我们造成挫折时，更可能以侵犯行为回应之。

针对这些争论，Berkowitz（1989）认为挫折只是引起侵犯行为的因素之一，这类因素还有疼痛、极端温度和遇到讨厌的人等。挫折对人们的心理和行为有很大的影响，斯特劳斯（Murray Straus）在家庭暴力的研究中发现，在美国家庭中造成挫折的原因依次为：

性生活、社交活动、金钱、儿童教养。我国的情况大致一样,只是顺序不同,这四种因素正好倒过来。由于独生子女多的缘故,中国人非常重视孩子的培养,孩子教育往往是家庭面临的首要问题。

(3) 归因的影响。一个事件之所以能产生愤怒或侵犯行为,关键在于受害者必须知觉到这种侵犯或挫折是他人有意造成的。因此,人们对他人行为的归因会影响愤怒情绪的产生以及处理愤怒的方式。当人们认为他人故意给自己制造麻烦或伤害自己时,往往会产生愤怒的情绪,而当人们认为他人是无意伤害自己时,就不会产生愤怒。

当人们感到愤怒的时候会如何反应呢?心理学家分析了人们愤怒时的反应后指出,人们常常采用四种方式(括号中的百分数第一个为侵犯冲动出现的比例,第二个是实际的侵犯行为发生的比例):①直接的侵犯行为,包括口头或象征性攻击(82%,49%)、拒绝或收回某些利益(59%,41%),以及身体攻击(40%,10%);②间接的侵犯行为,包括向第三者抱怨或诅咒(42%,34%)、伤害对冒犯者有重要意义的东西(25%,9%);③替代性侵犯行为,包括攻击无生命物体(32%,28%)、攻击另一个人(24%,25%);④非侵犯性行为,包括平静活动(60%,60%)、就此了事不伤害无礼者(59%,59%)。

6. 对侵犯行为的学习

遭受攻击与挫折会使人感到愤怒,这些愤怒情绪只是侵犯行为产生的前提因素。在有些情况下,人们并不表现出侵犯行为,这主要与学习有关。学习理论强调侵犯行为可经由学习获得,强化和模仿对学习过程具有重要意义。班杜拉的观察学习实验很好地说明了学习对侵犯行为的影响。班杜拉认为,儿童侵犯行为的获得并不一定要以其亲身获得奖励或惩罚为前提,儿童可以通过观察他人从事此类行为之后受到奖励或惩罚而学会这类行为。在一项研究中,班杜拉把儿童带到一间屋子完成一个艺术项目。屋子的另一头,一个成年人正在玩玩具,旁边放着木槌和人偶。参与研究的儿童被随机分到实验组和控制组,实验组的儿童看到成人叫喊着用木槌击打人偶,控制组儿童看到的只是成年人在独自玩玩具。两组儿童看了约 10 分钟后,研究者把他们带到另一间屋子,里面放着各种各样孩子们喜欢的玩具,并告诉他们这些玩具是留给其他人玩的,以此激起儿童的挫折感。之后,把孩子们带到第三间屋子,这个屋子里有一些玩具,包括人偶。结果正如人们所料,与控制组相比,实验组的儿童表现出了更多的侵犯行为。

二、影响侵犯行为的因素

1. 温度

早在 19 世纪初哲学家就发现天气变化与犯罪行为之间存在着一定的关系,到 20 世纪 70~80 年代对这类问题的研究越来越多。Bell 和 Baron(1977)的研究发现犯罪与温度有关。Baron 研究了发生在夏天的城市暴力事件与气温的关系,发现两者呈倒 U 形曲线的关系——27.2～29.4℃时暴力事件发生的数量最多，当温度较低或很高时暴力事件发生数量较少。由于没有考虑不同温度的持续时间，这个结论受到 Carlsmith 和 Anderson（1979）等人的质疑。Anderson 以概率论为基础对这一曲线加以修改，指出只有在特定温度范围内暴力事件的发生与温度呈线性关系。38～41℃时，随着温度的升高，人们的暴力倾向增强。当超过这个温度范围，由于人们的外出意愿下降，产生暴力行为的机会较少。

2. 兴奋转移

Zillmann, Katcher 和 Milavsky（1972）发现，由其他刺激诱发的情绪唤起会转移到其他人身上，并称这一心理过程为兴奋转移（excitation transfer）。由于侵犯行为总是伴随着情绪的唤起，所以心理学家想知道，由其他刺激所引发的生理上的唤起是否会转移到侵犯性冲动上？Zillmann 认为，兴奋转移也可以解释侵犯行为的发生。在一项研究中，Zillmann 让助手激怒男性被试或者用中性态度对待男性被试。然后，再让其中一半被试从事大运动量的锻炼，而另一半被试不锻炼。稍加休息后向被试提供一个电击实验助手的机会。正如所预料的那样，与愤怒但没有锻炼的被试相比，愤怒且锻炼的被试会用更高的电压电击助手。

3. 侵犯性线索

Berkowitz 和 Lepage（1967）发现情境中与侵犯相关的一些线索，如刀、枪、棍等器械往往会成为侵犯行为产生的起因，他把这种现象称为武器效应（weapons effect）。除了刀、枪等明显的侵犯性线索，与死亡、邪恶等相联的黑色也是引发侵犯的线索。Frank 和 Gilovich（1988）发现，在职业棒球和橄榄球比赛中，穿黑色服装的一方受到的惩罚比浅色一方多。研究也证明穿黑色衣服的赛马选手表现出更高的侵犯性。Miller 和 Carlson（1990）对 23 项研究做元分析后发现，与侵犯有关的线索不仅会引发侵犯行为，还能使已经愤怒的个体的侵犯性加强。

4. 去个体化

去个体化（deindividuation）是指群体中的个体有时候会失去对自己行为的责任感，使自我控制系统的作用减弱甚至丧失，从而做出平时不敢做的反社会行为，这一概念是由心理学家津巴多和费斯汀格等人提出来的。早在法国大革命时期，这种现象就引起了学者的关注。法国社会学家勒庞在研究群体行为时发现，在群体中个体的情绪会传给群体中的其他成员，从而使处在群体中的个体表现出一些独处时不曾有过的行为。勒庞把这种情绪传递称为社会传染，并撰写了一本名为《乌合之众》的专著对此加以论述。

5. 饮酒

人们认为酒精能使人变得易被激怒和好斗，许多研究支持这一假设。Gustafson（1999）用实验研究证明过量饮酒者容易被激怒，并表现出更高的侵犯倾向。为什么喝酒会使人们变得好斗呢？一些研究者认为酒精是一种直接的生理刺激，使饮酒者的情绪被唤起，从而做出侵犯行为，俗话说的"酒壮人胆"就是这个意思。而大多数研究人员则认为酒精降低了人们对侵犯行为的控制，Hull 和 Bond（1986）称之为"去抑制"（disinhibition），强调酒精影响了人们对暴力行为的抑制。还有第三种解释，即酒精改变了人们处理信息的方式（Bushman，1993；Bushman，Cooper，1990），醉酒者经常对最初的和最突出的情境特征做出反应，同时倾向于遗忘细节。例如在一个拥挤的环境中，在清醒的状态下如果一个人踩了你的脚，你会认为这个人不是故意的；但如果你喝醉了，你可能会忽视情境细节，认为对方是故意的，从而更有可能做出侵犯行为。

6. 社会赞许与模仿

人们总是会从他人身上获得一些提示，如果你特别尊敬的一个人或者组织表现出了攻击性，这将会对你的态度和行为产生非常大的影响。Bushman 及其同事（2007）对《圣经》中带有侵犯性行为的故事的影响进行了研究，在这个故事中上帝认可了暴力行为。读完这个故事后，读者表现出了更多的侵犯性行为，有趣的是这种作用会同时发生在宗教信仰者和非宗教信仰者身上。侵犯性模仿并不限于宗教环境中，而是会发生在所有人身上。对于孩子而言更是如此，孩子之所以会用暴力解决冲突，大多是在模仿成人或者和他们年龄相仿的人，特别是当他们看到这些人的侵犯行为得到奖励时。例如，在大多数体育运动中，越具有侵犯性的球员往往越能得到更高的声誉和薪水，并且越有侵犯性的球队获胜率越高。在曲棍球运动员中，那些经常因为攻击过度而被停赛的球员也是得分最多的球员（McCarthy，Kelley，1978）。运动员通常是儿童与成年人的模仿对象，他们被模仿的除了名誉与声望外，还包括攻击过度。儿童模仿最多的是父母，如果他们的父母在小的时候遭受虐待，那么这会导致以后的一系列虐待。实际上大多数实施虐待的父母在小时候也遭受过父母的虐待（Silver，Dublin，Lourie，1969；Gelles，1980）。对这一结果，研究者的解释是如果一个人小时候在身体上受到了来自父母的攻击，他们就会习得"暴力是管教孩子的正确方式"这一理念。

三、减少侵犯行为的方法

一个人在某种情境下是否表现出侵犯行为取决于愤怒程度、表达愤怒的倾向，以及是否为他人做出侵犯行为，与此相关的减少侵犯行为的方法有以下几种。

1. 利用惩罚

行为主义认为惩罚能减少一个人的侵犯冲动。惩罚是一件很复杂的事情，尤其是涉及侵犯的时候。一方面，人们可能会认为对侵犯行为进行惩罚能减少它发生的频率；但另一方面，既然惩罚本身采用侵犯形式，那么惩罚者实际上是在对他们想要压制的人示范侵犯行为，这将会引发被处罚者的模仿。对孩子而言，这种观点尤为适用。像人们所看到的那样,在惩罚环境中长大的孩子更可能具有暴力倾向。Straus(1980)研究了家庭暴力的社会影响,发现不论是因为模仿还是被处罚者愤怒情绪的提升,惩罚都会使被处罚者更具侵犯性。更重要的是,在一个家庭中,这种侵犯可由上一代传递到下一代。研究发现,在已婚且看到过父母相互攻击的男性中,35%的人在过去一年中打过自己的妻子;而从未见过父母有暴力行为的男性只有10%的人在过去一年中打过自己的妻子。女性的数据类似,分别是27%和9%。不论是男性还是女性,在儿童期遭受过惩罚的人,长大后更可能以暴力行为对待家人,父母可将其暴力倾向传给自己的下一代,Straus(1980)将这一现象称为"家庭暴力的社会遗传"。

惩罚能起到威慑作用(Bower,Hilgard,1981),这种作用只有在具备以下两个理想条件下才会成立:一是惩罚是迅速的,它必须在侵犯发生之后马上发挥作用;二是惩罚是不可避免的。但现实生活中这些理想条件从来不会出现,比如即便是在司法实践中,那些暴力犯罪的人被逮捕、控告、审判和判刑的概率也不高,并且考虑到司法部门谨慎的工作态度和累积的案件量,迅速做出反应几乎是不可能的。所以惩罚只能抑制人们明显的侵犯行为,但同时可能导致更多隐蔽性的侵犯行为,后者的危害更大。心理学把具有侵犯性的人分为控制不足侵犯型和控制过分侵犯型两种,前者指那些经常犯小错误的人,这类人大错不犯、小错不断;后者指那些平时把自己隐藏得很好的人,这类人一旦犯罪就罪大恶极。利用惩罚减少侵犯行为对前者有用,对后者作用不大。

2. 降低挫折与学习抑制

侵犯行为与挫折有着紧密的联系,通过降低挫折来减少侵犯行为也是一个较好的方式。生活中人们应该注意自己的言行,不要成为他人的挫折制造者。同时还要学习对自己的侵犯行为加以抑制,可以设身处地地从对方立场出发,看看自己的行为到底会给他人造成什么样的危害。体验一下他人的痛苦,并通过自我意识反省自己,有效地减少自己的侵犯行为。当别人遭受挫折时,如果知道对方并非有意,这样的挫折就不会转变为愤怒和侵犯。所以减少侵犯行为的方法之一就是挫折制造者为其行为负责,向他人道歉,并且表示同样的事情不会再发生。

3. 替代性攻击与宣泄

人们经常受挫或被烦扰,有时会因为对方的权力太大而不能加以报复。这种情况下,个体可能以其他方式对另一目标表现出侵犯行为,这种现象称为侵犯转移或替代性侵犯(displacement)。替代性侵犯遵循的基本原则是:目标对象与挫折来源越相似,个体对该目标对象的侵犯性冲动越强烈。

人们也使用宣泄(catharsis)来减少进一步的侵犯行为。20世纪初,弗洛伊德在治疗神经症的时候就发现,当病人向他人诉说积压在内心深处的欲望之后,病情会好转,他把这种现象称为宣泄。弗洛伊德相信如果人们不能及时发泄自己的侵犯冲动,这些冲动就会累积起来，而这些累积起来的能量会自动寻找一个出口，要么以极端暴力的形式爆发，要么以精神疾病的症状表现出来。其他心理学家把这个原则用在处理侵犯行为上，认为人之所以表现出侵犯行为是因为遭受了挫折。所以只要提供场合或机会，让那些遭受挫折的人把自己的愤怒和挫折发泄出来，这些人进一步做出侵犯行为的动机就会减弱。

4. 示范非侵犯行为

如果儿童曾经在相似的情境下目睹他人表现出侵犯行为，就会更具侵犯性。那么，如果反过来让儿童观看非侵犯楷模——让儿童接触那些被激怒时能自制、理性和以令人佩服的方式表达自己感受的人，会怎样呢？这个想法已被多个实验证实（Baron，1972；Donnerstein，Wilson，1976）。在这些实验中，儿童先观看一些在被激怒时表现出非侵犯行为的年轻人的行为，当这些儿童后来被安排在另一个他们自身被激怒的情境中时，他们做出侵犯行为的频率比那些没有接触非侵犯行为楷模的儿童低得多。

5. 培养沟通与解决问题的技巧

Toch（1980）发现在社会生活中，喜欢用暴力解决人际问题的人，往往是那些缺乏适当社会技巧的人。因此减少暴力行为的方法之一就是教会人们以具有建设性的方式表达愤怒与批评，在冲突时学会协调与妥协，对别人的需求敏感地做出反应。Davitz（1952）把参与实验的儿童每四人随机分为一组一起玩耍，对其中一组研究者教给儿童如何以建设性的方式对待别人，并且为此奖赏儿童；另一组儿童则没有接受这样的教育，反而会因为侵犯或者竞争行为而得到奖赏。随后实验人员故意使孩子们受挫折，研究人员告诉孩子们，将放映一部娱乐性影片并让他们好好享受。紧接着研究人员开始放映影片，并给孩子们发放棒棒糖。研究人员在影片放到最精彩的时候，突然中止放映，并把孩子们的棒棒糖收回。最后，孩子们被允许自由玩耍，研究者开始观察孩子们的侵犯性或建设性行为。结果发现那些接受了建设性行为训练的儿童，和其他组儿童相比，表现出了更多的建设性活动和更少的侵犯行为。

6. 培养同情心，对抗去人性化

培养同情心也能够减少人类的侵犯行为。想象在一个拥挤的路口，信号灯前排起了长队。灯变绿了，排在第一的车犹豫了10秒钟。这种情况下会发生什么？一定会有一阵喇叭声。在一个控制实验中，罗伯特·巴伦（Robert Barron）发现当排在第一的车在灯变绿后没有启动，第二辆车的驾驶员百分之九十会以不留情的侵犯方式猛按喇叭。但在人行道信号灯是红色的时候，行人拄着拐杖蹒跚走过马路，这时只有百分之五十的驾驶员会按喇叭。看到一个挂拐杖的人可以唤起人们的同情心，而同情心一旦被唤起，便会进入将要按喇叭的驾驶员的意识中，使其侵犯冲动降低。

给陌生人施加痛苦这件事本身就很痛苦，除非我们是去人性化的（Caselman，2012；

Feshbach，1971）。了解去人性化的过程，是破除它的第一步。在人们之间建立同情心，侵犯行为便难以实施。在一项研究中，那些接受了同情心训练的学生——能站在别人的立场上考虑问题——比那些没有接受这项训练的人表现出更少的侵犯行为（Richardson et al., 1994）。在一项类似的研究中，日本学生接到指示可以对另一个学生施加电击（Ohbuchi, Ohno, Mukai, 1993）。一种情境下让"受害者"披露一些关于自己的私事；另一个情境中没有这样的机会。当"受害者"自我揭露时，被试所施加的电击轻。与某个陌生人建立个人联系后，伤害这个人就会变得困难，这种情况在这个陌生人是你的邻居、流浪汉、销售人员或敌人时都成立。

7. 正确与真诚的道歉

一般情况下，正确的道歉在侵犯行为中都是有效的。以往的研究发现，当公众人物为他们所做的违法或不道德的事件表达象征性或面子上的道歉时，大家会觉得这种道歉是无意义的（Smith, 2014）。因此，为了让别人能够接受你的道歉且尽可能得到原谅，你必须真诚地道歉，并且对此类事件做出保证。另外个体也需要注意到自己的行为是必须道歉的，而这是存在性别差异的。男性对自身行为需要的道歉评估普遍低于女性，即男性对需要道歉的侵犯行为门槛较高。

四、传播媒体与暴力行为

随着新闻媒体在生活中的作用越来越大，心理学家也开始关注它的影响。从事宣传工作的人常常会夸大媒体的影响，而大部分人也同意这些人的观点。20世纪70年代以来，许多与媒体影响有关的研究被心理学家拿来作为媒体影响的证据。下面我们就从以下几个方面谈谈媒体的影响。

1. 媒体暴力与青少年暴力行为

随着电影、电视和互联网对人们生活的影响日益扩大，人们开始注意到媒体中的暴力因素与日常生活中的人类暴力行为的关系。最初，人们认为媒体暴力能刺激个体表现出更高的侵犯行为。比如，20世纪60年代后期，经过几年的研究，研究者指出了观看暴力影片或节目与侵犯行为之间存在着因果关系，但这种因果关系只在某些儿童身上存在。当时，这份研究报告受到了来自各方的强烈批判，批评者认为这项研究对影视暴力影响的评价过于保守。还有人提出，因为研究者接受了来自媒体方面的资助，才会有这样的结果，很多人据此质疑研究的可靠性。为了得到更令人信服的结论，十年后，经过莱费尔（A. D. Leifer）、班杜拉和埃伦（Leonard D. Eron）等人一系列的研究，最终得到了一个许多人希望看到的结论——影视暴力确实会使观看节目的儿童产生更多的侵犯行为，证明了电视暴力与侵犯行为间的因果关系。

这一结论得到了该领域许多研究者的支持。许多实验和准实验研究发现，刚看过暴力节目的儿童在解决社会冲突时，表现出更高的暴力倾向（Liebert，Sprafkin，1988；Murray，Kippax，1979）。在一项著名的纵向研究中，Eron 和 Huesmann（1984，1972）收集了被试在 8 岁、19 岁、30 岁时的数据，发现儿童期对暴力片的偏好与他们成年后的暴力行为有非常紧密的关系，如图 5-1 所示。

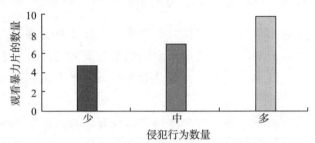

图 5-1　观看暴力片的数量与侵犯行为的关系

这项研究先是在美国和加拿大进行，后来在澳大利亚、芬兰、以色列、南非等国家也得到了验证。尽管这些研究有局限性，但结果都表明影视暴力对孩子的行为没有好处。所以，为了孩子的健康发展，应该在这方面有所限制。也有研究者对这一结论表示怀疑。1961 年，S. Feshbach 的研究表达了相反的观点。研究中，S. Feshbach 让愤怒及平静的被试观看暴力或非暴力影片，看完影片后测量被试的侵犯行为。结果发现观看暴力片使原先愤怒的被试的侵犯性降低，而不是加剧暴力行为。到目前为止，对影视暴力与侵犯行为关系的争论还有很多，到底是影视暴力导致侵犯行为，还是个体侵犯倾向决定着其对影视暴力的偏好？为解决这一争论，斯特劳斯提出了以家庭暴力为中介的理论。斯特劳斯认为影视暴力与侵犯行为之间不是直接的因果关系，二者同时受到家庭暴力的影响——家庭暴力同时决定着一个人的暴力倾向和对暴力媒体的选择。

媒体暴力为什么会对侵犯行为产生影响？Franzoi（1996）认为有以下几个方面的原因：

（1）去抑制。班杜拉认为，看到他人的暴力行为会降低我们在类似情境中对自己暴力行为的抑制。发生去抑制的部分原因是人们对暴力行为的情绪变得迟钝或不敏感，不关心他人的感受与痛苦。Drabman 等人（1974）在研究中发现，看过大量以凶杀题材为主的电视节目的大学生，在看暴力影片时所产生的生理唤起，比他们观看科幻片时的生理唤起水平低。因此，研究者认为媒体暴力使人们习惯于暴力，并对暴力行为产生去抑制。

（2）形成侵犯剧本。Huesmann（1988）从认知心理学的视角出发，认为儿童在观看暴力片的时候会发展出一套侵犯性剧本（aggressive scripts），这个剧本包含了侵犯事件发生的顺序，它会存储在人的记忆中并指导个人的行为。

（3）认知启动（cognitive priming）。心理学家用武器效应把一些侵犯性线索和侵犯行为的产生联系在一起,并指出这些线索最终会引发暴力行为。因此从某种意义上来说,这些刺激对侵犯行为具有诱发作用,由这些刺激引发暴力行为的现象叫作认知启动。

> **专栏 5-2　暴力视频游戏会降低个体的亲社会行为吗?**
>
> 　　暴力视频游戏是指带有虚拟个体对其他虚拟个体造成伤害的内容的电子视频游戏,随着互联网的发展,游戏已经从游戏机发展成大型网游、手游。玩电子游戏的人数急剧上升,其中很多人,尤其是青少年,对暴力视频游戏表现出了一定的偏好。
>
> 　　大量研究表明暴力视频游戏对个体的攻击性有影响,暴力视频游戏会降低个体的亲社会性吗?这一课题引发了国内外学者的关注。在对二者的关系进行研究时,研究者采用七巧板范式来考察暴力视频游戏对儿童和大学生亲社会行为的影响。七巧板范式是一个合作游戏,首先让被试相信在实验中存在一个真实合作的"伙伴"(非真实存在),然后让被试与之共同完成七巧板拼图任务。被试需要为同伴挑选不同难度的七巧板任务,任务难度越高,需要的七巧板数目越大,耗费的时间越长。如果同伴能够在规定时间内完成一定数目的任务,就会获得相应的奖励,而被试在这个过程中不会获得任何奖励。
>
> 　　利用这一研究范式,心理学家发现暴力视频游戏与儿童的助人行为和大学生的亲社会行为都呈现显著负相关(李俊一,靳宇倡,2014;Saleem et al.,2012),也就是说网络暴力游戏对亲社会行为有消极影响。为进一步明确这种消极影响,邵嵘等人(2019)对以往的暴力视频游戏与个体亲社会行为之间的关系进行元分析,共纳入 24 个相关研究。结果表明,暴力视频游戏与亲社会性只有很小的负相关($r = -0.10$),性别、年龄、测量类型与亲社会性测量指标等都会调节暴力游戏与个体亲社会行为之间的关系。第一,男性被试比例越大,暴力游戏与亲社会性之间的效应值越大。第二,暴力游戏对不同年龄被试亲社会行为的影响不同,年龄越小,暴力视频游戏对个体的亲社会性影响越大。第三,关于暴力视频游戏和亲社会的测量指标发现,自陈法和行为实验法得出的效应值也有差异。对于产生这些影响的原因,研究者认为,性别的差异可能是由于男性长期接触暴力游戏从而对暴力脱敏;年龄的差异可能是由于未成年被试没有形成稳定的社会认知,容易受到视频的影响;而测量的差异可能是行为实验适应范围不明确或实验范式不标准所导致。

2. 传播媒体中的性暴力

黄色书刊、暴力色情片是否会增加犯罪率？传播媒体中的色情内容对暴力行为的刺激程度到底有多大？ 20 世纪 60 年代后期，美国成立了一个委员会研究黄色书刊对人类反社会行为的影响。与大多数人的预期相反，该委员会的研究结果表明，这类刊物与反社会行为的上升并无关系，青少年罪犯所接触的黄色书刊并不比其同伴多。分析性暴力罪犯时发现，这些人的家庭在性问题上很保守而且常常受限。在研究这个问题时心理学研究者指出，年轻人性犯罪行为主要受同伴影响，而不是媒体。这一结论受到了女权主义者的批评，她们认为黄色书刊是对女性地位的贬低，实际上是在鼓励性暴力。也有研究发现在媒体暴力与侵犯行为的关系中，性别因素起着重要的作用。Malamuth (1981) 比较了观看暴力色情片、非色情暴力片和中性影片对青少年侵犯行为的效果，发现暴力色情片提升了男性而非女性对性暴力的态度，使男性产生了更多的性幻想。

传播媒体中的性暴力到底怎样影响人们的侵犯行为？针对这一问题，心理学家研究了色情文学中对性暴力的描写后，发现在一个典型的性暴力场景中，当一名男性对一名女性施暴时，经常出现一致性的脚本——最初女性会抵抗，但随着逐渐性唤起，她停止了抵抗，最后完全进入快乐状态，并不断地要求更多。就像《乱世佳人》中斯嘉丽刚到床上时抗拒和踢闹，但第二天当她醒来时又放声歌唱了。社会心理学家认为，观看这样的电影情节不仅会歪曲女性对性侵犯的真实态度，而且会增加男性的性侵犯行为。

3. 游戏与暴力行为

随着游戏产业的发展，研究者开始关注电子游戏的影响。许多研究发现电子游戏是一种良好的教学工具，健康的电子游戏能使人们学会健康的行为。作为一种娱乐产品，电子游戏越来越受到大众的欢迎。与此同时，由于其中暴力和血腥元素的泛滥，也引起了人们的担忧。从 1972 年推出第一个乒乓球电子游戏，到后来逐渐发展到掺杂了血腥暴力的游戏，只经历了 30 多年的时间。20 世纪 80 年代中期的"任天堂时代"，游戏具有中等的暴力。21 世纪初期的《未来战士》中暴力内容越来越多，手段也越来越逼真。据统计，21 世纪初电子游戏的年销售额达 20 亿美元，2～17 岁的未成年人每周用来玩电子游戏的平均时间为 7 小时。在针对四年级学生的调查中，59%的女生和 73%的男生表示暴力游戏是他们最喜欢的游戏。

暴力游戏对青少年暴力行为有重要的影响。美国阿肯色州和科罗拉多州，青少年模仿暴力游戏中的人物，甚至扮演刺客，引起了人们对暴力游戏的关注。人们开始担心当年轻人在游戏中体验过肢解人体之后，是否会把游戏中的场景移植到现实生活中？尽管没有证据支持这种推测，但 Carnagey 和 Anderson (2004) 对 36 项相关研究的元分析发现，与玩非暴力电子游戏相比，暴力性电子游戏更能对人们产生五种影响：①引起生理唤起，如心跳加速和血压升高；②引发侵犯性思维，Bartholow 和 Anderson (2002) 在研究中发现，大学生玩一组暴力游戏后，请其对被追尾司机的行为进行预测时，他们更倾向认为司机会做出侵犯性反应；③唤醒侵犯性情绪，发泄不良情绪；④诱发侵犯性行为，玩过暴力游戏的儿童，在与同伴相处时，更容易表现出侵犯性行为；⑤减少亲社会行为，玩暴力游戏后助人行为降低。进一步的研究还发现，玩暴力游戏的时间越长，这种效应越明显。所以，心理学家呼吁，父母应该关注孩子周围的媒体，保证孩子接触健康的媒体。至少在家里父母应为孩子创造良好的成长环境，鼓励孩子参与健康的游戏。父母也可以与邻居一起，共同为孩子建立良好的成长网络，而学校也应该有针对性地对学生进行健康游戏的指导。

§3 利他行为

利他行为（altruistic behavior）是指在毫无回报的期待下，个体表现出志愿帮助他人的行为；而助人行为指一切有利于他人的行为，包括期待回报的行为。在日常生活中对这两种行为的区分并不多，统称为亲社会行为。因为意图本身难以把握，况且都有利于社会发展，对其加以鼓励要比区分更重要。

一、对利他行为的解释

1. 进化心理学

达尔文很早就认识到，进化论无法解释利他行为。达尔文强调生物进化过程中的自然选择，更偏好那些能促进个体生存和繁衍后代的基因，而那些降低生存机会，导致疾病和减少后代概率的基因将会被淘汰。如果人类生存的首要目的是保存自己，为什么人们在必须付出代价的情况下还会帮助他人？按照进化论，在人类的进化历程中，利他行为将会消失，因为那些将其自身置于危险中的人会比自私的人产生更少的后代，所以自私基因更可能遗传下去。要真是这样的话，谁会去帮助别人呢？

E. O. Wilson 等人的社会生物学用进化论的思想来解释利他行为。他认为从个体角度来讲，利他行为确实会使一个人处于危险之中。但对群体而言，利他行为有利于整个群体。他举例说，一只雄性的鸟为了保护自己的 6 个后代而假装受伤，引开了攻击鸟巢的猛禽，最后献出了生命。从个体角度看，这只雄鸟的基因消失了，但它这样做却保存了 6 个后代的生命，每一个后代有它二分之一的基因。这样整个群体的基因库从 1 变为 3。个体牺牲使种群进一步扩大，从而使利他基因得以保存并在群体中形成优势。

D. M. Buss 的进化心理学试图从自然选择法则和遗传因素来解释人类的亲社会行为。进化心理学从两个方面解释人类的利他行为：

（1）亲缘选择。基因使人们愿意关心与自己有亲缘关系的人，为亲属奉献也能够提高自己基因的存活性。Burnstein 等人（1994）在研究中发现，被试在类似房子失火这种生死关头，更可能帮助血亲而不是无血缘关系的人；在非生死关头则没有这一差异。无论是男性还是女性，美国人还是日本人，在生死关头都遵循着亲缘选择法则。Sime（1984）的研究也显示，一场火灾的幸存者报告说，当他们察觉到发生火灾时，在逃离建筑物之前，寻找家人的可能性比寻找朋友的可能性大。

（2）群体选择。Robert Trivers 认为有机体帮助其他个体是因为期待得到回报，付出者希望日后成为收获者，因此不做出互惠行为会受到惩罚。在竞争中如果个人的私利会获益的话，为什么人们还会帮助陌生人？为什么还会帮助那些没有资源也没有能力回报的人呢？是什么使战士们愿意用自己的血肉之躯抵挡枪眼？达尔文认为答案就是群体选择，当群体之间进行竞争时，相互支持、利他的群体比非利他群体会持续更长的时间（Krebs，1998；McAndrew，2002；Wilson，Sober，1998）。最有力的证据来自群居的昆虫——蜜蜂和蚂蚁为自己族群的生存会忘我劳作。而人类显示的内群体忠诚，通过牺牲自己来支持所谓的"我们"，可以与这些昆虫的行为相媲美。

2. 社会进化论

尽管进化心理学的观点很吸引人，但它也极易招致批评，因为它认为遗传和基因比社会因素更重要。但实际上心理学家发现社会因素更重要。Campbell（1975）提出的社会进化论就认为，在人类文明发展中，人类将选择性地进化本身的技能、信念和技术。因为助人与利他行为是遍布于整个社会的行为，因此它们也在进化中得到了提升，并成为社会规范的一部分。社会进化论认为，有三种规范对亲社会行为很重要：

（1）社会责任（social responsibility）规范，人们有责任和义务去帮助那些依赖我们且需要我们帮助的人，按照这种规范，家长有责任保证孩子的健康和安全，老师有责任帮助学生解决学习中遇到的问题，这个规范主要是针对助人者而言的。

（2）相互性（reciprocity）规范，也叫互惠规范，指助人行为应该是互惠的，别人帮助了我，那么我也应该帮助别人，即帮助那些帮助过我的人。这种规范对维持人际关系的协调和稳定有着重要的意义。

（3）社会公平（social justice）规范，帮助那些值得帮助的人。在日常生活中人们有时候没有助人，并不代表我们没有责任感或不遵循互惠规范，而是我们认为对方不值得帮助。

3. 学习理论

Simon（1990）认为对于个体来说，从其他成员那里学习社会规范具有适应价值，掌握了社会规范和习俗的人更具生存优势。学习了哪些食物有毒以及合作等文化习俗的人，比那些没有学的人更可能生存下来。通过自然选择，学习社会规范已经成为基因的一部分。而人们学习的规范之一就是帮助他人的意义，这在所有社会中都被认为是有价值的规范，利他主义就是人们在基因上设置的学习社会规范的程序。在看待助人与利他行为时，学习理论强调儿童在成长过程中掌握有关助人行为的规范是学习的结果，学习过程中强化和模仿很重要，儿童会模仿父母或他人的助人行为，并把它融入自己的生活中，而在这个过程中父母教养方式对孩子助人行为影响较大。

4. 社会交换理论

社会交换理论认为，人们做事源于对利益和成本的衡量，并且希望获得最大利益和付出最小代价。按照这一理论，人们在助人行为中也试图追求最大收益和最小付出。助人行为的收益可以有多种形式，得到赞扬、受到奖励，甚至对将来可能的回报的预期等都可以看作是助人收益。助人的成本则包括时间、金钱和可能的责难等。

5. 共情与利他主义

共情是指把我们自己置于他人的位置，并以他人的方式体验事件和情绪的能力。Batson 等人（1991）认为人们常常纯粹出于善心而助人。他承认人们有时出于自私而帮助他人，但他同时也认为人们有时也是纯粹的利他主义，唯一目的就是帮助其他人，即使做这些事会使自己付出某些代价。纯粹的利他主义是可能发生的，尤其当我们对需要帮助的人产生共情的时候，我们会试图出于纯粹的利他主义来帮助这个人，无论我们会得到什么。

二、影响利他与助人行为的因素

1. 情境因素

对利他行为的研究发现，即使最具利他行为倾向的人，在某些情境中也不会去帮助他人，所以情境因素对人们的利他行为有着重要的影响。影响助人行为的情境因素有很多，主要包括文化差异、他人在场、环境条件和时间压力。

（1）文化差异。在西方文化下，独立自我占优；东方文化强调相互依赖，是一种群体取向的观点，这会影响人们帮助他人的意愿。因为相互依赖的人更可能根据社会关系来定义自己，更关注与他人的联系，更可能帮助需要帮助的人。所有人，不管身处何种文化下，都更可能帮助自己认为的团体内成员，较少帮助团体外成员，但文化因素在决定人们划分内团体和外团体界限的清晰程度中起作用。在相互依赖的东方文化中，内团体成员比外团体成员更重要，其结果是这些文化中的人比个人主义文化中的人更愿意帮助内团体成员。同样，因为在互相依赖的文化中"我们"和"他们"之间的界线更加明晰，所以这些文化中的人，比个人主义文化中的人更少帮助外团体成员。因此在互相依赖的东方文化中，如果想要获得更多的帮助，成为群体中的一员非常重要。

（2）他人在场。1964 年的某天晚上，纽约的一名女青年在回家的路上遭到了歹徒的袭击。当时她的 38 位邻居听到了呼救声，但在长达 30 分钟的时间内竟无人实施帮助。

有人甚至看到了惨剧发生的全过程,却连报警电话也没有打。事件发生后许多评论家把这种现象看成是一种道德腐败,而心理学家对此现象的解读却不同。拉塔内和达利(John Darley)认为存在旁观者是助人行为缺乏的原因。他们发现,当有其他人在场时人们不大可能去帮助他人,其他人越多,帮助的可能性越小,同时给予帮助前的延迟时间越长。他们把这种现象称为旁观者效应(bystander effect),并指出这种现象的产生与三方面的因素有关。

一是责任扩散(diffusion of responsibility),周围人越多,每个人分担的责任越少,这种责任分担降低了个体助人的意愿。在一项现场研究中,拉塔内策划了一个偷窃情境。情节很简单,当商店售货员到店铺后面核对商品时,两个小偷低声说:"绝不能错过这个大好机会!"然后拿了一箱啤酒跑了。该事件是在小店里只有一位或两位顾客时发生。如研究者所料,单独目击偷窃行为的人与那些有其他人在场的人相比,更有可能向店员报告偷窃行为。

二是情境的不明确性(ambiguity),人们有时无法确定某一情境是否真正处于紧急状态,这时其他旁观者的行为就会自然而然地影响该个体对情境的定义,进而影响他的行为。假如其他人漠视该情境,或表现得好像什么事情也没有发生,人们也可能认为没有任何紧急事件发生。1970年,拉塔内和达利设计了一个实验情境,让男性大学生填写一份调查问卷,几分钟后烟雾透过气孔进入房间,4分钟内烟会越来越多,被试看东西与呼吸出现困难。结果发现当被试是单独一人时,他们会到周围去查看一下是怎么回事,75%的人会向实验者报告这种情况;而当被试与两名实验助手一起填写问卷时,只有10%的人会这样做。很明显,其他人沉默使被试认为这个情境没有危险。

三是评价恐惧(evaluation apprehension),如果人们知道别人正注视着自己,就会去做一些他人期待自己去做的事情,并以较受大家欢迎的方式表现自我。在某些情境中,比如烟雾充满屋子时,被试会担心在他人都保持沉默时,如果自己表现出担心的话,会使别人认为自己的胆子太小。试图避免社会非难的心态抑制了人们的助人行为(Schwartz, Gottlieb, 1980)。

(3)环境因素。天气条件、社区大小和环境中的噪声等都会对人们的助人行为产生影响。Cunningham(1979)用两个现场研究证明了天气在助人行为上的效果。在第一项研究中,研究者走向行人,让他们帮忙填写调查问卷。结果发现在阳光明媚、气温适中的天气条件下,人们更愿意帮助他人。另一项研究是在一个与天气关系密切的露天餐厅进行的,Cunningham发现,在天气好时人们付的小费较多。社区大小也会影响助人与利他行为,一般情况下人们有一个刻板印象,即大城市的人不友善,也不乐于助人;而小城镇的人则既合作又乐于助人。Korte 和 Ayvalioglu(1981)等许多研究者指出,在帮助处于困境中的陌生人时,城市大小确实有不同的影响。Amato(1983)通过调查

55个社区中人们的助人行为发现,在他设计的五种情境下,小城镇的人帮助陌生人的比例显著地高于大城市的人。这些情境包括请求行人为慈善事业捐款、看到他人摔倒去扶起、看到他人掉东西告诉他人等。但这些结果只是针对陌生人而言的,对亲戚、朋友来说,大城市居民的助人行为未必比小城镇与农村的少。许多研究者用都市生活中的匿名性和感觉神经负荷过重,以及无生气的都市官僚制度所引发的无助感解释这种差异。米尔格拉姆的城市过载假设就认为,住在城市里的人经常被过多的信息包围,难以独善其身。根据这种观点,如果城市居民在一个平静、刺激较少的环境中,他们也愿意助人。

不仅居住地点会影响助人行为,从一处搬家到另一处的频率也有影响。搬家是一种常见的现象,人们搬离养育自己的家乡,到很远的地方居住(Hochstadt,1999)。鲍迈斯特发现,长期居住在同一住所的人更乐意表现出亲社会行为。因为,长期居住在同一个地方会导致人们对社区的依恋、邻里间更高的相互依赖程度,个体对自己在社区中的声望也更为关心。由于这些原因,常住居民更倾向于表现出亲社会行为。

环境噪声也会影响人们的助人行为,在一般情况下,人们总是认为噪声降低了人们对环境中全部事件的反应性。Sherrod和Downs(1974)发现在噪声条件下,人们帮助困境中陌生人的可能性大大降低。在一项实验中,Mathew和Canon(1975)把许多书和报告故意扔在地上,看有没有进来的人帮忙捡起来。结果发现当屋子的噪声处于正常水平时,72%的被试会帮忙收拾散落的书;而当噪声很大时只有37%。其他研究者也发现,巨大的噪声使人们忽略了环境中的其他事物,驱使人们尽快逃离该情境。

(4)时间压力。假如你正在校园里散步,这时候有人忽然拦住你,请你提供帮助,你会不会帮他?同样的事情如果发生在你急着去上课,你又会如何做?根据常识,在前一种情境下,我们更可能去帮助别人,即人们经常是因为太忙而无法帮助他人。1973年,达利等人以神学院的学生为被试,要他们从一幢楼到另一幢楼去和某个人讨论《圣经》中和善的撒马利亚人的故事。研究中被试被分成两组,告诉其中一组被试慢慢地走,不用赶时间;告诉另一组被试,对方在等他们,必须尽快赶去。途中,被试碰到一个衣衫褴褛的人,他不停地咳嗽并自言自语。研究者想知道,被试会不会停下来帮助他。结果匆匆走过的那组被试只有10%的人提供了帮助,而另一组有63%的人提供了帮助。

2. 助人者的特点

助人者的特点决定着人们的助人倾向,相关因素包括:

(1)人格。虽然我们无法给乐于助人的人画一个人格剖面图,然而确实存在着一些人格特质,使得一个人在一些情境下表现出更高的助人与利他倾向。比如Satow(1975)发现,社会赞许需求高的人更可能向慈善机构捐款,但这种助人行为只在其他人能看到时出现,这些人之所以助人是因为想受到表扬。另外一种人格因素是个体的爱心与道德感。Omoto和Snyder(1995),以及Snyder、Clary和Stukas(1999)对志愿者的动机进行分析,总结出了几种志愿者动机。其中一些动机源于回报,如加入群体、获得赞扬、寻求职业提升、减少内疚感、提高自尊等;另一些动机则源于人们的宗教信仰或人道主义价值观,以及对他人的关心。

(2)心情。当一个人心情很好时,比较乐于帮助他人。Isen(1978),以及 Isen 和 Levin(1978)发现,在图书馆得到一份免费的午餐、在路上捡到一枚硬币、在实验室里表现好或听到好听的音乐,都能增加助人行为。如果没有这些令人愉快的事情发生,个体的助人倾向会大打折扣,显然这些正性情绪增加了人们助人的意愿。然而正性情绪所产生的效果有时候会受到限制。首先,由好心情引发的助人行为效果一般很短暂,大约持续 20 分钟,之后便不起作用。其次,假如向他人提供帮助会损害一个人的愉快心情,则愉快情绪将降低助人行为发生的可能性,因为心情很好的人希望自己的好情绪能保持下去。悲伤或沮丧的情绪对助人行为的影响则复杂得多。有些情况下,负性情绪会使人们只注意自己的需求,从而降低了助人的可能性(Thompson, Cowan, Rosenhan, 1980);但在其他情形下,帮助他人又能使一个人感到愉快,并因此减轻其不良情绪。

(3)内疚感。内疚感(guilt)是指当人们做了一件自己认为是错误的事时所唤起的一种不愉快情绪。为了降低这种情绪,人们会选择去帮助他人。在弗里德曼等人的研究中,被试坐在桌子边等待实验开始。有些情境中桌子极易被打翻,造成的结果是桌子上的卡片散落一地。实验者告诉被试这些卡片是某人写论文急需的资料,当被试打翻桌子时,他会因搅乱这些卡片而产生内疚感。另外一种情境中桌子很稳固,卡片也没有被弄乱。结果与预期一样,诱发内疚感使人们产生了更多的助人行为。对于内疚感的效果,一些研究者认为可能与人的两种动机有关。一方面,有内疚感的人希望通过做善事来弥补自己的过错;另一方面,人们希望避免直接面对受害者以免尴尬。

内疚感与助人行为的关系还有一个有趣的现象,这就是忏悔(confession)的效果。忏悔能使一个人的心里感到好受,使个体的内疚感降低。在一项研究中,研究者让被试相信,由于被试表现不好而破坏了实验的结果。之后一部分被试有机会向实验者忏悔自己的错误,而另一些被试则没有忏悔的机会。还有一个控制组,该组被试不认为自己破坏了实验结果。随后测量被试愿意继续参加实验的时间,结果如表 5-1 所示:内疚感增加了人们的助人行为,忏悔降低了罪恶感,也减少了助人行为。

表 5-1 内疚感、忏悔与助人行为

情境	自愿参与进一步实验的意愿
内疚组	4.33
忏悔组	2.67
控制组	1.92

（4）个人困扰与同情性关怀。个人困扰（personal distress）是指当人们在面对他人受难时所产生的个人反应，如恐惧、无助等类似的情绪。同情性关怀（empathic concern）指同情心和对他人的关心等情绪，尤其是指替代性的或间接的分担他人的苦难。二者的区别在于前者将焦点集中在自己身上，而后者把焦点集中在受害者身上。个人困扰促使一个人设法降低自己不舒服的感觉，人们可以通过帮助他人达到这一目的，也可以通过逃避或忽略苦难事件达到此目的。同情性关怀只能通过帮助处于困境中的他人而降低，许多研究证明了同情心能增加人们的亲社会行为（Hoffman，1981）。在一项研究中，主试告诉被试一个名叫卡罗的大学生在车祸中双腿骨折，这使他的功课落下很多。然后，让被试听一段主试与卡罗谈话的录音，最后问被试是否愿意帮助卡罗。实验者利用被试听录音时的指导语，操纵同情心唤起水平：高同情心组让被试想象卡罗受伤的感受，以及这次意外对他的生活造成了什么样的影响；低同情心组让被试尽量从客观的角度去听谈话的内容，不用关心感受。结果高同情心组有 71%的人愿帮助卡罗，而低同情心组只有 33%（Toi，Batson，1982）。

（5）宗教信仰。Hansen（1995）和 Penner（2002）等人以大学生为被试，发现有宗教信仰的人，比没有宗教信仰的人在从事志愿者工作上花的时间更多，诸如课外辅导员、救济工作、维护社会治安等。1984 年的调查发现，在有信仰的美国人中，46%的人称自己正在为穷人、病人和老人们做一些事情，这个比例远高于没有信仰的人（22%）。1989 年的调查结果也显示，慈善志愿者和社会服务志愿者把宗教评估为非常重要的比例达 50%。该调查还发现，那些较少去教堂的人中只有 37%的人把"对穷人的责任"评估为"相当重要"，而每周去教堂的人中有 76%的人把"对穷人的责任"评估为"相当重要"。1987 年的调查报告显示，从来不去教堂的美国人会捐出其收入的 1.1%给慈善事业，而每周去教堂的人捐款的数额是这些人的 2.5 倍。随后，1990 年和 1992 年的调查，以及 2001 年的调查都证明了信仰和慈善行为的高相关性。

（6）性别。文化对男性和女性的行为有不同的规范，男孩和女孩会在成长过程中学习这些规范。西方文化中，男性的性别角色包括骑士风度和英雄主义；女性则被期望承担养育和关怀的责任，以及珍惜亲近、长期的关系。因为冒险救助陌生人而得到卡内基英雄基金会奖章的 7000 人中，91%是男人。相比之下，女性比男性更倾向于对自己的朋友提供社会支持以及从事帮助他人的志愿者工作（Monin，Clark，Lemay，2008）。跨文化研究得到了相同的结果，在一个对 7 个国家青少年的调查中，与男孩相比，女孩会更多地报告自己会在社区从事志愿者工作。

3. 求助者的特点

助人行为也受到求助者特点的影响，求助者的特点包括以下几个方面：

（1）是否受他人喜爱。人们经常帮助自己喜欢的人，而人们对他人的喜爱一开始便会受到外貌与相似性等因素的影响。在许多情况下长相漂亮的人更可能获得他人的帮助。在 Benson、Karabenick 和 Lerner（1976）的一项研究中，研究者把一份填好的入学申请表放在机场的公共电话亭里，申请表上已经贴好了邮票只等寄出。研究操纵了外貌特征这一变量：有时申请表上贴上很漂亮的照片，有时则贴上不漂亮的照片。结果证明，照片上的人无论是男是女，只要漂亮，人们便可能帮他寄出申请表。除外貌的因素，求助者与助人者的相似性对助人行为的发生也很重要。

（2）是否值得帮助。一个人是否会得到帮助部分取决于他是否值得帮助。在路上，人们大多会去帮助一个因生病而晕倒的人，不太会去帮助一个躺在地上的醉汉。Weiner（1980）对大学生的研究发现，如果学生认为自己的同学是由于某些不可控的因素而借笔记，如老师讲得不清楚，他们更愿意把笔记借给同学；但如果是由于可控因素，如不好好记笔记，则不太乐意将笔记借给同学。假如一个人能靠自己的力量完成某项任务，人们便不会去帮助他。

（3）性别。受助者的性别因素也会影响助人行为，Eagly 和 Crowley（1986）等人发现发生危险时，男性比女性表现出更高的助人倾向，但这种行为只针对女性求助者，尤其是漂亮的女性。与男性的这种偏好不同，女性助人者的助人行为则不受求助者性别的影响，并且在特定情境下女性会表现出更高的助人倾向。

三、增加助人行为

面对紧急事件时，怎样避免像纽约那位被歹徒袭击却无人伸出援手的女士一样的惨剧？如何增加每天的善行，比如照看一位年长的邻居或志愿为山区的孩子们上课？这些问题的答案可以在我们对亲社会行为产生的原因的讨论中找到。要增加人们的助人行为，我们可以从以下几个方面入手。

1. 利他主义的社会化

（1）树立榜样。如果人们看见其他人的帮助行为或读到他人帮助的故事，是否更有可能做出帮助行为？在一项研究中，研究者让游客不要拿走国家公园中的树木化石，一些游客被告知以前的游客都把树木化石拿走了；另一些游客则被告知为了保护公园，以前的游客从不拿树木化石。结果在后一种情况下，几乎没有人拿走树木化石。电视上的积极榜样是否也会助长帮助行为，就像侵犯的榜样会助长侵犯行为一样？事实上，亲社会的电视榜样所起的作用远大于反社会榜样。Hearold（1986）综合了 108 项看亲社会的电视节目和看中性的电视节目或不看电视节目的比较研究后发现，平均来说，观看亲社会的节目而不是中性节目的个体的亲社会行为会从 50%上升到 74%。

（2）做出具体的帮助行为。Staub（2005）的研究显示帮助行为能增加进一步的帮助行为。在对 12 岁左右孩子的一系列研究中，Staub 发现，如果儿童先被引导制作一个玩具送给医院的其他孩子,或者送给一位艺术老师的话,孩子们都变得很愿意帮助他人。孩子们随后在教更小的孩子玩拼图时也更愿意帮助他们。在解释这一结果时,Staub 指出当孩子们从事助人行为的时候,他们发展了帮助他人的价值观、信念和技能。帮助行为也有助于满足孩子们形成积极自我概念的需要。

(3) 促进内在动机。要警惕"过度辩护效应",过度辩护效应指的是当对一种行为给予超过适度的反馈时,个体可能会将行为归因为奖励这一外部反馈而非内部动机。因而奖励人们本来就会做的事情反而会削弱其内在动机。我们可以将这一原理积极地表述为:对人们的良好行为给予恰到好处的反馈,我们也许可以增加他们自己从做这些事情中得到的快乐。在一项实验中,Batson 及其助手(1978,1979a,1979b)发现,堪萨斯大学的学生在没有报酬也没有潜在社会压力的条件下,答应帮助别人会产生最强的无私感;当有报酬或者社会压力存在时,他们实施帮助行为之后产生的无私感较弱。在另一个实验中,研究者引导学生将帮助行为归因为顺从("我想我们的确别无选择")或同情("这个人真的需要帮助")。随后,当请求学生抽出时间参与当地的一个服务机构的活动时,认为自己先前的帮助行为仅仅是顺从的学生中,有 25%的人报名;而认为自己是富有同情心的学生中,有 60%的人报名。这是为什么呢?当人们疑惑"我为什么帮助他"的时候,如果情境能让他们这样回答:"因为有人需要帮助,而我又是个有爱心、乐于奉献和乐于帮助的人",那结果是最好不过的。

2. 增加旁观者干预的可能性

随着社会心理学的研究发现逐渐为人所知,人们的行为会发生变化,从而使这些发现失去了应有的效果。有证据显示,普及旁观者效应的知识可以有效抑制旁观者效应的发生。几年前在某大学,一名学生挺身而出,阻止了另一名学生的自杀行为。就像紧急事件发生时那样,情况非常混乱,一开始,旁观者不清楚发生了什么事情或他们应该做什么。那位挺身而出的学生说,她想起了几天前在心理学导论课上听过的关于旁观者干预的讲座,认识到如果她不采取行动,就没人会行动。

这不是控制条件下的实验,我们不能确定这些乐于助人的人是否真的被他们在心理学课程中学到的知识所驱策。幸运的是这个问题已经通过实验得到回答了。在 Beaman 等人(1978)的研究中,随机指派两组学生去听关于旁观者干预研究的讲座或者一个无关主题的讲座。两周以后所有学生参加一个他们以为完全不相关的社会研究,在此期间他们遇到一名学生倒在地板上。他是否需要帮助?他有没有摔倒弄伤自己?或者他仅仅是一个因通宵熬夜而睡着的学生?在这样一个模糊情况中,被试观察自己的同伴如何反应。当一名实验者的同谋故意表现得毫不关心,一般情况下被试也会自然假设没有异常状况。实验结果显示,如果被试没有听过关于旁观者干预研究的讲座,他们中只有 25%

的人会停下来帮助那个学生；如果被试听过关于旁观者干预研究的讲座，43%的人会停下来帮助那个学生。

3. 积极心理学与亲社会行为

塞利格曼认为许多心理学研究——特别是临床心理学——关注的是精神障碍者，很大程度上忽略了如何阐述和培育健康心理。他指出心理学应当不仅仅研究"疾病、缺点和损伤"，而是要研究"长处和优点"。通过塞利格曼等人的努力，许多心理学家现在开始关注这些主题，如健康的本质、如何定义和分类人类长处，以及如何改善人的生活（Snyder，Lopez，2007）。

积极心理学运动是对临床心理学强调精神疾病的必要的修正，并且引发了许多备受关注的研究项目。在社会心理学领域，已经有了丰富的研究计划。比如，在行为上如何增进内部兴趣、人们如何保持高自尊，以及人们如何对他人形成印象与维持关系。当然，社会心理学已经证明了许多消极行为可以由社会影响产生，诸如服从权威和其他种类的从众。然而通过研究人类加工关于他们自身和其社会环境的信息的基本途径，就有可能理解人类行为的阴暗面与光明面，诸如什么时候人们会帮助他人以及什么时候不会。

社会心理学研究人们在何种情况下帮助或不帮助他人，这是积极心理学的研究还是关于阴暗面的研究呢？也许两者都是。社会心理学家研究人们可能助人的条件，例如当人们对他人产生共情时；同时也研究人们可能不助人的条件，例如经历责任分散时的逃避。C. D. Batson 认为人们有纯粹、无私的助人动机，当他们产生共情时就会去帮助别人。在前面提到过的实验中，当人们对一位遭受车祸的同学产生共情时，更乐于助人而不顾及自己为了帮助他人所付出的代价。对共情和亲社会行为的研究是社会心理学家对积极心理学产生兴趣的一个极佳的例子，是对人们的长处和优点的研究。

专栏 5-3　亲社会行为为什么能提升幸福感？

北京师范大学心理学部寇彧教授团队考察了亲社会名声对亲社会行为的影响，发现个体可以通过亲社会行为建立亲社会名声，而亲社会名声又可以通过间接互惠以及同伴选择过程对个体产生外在激励作用，通过自我对个体产生内部激励促进其亲社会行为。

首先考察权力对亲社会行为的影响机制。权力被普遍看作是社会关系的核心，是一种通过控制有价值资源和奖惩制度影响他人能力的有效因素。前人对于权力对亲社会行为的影响的结果是不一致的。有人认为权力会增加个体的自利，阻碍个体对他人情绪的理解，增加人际距离以及加深个体对他人行为的曲解，进而抑制亲社会行为；也有学者认为，权力可以激发个体利他特质的表达，进而促进其亲社会行为。这可能与高权力个体的选择性注意相关，当注意与当前目标一致时，会增加亲社会行为，反之则减少。高权力者感知到的社会距离也会影响亲社会行为，权力可能导致社会距离增加进而减少亲社会行为。

寇彧团队综合以往的研究，发现亲社会行为可以提升幸福感，以及个体自主性在其中发挥的作用。首先，亲社会行为实施者的自主性动机会影响个体的主观感受，促进亲社会行为精力与时间的维持，促进亲社会行为培养。有研究发现，受内部动机激发的志愿者，在实施亲社会行为过程中，能够引发高水平的帮助行为，以及获取更高的积极情绪和更低的消极情绪。志愿服务时间越长，助人效果也越好（Finkelstien，2009；Gebauer et al.，2008）。其次，亲社会行为接收者在感知到实施者的自主动机时，会激发更高的感恩情感，同时他们感知到自身的自主性需求得到了尊重，进而提升其幸福感。最后作为亲社会行为旁观者，在观察到实施者的亲社会行为时，会激发其利他特质，转化为实施者，从而自主帮助他人，最终获得幸福感。

推荐读物

1. CHEN M, 1994. The smart parent's guide to kid's TV. San Francisco: KQED Books. 这是一本简明易懂的书，它向家长传授了如何避免电视暴力、广告、刻板印象对孩子的影响，以及怎样利用电视媒体促进孩子的健康发展。

2. PLOMIN R, 1991. Human behavioral genetics. Annual review of psychology, 42: 161-190. 这篇文章从几个方面介绍了行为遗传学的理论和证据，对行为基础感兴趣的人可以读。

3. SPACAPAN S, OSKAMP S, 1992. Helping and being helped: naturalistic studies. Newbury Park, CA: Sage. 这本书收集了对人们日常生活中的助人行为研究，包括捐献器官，以及家庭内部的助人行为。

4. WILSON E O, 1975. Sociobiology. Cambridge, MA: Harvard University Press. 这本书是社会生物学方向的权威书籍，它用社会生物学的观点系统研究了人类的利他行为，是一本值得读的书。

5. 勒庞, 2004. 乌合之众. 冯克利, 译. 北京：中央编译出版社. 勒庞是法国著名社会心理学家，这本书是他在社会心理学领域的一系列著作中最有影响的一本。在这本书中，勒庞极为精致地描述了集体心态，对人们理解集体行为的作用以及对社会心理学的思考影响巨大。本书在英文版已印至第29版，其观点新颖，语言生动，是理解群体行为的必读书籍。

思考题

1. 结合相关理论,说明遗传和环境因素在人类行为发展中起着怎样的作用。
2. 人们为什么会愤怒?挫折-侵犯理论是怎样解释人类的侵犯行为的?
3. 试述温度、线索、去个体化和饮酒等对侵犯行为的影响。
4. 减少侵犯行为的方法有哪些?
5. 结合相关研究,谈谈媒体暴力对儿童侵犯行为的影响。
6. 社会生物学是怎样解释人类的利他行为的?
7. 社会进化论是怎样解释人类的利他行为的?
8. 影响助人行为的因素有哪些?

6

态度与偏见

态度一直以来都是社会心理学的核心问题。正如心理学史专家 Gardner Murphy 所言:"在社会心理学的全部领域中,也许没有一个概念所处的位置比态度更接近中心。"在过去的几十年中,心理学家对态度问题进行了深入而又细致的研究,得到了许多对我们的生活有指导意义的结论。下面我们就从态度的形成、态度的改变,以及态度与偏见几个方面对态度加以分析。

§1 态度概述

一、态度的定义与功能

1. 什么是态度?

态度是社会心理学中被定义最多的概念之一,不同的学者有不同的定义,最有代表性的是以下三个人的观点:

第一个对态度的定义由 H. 奥尔波特于 1933 年提出。受行为主义的影响,他认为态度是一种心理和神经的准备状态,通过经验组织起来,影响着个体对情境的反应。这一定义强调经验在态度形成中的作用。

第二个是克雷希(David Krech)于 1948 年提出的,他认为态度是个体对自己所生活的世界中某些现象的动机过程、情感过程、知觉过程的持久组织。他的定义忽略了过去的经验,强调现在的主观经验,并把人当成会思考、能主动建构事物的个体,反映了认知学派的主张。

H. 奥尔波特和克雷希对态度定义的分歧,逐渐演变成了态度实体派和态度建构派的对立。前者遵循 H. 奥尔波特的轨迹,认为态度是存储在记忆中稳定的实体结构;后者则皈依于克雷希门下,认为态度是人们依据当前信息做出的临时判断。

第三个是弗里德曼提出的,他认为态度是个体对某一特定事物、观念或他人稳固的由认知、情感和行为倾向三个成分组成的心理倾向。他的定义强调了态度的组成及特性,是目前公认的较好的对态度的解释。

2. 态度的心理成分及其关系

弗里德曼认为,态度包含三个成分:一是认知成分,人们对外界对象的心理印象,包括有关的事实、知识和信念,认知成分是态度其他成分的基础;二是情感成分,人们对态度对象肯定或否定的评价以及由此引发的情绪情感,情感成分是态度的核心与关键,情感既影响认知成分,也影响行为倾向成分;三是行为倾向成分,人们对态度对象所预备采取的反应,具有准备性质,会影响人们将来对态度对象的反应,不等于外显行为,它们的关系可用图 6-1 表示。

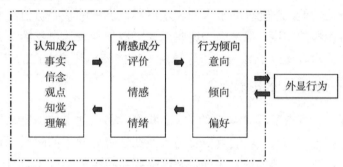

图 6-1 态度的成分及其关系
虚线框中的为态度,态度不等于外显行为。

想一想你对一台智能手机的态度:首先,你对这台手机功能和价位的认知是什么?在认知基础上所形成的信念是什么?也许你认为这台手机与其他手机相比,待机时间更长而且操作程序简单。其次,你看到这台手机时的情感反应是什么?也许你感到好奇、兴奋。如果你是一个喜欢简单功能的人,也许你会感到不屑。最后,你的行为倾向是什么?你会真的到商店买一台吗?所有的成分结合起来,形成了你对这台智能手机的总体态度。

态度还可以被进一步分为外显态度和内隐态度。外显态度(explicit attitudes)是指我们意识到并易于报告的态度。比如,有人问你如何看待目前的贫富差距,你的评价就是一种外显态度。内隐态度(implicit attitudes)是自然而然、不受控制的态度,往往是无意识的评价(Gawronski, Bodenhausen, 2012; Payne, Gawronski, 2010; Greenwald, Banaji, 1995; Nosek, Hawkins, Frazier, 2011; Wilson, Lindsey, Schooler, 2000)。

3. 态度的心理功能

态度在我们的生活中有重要的意义,态度的功能有以下几个:

一是效用功能，也叫适应功能，这种功能使得人们寻求酬赏与他人的赞许，形成那些与他人要求一致并与奖励联系在一起的态度，而避免那些与惩罚相联的态度。如孩子对父母的态度就是适应功能的最好表现。

二是知识功能，从认知心理学的观点出发，态度有助于我们组织有关的知识，使世界变得有意义。对有助于我们获得知识的态度对象，我们更可能给予积极的态度，这一点相当于认知图式的功能。

三是自我保护功能，态度除了有助于人们获得奖励和知识，也有助于人们应付情绪冲突和保护自尊，这种观念来自精神分析的理论。比如某个人工作能力低，但他却经常抱怨同事和领导，实际上他的这种负性态度让他可以掩盖真正的原因，即他的能力值得怀疑。

四是价值表达功能，态度有助于人们表达自我概念中的核心价值，比如一个青年人对志愿者工作持积极的态度，那是因为这些活动可以使他表达自己的社会责任感，而这种责任感恰恰是他自我概念的核心，表达这种态度能使他获得内在的满足。

二、从态度预测行为的影响因素

人们的态度与行为有着非常紧密的关系，我们经常从他人的态度来预测其行为。比如张三对李四持有消极态度，我们就很容易预测在选三好学生的时候，张三很可能不会投李四的票。认知神经科学的研究表明，态度会刺激特定的脑区（运动皮层）以产生特定的行为（Preston，De Waal，2002）。当你看到一个哭泣的小孩或者一杯看起来很好吃的巧克力冰激凌时，你的大脑就会让你的身体准备进行安抚或者消费的行动，因此态度与特定的目的和行为相联系。但是态度与行为之间并非一对一的关系，态度只是一种行为倾向，它并不等于实际行为。为了说明这一点，学者们做了大量的研究工作，最后得出的结论各不相同，二者的平均相关系数从 0.20 到 0.73 不等。态度与行为之间的关系并不是固定不变的，它受到大量其他因素的影响。通过态度预测行为的时候，以下几个因素尤为重要。

1. 态度的特殊性水平

用态度预测行为的时候，我们首先应该看看态度是指向一般群体还是特殊个体。20世纪 30 年代初，绝大部分美国人对亚洲人持有负性的种族偏见。为了研究这种偏见的影响，Richard LaPiere 邀请了一对来自亚洲的年轻夫妻自驾车进行环美旅行，他们所经过的旅馆和饭店的老板会不会以他们对亚洲人的偏见而拒绝接待这对夫妻？结果在 3 个月的旅行中，他们经过的 66 家旅馆只有 1 家拒绝让他们住宿，并且 184 家饭店没有一家拒绝他们用餐。后来 LaPiere 又给他们经过的旅馆与饭店写了一封信，问他们是否愿意接待亚洲人。结果在 128 封回复的信中，90%的老板说他们不会接待。显然他们的态度与行为存在矛盾。据此 LaPiere 指出这是由于态度的特殊性不同而造成的，指向特殊个体的态度在预测行为时更准确一些。其他研究者（Newcomb，1992；Weigel，1974）也发现态度的特殊性越高，其预测行为越准确，只有特定且相关的态度才能够预测行为（Armitage，Conner，2001；Wallace et al.，2005）。例如，对于废品回收的态度（并非对环境问题的总体态度）能预测个体在废品回收中的参与行为（Oskamp，1991）。

2. 时间因素

一般来说，态度测量与行为发生之间的时间间隔越长，不可知事件改变态度与行为之间关系的可能性越大。比如 Fishbein（1974）发现在总统选举中，与一个月前的民意调查结果相比，一周前的民意调查结果对预测谁能当选更准确。所以在通过态度预测一个人的行为时，必须知道他的态度是什么时候的态度。如果时间太久，我们在预测时就要很谨慎。

3. 自我意识

内在自我意识高的人较关注自身的行为标准，用他们的态度预测行为有较高的效度；而公众自我意识高的人比较关注外在的行为标准，很难用他们的态度预测其行为。Froming，Walker 和 Lopyan（1982）做了一个实验，实验开始时，研究者测量了大学生对体罚的态度，然后从这些被试中挑选出那些对体罚持反对态度，并且认为其他人也会反对体罚的人，这样操作是为了保证这些人是内在自我意识较强的人（认为别人的看法和自己一致）。几个星期以后，让这些人电击他人，实验类似于米尔格拉姆的电击实验，以被试选择的平均电击强度作为因变量。实验设置了三个条件，第一种条件下在被试面前放一面镜子（内在自我组，放镜子是为了提高他们的自我认同）；第二种条件下在被试面前有少量的观众，实验过程中这些观众把被试评定为有效的"老师"（公众自我组）；第三组为控制组，既没有镜子，也没有观众评价。结果显示，内在自我组比控制组实施电击强度低，而公众自我组比控制组实施更高的电击（如图 6-2 所示）。

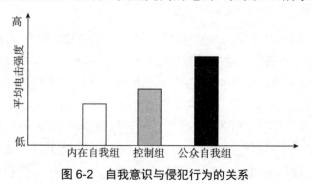

图 6-2 自我意识与侵犯行为的关系

4. 态度强度

与弱的态度相比，强烈的态度对行为的决定作用更大（Petty，1992）。但怎样才能使态度变强呢？Davidson 等人（1985）发现，对态度对象仅仅要求更多的信息就足以使人们态度的强度增加。在一项研究中，Kallgren（1986）先问了被试对一些环境问题的态度，然后让他们参加环境保护活动，结果发现对环境问题有丰富知识的被试的态度与行为的一致性较高。增加态度强度的另一个途径是让个体参与到态度对象中来，让人们参与某些事情是增强其态度的有效手段，反过来我们也用人们的参与来预测态度与行为的一致性。

5. 态度的可接近性

态度的可接近性（attitude accessibility）指态度被意识到的程度，越容易被意识到的态度，对我们来说它的可接近性就越大。一般来说来自直接经验的态度对行为的影响大，就是因为这类态度的可接近性大。Fazio 和 Williams 等人（1986）测量人们对里根总统的态度的可接近性，所用的指标是被试回答与里根有关的问题时按键的反应时，反应越快说明可接近性越大。三个月之后，当总统选举结束以后再问这些被试选了谁，结果表明可接近性大的被试态度与选举行为之间的相关系数为 0.89，可接近性小的被试的相关系数为 0.66。

当可接近性很高时，一看到或想到某个事物时就对它有某种态度；而当可接近性很低时，人们对该事物的态度呈现要慢得多。因此可接近性高的态度更有可能预测人的行为，因为当人们被要求有所行动时，他们能更快想到自己的态度。Fazio，Powell 和 Williams（1989）通过观察人们对物品的态度和行为证明了可接近性所扮演的角色。研究者首先请人们对几种产品做态度评估，比如评价不同品牌的口香糖。态度的可接近性用人们回答态度问题的反应时来衡量。随后研究者在桌上放了 10 种产品，告诉被试他们可以任选 5 种带回家作为参加这次研究的报酬。研究者想知道人们会选择哪些产品。

正如研究者所预测的那样，态度的可接近性起了重要的作用：态度的可接近性高的人，其态度和行为总是高度一致的，而可接近程度低的人，态度和行为的一致性就相对低了。换言之，当人们做决定时，如果态度能很快地呈现在大脑中，人们的行为才会符合他们的态度。那么，对于态度的可接近性低的人而言，是什么决定了他们要选择哪些产品呢？结果发现可接近性低的人更多地受到环境因素的影响，他们会选择那些碰巧在桌子第一排的产品，产品离他们越近，越有可能被选中。这个研究说明环境因素在态度可接近性较低的时候起着重要的作用。现在你可能会理解为什么企业要把自己的产品放在超市最显眼的位置了。

6. 行为的主动性水平

Paulson 和 Lord 等人（2012）发现，行动是主动的还是被动的也会影响态度和行为的一致性。主动的行动一般指那些针对态度对象需要付出努力而且明显直接的行为，而被动的行动则指那些隐蔽、间接、不需要花费多大的精力的行为。比如和理解他人相比，帮助他人显然是更主动的行为。Paulson 等人认为，当人们的态度所指向的行为与被测量的行为在主动性上匹配时，态度和行为的一致性会升高。在一项实验中，被试首先报告自己对男同性恋人群的态度，接着写出根据这些态度他们有可能做出的行为。这些列出的行为的主动性水平会被评分，从而将被试分为主动型和被动型两类。几周后实验者为被试列出了若干针对同性恋学生的主动和被动行为，属于主动行为的包括签署支持或反对同性恋的请愿书，被动行为包括一视同仁或另眼相看。被试需要为自己做出这些行为的意愿程度评分。结果发现支持同性恋的被动型被试更可能一视同仁地对待同性恋群体。

7. 心境影响

Holland 和 Vires（2012）等人研究了心境的调节作用。以往研究证明了在悲伤状态下，人们会采用更精细的加工方式，消耗较多认知资源。而在高兴状态下，人们的加工过程则是自动的，不需要主动控制。实验使用内隐联想测验测量被试的内隐态度。在关于献血态度的研究中发现，内隐态度在快乐心境的条件下可以很好地预测行为，对献血持消极态度的被试最后表现出较低的献血倾向，而持积极态度的被试献血热情很高。但是在悲伤心境的条件下，态度对行为的影响很小。而基于信念的态度则在悲伤心境的情况下可以更好地预测行为。

8. 情境作用

前面主要介绍了态度本身、态度和行为测量方法匹配程度等因素对态度和行为两者关系的影响。勒温曾指出行为是人和环境的函数，即 $B=F(P, E)$，其中 B 代表行为，P 代表个体，E 代表环境。环境在态度影响行为的过程中也发挥着重要的作用。Wallace 和 Paulson 等人（2005）分析了近八百个有关态度和行为的研究，发现社会压力和知觉到的难度将会影响态度和行为的关系。当研究中涉及的行为有强烈的外部限制因素时，比如社会压力和知觉的难度，态度对行为的预测效果明显降低。因为在这种情况下，环境提供了强有力的外部行为指引，比如默认的社会规范等，行为将向既有的行为模式倾斜，而较少受自身态度的影响。相反当社会压力和知觉到的难度较小时，态度将极大地影响行为。实际上社会压力来源于自身的行为规范，知觉难度对应着控制感。在之后的计划行为理论中，我们将仔细介绍态度、行为规范和知觉到的控制感这三者如何共同影响行为。

三、态度的测量

态度是一种稳定的内在心理倾向，但它也是可以测量的，常用的测量方法有两种。

1. 直接测量

直接测量的方法包括自陈法（self report）、行为观察法和问卷法等。自陈法一般采用态度量表测量，而行为观察法通过行为观察推断，问卷法则是把我们要调查的问题编成问卷。

（1）利克特量表（Likert scales）。利克特量表是常用的态度量表，通常是 5 点或 7 点量表，让被试用 1 至 5 或者 -3 至 3 不同数字进行回答。

（2）瑟斯顿量表（Thurstone scales）。瑟斯顿量表与利克特量表类似，它是一个 11 点量表，被试用 1 至 11 来作答。从结构上来看，瑟斯顿量表与利克特量表的差异是尺度的大小不同，但是它却可以很好地反映比较对象之间的细微区别。比如在对两种化妆品广告效果进行比较时，由于这两种产品的知名度都很高，所以一般的小尺度量表难以反映这种差异，这时候使用 11 点的瑟斯顿量表就能够看出差异。但除非情况特殊，我们很少使用瑟斯顿量表，用比 11 点量表尺度更大的量表就更不行了。因为利克特等人用数学方法证明了 5 点和 7 点量表具有等距性，即量表上数字的差异反映了实际心理上的差异，11 点量表也基本符合，其他的则没有被验证，所以不能随便使用。

（3）语义区分量表。奥斯古德的语义区分量表（semantic differential scales）采用双极形容词，如好-坏、强-弱等。现在研究者常常对语义区分量表稍加修改，把双极形容词拆开，并用这种方法建构人格问卷。比如，崔红等人就用这种方法发展出了中国人人格结构的"大七"模型问卷。

用上述几种直接测量方法测量态度时，被试容易出现社会赞许性的反应偏差（social desirability response bias），也就是人们会按照社会对人的期望去回答问题，而不是自己真正的想法。所以在测量人们对比较微妙问题的态度时，在问问题的方式上要注意，以避免引起这种偏差。

2. 间接测量

（1）投射技术。早在 20 世纪 30 年代，投射技术就成为心理学家了解他人内心世界的重要手段。最有代表性的投射技术是主题统觉测验（thematic apperception test，TAT），通过让人们用看过的画编故事的形式，测量人们的内在心理状态，比如对成就动机的研究就经常使用这种方法。

（2）生理指标。我们还可以通过测量生理指标来了解人们对他人或事物的态度。比如我们可以用皮肤电反应来看一个人的紧张程度，也可以用脑电 P300 波来看一个人有没有说谎。现在很多测谎设备就是利用这些生理指标来测定被测者是否说谎的。

（3）反应时。用自陈法测量态度存在诸多问题，自陈法的前提是人们愿意并且能够报告自己的态度。实际上在很多情况下态度是无法内省的，人们也不愿意公开自己的态度。为解决自陈法的这一局限性，研究者开始用反应时指标衡量人们的态度。Greenwald 等人（1998，2000）在文化心理学研究中使用的内隐联想测验和评估启动范式（evaluative priming task）就是以反应时为指标，衡量人们在做与自我一致或不一致的判断时的心理差异。内隐联想测验假设，人们对那些代表态度目标的评价刺激和分类刺激做反应时，本身的评估联想会造成一定程度的干扰或者促进，因此不同的反应时可以视作内隐态度的指标。

§2 态度的形成

我们对任何事物都有一个态度，我们的态度是从什么地方来的呢？有人认为态度与基因有关，比如 Tesser（1993）等人发现同卵双生子比异卵双生子在态度上更相似，即使同卵双生子在不同的家庭长大并且互不相识。不过这些解释与证据并不充分，没有人敢下结论说基因决定着我们的态度，人们相信一些特定的基因和态度有关，但这种关系只是间接的关联。人们更愿意相信个体的社会经验在态度塑造过程中扮演了一个很重要的角色。社会心理学家认为，人们的认知经验、情感经验和行为经验是态度形成的关键。

一、态度形成与学习

学习理论是由霍夫兰（Carl Hovland）和其耶鲁大学的同事提出来的，该理论假设人的态度和其他行为习惯一样，都是后天习得的。态度的学习有三种机制：一是联结，即把特定的态度与某些事物联系在一起；二是强化，指受到奖励有助于我们形成对某些事物的态度；三是模仿，通过模仿榜样人物的态度而形成，如孩子经常模仿父母的政治与种族态度。与霍夫兰的观点相似，Kelman（1965）认为态度的形成与改变和三个不同的社会化过程有关：一是服从，人们由于担心受到惩罚或想要得到预期的回报，而采取与他人要求一致的行为；二是认同，因为从心理上认可榜样，所以使自己的态度与榜样人物一致；三是内化，指个人把态度当作自己内在的行为准则，当态度与个人的价值体系一致时，个体容易形成这样的态度。

对联结机制在态度形成中起主要作用的直接证据来自 Janis（1965）的报告。他让大学生读 4 篇不同主题的有说服力的文章，一部分学生在读文章的时候主试给他们可口可乐喝，另一部分被试则没有这样的待遇，结果有可乐喝的学生受 4 篇报道的影响大，如表 6-1 所示。表 6-1 内的数字是指：被试态度改变的方向与报道所倡导的态度相同者的比例减去态度改变方向与报道相反者的比例的差。从这些结果我们不难看出，给他人好处就能使他人对你有积极的态度。

表 6-1 可乐对态度改变的影响

主题	有可乐	无可乐
癌症治疗	81%	62%
军队规模	67%	43%
卫星计划	55%	30%
立体电影	67%	60%

二、情感因素在态度形成中的作用

心理学研究表明，有时候人们对他人的态度形成与情感有着紧密的关系。以情感为基础的态度其来源是各种各样的。首先，它们来自人们的价值观和价值取向，比如基本的宗教信仰和道德信念。研究发现人们对堕胎、死刑和婚前性行为等的态度，通常是根据他们的价值观而不是对事实做冷静的考察。这种态度并不在于精确地描绘这个世界，而在于表达和确认一个人的基本价值体系。其他以情感为基础的态度，也可能是基于感觉反应，例如喜欢巧克力的味道，或是基于审美反应，例如对一幅画或一辆车的线条和颜色的欣赏。

与情感有关的态度形成中，曝光效应（mere exposure）提供了最有力的证据。曝光效应是指人们对其他人或事物的态度随着接触次数的增加而变得更积极的一种现象。Zajonc（1968）最早提出了这个概念，Zajonc 让参加实验的大学生学习外语，他向被试以 2 秒一个的速度呈现汉字，一共 10 个汉字，分成 5 组，每组两个汉字，第一组的两个字呈现 1 次，第二组呈现 2 次，第三组呈现 5 次，第四组呈现 10 次，第五组呈现 25 次。看完 10 个汉字后，告诉被试这 10 个汉字是中文形容词，让被试在一个 7 点量表上判断这些词所代表的意思的好坏。结果发现，这些词中出现次数越多的词，人们对它的评价越高，如图 6-3 所示。后来 Zajonc 以脸部照片和无意义音节作为实验材料都得到了同一结果。

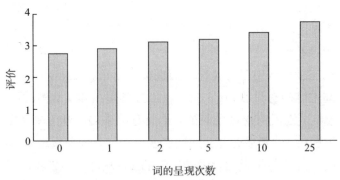

图 6-3 曝光效应的证据

Bornstein（1989）在一项元分析的研究中发现，约有 200 项以上的研究支持这一结论。但由于曝光效应的基本假设是情感反应先于信念，而这一假设恰恰与认知论的观点相反。在持认知观点的人看来，认知先于情感，即我们是先知道，然后才有情感。到底哪个理论更符合实际呢？Eagly（1993）发现，基于情感反应的态度只是一些简单的态度，我们绝大部分的态度都是认知与学习的结果。

三、态度形成中的认知理论

认知影响态度形成中最有代表性的是计划行为理论（planned behavior theory），该理论是 Ajzen（1991）从理性行为理论（theory of reasoned action；Fishbein，Ajzen，1975）中发展而来的。按照这一理论，人类有意识的行为取决于人们的态度、自身的主观规范以及人们所知觉到的控制感，如图 6-4 所示。

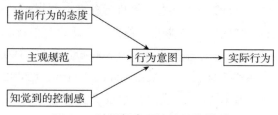

图 6-4　计划行为理论的理论模型

指向行为的态度由两个因素决定，一是人们对行为结果的信念，二是对这些信念的评价。Fishbein（1979）通过研究女性对生孩子的看法，发现女性的态度确实基于信念和对这些信念的评价。

主观规范指一个人对来自他人的社会压力的知觉，即该不该做出这样的行为的考虑。它也由两个方面决定：一是感受到的其他重要的人的期望，二是遵从这些期望的动机。以生孩子的问题为例，女性在此问题上的主观规范取决于其他重要的人，如丈夫的期望（丈夫想等有房子后再要孩子），以及她对此期望的遵从动机（想取悦丈夫）。

知觉到的控制感指人们认为完成行为是困难还是容易的知觉。Ajzen 指出只有当人们对完成行为有控制感的时候，态度才有可能影响行为。比如张三想要戒掉 30 多年的烟瘾（对戒烟持正性态度），同时他知道家人和医生期望他戒烟，而他也想取悦他们（主观规范），然而在戒烟的过程中，考虑到改变习惯的难度后，他可能对自己失去信心（知觉到对行为只有低的控制感）。这样不论态度与主观规范如何，张三也戒不了烟。

计划行为理论也受到了一些批评，对它的批评主要来自两个方面：一些心理学家认为，人类的行为有时候是自发的、无意识的；另一些心理学家则提出习惯性的行为不受上述因素的影响。不管怎样，计划行为理论在理解态度形成以及预测行为方面依然是有效的，不仅是心理学，许多学科都把这个理论作为理解人类态度和行为的基础。

> **专栏 6-1　应用计划行为理论减少拖延行为**
>
> 很多人都有拖延的毛病，拖延不仅会影响学习效率，还会导致焦虑、抑郁、愧疚等负性情绪，最终对身体和心理健康造成不良影响。拖延其实就是个体故意回避要做的事情，导致行动和计划之间存在差距，最后任务被拖延或者无法完成。计划行为理论可以从意愿和行为之间的关系解释和预测行为，也就是从行为意图、行为态度、知觉到的控制感和主观规范这四个方面干预拖延行为。
>
> Gollwitzer 和 Sheeran（2006）发现，明确的行动意向可以帮助个体实施该任务、排除干扰因素、更快脱离失败的痛苦，并调动精力用于后续的任务执行。Owens 等人（2008）的研究证明，当要求大学生明确其行为意图时，他们完成任务的概率约为控制组的 8 倍。态度同样影响个体执行任务。对某一特定任务而言，个体的态度越积极，该任务被执行的可能性就越高，拖延的可能性相应减少（Claessens et al., 2010）。知觉到的控制感能减少拖延（Senécal et al., 1995），尤其是对特定任务有较高自我效能感的个体而言。Ackerman 和 Gross（2005）发现，班级内部的规则对学业拖延有重要影响，班级内部形成了大家需要尽早完成任务的规范，同时大家也清晰感知到这种规范时，完成作业时就更少拖延。
>
> 林琳和白新文（2014）研究了计划行为理论中四个变量作用于学业拖延行为的机制。他们对某高校的 134 名大三学生进行两轮调研。第一次调研要求学生根据自己的实际情况列举未来一周内完成的与学习相关的 5 项任务。第二次是在第一次调研的 5 日后，要求学生报告截至当前学习任务的完成情况。研究者发现，计划行为理论对拖延行为也具有良好解释力。对于学业拖延行为来说，对任务的态度越积极，对完成该任务的行为控制感越强，对按期完成任务的规范体会越深，任务完成量越高，拖延行为越少。中介效应分析还发现，行为意图完全中介行为态度对学业拖延的影响，部分中介知觉到的控制感的影响。因此要克服拖延，可以从动机水平施加干预，提升对特定行为的态度、增强自我效能感和自主性，提高对任务的内部动机；或从意志水平进行干预，促进行动意向的形成，通过制订行动计划，减少拖延行为的发生。

四、文化对态度形成的影响

不同文化下的人们是否会对同一事物抱有不同的态度呢？西方文化强调独立与个人主义，而东方文化则强调互依与集体主义，这些差异会影响人们所持的态度及态度改变吗？在西方文化下，人们的态度可能更多地基于对自己的关注；而在东方文化下，人们的态度则更多地基于对自己在社会团体（如家庭）中的地位的关注。正是因为这个原因，强调自我与个性的广告更容易在西方文化中发挥作用，而强调个人所属社会团体的广告则会在东方文化中产生效果。为验证这个假设，Han 和 Shavitt（1994）为相同的产品设计了不同的广告，强调独立（穿对鞋子是很舒服的）或者强调互依（适合你家人的鞋子），并让美国被试和韩国被试观看这一广告。结果发现：强调独立的广告更能说服美国被试，而强调互依的广告更容易说服韩国被试。研究者还分析了实际出现在美国和韩国杂志上的广告，发现这些广告确实不同：美国的广告更倾向于强调个性、自我完善，以及产品对消费者个人带来的好处，而韩国的广告更倾向于强调家庭、对他人的关注，以及对个人所属的社会团体带来的好处。

不同文化下对内外群体的态度偏好也有所不同。在一项跨文化研究中，10 个国家的被试参与了研究，Cuddy 等学者（2009）发现不同于以个人主义文化为主的群体，以集体主义文化为主的群体有着对群体内更少的积极刻板印象。Ma-Kellams 等学者（2011）发现东亚文化群体（日本、中国和马来西亚）与西方文化群体（英国与美国）相比表现出更少的群体偏爱；中国被试表现出显著的内群体减损（ingroup degrogation），这一态度同时体现在认知层面的外显态度和内隐态度上，所以态度形成也体现着我们的文化传统。

§3 态度改变

一、态度改变的理论

与态度改变有关的理论主要有两个：海德的平衡理论（balance theory）和费斯汀格提出的认知失调理论（cognitive dissonance theory）。这两个理论分别从不同的角度探讨了与态度改变有关的问题。

1. 海德的平衡理论

海德从人际关系的协调性出发，提出了态度改变的平衡理论（Heider，1958）。该理论认为在一个简单的认知系统里，存在着使这一系统达到一致性的情绪压力，这种趋向平衡的压力促使不平衡状况向平衡过渡。海德用 P-O-X 模型说明这一理论，其中 P 代表一个人（如张三），O 代表另一个人（如张三的女友），X 代表某件事物（如一部电影）。从人际关系的适应性来看，P、O、X 之间的关系有 8 种组合，如图 6-5 所示，张三（P）和他的女友（O）对一部电影（X）的态度就符合这样一个系统。张三喜欢这部电影，他的女友也喜欢这部电影，而且张三喜欢自己的女友，这就是一个平衡的系统，谁也没有必要改变态度；但是在其他条件不变的情况下，如果他的女友不喜欢这部电影，这时候系统就不平衡了，必须有人改变态度。而态度改变遵循最少付出原则，即为了恢复平衡状态，哪个方向的态度改变最少，就改变哪里。

按照海德的观点，与自己喜欢的人态度一致，或者与自己不喜欢的人态度不一致，我们的生活关系就是一个平衡的系统。对平衡理论所做的研究通常支持以下的预测：人们确实能够从不平衡状态调整至平衡状态，并遵循着知觉上的最小付出方式。但是假如因为你喜欢某个人而产生不平衡，此时趋向平衡的压力大；而如果因为你不喜欢某个人而产生不平衡，则压力相对较小。纽科姆（Theodore M. Newcomb）把后一种现象称为非平衡（nonbalance）而不是不平衡（inbalance）。在他看来，人们并不在意和一个自己不喜欢的人的意见是否一致。

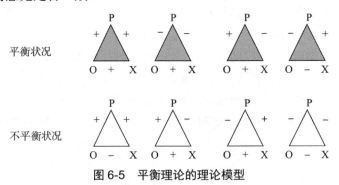

图 6-5　平衡理论的理论模型

2. 认知失调理论

认知失调理论最早由费斯汀格于 1957 年提出。所谓的认知失调是指由于做了与态度不一致的行为而引发的不舒服的感觉，比如你本来想帮助你的朋友，而实际上却帮了倒忙。费斯汀格认为在一般情况下，人们的态度与行为是一致的，如你和你喜欢的人一起郊游或不理睬与你有过节的另一个人。但有时候态度与行为也会出现不一致，比如尽管你很不喜欢上司夸夸其谈，但却因为怕他报复而恭维他。当人们的态度与行为不一致，并且无法为自己的行为找到外部理由时，常常会引起个体的心理紧张。为了克服这种由认知失调引起的紧张，人们需要采取多种多样的方法，以减少自己的认知失调。以戒烟为例，你很想戒烟，但昨天晚上你和同学聚会的时候，你的好朋友给你递烟的时候你又抽了一支烟，这时候你戒烟的态度和你抽烟的行为产生了矛盾，就引起了认知失调。可以采用以下几种方法减少由于戒烟引起的认知失调：

- 改变态度：改变自己对戒烟的态度，使其与以前的行为一致，如"我喜欢吸烟，我并不想真的戒烟"。

- 增加认知：如果两个认知不一致，可以通过增加一致性认知来减少失调，如"吸烟可以让我放松和保持体形"。
- 改变认知的重要性：让和态度一致的认知变得重要，不一致的认知变得不重要，如"放松和保持体形比担心30年后得癌症更重要"。
- 减少选择感：让自己相信之所以做出与态度相矛盾的行为是因为自己没有选择，如"生活中有如此多的压力，我只能靠吸烟来缓解，别无他法"。
- 改变行为：使行为不再与态度相冲突，如"我会再次戒烟，即使别人给我也不抽"。

二、支持认知失调理论的证据

费斯汀格的认知失调理论在解释许多领域的态度问题上取得了极大的成功。几个方面的研究从一定程度上为认知失调理论提供了实证支持。

1. 不充足理由与认知失调

让你完成一项非常无聊的工作，在完成之后给了你极高的报酬，你对此项工作的态度会改变吗？为弄清这个问题，费斯汀格和卡尔史密斯（James M. Carlsmith）在1959年做了一个非常有名的实验。他们让被试做两项极为无聊的工作：第一项工作是解开线团或绕线，第二项工作是在木板上摆弄48根小木棍，每项工作进行30分钟。之后告诉被试"这项研究的真正目的是验证完成该工作的绩效如何受他人预先对此工作评价的影响"。实验者还会告诉被试由于人手不够，希望被试能够提供帮助，具体任务就是告诉下一个进来的人这项工作很有意思（撒谎）。被试被随机分到三组，第一组没有任何报酬，第二组给1美元的报酬，第三组给20美元的报酬。实验结束后主试询问被试对这些任务的喜欢程度，结果如图6-6所示。

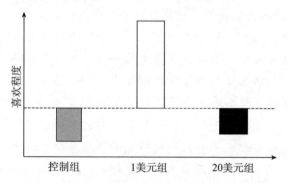

图6-6 不同报酬条件下被试对无聊工作的评价

从事无聊工作时，费斯汀格和卡尔史密斯预测不充足理由组（给1美元而撒谎）将经历最大程度的认知失调，并产生最大的态度改变；而充足理由组（给20美元而撒谎）没有产生认知失调，所以态度发生最小的改变。预测得到了实验结果的支持：这项研究中，费斯汀格和卡尔史密斯认为撒谎的被试可以通过两种方法减少认知失调。一是增加第三个认知以使态度与行为之间的不一致性减少，二是改变他们对工作的态度。给1美元的被试之所以态度改变大，是因为他们感受到的认知失调高，而给20美元的被试用高报酬来解释自己的撒谎行为，高报酬成了解释违背态度行为的充足理由（sufficient justification），相当于增加了一个新的认知用来解释态度与行为之间的不一致，因此不太需要改变态度。1美元太少，不能成为违背态度行为的正当理由，而是不充足理由（insufficient justification）。

与小的奖励可以引发人们对不喜欢的工作的兴趣类似，较轻的惩罚也会成为人们不做某项自己喜欢的事情的不当理由。阿伦森（Elliot Aronson）和卡尔史密斯1963年在研究儿童游戏行为的实验中证明了这一点。在研究中实验者给了儿童一堆玩具，其中有一个玩具不许他们玩，如果孩子玩了就会受到轻或重的惩罚。结果发现：玩了这些玩具并受到较重惩罚的孩子并不会改变对玩具的喜欢程度，并且如果有机会的话他们还会再玩这些玩具；而玩了这些玩具受到较轻惩罚的儿童却改变了自己对玩具的态度，在有机会的情况下他们也不再去违背大人的意愿而去玩这些玩具了。在第一种情境中，较重的惩罚成了儿童解释自己行为的依据，而在惩罚较轻的情况下，找不到这样的理由，只好改变态度。

专栏6-2　奖励总是有效吗？

人们做事的原因很多，可能是因为它本身是值得做的，也可能因为它能够带来外部回报（奖励）；当外部原因足以解释行为，我们可能会忽略做这件事的内部原因（喜欢），而得出我们并不喜欢这件事情本身的结论。

在一项研究中，研究者给小学生展示了两个有吸引力的绘画活动。在一种条件下，孩子们被告知他们必须要先做其中的一种，然后才能做另一种。而在第二种条件下，孩子们被告知他们为了能够做其中一种，必须先做另外一种（两种条件下，实验者都平衡了两个活动的顺序）。在活动结束后的几天内，实验者把两个绘画活动在学校的自由活动时间中进行展示，并暗中观察孩子们在两个活动上各花了多长时间。结果发现：那些只是按照先后顺序参加了这两项活动的孩子，在之后的几天时间里从事这两项活动的时间是相当的；而那些先从事其中一个项目是为了参与后一个项目的孩子，则倾向于避免再去接触前一个项目（Lepper, Sagotsky, Dafoe, Greene, 1982），他们对第一个项目的兴趣已经被破坏了。Lepper把这一现象称为过度辩护效应（Lepper, Greene, Nisbett, 1973）。

过度辩护效应为如何运用奖赏提供了重要的信息。按照人们通常的习惯，家长们经常会为孩子读书、考高分或者练钢琴奖励孩子。如果孩子在没有奖励的情况下就不会读书、努力学习或者练钢琴了。但是如果孩子原本对这些活动还有些兴趣，这些奖励将会让兴趣岌岌可危。在一项研究中，研究者在小学课表的自由玩耍时间中加入了一些新奇的数学题。起初孩子们选择在实验之后花在这些数学题上的时间较多，表明孩子们最初觉得这些数学题很有趣。几天后研究者启动了"代币制"计划，孩子们可以通过做数学题来换取点数，而点数可以兑换奖励。他们做的数学题越多，获得的点数就越多。结果表明代币制对于增加孩子们做数学题的时间是有效的，但当它终止后，孩子们再也不能用做数学题赚钱了，他们还会继续做题吗？结果显示孩子们不再做数学题了。有过一次为了这一活动而获取奖励的经历后，孩子们把做数学题看成了获取奖励的手段，最初的兴趣也消失了（Greene，Sternberg，Lepper，1976）。

2. 自由选择与认知失调

有选择时认知失调高，态度改变也大，而无选择时人们体验到的失调少，态度也不会有大的改变。Linder（1967）及其同事就证明了这一点。在研究中他们让大学生写一篇文章，支持禁止有反社会倾向的人在校园发表言论，实际上这一提议遭到了大部分人的反对。实验采用2×2（报酬×选择）的混合设计：报酬有0.5美元和2.5美元两种条件；选择分为有选择和无选择。在有选择的情况下，向被试强调他们有拒绝写文章的自由；在无选择的情况下，没有提到被试有拒绝的权利，只是让他们写这样的文章。结果正如认知失调理论所预期的，在有选择时报酬为0.5美元的被试发生了最大的态度改变，而报酬为2.5美元的一组则没有发生态度改变。在没有选择的情况下，认知失调理论不适用，但符合行为主义的强化原理：行为的结果受到的强化越大，人们对行为的态度也越积极。如图6-7所示，只有在有选择的时候人们才能体验到认知失调。

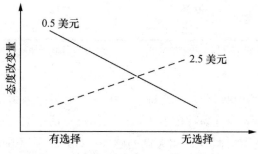

图6-7 自由选择情境下产生的认知失调

此图根据 Linder，Cooper 和 Jones（1967）的实验结果绘制。

3. 努力与认知失调

Axsom（1989）认为一个人为某件事付出得越多，就越喜欢做这件事。早在1959年阿伦森等人就用实验证明了这一点，在研究中他让自愿参加实验的女大学生讨论有关性的话题（这个问题在20世纪50年代是人们忌讳的一个话题），同时把被试分为高嘲笑组（被试在公共场合大声念一些淫秽的词）、中等嘲笑组（被试在他人面前读一些与性关联的词）以及控制组。在实验开始之前，研究者告诉被试，为了保证她们讲的是自己的心里话，她们需要参加一个"尴尬测验"，实际上这样做的目的是分组。参加完测验之后，研究者让被试戴上耳机，加入一个团体，一起谈论有关性的问题。讨论完之后，研究者让被试用0~100分评价自己对讨论和小组其他成员的喜欢程度。结果发现：高嘲笑组（97分）的被试对小组讨论的评价远远高于低嘲笑组（82分）和控制组。阿伦森指出努力做一件不好的事情，必然带来较高的认知失调，而为了减少失调，人们只能改变自己对这些事情的态度，从不喜欢变得喜欢。

4. 决策后失调

人们在做出任何决策后都会产生失调，这种失调叫决策后失调（postdecision dissonance），决策后失调可以通过改变对最终选择的评估来减少。Brehm（1965）在实验中先让女性被试看8种物品，如闹钟、收音机、电热水瓶等，然后请她们写出对每件物品的喜欢程度。接着从其中拿两件物品让被试看，并告诉被试"你可以拿走其中任何一件你想要的东西"，最后再请被试对每件物品重新评定一次。结果发现在第二次评定时，被试强烈地倾向于提高对她所选择的物品的评价，而降低对放弃物品的评价，结果如表6-2所示。

表6-2 决策后失调的减少

情境	所选物品	放弃物品	失调降低总数
高失调	+0.32	−0.53	+0.85
低失调	+0.25	−0.12	+0.37
无失调	0	无	0

注：高失调是指对两件物品最初评定很接近，低失调指两件物品最初评定差别很大，无失调指没有选择权。

决策越重要，认知失调越严重、越持久，比如决定买什么房子比决定买哪一款手机更重要。撤销或改变决策的难易程度也不同，比如换新房子与摆脱一段不幸的婚姻，因此难以改变的决策是更需要减少认知失调的感知。Gilbert和Ebert（2002）招募了对摄影感兴趣的学生，告知他们可以拍摄一些照片并洗出其中的两张，一张实验室留存，另一张学生留存。学生被随机分配到两种实验条件，一是学生被告知五天内可以更换照片，二是学生被告知选择不可改变。研究发现，选择照片之前，学生对照片的态度没有差异。而在几天后，被告知不可改变选择的学生对自己存留照片的喜爱程度高于可以更换照片的学生。当人们无法为自己的行为找到外部的正当理由时，就会尝试寻找内在的理由——使自己的态度和行为更一致。很多情况下当人们无法为自己的行为找到明显的外在正当理由时，往往是说什么就信什么（saying is believing），这种现象被称为反态度倡导（counter-attitudinal advocacy），即诱导人们公开表达一个违背自己意愿的观点的过程。比如你想改变你的朋友对抽烟的态度，那么你可以请他做一次反对吸烟的演讲。但是这种通过改变行为而达到改变态度的目的的方法，运用在大众传播上就有困难了。因此为了改变尽可能多的人的态度，还需要借助其他态度改变的技巧，例如采用说服的办法。

5. 来自认知神经科学的证据

认知神经科学的兴起也为认知失调理论提供了新的证据。在 Van Veen 等人（2009）的研究中，被试需要争论环境糟糕的实验室是一个不错的地方。研究者发现大脑背侧前扣带回和前脑岛在认知失调的过程中被激活，而且这些脑区的激活可以预测被试的态度改变，而控制组没有表现出这些变化，这项研究在一定程度上可以揭示认知失调的神经机制。

三、对认知失调理论的批评

自我知觉理论（self perception theory）和自我确认理论（self affirmation theory）对认知失调理论提出了批评。贝姆的自我知觉理论认为，当人们的态度与行为不一致时，人们首先会从外部去找行为产生的原因，在没有这样的因素时才把它归于态度。这一过程是由理性决定的，不一定会产生认知失调。有人对这两种理论做了比较之后指出，在认知失调理论中态度是直接观察到的，失调团体的态度往往被歪曲，并且会产生令人不愉快的感受促使态度改变；而在自我知觉理论中，态度是通过行为来推断的，失调团体中的态度是通过理性分析来处理的，并且没有不愉快的感受使人们去改变态度。

到底是认知失调理论合理，还是自我知觉理论更符合实际？法西奥（Russell H. Fazio）在分析了有关这方面的研究之后认为，这两个理论可能都对，只是它们解释的情境不一样。认知失调理论在解释与自我密切相关的态度时是成功的，而自我知觉理论能较好地解释态度与行为的不一致。阿伦森也指出，当一个人自由选择的行为与自我概念中的核心内容不一致的时候，用认知失调理论去预测更准确，而当问题与自我关系不大，或者态度与行为之间的差距较小时，自我知觉理论更好。

斯蒂尔（Claude M. Steele）的自我确认理论则从自我同一性出发，认为人们有时候无需在想法等方面保持一致，而是存在着一种动机，使其保持自我的一致性。当一个人做了与态度不一致的行为时，他会重新检查自己的自我概念，在保持自我一致性的条件下,才改变态度或行为。所以斯蒂尔认为自我同一性比认知失调在预测态度改变上更有效。

随着具身认知概念的兴起,人们发现身体的运动也会影响态度改变。这种理论认为人们的运动系统也会影响认知过程,就像认知会影响身体动作一样。大量研究证明,借助一些和身体有关的隐喻,态度会和身体感觉、躯体反应、运动等联系起来。比如有研究者发现"温暖"的感觉经验会引起人们在人际交往时态度的微妙改变。在一项实验中,被试握着一杯热的咖啡或者凉的咖啡,几分钟后他们需要评价某个素不相识的目标人物。结果发现,握着热咖啡的被试对目标人物的特质做出更多的积极评价。学者们认为这些身体经验激活了人们脑中相关的抽象的隐喻概念,比如热的感觉激活了"温暖的人"这样的概念,从而可以在意识中提取这些概念。具身认知和态度关系的研究还处于初始阶段,有很多问题亟待深究。比如人们在意识到身体的作用后,身体和态度的关系会如何发展;在何种情况下具身认知的效应会反转。具身认知给态度的研究注入了新的活力,在考虑态度变化的时候,我们也需要考虑人的身体状态这一因素。

§4 说 服

一、霍夫兰的说服模型

从 20 世纪 50 年代开始,霍夫兰及其同事就开始做关于有效说服的研究。早期的研究从信息传递和接受的角度看待态度改变的过程。图 6-8 是霍夫兰模型的最初形式,该模型主要说明了说服在什么时候产生和怎样产生。按照他们的观点,只有当他人注意到说服信息,理解信息内容,并且接受了这些信息的时候说服才会发生,而注意、理解和接受三个阶段任何一个出问题,说服都不能引发态度改变。

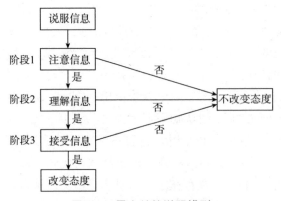

图 6-8 霍夫兰的说服模型

二、说服的中心和外周路径模型

霍夫兰的说服模型展示了说服在什么时候产生和怎样产生,但人们为什么会被说服而改变态度呢? Richard E. Petty 和 John T. Cacioppo 提出的认知反应理论(cognitive response theory)认为,在对说服信息做出反应时,人们的想法也起着一定作用。如果信息很简单,但同时包含着无法令人信服的论据,那么你会轻易地反驳它而不会被其说服;如果一个信息提供了令人信服的论据,那么你会更加认同它并且很可能被其说服。

Petty 和 Cacioppo,以及 Alice H. Eagly 和 Shelly Chaiken 等人认为说服可能通过两种途径产生:当人们有动机、有能力对一个问题进行深入思考的时候,会更多地使用说服的"中心路径"(central route),也就是关注论据,如果论据有力且令人信服,那么他们就很可能被说服。如果信息包含无力的论据,思维缜密的人会很快驳倒它。但有时论据是否有充分的影响并不重要,因为人们没有足够的动机和能力仔细的思考。如果人们不花很多的时间去推敲信息的内容,这时人们采用的是"外周路径"(peripheral route)——关注那些使人不经较多考虑就接受的外部线索,而不考虑论据本身是否令人信服。当人们的注意力发生了转移或者没有足够的动机去思考的时候,熟悉易懂的表达比标新立异的更具说服力。

根据启发式系统性说服模型(heuristic-systematic model of persuasion; Chaiken,1987),当人们采取外周路径说服时,通常采取的是启发式。启发式是人们用于快速和高效做决策时的心理捷径,它意味着人们可用简单法则决定态度,而不用花许多时间在这件事的细节上。启发式的例子包括"专家永远是对的""长的就是有说服力的"。我们的情绪和心境本身也能作为一种启发式因素决定我们的态度,当我们想要了解自己对某事物态度时,我们常常根据"我对它有什么感觉"的启发式(Clore, Huntsinger, 2007; Forgas, 2011; Storbeck, Clore, 2008)。如果我们感觉很好,那我们就有一个正面的态度;如果我们感觉很糟糕,那这东西一定糟透了。启发式的问题在于我们可能对自己的心情做出了错误的归因,错误地将源于某一因素的情绪反应归结为另一因素的结果。

什么时候该强调沟通的中心因素,比如论据的特性,什么时候该强调论证逻辑的外周因素,比如演讲者的可信度或吸引力呢? Chaiken(1987, 1996)等人提出的启发式系统性说服模型和 Petty(1986, 2002)等人提出的精细可能性模型(elaboration likelihood model)做了系统的说明。在启发式系统性说服模型中,说服性沟通改变态度通过两种途径实现:一种是系统性的论据处理,另一种是运用心理捷径的方法。而精细可能性模型区分了两种情况,人们何时被强有力的论据说服,何时被表面特征说服。当人们同时具备动机和能力去关注演讲内容时,他们会采取说服的中心路径,这种情况很可能发生在沟通主题与个人有密切关系或当事人拥有很高的认知需求时。当人们既不愿意也无法关注演讲内容时,他们会采用说服的外周路径。在这种情况下人们会因为演讲者的魅力或演讲的长度等外周线索而被说服。通过中心路径实现的态度改变比较持久,而通过外周路径的态度改变不太稳定。

三、西尔斯的说服模型

霍夫兰的说服模型和认知反应理论只是从信息传递和接受的角度探讨了说服何时发生,以及为什么发生的问题。但说服本身是一个极为复杂的问题,说服过程中不仅有信息传递和接受的问题,更重要的是人的因素,说服者和被说服者是核心环节。另外,情境因素也不可忽视。为了使说服模型更加全面地揭示各种过程和影响因素,西尔斯等人发展了霍夫兰的说服模型,提出了包括四个因素的说服模型。这四个因素分别为外部刺激、说服对象、说服过程和结果,如图6-9所示。

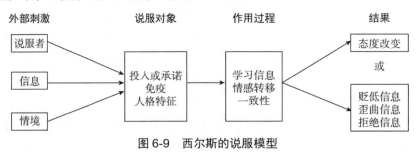

图6-9 西尔斯的说服模型

模型中外部刺激由说服者、信息和情境组成。其中,说服者的影响力取决于他的专业程度、可靠性和他是否受欢迎。说服对象的特点包括其投入或承诺、是否对说服有免疫力以及人格特征。在态度改变的作用过程中,被说服者首先要学习信息的内容,在学习的基础上发生情感转移,把对一个事物的情感转移到与该事物有关的其他事物之上。当接收到的信息与原有态度不一致时,便会产生心理上的紧张,一致性机制便开始起作用。一致性理论认为有许多方式可用来减轻这种紧张。说服结果有两个:一是态度改变;二是对抗说服,包括贬低信息来源、故意歪曲说服信息和对信息加以拒绝。

四、影响说服效果的因素

1. 说服者的因素

对一个说服者来说,他的话别人是不是相信,与以下几个方面的因素有关。

(1)专家资格。在某些方面具有专长的人在说服他人的时候比较有效,阿伦森等人1963年的研究证明了这一点。在研究中,阿伦森告诉被试他们正在参加一项美学研究,并要求被试评价来自一些较无名气的现代诗里的九节诗句,然后读另外一个人对被试不喜欢的一节诗句的评价,这个人认为这首诗比被试评价得要好。实验中有的被试读到的文章是由一位著名诗人所写,有些被试读到的文章则由一位普通大学生所写。结果正如人们所预料的，高可信度的说服者引起了被试更多的态度改变。

专栏 6-3　说服中的睡眠效应

可信度对说服效果的影响在睡眠效应（the sleeper effect）中表现得最为显著。克尔曼（Herbert C. Kelman）和霍夫兰发现，态度改变的持续时间并不依赖于对该论点细节的记忆，而与说服者的可信度有很大的相关。在一项实验中他们操纵说服者的可信度，事后立即测量态度改变量，发现可信度高的说服者引起较多的态度改变。但是三个星期之后这种差异就消失了，此时可信度低的说服者的影响力与可信度高的说服者的影响力大体相当。克尔曼和霍夫兰把这种可信度低的说服者的影响力随时间推移而提高的现象称为睡眠效应。但三周时如果提醒被试有关说服者可信度的信息，则由可信度所引起的差异将恢复。

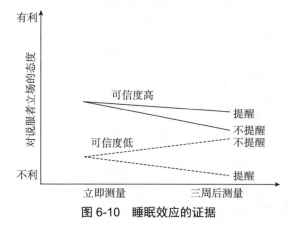

图 6-10　睡眠效应的证据

随后，研究者进一步研究了睡眠效应在什么情况下最易发生，指出当可信度这一线索一开始便与说服信息相联系时，该效应最可能发生。而如果这些线索在说服信息呈现之后出现，由于被说服者已经听完信息并加以认真考虑，这种效应不易出现。如果被试先听到这些线索再去听内容，他可能完全不注意内容，因而在忘掉说服者之后对信息内容毫无记忆。

由可信度引起的态度改变还存在着一个有趣的争论：某一领域的专家能否把他的专业知识的影响转移到其他领域，如果可以，其影响到底有多大？比如一位诗人在文学领域颇受尊敬，他同时还有自己的教育与政治观点，他的意见会不会比其他在这一领域知名度较低的人更有分量？比他们更易让人产生态度改变？到目前为止，研究者仍然在寻找答案。

（2）可靠性。说服者是否可靠也对说服效果有影响，如果人们认为说服者能从自己倡导的观点中获益，人们便会怀疑说服者的可信度，此时即使他的观点很客观，人们也不太会相信。"王婆卖瓜，自卖自夸"，瓜未必不好，但人们会因为其意图而不买。Walster（1966）等人就证明了可靠性的效果，在实验中他们让罪犯和地方检察官支持增加或者减少执法人员的权力。研究者假设当被试支持的观点对自己不利时，说服效果最好。结果确实证明（图6-11）检察官的说服力在要求增加执法人员的权力时有所下降，而当罪犯要求增加执法人员的权力时，他在说服上的影响力远远大于他要求减少执法人员的权力时的说服力，即当说服者反对与自身利益相同的立场时，说服效果最大。

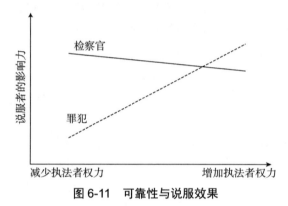

图 6-11　可靠性与说服效果

（3）受欢迎程度。人们经常会改变自己的态度，使其与自己喜欢的人的态度一致。说服者是否受人欢迎由三个因素决定：说服者的外表、是否可爱以及与被说服者的相似性。一般说来外表漂亮的人在说服方面更有优势（Dion，Stein，1978；Chaiken，Eagly，1983）。Chaiken 让漂亮的人和长相一般人分别说服大学生参加一个请愿活动，结果前者说服了43%的人，后者说服了32%的人，漂亮的说服者甚至可以掩盖其讲话方式的不足。除了漂亮，一个人是否可爱也会影响其说服效果，因为一个可爱的人往往很吸引人，而吸引人这一特征可以提高这个人的说服力。相似性也是喜欢的重要基础，有助于态度改变，参照群体（reference group）的影响就说明了相似性的作用。参照群体是个体认同的为其树立和维持判断标准，并提供比较框架的群体。如果人们重视自己所属的团体，它就是一个可信度极高的信息来源，成员信任它并且相信信息的内容，因为人们常常改变自己的态度，以与和自己相似的人一致。

2. 说服信息的因素

说服还与我们说的话里所包含的信息有关，与此关联的因素有以下几个方面。

（1）说服信息所倡导的态度与被说服者原有态度间的差距。一般来说差距越大促使态度改变的潜在压力越大，实际的态度改变也越大。但它们之间的关系并非如此简单，差异大的确会产生很大的压力，但不一定会产生很大的态度改变。有两个因素对这种关系有影响，一是当两者差距过大时，被说服者会发现自己的态度不可能改变到能消除这种差异的地步；二是差异太大会使人产生怀疑，从而贬低信息而不是改变态度。弗里德曼等人指出在某一范围内，态度改变随着差异的增加而增加；如果超过上限差异继续增加，态度改变开始减少。如果说服者的可信度高，能产生最大态度改变的差异水平就越大。

（2）信息唤起的恐惧感。通过激发恐惧感来改变态度也是人们常用的方法，公益广告常常采取这种方式来说服人们进行安全性行为、系安全带、远离毒品等。在加拿大销售的香烟，要求其外包装至少50%的面积绘有关于病态牙龈或身体其他部分的图片。恐惧性信息的影响方式与差距类似——随着信息唤起的恐惧感增加，人们改变态度的可能性增加；但是当信息唤起的恐惧感超过某一限度后，人们可能会采取防御措施，否定该威胁的重要性（Janis，Feshbach，1953；Liberman，Chaiken，1992），因而态度不发生改变。

（3）信息的呈现方式。从媒介的角度来看，大众传播（mass media）加上面对面（face to face）交谈的效果要好于单独的大众传媒。在信息非常复杂的时候，书面信息的说服效果较好；而当信息简单的时候，视觉最好，听觉次之，书面语最差。从单面与双面呈现信息来看，当被说服者已经处于争论之中时，双面说服的效果要比单面说服好，即同时告诉被说服者积极和消极的方面；而当人们最初同意该信息时，单面说服的效果好，即只提供积极的信息。也就是说当他人同意一件事时只提供正面信息即可，而当他人反对一件事情时，最好的策略是既提供赞成的信息，也提供反对的信息。在一项针对美国士兵的研究中表明，那些认同即使德国战败后日本也很强大，并相信太平洋战争将持续较长时间的美国士兵易被单面信息说服，而怀疑这些信息的士兵易被双面信息说服（Hovland，1949），见图6-12。

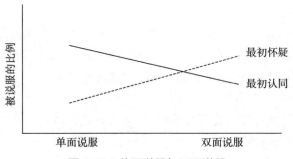

图6-12　单面说服与双面说服

（4）信息呈现顺序。在单面说服中，先呈现的信息有可能成为评判后续信息的依据，从而影响说服过程。信息呈现顺序同样也会影响双面说服的效果。在一项研究中与只描述酒店温馨的感觉相比，先后提示酒店温馨的氛围（正面）和小客房的广告（反面）可以引发被试更积极的评价。因为先正后反的信息呈现顺序可以创造一个锚定点，使个体对一些消极信息做出积极的评价，而先反后正的双面说服效果则要逊色得多。

（5）信息关联性。信息关联性也是影响说服效果的重要因素。G. Bohner 发现人们首先依据知觉到的信息的专业性对论据进行评判，当呈现的证据模糊不清时，基于专家的评判处于主导地位；当论据能强有力地驳斥之前的信息，这些新论据将会引导人们形成截然相反的态度。但前提是先前的信息能够激活人们用来解释后续信息的判断标准，即先后呈现的信息存在关联才会影响最终的说服效果和态度改变过程。

3. 被说服者的因素

（1）人格特性，包括个体的可说服性、智力和自尊。有些人能被任何形式、任何内容的信息说服，霍夫兰等人把这种人格称为可说服性人格；而有些人则是任何信息都难以说服的，这样的个体不具备可说服性。智力对说服的影响并不像人们通常认为的智力越高者越难以说服，而是智商高的人与低的人一样可以被说服，只是在论点很难的时候，智商才起作用。自尊水平较低的人往往对自己的不足之处很敏感，不太相信自己，因而易被说服。

（2）心情。Janis 及其同事（1965）指出心情好的人更容易接受他人的说服性观点。在实验中一些被试可以边读说服性信息边吃东西（让其心情好），另一些被试则不能边吃边读，结果发现前一组发生了更大的态度改变。Gorn（1982）、Milliman（1986）发现同样的效果也会在有美妙音乐伴读时显现。Bohner（1992）与 Schwarz（1990）用认知反应论解释了这种心情效应，认为心情好的人在争论出现时卷入程度低，不愿进行较深入思考，所以易被说服。心情对说服效果的影响也体现在幽默作用上，幽默的说服者常常会使他人心情愉快，为保持自己愉快的心情，人们不太愿意去追究事情的真正原因，容易接受他人的观点。

（3）卷入（involvement）。Johnson 和 Eagly（1989）认为卷入是一种动机状态，它指向与自我相联系的态度，卷入度越高，态度改变越难。R. E. Petty 等人把卷入分为与问题相关的卷入（issue involvement）和与印象相关的卷入（impression relevant involvement）。前者强调态度所涉及问题与自我概念中重要方面的关联，后者则主要强调个体态度反应受到他人赞成或反对的影响。卷入对说服效果的影响也体现在角色扮演对改变人们某些顽固态度的作用上，以吸烟为例，所有人都知道吸烟的危害，可依旧有很多人戒不了烟。怎样才能使人戒烟？心理学家提出利用角色扮演改变人们对吸烟的态度，Janis（1965）让被试扮演肺癌患者，被试对自己扮演的角色特别投入，他们看着自己的体检报告，假装自己正在与医生谈话，并想象自己正在手术室外等待做手术，最后经历了由手术带来的痛苦。对这些人而言，这是一次强烈的情绪体验过程。结果有这种经历的被试成功地戒掉了烟瘾,六个月后的追踪研究发现,经历这件事情的被试比没有此经历的被试戒烟效果更好。

(4) 动机。在一项研究中,被试要评价一项隧洞修建工程,一共六个论据,第一个论据(先行论据)有强和弱两种情况,其他五个保持中等水平。被试需要在高或低两种动机水平下评价工程。高动机条件下被试需要做出支持或不支持的决定,在低动机条件下只需描述大概印象。结果表明被试在强先行论据条件下会更支持隧洞工程,但动机水平会在其中发挥中介作用。在低动机水平下被试将直接使用先行论据形成自己的判断,在高动机水平下先行论据会影响之后的论据加工过程,从而影响最后的态度形成。

(5) 免疫。正如人们对疾病具有一定的免疫一样,过多的预先说服会使被说服者产生免疫力,从而使态度改变变得困难。父母在批评与责备孩子的时候尤其要注意这个问题,因为频繁的责备会使孩子产生免疫力,从而使得以后的说服工作变得更困难。此外过于强烈的禁止行动同样可能产生反作用,使得个体对被禁止的行为产生更多的兴趣。人们不喜欢自己的行动和思想自由受到威胁。当人们感到自己的自由受到了威胁时,一种不愉快的抗拒心态会被激发出来,并且人们可以通过从事受威胁的行为来减少这样的抗拒心理。

(6) 认知需求（need for cognition）。认知需求是指个体参与认知活动的意愿。高认知需求者喜欢从事复杂的认知任务,他们会分析情境,对认知活动做出细微的区分。Cacioppo 和 Petty（1982）指出高认知需求者对说服往往采取中心路径的处理方式,仔细分析说服情境中的信息,并尽量确定论点的正误。而低认知需求者往往采取外周路径的加工方式,只考虑并依赖偶然的线索和简单的规则,如说服者的吸引力或信息量。

(7) 自我监控。高自我监控者对外界的线索敏感,而低自我监控者对自己内在的需求更为关注。Snyder（1985）等人把自我监控与两种广告技巧联系在一起,一种叫软销售（soft sell）,它强调产品在广告中的视觉效果,如包装是否精美等,而不注意产品本身的特性。另一种策略叫硬销售（hard sell）,它强调产品的质量、价值和用途,而不太强调外在包装等线索。结果正如所预期的,高自我监控者易受软销售策略的影响,而低自我监控者易受硬销售策略的左右（图 6-13）。

(8) 年龄。Schuman 和 Scott（1989）提出的敏感期假设（impressionable years hypothesis）认为,从青少年期到成年早期,这一时期的经历对自我概念的形成有着重要的影响,所以处在这一阶段的个体对他人的说服比较敏感,并且容易接受他人的观点。Krosnick 和 Alwin（1989）对自 1956 年到 1980 年有关这一领域的研究分析支持了这一假设,这些资料来自对 2500 位选民的调查结果。结果表明在所有的年龄段中,18～25 岁的人在 4 年内态度改变最大。从这一点上来讲,大学教育实际上真正塑造着一个人的人生观，因为这个年龄阶段的人的态度最容易改变。

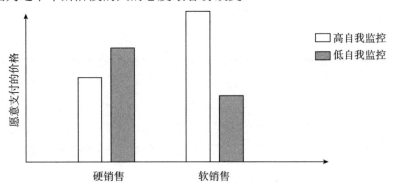

图 6-13　自我监控与说服效果
以被试对产品的出价为效标，价格越高表明受影响越大。

(9) 自我。Simons (1971) 认为人们不可能说服他人，除非他人愿意改变自己的态度。在他看来说服的过程实际上是一个说服者创造适当情境，以使他人愿意改变态度的过程，在这个过程中自我起着重要的作用。1947 年勒温就研究了自我与说服的问题，发现人们自己寻找说服原因要比由说服者提供原因更有效。在研究中勒温的任务是要说服美国人吃动物的内脏，他把参加研究的家庭主妇分成两组：一组先让她们看一段 45 分钟的演讲，演讲者强调吃动物内脏可以支援前线的将士，另外也讲了动物内脏含有大量的微量元素，对人体有利；另一组的家庭主妇则没有看演讲，而是问她们"是否认为自己家应该开始吃动物内脏"，并给她们 45 分钟的时间讨论这个问题。结果第一组只有 3% 的家庭开始吃动物内脏，而第二组有 32% 的家庭开始吃动物内脏，可见由自我产生的说服更能使人们改变态度。为什么自己产生的论据更有说服力？最重要的原因在于自我说服使得人们的参与感加强，从而更倾向于自己所支持的态度；另外，当我们觉得他人想要说服我们时，我们往往会以消极的态度对待。所以最有可能的是我们常常采用自己的论据，因为它来源于我们自己这一可靠的信息源。

4. 情境因素

影响说服的情境因素有两个：一是预先警告，如果预先告诉或暗示被说服者他将收到与其立场矛盾的信息，此时这个人的态度将难以改变，预先警告会使人产生抗拒，但这仅限于令人讨厌的信息。Apsler（1968）的观点代表了人们对这个问题的一般看法，当个体对问题了解得很多时，预先警告会引起抗拒，而当人们对该问题了解较少时，预先警告反而有助于态度改变。二是分散注意力，分散注意力能减少抗拒，因而对改变态度有利。

§5 偏　　见

20世纪30年代开始，心理学家开始研究偏见的影响。了解偏见并克服其影响，对社会的稳定和促进不同文化的交流有着重要的意义。

一、偏见概述

1. 定义

偏见（prejudice）是人们以不正确或不充分的信息为依据形成的对其他人或群体的片面甚至错误的看法。偏见与态度有关，但偏见又不同于态度。我们知道态度包含三个成分：认知、情感和行为倾向。与态度的认知成分相对应的是刻板印象（stereotype），它代表着人们对其他团体的成员所持的共有信念，刻板印象可能对，也可能错。偏见则是与情感要素相联系的倾向性，它对他人的评价建立在其所属的团体之上，而不是认识上。从这一点来看，偏见既不合逻辑，也不合情理。行为成分体现在歧视（discrimination）上，我们对某些人的认识和情感都是负面的，所以我们在行为上用不公正的方式对待他们，如招工时排除女性或少数族裔。

专栏 6-4　印象威胁如何影响人们的智力测验成绩？

这是一个争论了两个世纪的问题，这个问题最近又引发了新的争论，而新的争论与 Richard J. Herrnstein 和 Charles Murray 于1994年撰写的《钟形曲线》(The Bell Curve) 一书有关。在这本书中，Herrnstein 和 Murray 认为非洲裔美国人和英裔美国人在学业表现上的差异可能与遗传有一定的关系。在美国，不同的种族团体在学业测验上的成绩存在差异是不可否认的事实，亚裔美国人的表现比英裔美国人好一些，而英裔美国人又比非洲裔美国人好一些。关键的问题是为什么会出现这种差异，是性格不同造成的还是由情境的差异造成？

斯蒂尔和阿伦森指出：刻板印象威胁在这种差异产生中有着重要影响。在研究中他们发现，当非洲裔美国学生发觉自己处在一个高度评价式的教育情境中时，他们很容易体会到恐惧——自己会不会印证智力低下的文化刻板印象？他们会说："如果在这项测验中成绩不好，会反映出我和我的种族是不好的。"而恰恰是这样的恐惧干扰了他们在这些情境中的表现。在实验中，两位研究者让斯坦福大学的非洲裔美国学生和白人学生单独接受 GRE 测验，两个群体中各有一半的学生认为研究者感兴趣的是测量他们的智力，另一半学生则认为研究者只是要研发这份测验。而且这份测验并不具有效度或者信度，他们确信自己的表现并不代表自己的实际能力。

结果发现对白人学生来说，无论他们是否相信这份测验是测量智力的工具，他们的表现都一样好；认为该测验并不是在测智力的非洲裔美国学生表现得和白人学生一样好；但那些认为该测验是在测量智力的非洲裔美国学生的表现既没有白人学生好，也没有另一组非洲裔学生好。在后续研究中，研究者发现，如果突显学生种族的话，非洲裔美国学生的成绩会出现明显下滑。

2. 偏见产生的理论

（1）团体冲突理论（group conflict）。该理论认为，为了争得稀有资源，如工作或石油等，团体之间会产生偏见，偏见实际上是团体冲突的具体表现。该理论用相对剥夺的观点解释了偏见的产生——当人们认为自己有权获得某种利益却没有得到，这时他们若把自己与获得这种利益的团体相比较时便产生相对剥夺感，这种相对剥夺感可能引发对立与偏见。在一项研究中，M. Sherif 和 C. W. Sherif（1965）用实验验证了团体冲突理论。被试是一群正常且适应良好的 12 岁男孩，他们被随机编入"老鹰"或"响尾蛇"队。两队的营区相距很远，每一队都只待在自己的营区。实验开始阶段研究人员为两队各自安排了许多有趣的活动，比如远足、游泳以及盖房子、准备团体膳食等分工合作活动，这样做主要是为了增加团体凝聚力。在两队都有了凝聚力后研究进入下一个阶段：研究人员安排了一系列让两队相互对抗的竞争活动，比如足球赛、棒球赛、拔河赛等，获胜的队伍可以得到奖赏，通过竞争性的活动引发两队间的冲突与紧张情绪。研究者还创造了一些其他情境进一步强化两队之间的冲突。在研究的最后阶段，研究者试图改变两队之间正在升级的敌意。然而研究者发现敌意一旦被引发，仅仅取消竞争并不能消除敌意。事实上两队之间的敌意仍然持续上升，即使两队一起看电影或进行其他温和的活动，也改变不了已经产生的敌意与对立。

（2）社会学习理论。Riding 和 Ashmore（1980）认为偏见是偏见持有者的学习经验，在偏见的学习过程中，父母的榜样作用和新闻媒体宣传的效果最为重要。心理学研究表明，儿童的种族偏见与政治倾向大部分来自父母，儿童受新闻媒体的影响，习得了对其他人的偏见。为了证明学习在偏见形成中的作用，Jane Elliot 在 1977 年所做的实验中，根据眼睛颜色将班上的学生分开，并告诉学生，有蓝色眼睛的人比褐色眼睛的人更聪明、更优秀、更值得信赖。蓝眼睛小孩被给予特殊权利，而褐色眼睛的小孩被戴上项圈，以标明其属于劣等团体。Elliot 通过这种操作在她所教的班上创造了一个偏见社会的缩影。随后她发现这个班级中开始产生分裂和麻烦，作为优势团体的蓝色眼睛组开始对作为劣势团体的褐色眼睛组加以取笑和排斥。第二天 Elliot 颠倒了蓝、褐色眼睛孩子的地位，改变了眼睛颜色的刻板印象,褐色眼睛的孩子开始报复。通过这样的安排她让学生经历了偏见的学习过程。

(3)认知理论。该理论用分类、图式与认知建构解释偏见产生,认为人们对陌生人的恐惧、对内团体与外团体不同对待方式以及歧视都助长了我们对他人的偏见。从认知理论来看,偏见是人们处理和整合信息时不可避免的副产品,阿伦森甚至认为偏见是人类社会认知的黑暗面,人们倾向于将信息分类组合形成一些架构,并用它们来解释新的或不寻常的信息。依赖潜在不准确的判断法则以及有误的记忆过程,社会认知使我们形成对他人消极的偏见。

(4)心理动力理论。该理论用个体的内部因素解释偏见,认为偏见是由个体内部发生、发展的动机性紧张状态引起的。心理动力理论有几种不同的形式,一种把偏见看作替代性的攻击,另一种则将偏见视为人格反常,认为偏见是一种人格病变。最有名的是阿多尔诺对权威性人格的研究。他认为20世纪30年代德国人的反犹太情绪是由权威性人格发展起来的,这一人格的特征包括对传统价值观与行为模式的绝对固执、认同并夸大权威、将对某些人的敌意扩大到一般人身上、具有神秘及迷信的心理倾向。

(5)人格理论。Bob Altemeyer发展了阿多尔诺的理论,用右翼权威性(RWA)量表测量权威性人格中的保守主义、攻击性和服从。RWA能聚合成单一维度,而且能有效预测偏见和自我中心行为。James Sidanius则提出了另一个人格差异维度——社会支配取向(SDO)。SDO指人们如何看待群际关系,即群体之间是否公平,还是内群体优于外群体。SDO量表可以有效预测社会政治和群体现象。SDO量表与RWA量表相似,但是两者的相关度很低,学者们认为它们是独立作用于偏见的。为此,John Duckitt的双加工动机理论(DPM)模型认为SDO和RWA不是人格特质,而是社会政治态度的两个基本维度。SDO可以用来表达基于群体的支配,而RWA则代表着社会一致性和集体安全的诉求。这两种动机过程取决于人们在社会化过程中习得的图式。RWA与服从性有关,对应大五人格中的开放性;而SDO与倔强性格有关,对应宜人性。Sibley和Duckitt(2008)在一项元分析研究中探索了偏见与大五人格的关系,发现RWA和SDO分别在开放性和宜人性对偏见的影响中具有中介作用。

二、偏见的影响与克服

1. 偏见的影响

(1)对他人的知觉。偏见会影响人们对他人的知觉,以性别偏见为例,尽管照片上男性与女性的身高一样,但人们的实际判断依然有很大的差异(图6-14)。

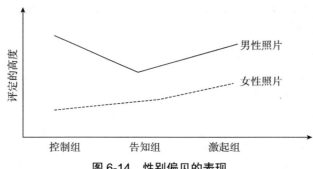

图 6-14 性别偏见的表现

对于控制组被试，不告知任何信息；对于告知组，告诉被试之所以选择这两张照片是因为照片上的男性和女性身高一样；而对于激起组，告诉被试他们如果判断正确，就会赢得一笔奖金，同时告知他们照片上的男性和女性身高一样。这种知觉还表现在许多其他领域中。Spencer，Steele 和 Quinn（1999）在研究针对女性数学能力的刻板印象时发现，男性与女性数学能力的差异受测验指导语的影响，在测验之前如果告诉参加测验的被试这个测验会有性别差异（男性成绩优于女性），在实际测验结果中就会发现这种差异；如果测验前告诉被试该测验不存在性别差异，这种差异就会在实际结果中消失。

（2）自身行为。一些偏见甚至会影响我们自己的行为。例如人们曾一致认为睾酮是反社会行为、自私行为和攻击性的罪魁祸首。实际上很多科学家开始质疑这种民间智慧，因为睾酮只涉及人际地位的竞争行为。Eisenegger 等人（2010）在研究中发现，给女性注射睾酮后，能够减少交易行为中的冲突，甚至促进人际和谐。而那些以为自己服用了睾酮的女性被试，却在交易过程中表现出更少的公平性。研究者认为传统智慧锻造了睾酮和公平行为之间的消极连接。由此可见，人们的偏见会激发相应的行为。

（3）他人行为。偏见也会影响他人实际的行为，表现在自证预言中，偏见持有者对他人的预期会使对方按照这一预期去表现和行动。Word，Zanna 和 Cooper（1974）证实了自证预言与刻板印象、歧视之间的相关，研究者要求白人大学生面试几名求职者，这些求职者中有些是非洲裔，有些是白人。当大学生在和非洲裔求职者面谈的时候，不知不觉地表现出了不自在与缺乏兴趣。他们坐得比较远，说话结巴，并且结束谈话也比面试白人的时候更快。为了弄清这些行为如何影响非洲裔求职者，研究者进行了第二次实验，这次他们系统地控制面试者的行为，使他们的行为和第一次实验中面试者对白人或非洲裔求职者的方式一样，但是第二次实验中所有的求职者都是白人。研究者将面谈过程进行录像，并且让不同的人对求职者的表现进行评价。结果发现那些受到以第一次实验中面试非洲裔求职者的方式进行面试的人，与被以第一次实验中面试白人的方式进行面试的人相比较，前者被认为比较紧张并且缺乏实力。总而言之，实验表明当非洲裔求职者接受白人面试官的面试时,他们会不自觉地感到自己缺乏能力,并且很有可能表现得比白人差。

2. 消除偏见的方法

心理学家一直在探索消除偏见的方法。到目前为止发现了以下几种消除偏见的方法。

(1) 社会化。儿童、青少年的偏见主要通过社会化过程形成,因而通过对这一过程的控制可以减少或消除偏见,而在社会化过程中尤其要注意父母与周围环境以及媒体的影响。

(2) 受教育程度。接受的教育越多,人们的偏见越少。有时候人们的偏见更多地源于自己的无知和狭隘,所以通过让人们接受更多的教育来减少偏见是一种很有效的方法。

(3) 直接接触。Amir(1969),Brewer 与 Miller(1984)提出的接触假设(contact hypothesis)认为在某些条件下,对立团体之间的直接接触能够减少他们之间存在的偏见。这些条件包括:地位平等(Pettigrew, 1998);有亲密的接触(Herek, 1993);团体内部有合作,并有成功的机会;团体内部有支持平等的规范(Blanchard, Lilly, Vaughn, 1991)。基于这一假设,举办国际性学术会议、奥运会等都可以减少人们之间的偏见。

(4) 自我监控。对认知过程进行监控也可以减少偏见,当人们意识到自己有偏见时,可以通过静下心来想、抑制自己的偏见反应等来减少偏见。在此过程中内疚感、自我批评、搜寻引发偏见反应的情境线索都有助于偏见的消除或减少。

(5) 认知和情绪训练。可以通过训练思维和情绪调节方式来消除个人偏见。第一种类型是认知干预,也就是通过实践或者重复矛盾来改变人们对于特定事件的看法。第二种是认知-情绪干预,即通过直接或间接的认知技巧来改变情绪体验。当遇到与外群体相关的情境时,减少负性情绪(Halperin et al., 2013)、接受情绪调节(Gross, 2013)可以减少偏见。第三种是换位思考,即站在另一人的位置上想象自己会如何思考与行动。这一方法可以拉近自我与他人的距离,有助于对外群体个体产生更有利的态度。

专栏 6-5　拼图教室:合作学习的典范

1971 年,美国得克萨斯州的奥斯汀开始实施种族混合教学。不幸的是,几周之后,不同种族背景的学生之间就出现了公开的冲突。走廊和校园里到处都有打架的现象。为解决这一问题,学校向阿伦森教授寻求帮助。在进行了几天的观察以后,阿伦森和他的学生们以营区实验的发现为依据,提出了一种以降低儿童偏见、提高儿童自尊为目的的教室安排——学生被安置在非隔离的小型团体中,每个学生都必须依赖团体内的其他成员来学习课程内容。因为这种方式类似于拼图活动，他们称之为拼图教室（jigsaw classroom）。

拼图教室实施的方式是：学生们被分为六人一组的学习团体，当天的课程被分为六个部分，每个学生都会分到一篇文章的一部分，比如当天所学的是华盛顿的传记，那么这篇传记会被分成六个部分，每个学生分到一段，就好像一张拼图一样，必须将它们拼在一起，才能得到一张完整的图画。每个学生必须先学习自己分到的段落，然后将内容告诉其他同学，这是他们知道其他段落内容的唯一方法。因此，如果一个学生要在关于"华盛顿的一生"的测验中取得好成绩，这个学生就必须注意倾听其他五个同学所讲的内容。

与传统的竞争式教学相比，拼图教室的学生彼此依赖。通过这个过程，学生们开始关注别人，并且彼此尊重。正如研究者所期望的，与传统教室的学生相比，拼图教室的学生的偏见和刻板印象有所减少，对队友的喜爱增加。另外，和传统教室的学生相比，拼图教室的学生在客观测验中成绩较好，而且自尊也有明显的提升，更喜欢上学。此外，拼图教室的学生表现出了真正的种族融合的倾向，也就是说，和采用传统教学法的学校相比，种族与肤色不同的团体更加融合。

拼图教室为什么有效？一个重要原因是：合作与团体参与过程成功地打破了内团体对外团体排斥的观念，促进了对同一团体的认知，没有人被排除在团体之外。在人际关系方面能够产生积极结果的另一个原因是：合作学习鼓励了同情心的发展。在传统竞争教室里，学生的目标仅仅是为了向老师展示自己的聪明才智，没有必要去注意教室里的其他同学。但是在拼图教室里，为了有效地参与到学习中来，每位学生都需要密切关注团体内的每一位同学。在这个过程中，学生们开始认识到，如果以能够适应对方的特殊需求的方式和对方打交道，就有可能取得更好的成绩。

推荐读物

1. AJIZEN I, 1988. Attitude, personality and behavior. Chicago: Dorsey. 这本书是对有计划行为理论及其发展陈述得最完整的一本书。

2. ALWIN D F, COHEN R L, NEWCOMB T N, 1991. Personality and social change: attitude persistence and changes over the lifespan. Madison: University of Wisconsin Press. 这本书是 Newcomb 有关态度研究的 50 年的总结，它包含了自 20 世纪 30 年代以来有关政治和社会态度研究的成果。

3. EAGLY A H, CHAIKEN S, 1993. The psychology of attitudes. San Diego: Harcourt

Brace Jovanovich. 这本书对有关态度的研究和理论做了较为完整的陈述。

4. PERLOFF R M, 1993. The dynamic of persuasion. Hillsdale, NJ: Lawrence Erlbaum. 这本书提供了全面而系统的有关说服的研究。

5. PETTY R E, CACIOPPO J T, 1996. Communication and persuasion: central and peripheral routes to attitude change. New York: Springer. 该书的作者系统地分析了浅层和深层说服的问题。

6. 阿伦森，威尔逊，埃克特，2014. 社会心理学：阿伦森眼中的社会性动物：第8版. 侯玉波，朱颖，等，译. 北京：机械工业出版社. 这本书探讨了与态度以及偏见有关的理论和研究，值得一读。

7. 奥尔波特，2021. 偏见的本质. 徐建吾，译. 北京：中国人民大学出版社. 这是一本关于偏见的经典读物。

思考题

1. 什么是态度？它包含哪些心理成分？
2. 通过态度预测行为时我们应该注意哪些因素？
3. 我们可以通过哪些方法测量人们的态度？
4. 简述有计划行为理论的观点。
5. 海德的平衡理论和费斯汀格的认知失调理论是怎样解释态度改变的？
6. 不充足理由、自由选择以及努力与认知失调有何关系？
7. 从说服模型出发论述影响说服效果的因素。
8. 什么是偏见？人们为什么会有偏见？怎样消除偏见？

7 人际关系

人际关系是人们在交往过程中结成的心理关系,与他人建立良好的人际关系是人类社会生活中最重要的任务之一。众多的心理学研究表明与他人建立良好的人际关系不仅可以使我们打破生活中的寂寞,而且人际关系提供的社会支持对我们的身心健康也有着不可替代的影响。对中国人来说,人际关系更是被放在一个重要的位置之上。这种对关系的强调有好的一面,比如由于强调与他人的联系,使得中国人比较强调内团体的利益与和谐;另一方面,这种对人际关系的强调又使得人们在任何事情上都依赖关系,从而使整个社会受到损害。在这一章里,我们将从心理学的角度论证、分析人际关系的问题,主要讨论人际吸引和亲密关系,以及爱情等问题,另外我们还将简单分析一下中国人人际关系的特征。

§1 人际吸引

人是社会性动物,与他人进行有意义的交往是人类社会生活的前提。鲍迈斯特等人指出,归属需要(need for affiliation)是人类最重要、最基本、最广泛的动机。在研究时间利用时,心理学家发现人大部分时间与他人在一起(青少年74%,成人71%),并且只有和他人在一起的时候,个体才表现得更快乐、警觉和兴奋。De Waal 和 Luttrell(1989)对大猩猩和猴子做研究,探寻亲和需求的生物学基础。他们认为寻求与他人交往、交朋友,并进一步发展亲密关系的倾向源于遗传。也就是说为了生存,人们需要和他人交往。

一、人们互相吸引的原因

1. 人类天生具有亲和动机

Atkinson(1954)、McAdams(1980)等人认为,有两种动机影响人们的社会交往。

一是亲和需求（the need for affiliation），指一个人寻求和保持许多积极人际关系的愿望；二是亲密需求（the need for intimacy），指人们追求温暖和亲密关系的愿望。这两种动机合称亲和动机，即个体和他人在一起不断发展亲密关系的动机。

人类的亲和动机与两个因素有关。第一个因素是社会比较，强调人们通过社会比较获得有关自己和周围世界的知识。比如，Schachter（1959）发现，和他人在一起可以减少个体的恐惧和焦虑。在一项研究中，Schachter 告诉女性被试她们要参加一项电击如何影响生理反应的实验。在"高焦虑"组里，被试被告知电击很痛但不会对她们造成伤害；"低焦虑"组的被试则被告知电击就像打针一样只有一点痛。实际上她们不会受到电击，实验者只是想让被试相信自己将会受到这样的电击。随后，Schachter 告诉被试由于实验用的仪器还没有装配好，请她们等待 10 分钟。并且告诉被试她们可以自己单独等，也可以与其他被试一起等。结果如图 7-1 所示，在高度焦虑时被试选择与他人一起等待，而在低度焦虑情况下被试更愿意独自等待。Schachter 用社会比较理论（social comparison theory）来解释这种现象，他认为人们之所以与他人亲近，是为了拿自己的感觉与其他在同样情境下的人比较。米勒进一步认为，人们不仅通过社会比较来判断自己的能力和自我概念，还会通过它获取有关自己的情绪甚至朋友选择方面的信息。

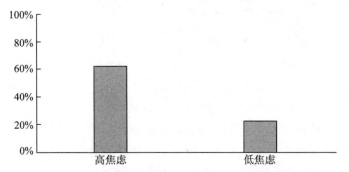

图 7-1　被试在不同焦虑状况下选择和别人一起等待的比例

第二个因素是社会交换，强调人们通过社会交换获得心理与物质酬赏。按照社会交换理论的观点，人们会尽量寻求并维持酬赏大于付出的人际关系。Weiss（1975）指出，亲和需求可以提供 6 种重要的酬赏：①依恋，指最亲密的人际关系提供给个体的安全及舒适感，这种依恋小时候指向父母，成年后则指向配偶或亲密朋友。②社会整合，与他人交往并与他人拥有相同的观点和态度，产生团体归属感。③价值保证，得到别人支持时产生的有能力、有价值的感觉。④同盟感，通过与他人建立良好的关系，意识到当自己需要帮助时，他人会伸出援助之手。⑤得到指导，与他人交往可以使我们从他人（如医生）处获得有价值的指导。⑥受教育机会，与他人交往使我们有机会接受来自他人的教育。

2. 克服寂寞

与他人交往的第二个原因是克服寂寞。相信我们每个人都有过寂寞的体验，但什么是寂寞？寂寞是当人们的社会关系缺乏某些重要成分时所引起的一种主观上的不愉快感。当你远离故乡来到北京或去国外留学的时候，在最初的几周内人生地不熟，你可能会觉得自己的社会关系中缺乏你所需要的支持与关爱，这时就会有寂寞的体验。

Weiss（1975）把寂寞分为情绪性寂寞（emotional loneliness）和社会性寂寞（social loneliness）。情绪性寂寞是指没有任何人可以依恋而引起的寂寞，比如到了一定的年龄以后，一个人需要建立一个家庭，并把配偶当作亲密的人来依恋，而如果一个人到了40岁还未成家，又与父母及朋友住得较远，则可能会体验到情绪性寂寞。社会性寂寞是指当个体缺乏社会整合感或缺乏由朋友或同事等所提供的团体归属感时产生的寂寞，例如刚到国外的人，常常会因为观念和行为很难融入当地人的生活，从而产生社会性寂寞。

谈到寂寞的时候还需要弄清楚它与孤独（aloneness）的不同。孤独是一种与他人隔离的客观状态，孤独可以是愉快的或不愉快的，如领袖与伟人经常是孤独的，但是他们是在孤独中探索精神的启示与世俗的进步，尽管孤独却并不寂寞，孤独和寂寞之间没有必然的关联。

专栏 7-1　如何帮助老年人克服寂寞感？

寂寞在老年人群体中尤为普遍，因为他们的生活方式通常会随着年龄的增长而变得更加有限，难以融入社交生活，容易面临社交孤立的困境。长期经历寂寞的老年人极易出现一些身体和心理健康问题，例如抑郁症、焦虑症等。特别是对于那些缺乏社交支持网络的老人来说，这些问题可能会更加严重。随着我国人口老龄化的日益突显和家庭结构的变化，老年人的寂寞感日渐成为一个值得关注的问题。

De Vries（2021）提出了一些预防和缓解老年人的寂寞感，以提高老年人身体和心理健康水平的措施。虽然看望和照顾年迈的父母是子女的基本义务，但这并不足以消除寂寞的问题。因此子女应该承担更广泛的道德责任，预防和缓解父母的寂寞感。首先，子女应该认识到他们对父母的情感支持很重要，可以通过电话、电子邮件、短信等方式与父母经常联系，积极参与家庭聚会和节日活动。其次，子女可以通过社交媒体和其他在线平台帮助父母扩大社交圈，鼓励他们参与社交活动和培养个人爱好，帮助他们建立和维护社交联系。最后，子女可以帮助父母寻找志愿者和相关组织，这些志愿者和相关组织可以提供陪伴和社交支持，他们往往拥有更专业和更丰富的经验，帮助父母产生更高的社会联结感和归属感。同时也需要社会提供更多的资源和支持，以帮助老年人建立和维护社交联系。

如果一个人长期经历慢性寂寞（chronic loneliness），其生理与心理健康便可能会受到影响。心理学家分析了父母离异对孩子寂寞感的影响，得到了对我们的生活很有价值的一些结论。自 20 世纪 80 年代以来，离婚成了一个十分严重的社会问题。Bane（1976）根据一项调查指出，约三分之一的美国孩子在 18 岁之前经历过父母离异。而在中国，随着人们婚姻观念的变化，离婚的比例也在逐年上升。根据民政部 2020 年 9 月发布的《2019 年民政事业发展统计公报》，离婚率为 3.4‰，连续 9 年递增。关注离婚对青少年和儿童的影响是保证下一代健康成长的关键。20 世纪 80 年代初研究离婚影响时，研究者发现，父母离异的孩子长大后容易感到寂寞，且孩子的寂寞感与父母离婚时孩子的年龄有关，如果父母离异发生在孩子 6 岁以前，孩子更可能感到寂寞。在研究中为了确认孩子的寂寞是由父母离婚引起的，研究者还对比了父母离异的孩子和双亲中一方自然死亡的孩子在寂寞上的差异，结果发现在儿童时期双亲之一自然死亡的孩子，长大后所体验到的寂寞与在一般家庭长大的孩子一样。

在解释此结果时，研究者认为有两个方面的原因。一是孩子的归因。较小的孩子常将父母离异归结于自己的原因，虽然这是不合理的信念，但孩子们相信父母离异是因为自己不好，这种倾向在学龄前儿童身上尤其强烈。但如果父母离婚时孩子已经长大了，他们通常较能理解父母离婚并不是自己的过错。另外由归因引起的这种自我责备常常会在孩子的心理上留下阴影，并进一步伤及孩子的自尊心。二是孩子对待他人的态度。父母离异的孩子可能将他人视为排斥性的及不可信赖的，他们常常认为父母是不值得尊敬、令人沮丧的，因此孩子可能会将这种知觉泛化到一般人身上，认为其他人也不值得信赖，人际关系不可靠，不愿与他人交往，从而产生寂寞感。

心理学家发现，有许多因素对人们的寂寞感有影响，这些因素包括：

（1）婚姻与经济状况。一般来说已婚者的寂寞感较少，但如果已婚者对自己的婚姻不满或缺少朋友，他们也会感到寂寞。贫穷的人比富有的人寂寞感强，这也许与后者有较多的时间和金钱从事休闲活动有关。

（2）年龄因素。在一般情况下，人们会认为年纪大的人较寂寞，但实际研究发现青少年最寂寞。Parlee（1979）在一项调查中发现，18 岁以下的人约有 79% 说他们有时或经常感到寂寞，45~54 岁的人为 53%，而 55 岁以上的人只有 37%。对于这种年龄差异，心理学家并不能确定原因，有人认为这与年轻人愿意说出自己的寂寞感有关，也有人认为与年轻人的生活变化多有关。确实，随着年龄的增长，人们的生活日趋稳定，加上社交技巧的发展和对社会关系预期的日益实际化，人们的寂寞感会降低。

（3）人格因素。寂寞的人比较内向、害羞、自尊心低、社交技巧差。寂寞也常常与焦虑和忧郁联结在一起，这些人格因素里有一些可能同时是寂寞的起因及结果。例如，自尊心低的人可能不愿在生活中冒险,这一点使他不易和他人形成人际关系,从而加重了寂寞;反过来,长期的寂寞体验可能使一个人认为自己是社交上的失败者,从而自尊心更低,更不愿意与他人交往。

尽管上述因素对寂寞感有影响,但更多的心理学家相信寂寞与社交技巧(social skill)有着更紧密的关系。Solano 和 Koester(1989)发现长期性寂寞者常常是那些缺乏社交技巧的人,所以要想克服寂寞,首先需要提高社交技巧。Kupke(1979)和Vangelisti等人(1991)提出了一些提高社交技巧的建议,包括以下两个方面:一是提高对他人的关注。向他人多问问题,并表现出对他人话题的兴趣,而不要只是被动地回答他人的提问,或者只谈自己感兴趣的事情。二是培养自己认识并遵从社会规范的能力。可以通过Adams等人(1988)的社会技巧训练(social skills training)来提高自己这方面的能力。这种训练先让社交技能较差的人观察交往能力强的人的行为(示范作用);接着让他们用角色扮演的方式解决自己在不同情境中遇到的交往问题;之后让他们观看自己与他人交往的录像,并提供必要的反馈。采用这种训练方法可以使人们学到怎样开始一个话题、怎样处理沉默、怎样使用非语言的交流线索,以及怎样倾听别人的观点等。

二、人际吸引的基本原则

第一印象最重要的维度是评价,为什么我们喜欢一些人而不喜欢另外一些人?答案通常是我们喜欢那些能给我们带来好处的人。人际吸引遵循的原则有以下几种。

1. 强化原则

强化是学习理论的基本概念,用在人际吸引上就是我们喜欢能给予我们酬赏的人,讨厌惩罚我们的人。许多研究显示我们喜欢对我们做正性评价的人,反对给我们消极评价的人。在一项实验里,阿伦森让自己的助手假扮成被试与另一名真正的被试进行一系列简单的交往。每次交往后,真被试偶尔会听到实验助手与研究者的谈话,谈话中助手提到了他对被试的评价。在第一种情况下,助手总是说自己喜欢被试;而在另一种情况下,助手总是挑被试的毛病。实验结束后研究者让真被试评价他对助手的喜欢程度,结果如表 7-1 所示。研究还发现当被试偶然间听到其他人对自己做好的评价时,会更喜欢助手。

表 7-1 由他人对自己的评价而产生的喜欢与不喜欢

实验条件	被试对助手的喜欢程度
实验助手做正性评估	6.4
实验助手做负性评估	2.5

注:表内数字是在 $-10\sim +10$ 量表上的评定。

2. 社会交换原则

人们是否喜欢某个人取决于我们和这个人交往时对成本及收益的评价,如果在与某个人的交往中,获得的收益大于成本,我们就会和他继续交往,并且对这种交往的评价也较高;如果在交往中付出多、收益少,交往有可能中断,我们对这种交往的评价也低。简单来说,人们知觉到的一种关系的正性或负性程度取决于:①自己在这种关系中的收益;②自己在这种关系中花费的成本;③对自己会得到什么样的关系和自己能够与他人建立一个更好的关系的预期。社会交换理论也会有一些例外情况。比如在某些情境下,人们并不愿意做那些在关系中收益最大的人。一些学者认为,关系满意度最重要的决定因素是关系中的公平程度。按照公平理论,当我们在关系中体验到的收益和成本之比大致与同伴体验到的相等时,我们是最快乐的。

3. 联结原则

人们喜欢那些与美好的体验联结在一起的人,而厌恶那些与不愉快经历联结在一起的人(Clore,1974)。May 和 Hamilton(1980)的一项研究证明了这一结果,研究者把参与实验的大学生被试分为两组,分别听他们最喜欢的摇滚乐或最不喜欢的"前卫派"古典音乐,在听音乐的同时让他们评价一个陌生男子的照片。结果发现当照片与他们最喜欢的摇滚乐结合时,学生对陌生男子照片的评价更好。

三、影响人际吸引的因素

1. 个人特质

一个人的某些特征决定他是否受人喜爱。在一项研究中,Anderson(1968)收集了 555 个用来描述个人特质的形容词,让大学生评定对具有其中某项特质的个体的喜欢程度。结果发现对 20 世纪 60 年代的大学生而言,真诚是最重要的特质,在评价最高的八项特质形容词中占了六项(真诚的、诚实的、忠诚的、真实的、值得信赖的、可靠的),另两项特质为"温暖"及"能力",评价最低的特征为"说谎"及"欺骗"。也就是说人们认为一个人是否真诚决定着我们是否喜欢这个人。影响人际吸引的个人特质包括:

(1)个人的温暖(personal warmth)。温暖是影响我们形成对他人第一印象的主要特质。什么因素让人觉得温暖呢?研究指出,当人们对其他人持积极态度时便会表现出温暖,同时温暖的人比较受欢迎。

(2)能力。人们往往喜欢有能力的人,能力涉及的范围很广,比如智力、社交技巧等。有时候聪明的人较受欢迎,但有时候过于完美反而会使他人不舒服。阿伦森等人的实验证明了这一点。在实验中让被试听录音带,内容是讲一个学生参加某个测验。在一种情况下,这个学生表现优异,几乎答对了所有问题,而另一种情况里的学生表现平平。测验结束后,部分被试还听到录音带里提到的学生不小心把咖啡洒在了自己的衣服上。

实验确实证明了表现优异的人受欢迎，他们还发现了另一个有趣的结论，即当表现优异者犯了一点小错误或略有失态时，比他毫无失误时更受欢迎。

（3）外表。人们最容易注意到的是他人的外表，在其他条件相同的情况下，漂亮的人更招人喜爱。外表漂亮的人更容易引起周围人的注意，人际吸引力更强，更容易获得他人的帮助。有更多的约会机会，更受欢迎，更容易获得职业上的成功，很可能还会有更好的身体和精神状态（Langlois et al.，2000）。Elaine H. Walster 的"电脑约会"实验发现不管是男性还是女性，漂亮的人总是更受欢迎。外表之所以有如此强烈的影响力，一是因为晕轮效应，用 Karen Dion 的话来讲就是"美的就是好的"。二是所谓的"漂亮的辐射效应"（radiating effect of beauty），即人们认为让别人看到自己和特别漂亮的人在一起能提高自己的社会形象，就像对方的光环笼罩着自己一样。Kruzi 等人（2020）发现，相对于那些看不到面部动作的人，能够看到伴侣面部动作的两组人更容易喜欢彼此。这种效应同样在酒店接待人员的人际吸引力和自信程度的研究中得到了证明（Pinto et al.，2020）。

（4）文化。文化心理学研究发现外表吸引力存在文化差异（Anderson，Adams，Plaut，2008）。外表吸引力通常意味着健康和生殖能力，只有文化情境使个体有机会选择、建构社会关系时，外表吸引力对生活的作用才得以彰显。比如有研究发现在加纳这样的依赖型文化中，拥有良好外貌特质的人并没有享受到满意的人际关系，而在独立型文化中美貌能带来更好的生活。

专栏 7-2　温暖与信任在配偶选择中的作用

在人类进化的历史上，选择伴侣是一个至关重要的问题。心理学对恋爱关系的研究发现，人际吸引力在其中发挥了重要作用。心理学家发展出了各种各样的理论和策略，来提升个体在恋爱关系中所需的个人吸引力。以往研究表明人们在选择伴侣时更倾向于关注外在的特征，例如外貌和社会地位，这些特征被称为表面特质。然而，最近的研究表明，人们在选择伴侣时更关注内在特质，例如温暖、信任。其中，温暖是指个体对别人的关心和同情的感受，信任指一个人的可靠性和诚实性。温暖和信任均是人们在选择伴侣时所看重的品质，并在恋爱关系中发挥着重要的作用。

研究者对内在特质在初期选择伴侣时的吸引力和在长期关系的满意度中的作用开展了研究。研究 1 招募了 242 名年轻的成年被试，要求他们回答一系列关于恋爱历史和偏好的问题。同时要求被试评估一个虚构人物的温暖、信任特质，以及他们在恋爱初期的吸引力。研究人员还通过问卷测量了被试的人格、社会支持和自尊等，以控制这些因素对研究结果的影响。实验2招募了134名年轻被试，实验中被试先接受了一项温暖、信任特质的测量，并在随后的速配任务中评估一系列虚构人物的吸引力和自己对这些人物的潜在感情反应。随后，让被试评估他们在长期关系中的满意度。两个实验的结果表明，温暖、信任特质可以预测人们恋爱初期的吸引力和长期关系的满意度。具体来说就是，在恋爱初期选择伴侣时，人们更倾向于选择具有温暖、信任特质的人。这些特质包括温暖、关爱、同情心、诚实、可信和可靠等。而在长期关系中，这些特质也预测了伴侣满意度和幸福感。研究还发现，温暖、信任特质对人际吸引力的影响比其他因素（如身体吸引力和社会地位等）更大。这些结果对我们理解人类在恋爱关系中人际吸引力的来源具有重要的意义，同时对临床实践也很有参考价值。不仅为情感和婚姻治疗提供了依据，也可以帮助人们理解自己和伴侣的偏好，从而更好地维护和改善亲密关系。

2. 相似性

人们倾向于喜欢在态度、价值观、兴趣、背景及人格等方面与自己相似的人。Kandel（1978）对2000名高中生的友谊做研究，他让每位学生写出自己在学校里最好的朋友，并详细填写有关自己的背景及态度的问卷，大部分学生最好的朋友在性别、年级、年龄、种族及学业态度、对药物的态度等方面与其自身很相似。当今社会人们经常在短暂进入特定环境时（如咖啡馆、超市）遇到潜在朋友或者伴侣，然后通过其他的社交网站来了解更多信息。Sprecher（2019）对150名本科生进行实验，试图发现人们在短暂的问候以及产生第一印象之后，是否会喜欢与他们更相似的人。被试首先通过社交软件与另一个被试打招呼，然后他们会收到自己与另一位被试相似或者不相似的信息。研究发现被试收到确认自己与另一位被试相似的信息之后，会增加对另一位被试的喜爱程度，而收到不相似信息的人则没有明显的变化。在组织管理情境下，Dust等人（2020）利用相似性-吸引理论和领导-成员交换理论（leader-member exchange，LMX）开展研究，发现领导和追随者的外向性与领导-成员交换呈正相关。LMX水平较低的追随者认为他们的关系是基于正式的雇佣合同，而LMX水平较高的员工则认为他们与领导的关系建立在信任、支持和理解基础上。

相似性来自以下几个方面：一是人口学特征的相似性，包括性别、种族、宗教信仰、社会阶层以及年龄；二是态度的相似性，包括观点、人格、兴趣、人际风格等。在Byrne等人（1971）的一项研究中，被试在填写一份态度问卷后，主试把他介绍给另外一个人，同时要求这个人要把自己在该态度问卷上的回答大声念给被试听。实际上这个人所念的问卷是由主试替他填好的，有些情况下这些回答与被试的一致，有些情况下则差别较大。

念完之后要求被试评价对这个人的喜欢程度，结果如人们所预料的那样，态度的相似性导致了喜欢程度的增加（图7-2）。三是外表相似性。在选择约会对象及婚姻方面，心理学家发现人们往往倾向于选择与自己在长相上相似的异性做伴侣，Berscheid 等人（1971）把这种倾向称为匹配假设（matching hypothesis）。Hill（1976）对约会情侣的一项研究发现，这些情侣在年龄、智力、宗教信仰、外表吸引力，甚至身高上都很相似。在研究中，Hill 还发现那些背景最相似的情侣，一年以后分手可能性也较小。Feingold（1988）认为之所以出现匹配假设，是因为人们认为与自己长相接近的人与自己有相同的社会交换价值。此外，Rusbult（2009）发现伴侣与自己理想自我的相似性在人际吸引中起着重要作用。

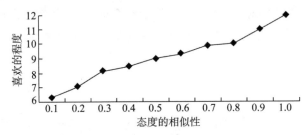

图 7-2　态度相似性与吸引力的关系

为什么相似性对人际吸引如此重要？Festinger（1954）用自我确认理论（self validation）来解释，认为当情境不明确的时候，人们往往通过与他人的比较来确认自己，而选择那些在某些方面与自己相似的人交往能使自我概念得以确认。因为与自己相似的人一般会同意我们的主张，支持我们的观点，使我们更有信心。海德的平衡理论在解释相似性的时候则认为，个体有强烈的想要维持自己对他人或事物态度的协调一致性的欲望，而这种一致性可以通过喜欢或不喜欢来达到。喜欢某个人，而同时与他在某个问题上有不同意见，将导致心理上的不愉快，因此人们便借由喜欢那些支持自己意见的人，或反对与自己意见不同的人，使认知达到平衡。

3. 互补性

在恋爱与婚姻关系中，人们有时候喜欢与自己在某些方面相反的人。Buss（1989）对 37 个文化群体的研究发现，在异性关系中男性喜欢年轻的女性，而女性却喜欢年长一些的男性。Davis（1990）把这种现象称为相貌换地位（looks for status），男性喜欢年轻女性是因为她们漂亮，而女性喜欢年长一些的男性是因为他们成熟且有地位。Townsend 和 Levy（1990）用实验支持了这一结论。他们发现在大学生群体中，一个男性只要有地位，即使他长得不好看也会吸引女性。而没有地位的女性只要长相好，依然会吸引男性。但这一效应反过来却不成立，女性用地位补偿长相或男性以长相弥补地位都不可能。这种互补性有时候也表现在交往双方的性格上，比如夫妻二人性格互补会使家庭生活更有意思。Yong 等人（2022）在新加坡进行了两项实验，旨在探究被试身体吸引力和社会地位变化对于长期和短期相处意愿的影响。结果证实了 Townsend 提出的伴侣偏好优先模型。同时 Zhang 等人（2019）通过对比中国和英国被试，验证男性与女性在评估伴侣吸引力时的差异，发现男性更偏爱伴侣的外表吸引力，而女性更看重对方的社会地位，尤其在评估长期关系吸引力上。该研究还发现，中国女性对社会地位的偏好比英国女性更强烈。

4. 熟悉性

熟悉性会影响人际吸引，以巴黎市民对埃菲尔铁塔的态度为例，刚开始建造时人们非常愤怒，认为它很讨厌，就好像给美丽的城市拧上了一颗大螺丝，破坏了原来的景色。可是今天它变成了令人喜爱的纪念塔，成为巴黎的地标，这正是熟悉性提高了人们对它的喜爱。熟悉性导致喜欢的最常见的现象就是我们在前面谈到的曝光效应——某个人只要经常出现在你眼前，就能增加你对他的喜欢程度。Mita，Dermer 和 Knight（1977）还通过人们对自己面孔的反应说明了这种现象。我们知道每个人看到的自己的脸与他人看到的是不一样的，自己看到的经常是镜面反射的人像，而他人看到的经常是客观的形象。根据曝光效应的假设，外人应该喜欢他们从平常的角度所看到的脸，而自己应该喜欢这张脸的镜中影像。Mita 拍了一些女学生的照片，然后把照片呈现给本人及其朋友看，有些照片是正常照片，有些则是原来的负相（与自己在镜子中看到的相同）。结果发现女学生本人更喜欢镜中的影像（对本人而言，68%的人喜欢镜中像），其他人更喜欢正常照片（对朋友而言，61%的人喜欢正常照片）。之所以如此是因为人们经常看到的是镜子中自己的样子，而他人看到的则是正像。当然曝光效应也有限制，一开始对他人的态度是喜欢或至少是中性时，接触越多才越喜欢；如果一开始就讨厌对方，那么接触越多反而越讨厌。

熟悉性与喜欢的关系也常被用在政治宣传上。在选举中曝光效应经常被用在政治广告中，许多候选人花大量的钱投放广告宣传自己，但这种出现率的增加能吸引人们为他投票吗？Grush（1978）认为政治广告只有在以下情况下才有效，一是参选的人数众多，假如没有广告，选民很难辨别每一位候选人；二是所有的候选人都有许多广告，如果某位候选人没有的话就可能落选；三是某位候选人之前无名气，所以不会过度曝光。除此之外得票数将受候选人知名度影响。

熟悉性是如何起作用的呢？Bornstein（1989）认为在进化过程中，人类经常小心翼翼地去应付不熟悉的事物或情境，而这种针对不熟悉情境的谨慎又加强了我们的生物适应性。通过与这些环境不停地相互作用，给我们带来危险的不熟悉的事物逐渐为我们所适应，也就变得熟悉与安全了。随着戒心的解除和舒适感的上升，人们对该事物的正性情感也必然增加。也有一些人从其他方面解释熟悉性的影响,他们认为重复出现可以增加对某个人的再认,这是喜欢产生的第一步,同时熟悉他人时对其行为的预测变得容易,熟悉性也引发了相似性。

5. 接近性

与他人住得近也是影响人际吸引的因素之一。对社区友谊模式的研究发现,人们所结成的友谊模式受到人们之间物理距离的影响,住得越近就越有可能成为朋友。Hebel 和 Rentzsch(2022)用行为实验证明了人与人之间的物理距离缩短可以显著促进与他人接近的意愿。接近性为什么能引起喜欢呢?首先,接近性能增加熟悉性,而越熟悉,喜欢的可能性越大。其次,接近性也与相似性有关,在有选择的情况下,人们往往选择在某些方面与自己相似的人做邻居,比如教师愿意与教师住在一个社区里,而高收入阶层的人也愿意选择同样的人做邻居。最后,从社会交换的观点看,物理距离上的接近性使得你更易获得来自他人的好处,他人可以随时来帮助你,与这样的人交往你可以用较小的代价换取较多的好处。正是这些原因,使得物理距离上的接近性成为影响人际吸引的重要因素。

§2 亲密关系

在人际吸引的基础上,人们之间的关系会从一般关系发展到亲密关系。亲密关系对于每个人的生活都是必不可少的,下面我们就来分析一下亲密关系。

一、亲密关系概述

1. 关系与亲密关系的定义

关系是指两个人互相影响、互相依赖。也就是说只有当两个人之间互相影响与依赖的时候,我们才能认定他们之间存在关系。Levinger 和 Snoek(1972)在此基础上提出了互赖模型(model of interdependence),并用它来说明随着互相依赖程度的增加关系变化的特点。以两个人之间的关系发展阶段为例,人与人之间的关系可分为四种:一是两个人都不知道对方的存在,彼此无任何关系,称为零接触;二是知晓,即一个人知道另一个人的信息,但未发生任何直接接触;三是表面接触,即两个人开始互动,如借谈话或书信来往;四是共同关系,即两个人相互依赖程度增加。在共同关系中,当两个人的相互依赖程度很高时,我们就把这种关系称为亲密关系。亲密关系的特点有三个:一是两人有长时间的频繁互动;二是在这种关系中包含着许多不同种类的活动或事件,共享很多活动及兴趣;三是两个人相互影响力很大。

2. 亲密关系本质

Aron（1986）用自我扩展来解释人们之间的亲密关系，他发展了詹姆斯客体自我的概念，认为与他人建立亲密关系的实质是把他人融入了自我概念。五个方面的证据可以支持这种自我扩展。

第一个是归因过程中的行动者与观察者效应（actor observer effect），即人们倾向于把他人的行为归于内因，而把自己的行为归于外因的现象。尼斯贝特在研究亲密关系时发现，当他人是自己的好朋友时，这种效应并不存在。也就是说，人们在推论自己熟知的人的行为时所使用的方式与推论自己时一样。

第二个证据与资源分配有关，与对待一般人的方式相比，人们在分配资源时对自己和与自己关系亲密的人的区分要小得多。用 Aron 等人（1991）的话来说就是由于人们的自我中包含了后者，因此在分配资源时不分你我。

第三个证据来自亲密关系中的共有关系（communal relationship）。一般情况下交换关系在人们交往过程中比较普遍，但 Clark 和 Mills（1979）发现在亲密关系中，人们对收益与付出并不关心，相反人们常常关心的是能够给对方提供什么。在亲密关系中他人是自我的一部分，他人的需要就是自己的需要。照料和情感表达会促进关系提升（Lemay，Clark，2008）。

第四个证据来自 Markus（1977）的自我图式。Aron（1991）通过比较陌生人、朋友和夫妻的自我图式，发现在亲密关系中个体的自我中包含他人，这一点在东方文化下更明显，朱滢、张力等人（2001）有关中国人自我概念的研究也说明了这一点。

第五个证据来自共有记忆（transactive memory）。Wagner 等人（1991）发现关系亲密的人在编码、储存和提取信息方面有一个共通的记忆系统。

3. 亲密关系中的依恋

人类最初的亲密关系表现为父母与孩子之间的依恋，它是婴儿和父母之间的一种强烈的情感联结。心理学家鲍尔比（John Bowlby）把这种情感联结看成是人类与生俱来的特质，他认为婴儿对父母的依恋是其生存的首要条件。哈洛（Harry F. Harlow）对灵长类动物的研究也证实了这一观点，所以许多心理学家把依恋看成是人类的本能行为。

安斯沃思（Mary Ainsworth）把依恋分为三种类型。①安全型：父母对孩子的欢乐、悲伤和要求等方面的信息很敏感，这种情感促使他们关爱孩子，从而使得父母与孩子的关系更加亲密，互相喜爱、重视，孩子不会产生被抛弃的感觉。②逃避型：与安全型相反，逃避型父母经常远离孩子，逃避与孩子建立亲密关系的尝试，在这种情况下孩子也学会了逃避与父母接触，抑制自己的依恋需要。③焦虑/矛盾型：父母对孩子的情感经常不一致，有时候很关心，有时候却不感兴趣。由于这种不一致的爱，使得焦虑/矛盾型的孩子在自己的情感没有得到回报时显得暴躁和焦虑。在人类发展早期不同的依恋类型对孩子的成长有着重要的影响，因为它可能决定着孩子的行事风格和今后的人际关系。心理学家甚至认为，人们在婴儿期和儿童期学会的特定依恋方式成为我们描述自己与他人关系的图式，这些图式通常会伴随我们一生，并扩展到我们与其他人的关系中（Collins，Sroufe，1999；Fury，Carlson，Sroufe，1997；Hartup，Laursen，1999）。

为了解不同的依恋类型如何影响成年后的亲密关系，Hazan（1987）设计了一个爱情小测验并把它刊登在报纸上，在测验中除了询问人们的浪漫关系之外，还让人们选择自己的依恋类型。结果证明安全型的人很容易接近，他们期望与他人发展亲密关系；逃避型的人不易与他人形成亲密关系，不信任他人；焦虑/矛盾型的人对自己的亲密关系不满，但与逃避型不同的是他们对自己的伴侣很着迷。这项调查研究还得出了这三种依恋类型在成人中的比例，安全型占56%，逃避型占25%，焦虑/矛盾型占19%。

研究者还发现具有安全型依恋方式的个体有着最持久的浪漫关系，他们体验到最高程度的责任感和满意程度；焦虑/矛盾型的个体的浪漫关系持续的时间最短，他们最容易开始一段浪漫关系，但如果他们的爱得不到同等程度的回应，就会很沮丧和愤怒；回避型的个体最不可能开始一段浪漫关系，并且最可能报告他们从未坠入情网，他们在人际关系中保持着与其他人的距离，对关系的责任感最低。Cox等人（2008）对成年人的依恋方式在恐惧管理中的作用进行了研究，发现非安全型依恋的个体在遭遇恐怖事件后倾向于依赖父母，而安全型依恋的个体更倾向于依赖自己的爱人。

依恋方式并不是一生不变的。Feeney和Noller（1996），Kirkpatrick和Hazan（1994）等人的追踪研究发现25%～30%的个体改变了最初的依恋方式。他们发现这些人在亲密关系中的体验，可以帮助他们学习新的、更健康的与人交往的方式，这些方式与他们在幼年时期学到的方式大相径庭。Baldwin和Fehr（1995）指出在任何一段时间内，人们表现出来的依恋方式与其伴侣的行为有着密切的关系。从某种意义上来看，对依恋和成人关系的研究是很有价值的，这些研究支持了这样一种论断，即人们在成长过程中习得的和父母之间的关系类型可能会影响人们在成年时期与他人的关系。

二、友谊及其发展方式

1. 友谊关系

Wright（1984）把朋友关系分为表面朋友（superficial friendship）和深层朋友（developed friendship），前者的形成和保持完全是因为这种关系的酬赏作用，后者除了酬赏还包括相互关心。Hays（1985）指出人们从一开始与这两类朋友交往的表现就截然不同，与表面朋友的交往随时间推移越来越少；而与深层朋友的交往模式是一开始见面很多，然后接触慢慢地减少。另外，要想交深层朋友，感情投入是最根本的。Schinoff等人（2020）研究了组织员工的互动方式，发现随着信息技术的日益普及和虚拟工作的兴起，员工之间的互动方式发生了变化。当同事之间的互动模式一致且可预测时，他们更有可能建立起结合工作和个人因素的友谊关系。因此组织应该重视在虚拟工作环境中的关系建立，并采取措施鼓励员工进行定期的、有意义的互动。

心理学家还发现在交友问题上男性与女性存在着很大的差异：

首先，童年期男孩与女孩在交友时的方式不同。Eder 和 Hallinan（1978）在一项儿童友谊关系的长期研究中发现，男孩通过玩耍交朋友时往往是一群人一起玩，而女孩是两两一起玩。对成年人来说，男性之间的关系发展往往取决于他们是否参加了共同的活动，如一起踢足球等；而成年女性要想成为朋友，一起聊聊天就有可能。Wright（1982）把男性交友的倾向称为面对面（face to face），而把成年女性交友的方式称为肩并肩（side by side）。

其次，情感在男女友谊关系中的作用不同。随年龄增长，情感在男性与女性关系中的地位出现了差异。在同性亲密关系中，女性之间的友谊由于有更多情感的参与，所以比男性之间更亲密。但是在与异性发展关系时，这一差异并不明显。

最后，男性与女性在亲密关系中身体接触的程度不同，尤其是在同性亲密关系中。Derlrga（1989）让被试表演在机场迎接自己的朋友或异性伴侣，发现情侣的身体接触最大，而男性朋友之间身体接触的概率小于女性和异性之间。进一步的研究发现男性之所以不愿有身体接触，是因为他们把身体接触理解为一种与性有关的欲望。

2. 自我展露

尽管有许多方法可以用来与他人发展友谊关系，但在心理学家看来自我展露（self disclosure）无疑是最常用也最有效的方法。自我展露是指个体把有关自己个人的信息告诉他人，与他人共享自己内心的感受和信息（Jourard, 1966）。在许多心理学家看来，一个人有适当的自我展露是人格健康的重要标志。Fitzpatrick（1987）指出，如果一个人在与他人交往时缺乏自我展露，便难以与他人建立有意义的联系，也会感受到更多的寂寞。

为什么自我展露能够促进人际关系的发展呢？Altman（1973）用社会渗透理论（social penetration theory）做了说明。按照这一理论，人们之间亲密关系的发展与人际交往中沟通的水平有关，随着话题由浅入深，人们之间的关系也由一般向亲密转化。刚见面时人们谈论的往往是一些非个人化的话题，如天气、体育运动和流行文化等；如果这些表面的交谈得到了回应，人们就会深化这种社会交换，这时候话题进一步拓宽，双方交流一些更个人化、更敏感的信息。在人们讨论的话题由窄到宽、由浅到深的过程中，人们之间亲密关系的层次也增加了。从某种意义上讲，正是这种渗透式的自我展露，使人们避免了由于揭露太快或太慢而引起的消极反应。社会渗透理论还指出与他人刚认识时，人们在自我展露的时候遵守相互性规范，即自己的展露水平与他人的展露水平相对应,他人展露水平高时自己的也高,他人展露水平低时自己的也低(Cunningham, 1986)。Kaplan(1974)认为自我展露中这种相互性规范对人际关系的建立与发展极为重要,如果一个人忽视这种逐渐式过程,一下子向他人揭露太多有关自我的信息,会使他人害怕和退缩,从而给人际关系的建立和发展造成障碍。

互联网与社交媒体的出现给自我展露提供了更多的机会。在社交平台上,"网红"的涌现导致了激烈的竞争,因此维持"粉丝"成了一个至关重要的问题。Wang 和 Liao(2023)以社会交换理论和人际吸引力理论为基础,研究了"网红"的自我展露对"粉丝"吸引力和持久投入的影响。通过对 695 名"网红"的"粉丝"进行调查,发现"网红"与"粉丝"之间的互动程度对"网红"的吸引力和"粉丝"的持久投入有积极的影响。这项研究结果强调"网红"需要通过积极展露自我与"粉丝"建立稳固的联系,以提高自身的吸引力和保持"粉丝"的投入。

自我展露对身体健康也有一定的积极作用。Imami 等人(2019)对 141 名年龄在 10~17 岁的哮喘患者进行了调查,探讨了自我表露、消极和积极反应,以及糖皮质激素受体基因 NR3C1 之间的关系。NR3C1 是应激生理和免疫功能改善的标志。研究发现自我表露的益处取决于互动伙伴的反应程度,而且这种益处在青少年时期就能显现出来。积极的自我展露可以促进青少年哮喘患者的身心健康,提高其免疫功能和抗应激能力。

自我展露也有疏远与他人关系的作用。心理学家发现当亲密关系出现问题的时候,一些人可以通过控制自我展露的深度和广度从这种关系中退出(Baxter, 1987)。也有一些人会通过减少讨论的话题,增加自我展露的深度来达到退出的目的。在后一种情况下,人们展露的往往是责备和伤害他人的负性情感。

3. 自我展露的文化差异

人们的自我展露倾向受文化的影响很大。首先,从展露的范围上讲,Barnlund(1975)与 Toomey(1991)等人发现美国人倾向于在一个广阔的社会情境中展示自我,而来自集体主义文化的中国人和日本人自我展露的范围则非常有限。有人认为这种差异反映了美国人比中国人和日本人拥有更多的亲密关系,但这仅仅是源于美国个人主义文化取向的论断。Triandis(1989)在解释这种差异的时候,把它与个人主义文化渴求独特的需求联系起来。他们认为美国人喜欢自我展露,是因为他们想通过自我展露表明自己的与众不同,而东方人不喜欢自我展露,是因为他们不想被他人认为自己是与众不同的。其次,东西方文化中自我展露的差异也表现在交流方式上。在西方文化中良好的社会表达是一个人能力的体现,而在东方文化中,如中国、日本和韩国,人们对那些说得好的人并不喜欢,事实上那些不爱表达的人可能反而会被认为是诚实可信的。在这样的文化背景下,展露自己的愿望和恐惧等都被认为是不适当的,正如我们平常所信奉的:

有真本事的人往往深藏不露。

> **专栏 7-3**　　社会关系如何影响健康？
>
> 　　人作为一种社会性动物，必须依靠群体生存。虽然每个人出生后都需要水、食物和安全的环境，但是仅仅保障这些物质需要而没有他人照顾和抚育，人也活不下去。在人的一生中，社会关系是非常重要的。流行病学研究发现，社会关系、社会联系频率、家庭关系都是有利于生存的保护性因素；相反，孤独、社会隔离、离婚、单身、独居都是不利于生存的危险性因素，这些危险因素与肥胖对健康的影响等价。心理学家 Julianne Holt-Lunstad 从社会生态系统的角度来理解社会关系对健康产生影响的原因。
>
> 　　首先，从个体层面看，良好的社会关系会刺激机体产生一种内源性阿片类物质，这种物质可以缓解疼痛，使人们产生更多的幸福感。大脑天生就认为每个人都应该有社会关系，如果个体缺少社会关系，大脑就会进入类似预警的状态，只能调用其他资源来弥补因为缺少社会关系而造成的缺口，长此以往身体就会因为长期的疲劳和压力生病。
>
> 　　其次，从与伴侣、家人和朋友之间的关系层面来看，当人们想要通过行为影响关系中的另一方时，积极的方式要比消极影响更有利于健康。当我们和朋友间发生矛盾时，讲道理以及促进关系进一步发展的方式就比一味地反对、给对方施压能更好地提高幸福感，保持健康。
>
> 　　再次，从社区层面来看，我们平时可以接触到且不直接对我们产生影响的环境也会影响我们的社会关系，从而间接地影响健康。一项对 12 067 人的社交网络进行了几十年的研究发现，人们的体重指数（BMI）与其朋友的 BMI 高度相关。在社交网络中存在肥胖聚集效应，这种聚集效应在至少 15 种与健康相关的行为（抽烟）和情感（孤独）中被发现。研究发现，在高犯罪率社区居住的老人更难进行社会参与、社会关系更少、心情更压抑。
>
> 　　最后，从总的社会层面来看，社会规范决定了是鼓励社会联系还是抑制社会联系。虽然很多研究证明了良好的社会关系有利于健康，但无论是西方社会还是中国社会，都非常强调独立对每个人的重要性。美国的社会规范认为老年人应该独立生活，60 岁以上的老年人中有 90%的人希望一直在自己家中独立生活，但随着人口老龄化，他们能够获得的社会和家庭资源越来越少，因此这种强调独立的环境可能并不利于长期的健康。
>
> 　　如果你想进一步了解这项研究，请看这篇文章：

HOLT-LUNSTAD J, 2018. Why social relationships are important for physical health: a systems approach to understanding and modifying risk and protection. Annual review of psychology, 69: 437-458.

三、亲密关系的维持

当友谊和爱情等亲密关系建立起来之后，人们总是期待这种关系能够天长地久，但实际上，维持这种关系需要双方付出很多的努力。维持这种关系需要从以下几个方面入手。

1. 平等

平等是亲密关系维持的重要条件之一。按照公平理论，在任何形式的人际关系中，人们的付出应该与其收益成正比。比如在爱情与婚姻等亲密关系中，人们并不是以最小的付出换取最大的收益，而是追求一种大致的平等，即付出的和得到的大体相当。在家庭生活中，家务劳动的分配不均很容易造成夫妻双方的不平等的感觉。干活多的人更有发言权就体现了这种公平，如果丈夫或妻子在家里什么家务都不干，还对对方指手画脚，那么这种关系就比较容易出现问题。

2. 归因

决定人们对亲密关系是否满意的另一个因素是人们对事件的解释方式。Bradbury等人（1990）发现幸福的夫妻经常做强化式归因（partner enhancing attributions），即把对方良好的行为归结为对方的内在原因，而把对方不好的行为归结到情境中。相反不幸福的夫妻经常做抑郁式归因（distress maintaining attributions），把对方良好的行为看成是偶然的，而把其不好的行为归于人格特质。

3. 沟通

亲密关系出现问题的另一个原因是缺乏沟通。Halford，Hahlweg 和 Dunne（1990）发现，婚姻关系走向破裂的夫妻经常不能或不愿意向对方表达负性情绪，即懒得与对方沟通。在一项长达四年的夫妻关系研究中，Gottman 和 Levenson（1992）发现，最终破裂的婚姻中往往包含着许多埋怨，并且对对方的关怀置之不理，双方在交往的时候也往往陷入了消极的交互作用圈里——积极的行为被忽略，消极的行为被夸大。幸福的夫妻常常通过与对方争论来理解对方的观点，Davis（1990）把这种现象称为摆观点（perspective taking），在争论中女性比男性在摆观点、情绪敏感性和自我展露等方面更投入。这些争论使夫妻更了解对方，关系也会更持久。伴侣之间的沟通不仅可以解决亲密关系中的问题，还可以对在监狱中服刑的罪犯产生正面影响，降低其再次犯罪的可能（De Claire et al.，2020）。

4. 嫉妒

嫉妒是指当与个体自我概念有关的重要关系受到真实的或想象的威胁时产生的一种消极情绪反应（Hupka，1991）。嫉妒涉及的范围很广，包括他人的地位、工作、爱好、女友或男友，甚至穿衣打扮。在亲密关系中，嫉妒一方面是浪漫爱情的标志，因为它实际上反映了个体对这种关系的依赖。另一方面嫉妒也常常引发消极的情绪和行为，有时候这些积累起来的消极情绪是很可怕的。嫉妒可能会通过关系的不确定性增加网络约会风险，导致亲密伴侣之间产生暴力、羞辱和酗酒等行为（Kaufman-Parks et al.，2019；Ligman et al.，2021）。

尽管嫉妒具有消极的一面，但在爱情中有时候一方会故意引发对方的嫉妒心理。White（1981）发现三分之一的女大学生和五分之一的男大学生会向自己的伴侣炫耀自己以前的恋人以激起对方的嫉妒，从而使他们之间的关系更密切。鲍文慧和周广东（2020）通过对恋爱中的年轻人触摸类型与依恋和嫉妒关系的研究，发现依恋对嫉妒情绪的影响受触摸类型的调节。远距离无触摸条件下依恋焦虑与悲伤、害怕、妒忌、生气正相关；而近距离无触摸条件下依恋回避与悲伤、妒忌、生气负相关；脸部触摸条件下依恋焦虑与害怕、性唤起正相关。

为帮助人们控制嫉妒，White 和 Helbick（1988）开发了一个针对夫妻嫉妒的训练程序。训练需要两天时间，目标有五个：一是让夫妻双方明白嫉妒的原因和结果；二是帮助夫妻双方提高沟通与协商技巧；三是帮助双方认识和评价解决冲突的有效方法；四是帮助夫妻双方设计更具建设性的应对策略；五是增加双方讨论寻求咨询的可能性。

四、亲密关系的终结

1971 年，一个小伙子给自己的新娘写了一首情诗，然后把它塞进瓶子并扔到了西雅图和夏威夷之间的太平洋海域。他在信里写道："这封信可能要花上一周，甚至几年的时间才能到你手里，也许它永远都不能到你手中，但我仍然会铭记于心，我会不顾一切地去证明我对你的爱。当你看到这封信的时候，我可能已经是白发苍苍的老人了，但我相信我们的爱情仍然会像现在一样鲜活。"10 年后，有人在关岛附近海岸慢跑时发现了这首装在瓶子里的情诗，联系到那位新娘，并把情书的内容读给她听时，她竟然大笑起来，只说了一句"我们已经离婚了"就挂断了电话。可见尽管人们喜欢与他人建立并维持亲密关系，但如同上述故事一样，实际上并非所有的亲密关系都能圆满结束，有许多亲密关系在发展的不同阶段出现裂痕，所以如何应对亲密关系的破裂对人们来说也很重要。

1. 对待不满的策略

C. E. Rusbult 指出，当亲密关系失去价值的时候，人们往往采取四种不同的对待方式：（1）等待。等待表现为被动弥补出现的裂痕，采用这种策略的人由于害怕对方的拒绝行为，所以很少说话，往往是耐心等待、祈求，希望自己的真诚能使对方回心转意。

（2）忽视。忽视是男性经常采用的一种消极策略，他们会故意忽略对方，与对方在一起的时候经常在一些与所探讨的问题无关的话题上挑剔对方的缺点，这种策略经常被那些不知如何处理自己的消极情绪，或不想改善但也不想终止这种关系的人使用。

（3）退出。退出是当人们认为没有必要挽回这种关系的时候采取的主动的、破坏性的策略。

（4）表达。表达是双方讨论所遇到的问题、寻求妥协并尽力维持亲密关系，这是一种主动的、建设性的方式。

关系破裂往往伴随着吵架，针对这一问题，Colby 和 Gotlib（1988）提出了在争吵时应注意的事项。他把争吵分为破坏性的争吵（destructive quarrels）和好的争吵（good quarrels），指出在争吵时的八不要：

- 不分对错地一味道歉；
- 对所争吵的问题沉默或置之不理；
- 假借他人之口贬低对方；
- 引出与争吵无关的问题；
- 为了和谐而违心同意他人的观点；
- 间接批评或攻击他人的长处；
- 让孩子听到；
- 威胁他人。

他还认为吵架最好私下吵，要弄清楚吵的事情，就事论事；要表达自己积极或消极的情绪；要说出自己同意什么、反对什么；要提出一些能够使对方表达关心的问题；要等自然和解而不是妥协；要提出一些能够增进双方关系的积极建议。

2. 关系破裂所造成的情感伤痛

亲密关系的破裂往往会给双方造成情感上的伤害，这种情况出现的时候女性比男性更可能希望赶快终止与异性的关系。对男女双方来说，当爱情与友情成为往事的时候，都会经历情感上的伤痛。当关系破裂的时候对谁的伤害更大呢？心理学研究发现谁先提出结束关系这一因素对伤痛程度有影响。Hill 等人（1976）发现先提出结束关系的一方痛苦会少一些，这种效应在男性身上表现得更明显（Helgeson，1994）。对 344 名大学生进行问卷调查后发现，在预测分手体验时，个体在分手决策中扮演的角色是最重要的变量。他询问大学生伴侣在结束关系的决策中所担负的责任，并分为三类：

- 终结者，在分手决策中承担更多责任，是主动提出者；
- 承受者，在分手决策中承担责任较小，是被动接受者；
- 共谋者，双方承担责任相等，双方的影响一样。

结果表明，承受者的感觉非常糟糕，他们有高度的孤独感、抑郁感、不快、愤怒。几乎所有的承受者都报告说，他们在分手后几周内体验到各种各样的躯体症状。而对终结者来说，分手后的沮丧程度、痛苦程度和焦虑程度是三组中最低的。尽管终结者报告自己感觉内疚和不快乐，但他们体验到的诸如头痛、胃痛，以及进食和睡眠障碍等负性躯体症状是最少的。研究还发现在恋爱关系中如果遭到拒绝，男性比女性更容易紧张和痛苦。对此的解释有两个：一是从传统性别角色的角度来看，由于男性被看成是控制和权力的中心，因此当这种关系破裂的主动权被女性所控制的时候，男性会体验到较高的对自尊的威胁和紧张情绪；二是男性在恋爱中付出了专一的感情，相当于把所有的鸡蛋放在了一个篮子中，当这个篮子被打破的时候所受的损失与伤害更大。

当然，在关系维持过程和关系破裂之后，不同的人可能有不同的应对机制，这与童年情感依赖以及之后发展过程的情绪调节能力有关（Cao et al.，2020）。关系破裂必然伴随着伤害，为了应对这种伤害，男性和女性经常用自我安慰的话语来平息自己的伤痛，比如他们经常说"我总算摆脱那个恶魔了"等。有时候人们还会借助于体力活动来分散自己的注意，女性还会经常通过哭泣、向朋友倾诉、读书以及咨询等方式缓解由此带来的压力。

3. 利用社会支持

社会支持（social support）是指人们感受到的来自他人的关心和支持（Raschke，1977），社会支持可能来自家人、朋友、同事等，也可能来自与我们关系一般的其他人，甚至陌生人。从支持的形式上看，既可能是情绪上的支持，也可能是物质援助。当恋爱等亲密关系破裂的时候，人们经常通过寻求社会支持来减轻压力。Thoits（1982）认为当人们失去亲密关系的时候，家庭和朋友的社会支持往往会成为应对紧张的缓冲器。

Oxman 和 Berkman（1990）研究了社会支持对老年人生活的影响，他从三个方面区分了老年人的社会关系情况：一是社会支持网络的结构与成分，二是该网络所能提供的社会支持的形式与数量，三是老年人对社会支持的知觉满意度。结果三个维度的评价都证实社会支持对老年人的生活与人格健康有积极的作用，老年人得到的社会支持越多，他们的身心健康状况就越好。任玉嘉等人（2022）发现，锻炼认同通过社会支持的中介作用影响老年人的幸福感。

有研究者从生理学角度探讨了社会支持对免疫功能和应激行为的影响，发现社会支持在压力、应激源及应激行为之间起着缓冲作用，社会支持通过减轻压力和应激而对免疫功能产生影响。社会支持对抑郁症有影响：来自病友的社会支持可以解释 37%的抑郁变异，而社会与经济压力只能解释其中的 13%。社会支持也会影响青少年的心理与行为，来自父母的支持对青少年的健康成长是必需的。

研究者对比了即将升入大学的与被学校开除的高中生生活情况，发现他们的亲社会行为与来自父母和朋友的社会支持有关。邱依雯等人（2021）探讨了社会支持对青少年抑郁的缓解作用。他们从社会支持提供者和接受者的角度来分析社会支持对缓解青少年抑郁的影响，并发现社会支持提供者的性别、数量和社会地位等因素，以及社会支持接受者的性别、年龄和个体内在特征等因素共同调节着青少年抑郁。

为了探究社会支持对缓解成年早期孤独感的作用，刘昕芸等人（2020）调查了 556 名大学生，研究了社交自我效能和负性情绪在社会支持缓解早期成年孤独感中的作用。研究结果再次证明了社会支持是成年早期孤独的缓冲因素。Klaus 等人（1986）关于社会支持对产妇影响的研究被看成是这方面研究的代表。这项研究是在美国一所医院的妇产科进行的，在研究中研究者把将要分娩的产妇随机分成两组：实验组和控制组。其中实验组 33 人，控制组 103 人。实验组被试进入产房以后，在她们的旁边坐着一名不懂医术的女性，她的任务是向产妇提供社会支持，具体方式是与产妇谈话或者抚摸产妇；而控制组被试只接受来自医生的检查，比如量血压、测脉搏等。实验的因变量有两个：一是产妇分娩需要的时间，二是产后的母婴关系。结果令人震惊：实验组被试平均分娩时间为 8.8 小时，而控制组被试为 19.3 小时，并且实验组的产妇在产后大都很清醒，常常微笑着对自己的孩子说话，只有约 37%的人有一些抱怨，而控制组抱怨的比例高达 79%。随着生活节奏的加快和社会观念的变迁，社会支持对我们的生活的影响也将越来越大。为了保证自己的心理和生理健康，我们有必要去寻求和利用生活中的种种社会支持。

§3 爱　　情

一、什么是爱情

对美好爱情的追求是人类永恒的理想，有一首改编的流行歌曲就唱到爱情的神奇：

　　那一天，我闭目在经殿香雾中，蓦然听见，你诵经中的真言
　　那一月，我摇动所有的经筒，不为超度，只为触摸你的指尖
　　那一年，我磕长头匍匐在山路，不为觐见，只为贴着你的温暖
　　那一世，我转山转水转佛塔啊，不为修来生，只为途中与你相见
　　那一刻，我升起风马，不为祈福，只为守候你的到来
　　那一瞬，我飘然成仙，不为求长生，只愿保佑你平安的笑颜
　　那一夜，我听了一宿梵歌，不为参悟，只为寻你的一丝气息
　　那一日，我垒起玛尼堆，不为修德，只为投下心湖的石子
　　那一世，我翻遍十万大山，不为修来世，只为路中能与你相遇
　　只是，在那一夜

我忘却了所有，抛却了信仰，舍弃了轮回

只为，那曾在佛前哭泣的玫瑰，早已失去旧日的光泽

20世纪中期，罗洛·梅在《爱与意志》中，从心理学的角度对人类的爱情进行了分析。他指出爱情是一种奉献而不是索取，它是主动的情感而不是被动地接受。他认为爱情包含了关心、责任、尊重和理解四个要素。真正对爱情进行研究是从鲁宾（Zick Rubin）开始的，鲁宾把爱情看成是一个人对另一个人的某种特殊的想法与态度，认为爱情是亲密关系的最深层次，不仅包括审美、激情等心理因素，还包含生理唤起与共同生活愿望等复杂的因素。

在关于爱情的理论中，最有影响的是斯滕伯格（Robert J. Sternberg）提出的三元理论。斯滕伯格认为爱情由三个成分构成：一是激情（passion），即情绪上的着迷，它是动机性的，激情与生理唤起有关，有些和性有关，有些则源于需要和个性特征；二是亲密（intimacy），即心理上的喜欢的感觉，要和对方加强联系，包括善待对方和给予支持等，它是情绪性的；三是承诺（commitment），指心理或口头的预期。这三种成分的组合构成了7种爱情形式：①喜欢式爱情（liking），主要是亲密，没有激情和承诺，如友谊关系；②迷恋式爱情（infatuated love），主要是激情，没有亲密和承诺，如初恋；③空洞式爱情（empty love），以承诺为主，缺乏亲密和激情，如纯粹为了结婚的爱情；④浪漫式爱情（romantic love），有激情和亲密，没有承诺；⑤伴侣式爱情（companionate love），有亲密和承诺，没有激情；⑥愚蠢式爱情（fatuous love），有激情和承诺，没有亲密，如一见钟情；⑦完美式爱情（consummate love），激情、承诺和亲密都有。

另一种理论是哈赞（Cindy Hazan）提出的依恋过程理论，哈赞认为人类的爱情和自身的依恋过程有关，早期对父母的依恋决定了之后对成人关系的期望，人类的亲密关系取向具有相似性和持续性，爱情中的依恋是幼年期对父母依恋的持续，二者没有本质上的区别。

二、爱情分类与测量

1. 爱情的分类

Lasswell和Lobsenz（1980）通过研究，对爱情行为进行分类，找出了6种形式的爱情：①浪漫爱情（romantic love），认为爱是强烈的情绪体验，最典型的是一见钟情，外表吸引力是此类爱情的必要条件；②占有式爱情（possessive love），对爱人有一份狂爱，容易嫉妒，完全被对方迷住；③好朋友式的爱情（best friends love），经由友谊、共同爱好及逐步自我展露而慢慢成长起来的令人愉快的亲密关系；④实用式爱情（pragmatic love），彼此都感到合适，并能满足对方的基本需求，追求满足而非刺激；⑤利他式爱情（altruistic love），强调爱情中无条件的关怀、付出及对对方的谅解；⑥游

戏式爱情（game playing love），玩弄爱情，就像玩游戏一样。

Elaine H. Walster 选取了以上 6 种形式的某些成分构成了人们常说的两种爱情形式：狂热式爱情与伴侣式爱情。狂热式爱情的表现是一见钟情，难以自拔，当得到对方的回报时体验到了极度的快乐。这种爱情有两个因素很重要，一是情绪，人们常被激情控制了头脑，对他人毫无抵抗力；二是有先入为主的成见，被他人迷惑，将对方理想化。伴侣式爱情则比较实际，它强调信任、关怀和容忍对方的缺点，温暖和情感是它的特色。狂热式和伴侣式爱情代表了两种完全不同的爱情经验，当两个人建立起相互满足的关系以后，伴侣式爱情便会慢慢地成长。在平等的人际关系中，伴侣式爱情比较普遍。

Hatkoff（1979）还指出了爱情中的性别差异。男性喜欢浪漫式爱情（一见钟情）与游戏式爱情（追求女性的快感）；女性喜欢好朋友式的爱情与实用式爱情。对这种差异的解释，心理学家认为这与社会及经济背景有关，男性结婚是在选择一位同伴及合作者，而女性则是选择同伴和生活支柱。

2. 爱情的测量

鲁宾编制的爱情量表主要测量了伴侣式爱情的三个维度：①依恋，需要及渴望对方的感受，比如其中一个项目为"我没有办法离开对方而独处"；②关怀，尽自己最大的努力使对方幸福以及满足对方的需求，比如"我愿意为对方做任何事；③信任及自我展露，愿意把自己的一切告诉对方，与对方共享。

鲁宾还对爱情和友情进行了区分，他认为在爱情量表的三个维度中，判断某人是否在恋爱时，信任是最不重要的因素，而在评定友情时，信任则是最重要的因素。加拿大社会学家 J. A. Lee 也提出了一个爱情量表。他认为爱情有三种基本成分，即激情、游戏和友谊，分别对应于红色、黄色和蓝色。三原色可以构成爱情的次级形式：①实用式的爱情（pragma），包含游戏和友谊成分；②占有式的爱情（mania），包含激情和游戏成分；③利他式的爱情（agape），包含激情和友谊成分。

三、爱情行为与感受

为了解人们在恋爱时的行为，C. H. Swensen 通过询问不同年龄的人找出了与建立爱情有关的七种行为：一是对爱情的口头描述，如说"我爱你"；二是自我展露，把自己的秘密和感受告诉对方；三是无形的爱情表征，比如对对方的活动表示兴趣、尊重对方的意见并鼓励对方；四是以非语言方式表达感情，当对方出现时感到轻松和快乐，尽管与对方并无直接交往；五是有形的爱情表征，如送礼物或帮对方做一些事情；六是以身体行为表达爱，如拥抱或接吻；七是表示愿意容忍对方，并愿意做出牺牲以维持这种关系。

从恋爱时的感受来讲，爱情与友情最主要的区别是生理上的反应。Kanin 等人

(1970)让 679 名大学生评定自己在恋爱中的感受及强度，结果发现：79%的人有强烈的幸福感，37%的人注意力难以集中，29%的人有飘飘然的感觉，22%的人希望自己狂奔、大叫，22%的人在约会前感到紧张，20%的人在恋爱时有陶醉感，20%的人有双手冰冷等生理反应。

爱情行为还与性因素有关，满意的性生活是浪漫爱情的重要基础。Simpson（1987）发现性生活是爱情关系发展的一个强化剂，有性生活的恋爱要比没有性生活的恋爱持续时间长。而 Blumstein（1990）则指出随着关系的发展，性生活的频率会逐渐下降。Howard 和 Dawes（1976）甚至用交换理论来解释爱情生活中的满意感，并给出了一个公式：

$$恋爱中的幸福感 = 性生活频率 - 吵架的频率$$

在恋爱关系中，性生活越频繁，吵架越少，满意感就越高。

认知神经科学还探讨了恋爱的神经机制。研究发现，在恋爱时大脑会将对方的缺点转化成迷人的特性。研究者收集了人们在看着自己另一半的照片和陷入苦涩的爱恋时，相关脑区被激活时的 fMRI 图像（Fisher, Aron, Brown, 2006），揭示了浪漫爱情与大脑中的奖励区域（腹侧纹状体）被激活有关——催产素（提升信任感和爱）和多巴胺（提升与亲近相关的行为）水平很高。但令人惊讶的是浪漫爱情和让我们觉察到危险的区域——杏仁核的作用无关，这表明在爱情里大脑使我们无法看到新恋情带来的危险。

四、文化与爱情

尽管爱是人类共有的情绪，但我们体验它的方式以及我们对亲密关系的期望都是和文化联系在一起的。人们总是倾向于认为大多数人和自己拥有相同的感受和想法。比如，一般人会认为爱情是婚姻的基础。一项对 166 种文化的分析显示，89%的人都抱有浪漫爱情的观念，这种观念通过男女之间的调情和私奔等行为反映出来（Jankowiak, Fischer, 1992）。但也有一些文化，特别是在那些实行包办婚姻的社会中，爱情出现在婚姻之后而非先于婚姻。直到现在有些地区的女性在婚姻选择时，依然受到对方经济条件、家庭背景、社会地位等方面因素的影响。

中国的感情概念和西方人眼中的浪漫爱情也有区别，感情是通过帮助和为你爱的对象做些事情来实现的。例如，一个浪漫的行为可能是帮助爱人修理自行车或帮助爱人学习新知识（Gao, 2001）。在韩国，"jung"代表一种特殊的关系，"jung"的含义远远超过了爱，它是将两人联系在一起的纽带。处于新关系中的伴侣可能互相感受到强烈的爱，但是他们还没有发展出强烈的"jung"，而后者需要时间和共同的经历。

在不同的文化中，浪漫式的爱或激情式的爱是否和相同的情绪联系在一起？对此，研究者要求来自美国、意大利和中国的被试把几百个情绪词分成不同的类别。结果发现不同文化之间的爱既有相同之处也有区别。最令研究者惊奇的是，中国人有着所谓的悲伤的爱。中国人有许多带有悲伤意味的爱的概念，例如悲情、怜惜和悲悯。而悲伤的爱在美国和意大利只占很小一部分，在西方文化中，这个类别并不被视为爱的组成部分。

Rothbaum 和 Tsang（1998）还试图弄清楚中国和美国以爱情为主题的流行歌曲的歌词是怎样揭示爱的体验的。结果发现与美国相比，中国的爱情歌曲中明显提到了爱情带来的痛苦和它的负面结果。尽管中国的歌曲比美国的悲伤，两国之间对于爱情强烈程度的描绘并不存在差异。研究还发现中国歌曲和美国歌曲把爱表述为激情而狂野的程度是一样的。

研究者还考察了中国文化中的缘分——一种认为人际关系早已注定的信念，认为命运决定了人际关系的走向，爱侣对于他们之间的关系无能为力，如果关系出了问题，双方无法挽回，必须接受命运并承担随之而来的痛苦。

也有一些研究者发现，浪漫爱情的定义和体验在集体主义和个人主义文化中是不同的。亚洲人更可能认同一种伴侣式的，基于友情的浪漫爱情。Levine 等人（1995）对 11 个国家的大学生进行了调查，询问他们："有一位异性具有你渴望的一切品质，如果你不爱他/她的话，你会和他/她结婚吗？"结果发现为爱结婚在西方国家中（美国、巴西、英国和澳大利亚）被视为是最重要的；而东方国家（印度、巴基斯坦和泰国）则是最不被重视的。这些研究结果表明浪漫爱情的定义是具有文化特异性的。

在不同的文化中，爱情行为也是不同的。我们都会体验到爱，但是我们不一定要以同样的方式去爱，至少我们并不会使用同样的方式来描绘它。人类学家通过研究 166 个社会中的爱情行为，发现了浪漫爱情在 147 个社会中存在（Jankowiak, Fischer, 1992）。因此，即使浪漫爱情在整个人类社会中是一种普遍存在的现象，特定文化规则也会改变这种情绪状态被体验、表达和记忆的方式。就像 Moore（1998）在中国进行的研究中所总结的那样："与西方的年轻人相比，中国的年轻人爱得同样深沉，也体验到了相似的甜蜜和痛苦。但他们的爱却是基于这样的社会准则，即要求他们为了家庭而牺牲个人的利益……这意味着不存在盲目的爱、随意的性交以及可能会忽视家庭利益的约会。"

§4 中国人的人际关系

谈到中国人的人际关系，常常会想到拉关系、结帮派、利用关系等，但这只是表面现象，实际上中国人对人际关系的理解不论是在深度上还是广度上，都有自己的特色。从人际关系的发展来看，中国人与西方人也许经历了一样的发展过程，但是如果从特征及其影响来看，中国人有着自身文化所决定的独特的人际关系模式。从某种意义上讲，正是这种人际关系决定着中国社会的特色。

一、中国人人际关系的形成与特点

1. 关系的建立

除了与西方人同样的发展思路,中国人建立人际关系的方法还有自己的特色。香港中文大学的乔健(1982)在谈到中国人关系建立的时候指出:随着改革开放的进程逐步加快,拉关系、走后门的风气开始盛行,各种各样的"关系学"大行其道。正如《人民日报》1979年5月8日第4版的一幅漫画的配诗所言:

> 文学、医学、经济学,
> 数学、化学、物理学……
> 这学那学不用学,
> 最最实用关系学。
> 老乡、老友、老上级,
> 七姑、八姨、舅子哥,
> 四面八方拉关系,
> 关系越多好处多。

在这里,"关系学"是指建立和维持关系的种种方法,这些方法存在于中国的传统文化中,包括以下几种。

(1) 拉关系:指与本来没有关系或关系疏远的人建立或加强关系。在中国社会中,请客送礼是拉关系最常用的方法。也正是因为有人热衷于拉关系、套近乎,才使得一些不正之风蔓延。

(2) 认关系:指主动地认一些原来不熟悉的亲戚、朋友、老乡。中国人在见到同姓的人时,常常会用"五百年前是一家"的话来认关系。另外,认亲、认老乡、认干爹干妈等都是认关系的体现。比如,《水浒传》中的高衙内就是因为认高俅为干爹而使自己的身价倍增,横行乡里,类似的例子即使是在现在的社会中也不少见。

(3) 钻关系:"钻"在这里指钻营,《现代汉语词典(第7版)》中对钻营的定义是"设法巴结有权势的人以谋求私利"。比如某人办公司需要相关领导的批准,怎么办?他先通过领导的司机认识了领导的儿子,然后通过领导儿子的关系把这件事情办妥了。

(4) 袭关系:"袭"即世袭、继承。有些关系是与生俱来的,比如出身与门第,后人只要继承下来,自然是身价百倍。这种关系在任何一个社会中都可能存在,但在中国的利用价值更大,如果你是权贵的子女,自然有人为你捧场,很多人会主动与你拉关系。

在生活中,这几种方法常常掺和在一起,使得中国人最终能够建立起自己的关系网。在日常生活中,我们把与自己有往来,并且给我们好处的人或团体称为"关系户"或"关系单位",不论是个体还是团体,关系户的存在是其生存与发展的必要条件。

2. 中国人人际关系的特点

许多研究者认为中国人的人际关系是一种社会取向,而西方人的人际关系模式则是以个人取向为主。在我们看来,中国人的人际关系具有以下几个特点:

(1) 差序格局。费孝通(2012)通过对20世纪初期中国农村的分析,提出了"差序格局"这一概念。他把中国人的交往模式看成是自我中心主义的模式,在这一模式中,人们以自己为中心,把与自己交往的他人按照亲疏远近分为几个同心圆,与自己很亲近的人,被置于离自己最近的圆圈内,而与自己关系疏远的人,则被置于离自己很远的圆圈内。中国人的人际关系为什么会表现出这种差序格局呢?费孝通用家族主义加以解释。他通过对中国农村人际交往模式的研究发现,最简单的分类方法就是把和自己关系最近的人称为"自家人",而把其他人称为"外人"。前者包括与自己有血缘关系或者地缘关系的人,后者指其他与自己没有紧密联系的人。

(2) 讲人情。中国人人际关系的另一个主要特点就是人情的独特作用。中国人特别讲人情,一个没有人情味的人是无法在社会中立足的。杨中芳(1999)把人情定义为存在于两个人之间且应该给予对方的情感,这种情感带有义务性,并具有因人因地而异的特点。中国人的人情具有很高的规范性,在和他人交往的时候,人们必须遵守人情规范,这些规范又称为人情法则。Gouldner(1960)把这种法则总结为四点:在一般社交场合要给别人人情,对方所给予的人情要接受,对方要求的人情不可不给,对方给的人情不可不回报。中国人讲人情往往表现在行为上,给对方一些好处,比如请对方吃顿饭、送对方一份礼物,或者问候对方一声等都是讲人情的表现。

(3) 强调人际信任。中国人的人际关系很看重信任的作用,一个失信之人很难在这种关系中立足。信任指确保对方会履行自己对其的期望,也就是说对方知道自己的义务,并尽量满足他人的需要。常言道,一诺千金,就是指这种信任的影响,在中国寡信之人是没有出路的。

二、中国人人际关系社会取向的特征

随着心理学本土化研究的开展,杨国枢等人进一步对中国人的人际关系社会取向进行分析。在20世纪80年代初,他提出了中国人人际关系社会取向的一些表现:获得别人的赞赏或称赞,维持人际关系和谐,使周围人对自己有好的印象,维护自己的面子,使别人接受自己,避免他人的责罚、讥笑和报复,避免困境与尴尬,避免与人发生冲突。

杨国枢从更深的层次分析了中国人人际关系社会取向的特征,结合中国的历史与文化传统,提出中国人的人际关系社会取向有四个主要特征:家族取向、关系取向、权威取向和他人取向。从内在关系上看,这四种取向是紧密联系在一起的,它们分别代表着个体如何与团体（家族取向）、个体（关系取向）、权威（权威取向）以及他人融合（他人取向）。

1. 家族取向

家族主义是中国社会最主要的特征之一，不论是在传统社会，还是在现代社会，家族主义一直占有举足轻重的地位。甚至有人认为中国社会的基本功能单位是家族而不是个人，并且它的盛行与中国农业社会的特征有关。叶明华（2008）在分析家族主义的时候指出，作为一种心理与行为倾向，中国人的家族主义体现在对家族的认知、情感和意愿三个方面。

从认知上讲，中国人的家族主义强调家族延续、家族和谐、家族团结、家族富足和家族荣耀；从情感上讲，中国人的家族主义包含一体感、归属感、荣辱感、责任（忠诚）感和安全感；从意愿上讲，中国人的家族主义包含繁衍子孙、崇拜祖先、相互依赖、忍耐、顺从、为家奋斗、长幼有序和内外有别等。正是在此基础上，中国人的生活在运作上处处以家族为主，家族的荣辱重于个人的荣辱，家族的团结重于个人的自主，家族的目标重于个人的目标。在这里，家族主义所强调的个人服从团体的原则主要限于自己的家族，是一种内团体的集体主义，而不是普遍意义上的集体主义，因此称它为家族集体主义更合适。

2. 关系取向

人际关系是中国文化与中国人日常生活中最重要的层面，梁漱溟（1963）把中国人这种凡事以关系为依托的文化特征叫"关系本位"，这种关系取向的特征包括：

（1）关系角色化。中国人强调在社会关系中界定自己的身份，比如"我是某人的儿子""我是某人的学生"等。何友晖和赵志裕等人将这种以关系界定的身份称为"关系性身份"，这种身份在现实生活中有着重要的作用。

（2）关系的互赖性。中国人的人际关系有着很强的互赖性，中国人与他人发展关系的目的之一就是要利用这种由互赖性引起的回报。

（3）关系的和谐性。在中国人的人际关系模式中，和谐性是非常重要的。中国人强调天与人、人与人的和谐，甚至到了不问理由的地步，如果有人破坏了这种和谐，不论他是否有理，都是不对的。为了维持关系的和谐，个体要去做符合他人期望的事情，并且为人处世要处处小心，要注意给他人面子，尽可能地避免冲突。

（4）关系决定论。关系在任何社会中都存在，但是在中国社会中关系的作用却远远超出在其他社会中的影响。中国人的人际关系依亲疏程度可以分为三类：家人关系、熟人关系和生人关系。人们往往依据与他人不同的亲疏程度决定利益的分配。

3. 权威取向

中国传统社会中大多数家庭实行父权家长制，在这种制度下，父亲是家庭的权威和领导者，不论是在经济、思想、家规，还是在尊卑等级上，父权思想的影响根深蒂固。当这种思想推广到社会生活中时，就体现在人们对权威的崇拜上，这种崇拜的具体表现有：

（1）权威敏感。中国人对权威的存在非常警觉与敏感，他们在任何一个场合总是细心观察有没有权威的存在。比如人们见面时总是要花费相当多的时间来打听他人的信息，以获取每个人的辈分、年龄、职位等资料，并据此对他人进行排序，以确定长幼尊卑。

（2）权威崇拜。中国人崇拜权威，并且采取绝对化的倾向。这种绝对化表现在三个方面。首先，他们常常是无条件地崇拜，而且不加批评。在中国人的心里，权威是不会犯错的，或犯错是无所谓的，甚至是应该的，人们常常用"圣人也是人"来为权威的过错开脱。其次，中国人对权威的崇拜范围很广，如果一个人在某一方面是权威，那么在其他方面也会变成权威。这种权威泛化很容易形成全能权威的观念。最后，中国人对权威的崇拜在时间上也有绝对化的现象。在中国人的心目中，权威并无时间上的限制，家长永远是家长，老师永远是老师，仿佛"一日权威，一世权威"。

（3）权威依赖。由于中国人认为权威是可信的、全能的、永远的，所以在行为上会对权威产生依赖。这种依赖表现在面对权威的时候常常会产生一种暂时性的心理失能，比如即使最能干的部属，在权威的上司面前也会自觉无能。

4. 他人取向

他人取向是指中国人在心理与行为上易受他人影响，对他人的意见、标准、褒贬等特别敏感且重视，这种取向具体表现为：

（1）顾虑人意。中国人对他人的意见非常敏感，往往会花很多时间打听别人的观点，尤其是对自己的看法。中国人看重他人意见的原因有多种，最重要的是中国人的避异趋同性，即通过别人的意见来决定自己的行为，以达到与他人的和谐。

（2）顺从他人。无论是在意见上还是在行为上，中国人的社会顺从倾向都比较高，不愿意表现得与众不同，而是尽量与他人一致。

（3）关注规范。在中国人的心目中，社会规范是言行的主要依据，以孝顺为例，中国人把孝道看成是人生最大的成就之一，在中国传统社会中，孝被认为是衡量一个人人品的重要指标。

（4）重视名誉。中国人看重自己的名誉，所以经常调整自我监控的方式与内容，以使自己给别人留下良好的印象。在生活中，中国人大部分时间都用来做人而不是做事。

以上对中国人人际关系的分析是以中国传统文化为基础的,尽管现在我们的社会发生了很大的改变,但是中国人的人际关系模式却不可能发生本质性的改变。了解这些特征不仅对跨文化交流有着重要的意义,而且对中国人如何认识自己的文化也有着不可忽视的影响。

专栏 7-4　人际关系如何影响中国家族企业的创业行为?

中国家族企业在经济发展中发挥着重要的作用,而人际关系网则是这些企业的重要经营策略之一。在中国,人际关系网是一种以信任、互惠和亲情为基础的网络,它是通过互相介绍、赠送礼物、提供帮助和建立社会信用等方式,建立起的一种特殊的商业关系。对家族企业而言,关系网不仅是获得商业资源和信息的重要途径,也是影响企业家决策行为的因素之一。随着中国经济的发展,家族企业中的关系网对于企业家创业行为的影响也变得越来越重要。

苏世航等人以家族企业为研究对象,探讨人际关系对家族企业创业行为的影响。研究者对来自中国家族企业的 12 位管理者进行了深度访谈。这些人来自不同的家族企业,在行业和规模上具有多样性,他们提供了关于家族企业的不同经验。访谈中研究者主要关注受访者与政府官员、客户、供应商、竞争对手、家族成员和朋友等建立关系网的方式和效果,以及这些关系网对企业家决策行为的影响。

研究还采用文献分析的方法,对相关文献进行了系统性的梳理和分析。文献来源包括学术期刊、书籍、研究报告和互联网等。通过文献分析,研究者揭示了关系网在中国家族企业中的特点和作用,以及已有的研究成果和研究方法。而访谈结果揭示中国家族企业管理者在经营企业时,通常依靠他们与政府官员和客户的关系来获得资源和机会,而与竞争对手和供应商的关系则相对较弱。因为家族企业管理者通过与政府官员建立紧密联系,可以获得政策支持、市场准入和减少竞争对手的机会。研究还发现由于家族成员之间存在紧密联系,他们之间更容易建立信任和合作,并且家族企业主倾向于通过与家族成员合作来减少企业的不确定性和风险。

推荐读物

1. ALTMAN I, TAYLOR D A, 1973. Social penetration: the development of interpersonal relationships. New York, NY: Holt, Rinehart & Winston. 这本书详细地分析

了亲密关系的发展历程，主要探讨了自我展露等在关系发展中的作用。

2. BERSCHEID E, WALSTER E H, 1978. Interpersonal attraction. 2nd ed. Menlo Park, CA: McGraw-Hill Companies. 这本书是人际吸引领域最好的一本书，它全面地介绍了这一领域的研究成果。

3. PEPLAC L A, PERLMAN D, 1982. Loneliness: a source book of current theory, research, and therapy. New York, NY: John Wiley & Sons, Inc. 这本书对"寂寞"进行了深入的分析，并提出了帮助寂寞者的策略。

4. FRANZOI S L, 2016. Social psychology. 7th ed. Redding, CA: BVT Publishing. 这本书的第八章和第九章分别讨论了人际吸引和亲密关系两个领域的问题。

5. 杨国枢，余安邦，1992. 中国人的心理与行为：理论及方法篇. 台北：桂冠图书股份有限公司. 这本书的第87~142页收录了杨先生的一篇题为《中国人的社会取向：社会互动的观点》的文章，这篇文章对中国人做了深入的分析，值得一读。

6. 迈尔斯，2012. 魅力何来：人际吸引的秘密. 寇彧，译. 北京：人民邮电出版社. 这本书回答了我们关于人际关系的5个最主要的问题：友谊和吸引力，爱情，亲密关系的促进，亲密关系的结束，亲密关系与健康幸福。

思考题

1. 人们为什么会互相吸引？
2. 结合有关研究谈谈离婚对孩子成长的影响。
3. 影响人际吸引的因素有哪些？
4. 什么是爱情？爱情有哪些类型？
5. 什么是自我展露？怎样利用它与他人发展关系？
6. 结合自己的经历谈谈怎样与他人维持亲密关系。
7. 怎样利用社会支持来应对关系破裂所造成的问题？

8

社会交换与社会影响

在人类社会生活中,许多因素影响着我们的生活进程,社会交换和社会影响就是这些因素中最重要的两个方面。通过社会交换,我们能够与他人建立积极联系;通过社会影响,我们知道了自己的生活并非孤立的荒岛。本章将以社会交换和社会影响为主题,分析社会交换的实质、文化影响、团体影响,以及在社会影响之下的从众、顺从和服从等行为。

§1 社 会 交 换

在心理学家看来,社会交换是人类社会生活所遵循的基本原则之一。不论是经济生活中的商业行为,还是社会生活中的交往活动,无不受到社会交换的影响,可以说社会交换在某种程度上决定着我们的生活。

一、社会交换理论的理论基础

社会交换理论(social exchange theory)最早由美国社会学家霍曼斯于1958年提出,该理论系统地阐述了社会交换所遵循的原则和方法。在他的《作为交换的社会行为》(1958)和《社会行为:它的基本形式》(1961)等著作中,霍曼斯提出了社会交换的思想,在他看来社会交换是社会生活的基础。与霍曼斯同时代的社会心理学家蒂鲍特和凯利、布劳(Peter M. Blau)等人也从心理学的角度探讨了社会交换的问题,在《群体的社会心理学》(Thibaut, Kelley, 1959)、《社会生活中的交换与权力》(Blau, 1964)等著作中,深入地分析了社会交换的心理学含义。在他们看来功利主义经济学和行为主义心理学是社会交换理论的理论基础。

1. 功利主义经济学

功利主义经济学思想源于亚当·斯密和大卫·李嘉图等人。在他们看来,唯利是图是人的普遍特性,人们在市场竞争中与他人交易时,总是理性地追求最大的物质利益。

所以在市场经济条件下,权衡所有可行的选择,理性地选择代价最小且报酬最大的行为是人的本性。这种功利主义的经济学思想对社会交换理论的产生起到了极大的促进作用。霍曼斯认为,这种对人的行为的经济学解释可以在修改后解释人的社会行为。他吸收了功利主义经济学的几条基本原则,并把它们融入了自己的理论,这些原则包括:

- 人并不总是追求最大利润,但与他人交往时总是试图得到一些好处;
- 人并非总是理性的,但在社会交往中的确要核算成本与收益;
- 人不具备可供选择的完备信息,但知道有些信息是评价成本与收益的基础;
- 社会生活中经济交换只是人们普遍交换关系的特例;
- 在交换中不仅追求物质目标,同时也交换非物质的东西,如感情与服务等。

2. 行为主义心理学

巴甫洛夫、桑代克、华生和斯金纳等人的行为主义心理学观点也给了霍曼斯一定的启发。行为主义认为人的行为以获得奖励、避免惩罚为基本目的,受行为主义的影响,霍曼斯把斯金纳从动物行为实验中确立的原则引入了社会交换,这些原则包括:

- 在任何情境中,有机体都将产生能够获得最大报酬和最小惩罚的行为;
- 如果一种行为曾经受到强化,有机体将重复这种行为;
- 在与过去行为得到强化的类似情境下,有机体将重复同样的行为;
- 有机体从某一特定的行为中越容易得到好处,该行为就越不值得,这时有机体可能产生替代性行为以寻求其他酬赏。

霍曼斯把行为主义的上述原则和李嘉图等人的经济学观点结合在一起,形成了社会交换理论的主要思路,许多行为科学研究者用这一理论来解释人类的行为。

二、社会交换理论的思路

霍曼斯、蒂鲍特和凯利、布劳,以及伯吉斯(Robert L. Burgess)和休斯顿(Ted L. Huston)(1979)从心理学的角度,深入分析了在心理学领域中的社会交换,他们提出的社会交换理论,从三个方面说明了人们在社会交往中如何使用这一理论。

1. 两个基本概念:酬赏与成本

酬赏指个体从人际交换中获得的有价值的东西,如增加某个人将来帮助我们的可能性、被爱的感觉、得到经济上的援助等。当然,事物对人是否具有酬赏作用因人而异,在一个人看来重要的东西,别人可能认为一文不值。

Arnold P. Foa 和 Leonard Krasner 等人通过分析人际关系中的酬赏问题,找出了六种基本酬赏:爱、金钱、地位、知识、物质与服务。他还发现这些酬赏可从两个维度加以分类:一是特殊性(particularism),指酬赏的价值大小由提供该酬赏的特殊人物决定,如爱的价值,或更具体的如拥抱与吻的价值,几乎全部取决于提供的人是谁;二是具体性（concreteness），指有形的，能看到、嗅到、摸到的东西，以及非具体的或象征性的东西，如忠告或社会赞许。图 8-1 展现了这些酬赏在这两个维度上的位置。

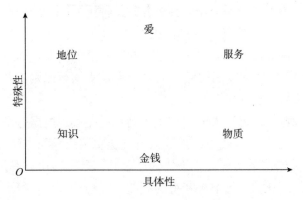

图 8-1　六种基本酬赏

社会交换中的成本是指与他人交换过程中的付出或产生的负性结果，如社会交换需要时间、精力，有时还伴随着冲突和责难等，这些成本是我们与他人交往时必须付出的。

2. 交换结果的评价方式

社会交换理论认为，在人际交往过程中，人们会随时记下从某个人际关系里获得的酬赏和付出的成本，并且看重从该人际关系中获得的整体结果的有利（酬赏大于成本）与不利（酬赏小于成本），用公式可以表示为：

$$交换的总体结果 = 获得的酬赏 - 付出的成本$$

尽管这种记录有时不清楚，也不完全，但它并不妨碍人们对社会交换的理解。人们在对结果进行评价的时候采用两种比较标准（Thibaut，1959）：

（1）绝对比较标准（comparison level），指个体认为自己从某人际关系中应该获得的结果的量有多少。不同类型的人际关系有不同的标准，如友情与爱情便有不同的标准。绝对比较标准反映个人过去的人际关系经验，是一种主观认定的标准，随着新经验而改变。

（2）相对比较标准（comparison level for alternatives），指从某一人际关系里所获得的结果优于或劣于另一个当时也可以获得的人际关系。相对比较标准强调人们之所以追求某一人际关系，是因为我们觉得该人际关系所提供的独特酬赏是从别处无法获得的。

3. 公平交换

社会交换理论认为，人们只有在觉得社会关系很公平的时候才能得到最大的满足。也就是说一个人不希望被人利用，也不希望占别人的便宜。作为社会交换理论之一的公平理论（Greenberg，Cohen，1982）强调人际关系的公平性，该理论有三个假设：一是假设彼此有关系的一群人总是企图使他们的行为结果获益最大；二是假设团体会发展出一套如何将酬赏依比例公平地分给所有相关人员的规则，以使团体酬赏达到最大；三是假设当个体觉得某一人际关系不公平时会感受到某种压力，促使他采取行动以恢复公平。在这些假设的基础上，社会交换理论指出人们使用以下规则来决定人际关系是否公平：

（1）均等原则（equality），每个人有得到同等利益的机会，而不是只有某些人拥有机会。Austin（1980）发现朋友间比陌生人之间更常用均等原则，儿童比成人更常用均等原则（Hook，Cook，1979）。

（2）各取所需原则，将每个人的需求纳入考虑的范畴，根据每个人特殊的需求决定给他什么样的好处。在管理实践中，那种只用奖金实施激励的方法并不符合这一原则，随着社会的发展，人们追求实现自我价值的理念并不是金钱可以满足的。

（3）平等原则（equity），每个人获得的利益与贡献成正比，付出多的人获得的好处也应该多，付出少获得的也应该少。比如目前人们对"官二代"和"富二代"的负性评价，就和这种不平等有关。

三、社会交换理论的证据

1. 囚徒困境

囚徒困境（prisoner's dilemma situation）是由 Luce 和 Raiffa（1957）设计的一种情境，用以研究在利益冲突情况下人们的选择。在研究中他们假定了如下的情境：警察抓住了两名犯罪嫌疑人，地方检察官认为他们二人共同制造了一起重大刑事案件，但由于没有证据，警察只能把他们分别关押，并告知他们有两种选择，即认罪或不认罪。如果他们二人均不认罪，法官无法判他们重刑，但因为他们有前科，所以法官依然可以判他们较轻的徒刑（1年）；如果他们二人都认罪，他们会被处以重刑，但检察官会要求法官从宽量刑（10年）；如果这两个人中有一个人认罪，另一个人不认罪，认罪者将被释放，而不认罪者将被处以重刑（15年），如图8-2所示。

图 8-2　囚徒困境的基本模型

在这个模型中，如果某名犯罪嫌疑人认为他的同伴会认罪，则他自己也必须认罪；最好的结果是他们都不认罪，从而双方都被判较轻的刑期。因此如果这两名犯罪嫌疑人彼此信任，他们应该不认罪。但是如果其中一名犯罪嫌疑人推测其同伴不会认罪，那么对他自己来说最好的结果就是认罪以求释放。

实验表明在囚徒困境中，尽管双方都知道合作的结果最好，但人们却并不会选择合作。从个体的理性来讲，要想得到最好的结果，就是自己承认而对方不承认；但从双方的角度来讲都不承认才能获得最佳的结果。实际上个体因为追求理性而使群体获得了最差的结果。在什么样的情景下才能使双方获益最大呢？心理学家发现，信任在这种合作中起决定性的作用。如果双方存在信任，那么合作就能够形成；而如果缺乏信任，双方之间的合作不可能产生。

2. 货运游戏

货运游戏（Acme-Bolt trucking game）是由 Deutsch 和 Krauss（1960）设计的用来研究威胁对冲突的影响的研究范式。在研究中实验者要求参与者想象自己在经营一家货运公司（甲或乙），任务是把货物从某地运到另一地点。两个公司各有自己的起点和目的地，但有一个障碍存在，即两个公司至其各自目的地的捷径中有一段是重合的，这一段路是单行线，如图 8-3 所示。

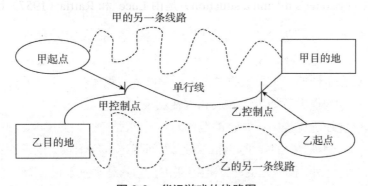

图 8-3 货运游戏的线路图

在这个游戏中，双方共用捷径的唯一方式是一方的车通过后另一方的车再通过，如果两辆车在中间某个地方相遇，必须有一方退回，否则双方都动弹不得。同时甲乙双方在这条捷径上各有一个控制门，通过对此门的操作决定对方是否通过。甲和乙还有一条自己单独使用的路线，但是该线路很长，如果走这条路的话，注定会在竞争中失败。

游戏的安排是：如果选择另一条线路的话必然输分；如果走捷径的话双方必须轮流走单行道，双方均可得分。实验者告诉被试他们的目标是使自己尽可能多得分，没有提及要比对方多得分。实验结果令人惊讶：尽管参与者清楚地知道他们采取的最佳策略是双方相互合作轮流通过单行道,但是被试之间却很少合作,常常是互相争夺单行道的使用权,并且当对方使用该线路时常常关闭自己控制的门,阻碍对方通过,结果双方都失去了分数。在实验中,研究者还发现当双方使用威胁时,双方的总收益最少;一方有权使用威胁时,有权的一方收益稍微大一些,但总收益较少;只有在双方都采取合作的情况下,各自以及总收益都最大,结果如表8-1所示。

表 8-1　货运游戏中甲乙双方收益分数表

	无威胁	甲方威胁	双方威胁
总收益	203.32	-405.88	-875.12
甲收益	122.44	-118.56	-406.56
乙收益	80.88	-287.32	-468.56

注:表中的负数指超时被扣的分。

在现实世界中,资源的过分开采、稀有物种的灭亡、人口爆炸、空气污染及水资源的枯竭等都是我们面临的问题。在解决这些问题的过程中,合作是唯一的选择。

四、社会交换理论的应用

社会交换理论被广泛应用于解决人际冲突和生活中的各种问题,在协商方面最有用。我们每天都在和别人进行协商或讨价还价,在每个类似的情境中,人们总是想扩大自己的收益。心理学家根据交换双方的利益分配关系,把人们之间的冲突分为零总和(zero-sum)冲突与可变总和(variable-sum)冲突。前者指一方的收益是对方的损失,交换双方完全是竞争性的,如买东西对方多要100元,我就会少100元;后者指一方的收益不一定是对方的损失,如货运游戏和囚徒困境。

在协商或讨价还价过程中,利益的范围对这一过程有很大的影响。如图8-4所示,以买一辆二手车为例,卖主的要价和你的出价之间肯定有一个较大的差距:对你来说除了有一个目标价位之外,同时还有一个拒绝买的价位;对卖主来说也有一个理想的目标价位和一个拒绝卖的价格。买卖双方拒绝价位之间的区域就是对双方来说可接受的范围,只有当价格在这一区域时,买卖双方才有可能达成协议。

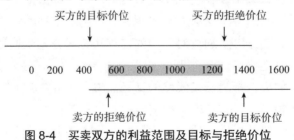

图 8-4　买卖双方的利益范围及目标与拒绝价位

心理学家还提出了许多协商的策略,这些策略包括:在协商中采用强硬的最初立场和逐渐让步的策略。Hamner 和 Yukl（1977）证明了强硬的最初立场对协商结果的影响,发现在买卖汽车中,卖方高的要价的确会使最终的成交价格对其有利。

§2 社会影响

在社会生活中,人的心理和行为受各种因素的影响,这些因素对我们的人格和社会行为起着极大的制约作用。这里所说的社会影响,不仅包括各种社会力量的影响,也包含文化和团体的影响。

一、社会影响的定义

社会影响（social influence）指运用个人或团体的社会力量在特定方向上改变他人态度或行为的现象。这里所说的社会力量是指影响者用以引起他人态度和行为变化的各种力量,其来源非常广泛。既包括与社会地位相联系的各种权力,也包括源于被爱和受尊敬的影响力。French 和 Raven（1959）对社会力量的来源进行了分析,他们总结出了六种社会力量的来源:

（1）奖赏权（reward power）,指人们向他人提供奖励的能力,如私营公司的老板对下级来说就具有这种权力,父母对孩子也具有奖赏权。

（2）强制权（coercive power）,与奖赏的权力相反,指拥有权力的人惩罚他人的能力,如对不遵守课堂纪律的学生而言,老师就拥有这种权力。

（3）参照权（referent power）,让他人参考的权力,如团体是一种重要的参照权的来源,与团体保持一致是参照权影响个体的写照。

（4）法定权（legitimate power）,指与一定地位相联系的权力,如部长和校长拥有的处理事务的权力。

（5）专家权（expert power）,指与某些特长相联系的权力,如医生在问诊时的影响力、政治家在处理国际事务中的能力。

（6）信息权（informational power）,指了解某些他人不知道的信息而拥有的影响力。

专栏 8-1　短视频如何影响人们的购物行为？

短视频是品牌和商家推广商品、建立积极关系的重要渠道。短视频具有精致、丰富的内容,以及互动评论和商品分享的便捷特点,这使得它在促进顾客融入方面有着很大潜力。与传统的网络购物相比,短视频购物强调互动、实时和立体性,所以更具吸引力。

短视频营销中的主播很重要,主播和顾客的双向交流及其个性化服务模式对顾客购物心理有着独特的社会影响。为了探讨主播的影响力,Böttger等人(2017)提出了顾客灵感这一概念,即一种临时的激活状态,它能够促使消费者从接受营销引导的想法转变为对消费相关目标的内在追求。他们探讨了主播因素在促进顾客灵感方面具有重要作用,认为主播作为道德榜样会引起更多的钦佩,因此激发更多的顾客灵感(Van de Ven,Archer,Engelen,2019)。在此过程中,顾客的社会认同也是促进顾客灵感的重要因素。这里的社会认同是一个人对自己所属群体的感知以及对自己的感知(Chadborn,Reysen,2018;黄京华,金悦,张晶,2016)。以往研究已经证明社会认同会影响个体在群体中获得灵感的水平,社会认同会提高灵感的强度、频率和感知成分。

然而,短视频的购物机制也可能导致顾客非理性消费行为。短视频平台的购买者与主播之间形成了双边不对称的社会关系,短视频主播具有一定程度的知名度和固定的粉丝,粉丝和普通观众与主播之间的关系强度存在差异,而关系强度会影响信息接收者对信息的理解和接受(Gilbert,Karahalios,2014;Granovetter,1973)。所以,主播与粉丝和一般购物者的关系存在差异,这种差异可能会影响短视频营销的效果。也就是说,个体作为关系核心与目标消费者的联系强弱影响着消费者的心理:当消费者与关系核心的联系紧密时,消费者容易受到他的启发;而当消费者与关系核心联系不够紧密时,外部意见会使消费者感到被剥夺了自由,所以可能产生负面想法和结果(Chatterjee,Chollet,Trendel,2017)。在此背景下,主播的营销行为对商家来说可能是一把双刃剑,一方面能够促进粉丝群体的购物行为,另一方面却可能使一般消费群体产生抗拒行为。

二、社会影响理论

来自外界的社会压力对人们的行为有着很大的影响,这些影响如何起作用是心理学家关心的问题。拉塔内提出的社会影响理论(social impact theory)就论述了社会影响的一些原则。拉塔内指出,在一个特定的社会情境中,来自他人的社会影响的总量取决于三个方面的因素:

(1)他人的数量,周围人越多,来自他人的社会影响越大。比如一个新演员在面对50个观众时要比他面对10个观众时更怯场。拉塔内还提出伴随着影响人数的增加,每个人的影响实际上在下降,也就是人数的边际效应递减,第二个人的影响比第一个人小,第N个人的影响小于第$(N-1)$个人的影响。当屋子里只有一个灯泡亮着的时候,如果打开第二盏灯,它增加的亮度我们能感觉到;但是随着灯泡数的进一步增加,当由

14 盏灯增加至 15 盏灯的时候，我们就很难感觉到亮度的增加了。

（2）他人的重要性，也叫他人的强度，取决于他人的地位、权力和权威性。在许多情境下，一名警官的影响比一名邮递员大，一位大学教授的影响比一名小学老师大。他人的地位越高、权力越大、权威性越强，其社会影响力越高。

（3）他人的接近性，指他人在时间与空间上与个体的接近程度，与一个相隔 20 米的人相比，坐在对面的人对我们的影响更大。

综上所述，社会影响发生作用的机制与物理作用一样，以光照射在一个平面上为例，平面接收到的光照量不仅取决于开了多少盏灯，还取决于灯泡的功率及其与平面的接近程度。

三、社会影响的表现

团体对个体行为的影响是多方面的，这些影响体现在人类生活的许多方面。

1. 社会促进

社会促进（social facilitation）是指人们在有他人旁观的情况下的工作表现比自己单独工作时更好。最早对它进行研究的是特里普利特，他注意到在有竞争时人们骑车的速度比单独骑的时候快。为此他设计了一项实验，探讨儿童在有他人存在时是否会工作得更快。结果证明了他的预期，儿童在拉钓鱼线的实验中，当有他人存在时拉得更卖力。

特里普利特的社会促进实验也是最早的社会心理学实验室研究。其他心理学家也发现了这种现象。H. 奥尔波特让被试完成一些任务，如简单的乘法、圈字母任务等，他发现即使这些作业只需被试独自完成，当房间有五个人时，个体的工作效率也比其自己一个人在房间时高。社会促进作用不仅发生在人类身上，在动物身上也能观察到，当有同类在场时，蚂蚁能挖出更多沙子，小鸡会吃更多的谷物，发情中的老鼠会表现出更多的性活动（Bayer，1929；Chen，1937；Larsson，1956）。

为什么会产生社会促进？Zajonc（1965）用简单在场（mere presence）解释这一现象。他认为他人的出现会使人们的唤起增强，而这种生理唤起会进一步强化人们的优势反应。在简单任务中，优势反应往往是正确的，而在复杂任务中，正确答案往往不是优势反应。所以在复杂任务中，唤起增强的是错误反应。也就是说他人的出现对完成简单工作起促进作用，而对完成复杂工作起阻碍作用，这两方面加在一起统称为社会促进。

Bond 和 Titus（1983）对 300 多个研究所做的元分析，证实简单在场可以很好地解释人类行为中的社会促进现象。随后的研究也以不同的方式验证了这个规律：无论优势反应是正确反应还是错误反应，社会唤起都会促进优势反应。比如，Hunt 和 Hillery（1973）发现他人在场时，学生学习走简单迷宫所需的时间会变少，而学习走复杂迷宫所需的时间会增加。Michael（1982）发现在一个学生社团里面，优秀的撞球选手（在隐蔽观察条件下击中率为 71%的选手）在有四位观察者观看其表现的情况下，他们的成绩会更好（80%的击中率）；而差劲的选手（平均击中率为 36%）在被密切观察的条件下表现更差（25%的击中率）。由于运动员所表现出的都是熟练掌握的技能，这就解释了为什么观众的支持性反应常常能够激励他们表现出最佳状态。针对在加拿大、美国、英国进行的总计 8 万项大学体育赛事或专业体育赛事的研究显示，主场队会赢得 60%的比赛。这种主场优势有可能来自运动员对主场环境的熟悉、较少的旅途劳顿、对主场控制的优越感，或是由观众狂热的喝彩而激起的更高的团队认同感（Zillmann，Paulus，1993）。

对社会促进的另一种解释是评价恐惧理论（the evaluation apprehension），该理论从害怕被他人评价的角度解释了社会促进现象，认为在有他人存在的环境中，人们由于担心他人对自己的评价而引发了唤起，进而对工作绩效产生影响。在一项研究中，研究者设置了三种情境：第一种情境让被试单独从事一项工作；第二种情境是在被试完成工作时实验助手出现，并与被试做同样的工作；第三种情境是一个双盲实验，被试和助手做同样的工作，但他们均不知道实验的目的，实验者告诉他们正在进行一项知觉实验。结果第二种情境表现出了社会促进作用，双盲组没有发现社会促进作用，被试反应与第一组没有差异。由于双盲组中的他人只是客观存在，并没有对被试的绩效进行评价，所以这一结果支持了评价恐惧理论，而与他人存在的解释相矛盾。因此，按照评价恐惧理论的观点，如果他人只是出现了而没有对工作表现加以注意，他们的出现就不会产生社会促进的效果。其他实验也证实了 Cottrell 的结论：如果人们认为自己正在受在场的人评价，那么他们的优势反应提高得最明显。在一个实验中，来自加利福尼亚大学的长跑者，在跑道上跑步时遇到一位坐在草地上的女士。如果这位女士是面对他们的，与她背对着他们相比，长跑者跑步的速度会更快一些。之所以如此，是因为这些长跑者认为自己的行为正受到这位女士的关注和评价（Worringham，Messick，1983）。

对社会促进的第三种解释是分心冲突理论。社会促进作用不仅在人类中存在，在许多动物身上也有此类现象发生，而我们相信动物用不着担心评价。为了解释这一点，Baron 和 Kenny（1986），以及 Sanders（1983）提出了分心冲突理论（distraction conflict theory）。按照这一理论，当个体在从事一项工作时，他人或新奇刺激的出现会使他分心，这种分心使得个体在注意任务和新奇刺激之间产生了一种冲突，这种冲突使认知系统负荷过重从而唤起增强，导致社会促进效果。这种唤起不仅来自他人在场，有时其他非人分心物的，比如光线的突然照射也会产生这种效应。该理论解释了噪声、闪光等刺激对作业成绩的促进或损害作用（Sanders，1975）。

2. 社会懈怠

社会懈怠（social loafing）是指在他人在场且个人表现无法受到评估时人们倾向于放松，这使他们在自己并不关心的任务上不努力，从而导致结果更差的现象。心理学家林格尔曼（Max Ringelman）最早发现当人们一起拉绳子时，平均拉力比一个人单独拉时要小。他的实验有三种情境：工人单独拉、三人一组拉绳子和八人一组拉绳子。按照社会促进的观点，人们认为这些工人在团体情境中更卖力。但事实恰恰相反：当工人独自拉时，平均拉力约为 617 牛顿；三人一起拉时总拉力为 1569 牛顿，人均约 519 牛顿；八个人一起拉时总拉力为 2432 牛顿，人均只有约 304 牛顿，不到单人拉力的一半。

拉塔内和他的同事为社会懈怠现象提供了进一步的证据。在一项研究中他让大学生以欢呼或鼓掌的方式尽可能地制造噪声，每个人分别在独自、两人、四人或六人一组的情况下制造噪声。结果如图 8-5 所示：每个人制造的噪声随团体人数的增加而下降。社会懈怠现象不仅发生在上述情境中，也发生在人们完成认知任务的时候（Petty, Harkins, Williams, 1977; Weldon, Gargano, 1988）。那些单独鼓掌也和他人一起鼓掌的人，并不认为自己懈怠了，他们认为在两种情况下自己的努力程度是一样的。即使所有人都同意有所懈怠，也没有一个人承认是自己制造了懈怠。

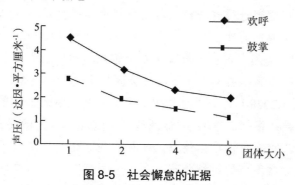

图 8-5 社会懈怠的证据

政治学家 Sweeney（1973）在得克萨斯大学所做的一项实验中发现，当学生们知道自己被单独评价时，他们会更加卖力地踩脚踏车。而在团体条件下，人们常常会受到搭便车的诱惑。有趣的是社会懈怠和性别也有关系，女性发生社会懈怠的现象比男性要少。Kugihara（1999）研究发现，大约 20% 的日本男性和 60% 的日本女性不会产生社会懈怠。Gabrenya 等人（1985）发现社会懈怠的性别差异在很多文化中都存在，在中国和美国女性的社会懈怠都要少于男性。

专栏 8-2　社会懈怠具有跨文化的普遍性吗?

与个人主义文化相比,生活在集体主义文化下的人们通常被认为更团结、更合作、更具责任心。那么,在集体主义文化下存在社会懈怠吗? Karau 等人(1993)收集了 78 个有关社会懈怠的研究并进行了元分析,结果发现社会懈怠普遍存在于各种任务和各类人群中。虽然文化对社会懈怠具有一定的调节作用,但是社会懈怠的确存在于各种社会中。

Smith(1976)对苏联集体农村进行了调查研究,农民需要耕作大量的公有土地,而只拥有很小一块私有土地,与私有土地相比,他们对公有土地并没有直接的特别强烈的责任感。虽然这些农民的私有土地只占全部耕种面积的 1%,但其产出却占所有农场产出的 27%。在匈牙利,农民的私有土地只占农场总面积的 13%,但其产量却占总量的三分之一。Gabrenya(1985)等人在日本、泰国、印度和马来西亚等地进行了制造噪声的实验,结果发现社会懈怠现象在集体主义文化中同样非常普遍。研究发现,当中国政府允许农民在上交公粮后出售富余的粮食,中国的粮食产量以每年 8% 的速度暴涨——是前 26 年的年增长率的 2.5 倍。

既然在集体主义文化和个人主义文化下都存在社会懈怠现象,那么是否存在差异呢?研究者在亚洲进行的一系列跨文化研究结果显示:在集体主义文化下,人们表现出的社会懈怠的确不如个人主义文化下强烈(Karau, Williams, 1993; Kugihara, 1999)。美国人更多地表现出社会懈怠,而中国人更多地表现出相反的模式。也就是说,在集体主义文化下,社会懈怠不是特别典型。

Rattrie 等人(2020)的一项元分析探究不同文化下的工作要求与社会倦怠的关系是否存在差异。根据工作要求-资源理论(job demands-resources,JD-R),工作要求越高,员工更有可能产生倦怠。研究发现文化确实调节了工作要求对社会倦怠的影响。文化维度中的男性化程度和松紧度越高,工作要求与倦怠之间的关联越强。也就是说文化中的男性化程度和社会规范的整体强度会加剧高工作要求带来的不利影响。

为什么会出现社会懈怠现象? Kerr、Bruun(1981)和 Harkins、Szymanski(1989)等人认为,在团体中由于个体认识到自己并不会成为评价的焦点,而自己的努力也会埋没在人群中,所以对自己行为的责任感降低,不努力,致使作业水平下降。从这一点来看,社会懈怠的产生与责任分担有关。

团体情境有时候对个体作业水平起促进作用,有时候却引发社会懈怠,为什么会这样呢?拉塔内认为社会促进和社会懈怠产生于不同的情境中,如图 8-6 所示,在社会促进情境中（a），个体是他人影响的唯一目标，所有的社会影响均指向该个体，当在场的他人增加时，社会影响也增加；社会懈怠现象则发生在团体成员完成团体外他人指定的作业时，每一个个体仅仅是外人影响的目标之一，外人的社会影响会分散到每一个人身上（b），随着团体规模增加，每一个人感受到的压力随之降低。

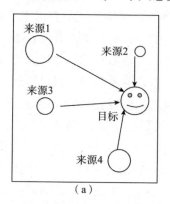
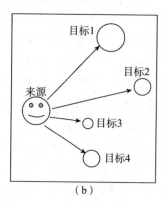

图 8-6　对社会促进与社会懈怠产生情境的区分

由于社会懈怠对团体工作有负面影响，所以人们一直在探讨如何消除这种现象。拉塔内认为，个体相信团体中其他人并不像自己那样卖力，而且个体也可能会觉得在团体中自己的贡献被忽略，产生责任扩散。想要避免社会懈怠最好的方式是让成员有更多的参与感及责任感，比如采取一些激励措施，提高成员对群体的认同感和凝聚力，以降低社会懈怠。Davis 等人（1992）发现如果小组成员彼此是朋友或都很认同自己所在的群体，那么懈怠就会减少。除此之外，当任务具有挑战性、高吸引力等特点时，群体成员的懈怠程度也会减弱（Karau, Williams, 1993）。面临挑战性任务时，人们会认为付出努力是必不可少的（Harkins, Petty, 1982；Kerr, 1983；Kerr, Bruun, 1983）。

另一种策略则是使个体成绩可识别。有些橄榄球教练通过录像和对运动员进行个别评价的方法来达到这一目的。在一个小组中，当个体的行为可以被单独评价时，人们会付出更多的努力。比如在大学游泳队的队内接力赛中，如果有人监控大家并且单独报出每个人所用的时间，那么整体速度就会提高（Williams et al., 1989）。

3. 去个体化

去个体化（deindividuation）是指个体丧失了抵制从事与自己内在准则相矛盾行为的自我认同，从而做出了一些平常自己不会做的反社会行为。去个体化现象是个体的自我认同被团体认同所取代的直接结果，尽管生活中的去个体化现象并不多，但它的危害却十分严重。比如当某个足球队的球迷因为输球而聚集在一起闹事的时候，他们往往会做出自己平时想都不敢想的事情——烧汽车、砸商店，甚至杀人放火。

为什么会产生去个体化行为？津巴多认为这种现象的产生与唤起、匿名性以及责任扩散有关。其他心理学家在解释去个体化时认为两个因素很关键。

一是匿名性。团体成员越隐匿，越觉得不需要对自我认同与行为负责。在一群暴民中，大部分人觉得他们不代表自己，而是混杂于人群中，也就是没有自我认同。如果他们具有某种程度的自我认同，并且保持着个体的存在感，就不会出现不负责任的行为。津巴多的研究为此提供了生动的描述。在研究中，由4名女性组成的团体参与对陌生人实施电击的实验。在一些小组中，这4个人彼此以姓名相称，并且胸前挂着名牌，极易辨认；在另一些小组中，被试则穿着宽大的衣服，围着头巾，极难辨认。结果发现，后者电击他人的可能性是前者的两倍多，显然匿名性使侵犯行为急剧增加，结果支持了去个体化是导致团体暴力及反社会行为的原因的说法。Diener等人（1976）对儿童偷窃行为的研究也证明了这一点。在研究开始时他们询问了一些孩子的名字并记录下来，对另一些儿童则无这样的处理。研究情境是当大人不在场时，孩子有机会偷拿额外的糖果，结果支持了匿名性在去个体化行为中的作用。如图8-7所示，那些被问及姓名的孩子不会多拿糖果，即使他们知道自己不会被抓住也不会去做这样的事情。

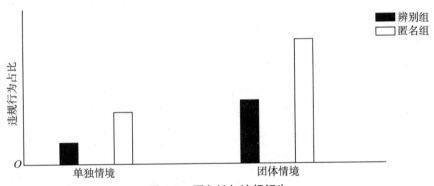

图8-7 匿名性与违规行为

随着互联网的普及，网络也提供了类似的匿名性情境。人们常常在网络上下载盗版音乐、盗版电影和盗版图书。因为这样做的人太多了，所以人们几乎不会觉得下载盗版资料有多么不道德，也不会想到自己会因此被捕。网络聊天室的匿名性也使其中敌对而激进的行为比面对面交谈中要多得多（Douglas，McGarty，2001）。

二是自我意识降低。Diener（1980）认为引发去个体化行为的最主要的认知因素是缺乏自我意识。人们的行为通常受道德意识、价值系统以及习得的社会规范的控制，但在群体情境中个体的自我意识会失去这些控制功能。Mullen（1986）认为，团体规模越大，成员越有可能失去自我意识。群体中的个体认为自己的行为是群体的一部分，觉得没有必要对自己的行为负责，也不顾及行为的严重后果，从而做出不道德与反社会行为。上面讲到的有关儿童违规偷拿糖果的研究中，研究者对实验情境做了小的改变：在孩子们拿糖果的盒子旁边放了一面镜子。结果正如预期的那样，镜子使得被试的内在自我意识提高，从而对自己的行为有了更清醒的认识，所以出现违规行为的比例下降到12%；而控制组的孩子出现违规行为的比例为34%。

当然，去个体化并不仅仅引发人们释放邪恶的冲动。有时它也会带来积极影响。Johnson 和 Downing（1979）在佐治亚大学进行了一项实验，要求女性被试在决定给别人实施多大程度的电击之前穿上护士服。结果发现这些身穿护士服保持匿名性的女性被试的攻击性远不如说出自己名字和身份时大。Postmes 和 Spears（1998）对60项去个体化研究做分析后得出的结论是匿名性使人们的自我意识减弱，群体意识增强，更容易对情境线索做出回应，无论这线索是消极还是积极。一旦提供积极线索，去个体化者会施舍更多的钱财（Spivey，Prentice，1990）。

§3 从众、顺从与服从

社会影响最直接的表现就是它对人类的行为有着重要的决定作用，从众、顺从与服从都是社会影响的结果。

一、从众

迈尔斯认为从众（conformity）是个体在真实或想象的团体压力下改变行为与信念的倾向，而弗兰佐（Stephen L. Franzoi）则把从众定义为对知觉到的团体压力的一种屈服倾向。尽管表达上有差异，但都指出了这一概念的实质——从众是一种在压力之下发生行为改变的倾向。

1. 从众的经典研究

从众的经典研究有两个，分别是谢里夫的团体规范形成研究和阿施的线段判断实验。

（1）团体规范形成。最早对从众行为进行实验研究的是心理学家谢里夫。1935年，他发表了有关团体规范如何形成的研究报告，明确反对 H. 奥尔波特关于群体问题的观点，认为团体不是个体的简单组合，团体大于个体之和。为证明不确定条件下团体压力会对个体的判断产生影响，谢里夫利用知觉错觉中的自主运动现象（autokinetic effect）研究大学生的判断。自主运动现象指在一个黑暗的没有参照系的屋子里，当人们盯着一个静止不动的光点时，会感到该光点向各个方向运动。研究中谢里夫把大学生每三个人分为一组，让他们判断光点移动的距离，并在每一组判断之后把自己的结果告诉其他组被试。

结果如图8-8所示，最初人们判断的差异很大，有人认为光点移动了七八英寸，有人认为只移动了零点几英寸。但随着时间的推移人们的判断趋向一致，到第三次判断时，所有被试组的判断达成一致，即对这个问题形成了共同标准。谢里夫认为这时实际上已经建立了团体规范，这种规范对每个人的行为起制约作用。有意思的是，研究结束时谢里夫问参加实验的被试他们的判断是否受到他人的影响，结果所有被试都否认他人对自己有影响。谢里夫还发现在情境越不明确以及人们不知道如何定义该情境时，受他人的影响越大。Macneil 和 Sherif（1976）进一步研究了在自主运动情境中形成的团体规范能够存在多久，结果发现团体规范对个体判断的作用越强大，团体规范被团体接受和传递的可能性越小。也就是说规范的压制力量越大，它以后被修改的可能性越大。这一结论有助于我们理解为什么看似强大的独裁政府会在一夜之间土崩瓦解。

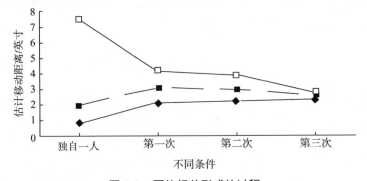

图 8-8　团体规范形成的过程

随着时间的推移，三个人（小组）的判断趋于一致。

（2）线段判断实验。阿施的研究被认为是从众研究的典范，由于谢里夫的研究在一种模糊的情境中进行，所以人们往往认为不明确的情境使个体易受他人影响。当情境很明确的时候人们会不会从众呢？为了回答这一问题，1951 年，阿施设计了一个实验情境：当志愿参加实验的大学生被试来到实验室的时候，会看到 6 名与自己一样参加实验的被试已经在等待了。实际上这 6 个人是阿施的实验助手，助手的答案是阿施事先设计好的。当被试和这 6 个人围着桌子坐下后，阿施拿出一张卡片放在架子上，这张卡片的左边有一条线段（标准线段，X），右边有三条线段，分别标有 A、B、C（图 8-9），阿施告诉被试他们的任务很简单，只需说出 A、B、C 中哪条线段和标准线段一样长。

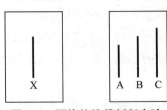

图 8-9　阿施的线段判断实验

对被试来说这是一项非常容易的任务，只要视力正常的人都能看出 B 是正确答案。在前两轮实验中，助手选择了正确答案。但从第三轮开始助手一致选择错误的答案。阿施想知道在这种情况下被试会不会从众？有多少人从众，有多少人不从众？结果发现，总体上至少有 33%的被试会从众，选择与实验助手一样的错误答案，整个实验过程中有 76%的人至少有一次从众行为。

在阿施研究的基础上，Deutsch 和 Gerard（1955）对从众的原因做了说明，认为促使人们从众的团体压力有两个来源：规范性和信息性的社会影响。前者发生在人们想要获得奖励与避免惩罚时，后者发生在个体希望从他人或其他团体处获得精确的信息时。Campbell 等人（1986）指出人们经常从团体处获得信息，尤其是在情境不明确的时候，所以人们常常在团体情境中做出从众行为。

2. 影响从众的因素

阿施及其他心理学家发现，许多因素对人们的从众行为有影响，这些因素包括：

（1）情境因素。影响从众行为的情境因素很多，其中情境模糊性是关键变量。当人们不确定什么是正确的反应、行为或观点时，最容易受到他人的影响。你越不确定，就越会依赖别人（Huber，Klucharev，Rieskamp，2015）。

（2）团体因素。影响从众的团体因素有三个，一是团体的规模。阿施实验中通过改变助手的数量（1~15 人不等），发现随着人数的增加，从众行为也越常发生。但这个人数有一个极限，即不能超过 4 人，三四人最好，如果超过这个范围，人数增加并不会导致从众行为的增加。如图 8-10 所示，15 个人的群体对从众行为的影响并不比 3 个人时大。二是团体的凝聚力。Hogg（1992）、Lott（1961）等指出在一般情况下，团体的凝聚力越大，从众的压力越大，人们的从众行为越可能发生。在女大学生社团里，朋友有一起饮酒作乐的倾向，特别是从小一起长大的朋友（Crandall，1988）。三是团体社会支持。阿施的研究中如果有一名实验助手选择了正确的答案，结果将会如何？实际上当有这样一个人时，被试从众的可能性会大大降低，约为原来的四分之一。

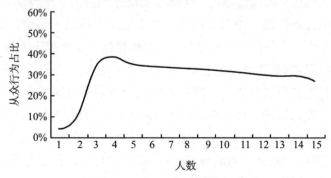

图 8-10　人数对从众行为的影响

（3）个人因素。人们的从众行为倾向也会受自身特征的影响，与从众有关的个人因素包括以下几个方面。一是自我：内在自我意识强的人往往按照自己的方式做事情，不太会从众；而公众自我意识强的人往往以他人的要求与期望作为自己的行为标准，所以从众的可能性更大。二是个体保持自身独特性的需求：许多研究证明，有时候人们不从众是为了保持自身独特的自我同一性。在一项实验中，研究者首先让参加实验的被试相信自己最重要的 10 个态度与另外 1000 名大学生的态度有的不同，有的则完全相同。然后这些被试参加从众实验，结果那些被告知与他人态度差异极大的被试往往通过不接受他人的影响来保持自我同一性。因此尽管人们经常从众以避免他人消极的评价，但有时候我们不从众仅仅是因为我们感到自己与众不同。三是控制愿望：J. W. Brehm 提出的心理抗拒理论（theory of psychological reactance）指出，人们对自己的行为拥有控制权，因此当这种控制令自由受限时，人们往往会采取对抗的方式。在生活中经常有这样的事情，父母告诉自己的女儿不要和某个人交朋友，女儿却偏偏要和这个人好。她之所以这样做，实际上是通过抗拒确保自由。Burger（1987）让学生评价动画片的可笑程度（实际上这些动画片并不可笑），结果发现在单独评价时控制愿望高的被试与控制愿望低的被试没有太大的差异；但在团体情境中，控制愿望高的人不太会去附和同谋者的较高评价（分数越高越好笑），而是力图保持自己的独立判断（表 8-2）。

表 8-2　控制愿望与从众行为（满分为 100 分）

	控制愿望	
	低	高
独自评价	43.7	49
团体评价	73.2	62.1

除了以上因素之外，个体的社会地位、预先的承诺和性别等都会对从众行为产生影响。在群体中，地位高的人往往有更大的影响力，社会地位越低的人从众的可能性越大；对组织的承诺越大，从众可能性越高。性别与从众行为的关系比较复杂，早期研究者认为女性的从众倾向比男性高，但后来的研究并不完全支持这一结论。Eagly（1987）指出，如果男性和女性在从众行为上有差异的话，也仅仅发生在要求女性当面反对对方的情境下。此外从众还受到是否公开的影响，阿施实验中的被试在看到其他人的反应之后，如果写下自己的答案只供研究者看，那么他们就较少受到群体压力的影响。

社会压力会引发人们的从众行为，但有时候人们也会做出其他反应，最常见的有反从众（anticonformity）和独立（independence）。反从众是指由心理抗拒引起的在所有情况下对抗从众的现象，与社会压力的要求相反；而独立是指人们不愿受制于他人的倾向，独立的人不在乎社会压力与他人的要求，往往按自己的意愿行事。

专栏 8-3 从众与亲社会行为

从众并不总是消极愚昧的，从众也可以成为社会关系的润滑剂，促进亲社会行为。Bardsley 和 Sausgruber（2005）采用公共品实验范式研究人类合作和利他行为。在传统的公共品实验中，每个人都会获得一定的初始资金并需要决定向公共项目账户投入的资金数额。实验结果表明，参与者在第一回合中平均贡献出 50% 的初始资金，甚至有些人会投入全部初始资金。随着回合次数增加，参与者投入的金额越来越少，最后降至 0 元。此外，研究者还发现了涌入效应，即当被试看到同组其他成员投出较多资金时，他们会倾向于投出更多的钱。为了探究涌入效应的原因，研究者设计了一项特别的公共品实验（Bardsley，Sausgruber，2005）。实验结果表明，三分之一的涌入效应可以用从众心理解释，剩余的三分之二受到互惠动机的影响。

心理学家用独裁者博弈考察人类的慷慨行为。实验中方案分配者将金钱分为两份，一份属于自己，一份属于方案接收者。尽管掌握分配权，人们仍愿意分配一部分金钱给接收者（Forsythe et al.，1994）。在调整后的独裁者博弈实验中，被试先了解其他被试的决策结果，然后进行决策。结果发现，他人慷慨的分配行为会促使被试做出同样的慷慨行为（Krupka，Weber，2009）。Zaki 和 Mitchell（2011）设计了独裁者博弈的变式，考察个体在分配资源中的慷慨行为，被试需要决定是自己获得金钱，还是同伴获得金钱。研究者探究了分配资源中是否存在慷慨从众效应，发现被试的决策会受到同组成员的影响（魏真瑜 等，2021）。Bicchieri 等人（2009）也发现，被试分配给伙伴的金钱数额会受到其他人慷慨决策的影响。

研究者在社会心理学实验中也发现了亲社会从众行为的存在，不仅限于行为博弈领域。例如在 Nook 等人（2016）的一项实验中，被试观察到他人的捐赠行为后需要阅读一篇与捐赠无关的故事。阅读后被试需要自评共情体验的水平，并且写下一段鼓励、支持的文字来表达对故事中的人物的情感支持。在该实验中，他人的捐赠行为被分为慷慨的捐赠与吝啬的捐赠，而故事中的人物经历被分为极度痛苦的与轻微痛苦的。实验结果表明，在阅读轻微痛苦的人物故事后，相较于受到吝啬捐赠影响的被试，受到慷慨捐赠行为影响的被试报告的自评共情体验更强烈。此外，这些被试在书写鼓励性文字时所用的时间更长，所写的文字也更具情感支持性。另外，在李晴蕾和王怀勇（2019）所做的一项捐赠决策实验中，被试被分为高社会压力组与低社会压力组。高社会压力组被告知参与调查的 10 人中有 9 人选择捐赠，并且捐赠金额较高；而低社会压力组则被告知只有 3 人选择捐赠，并且捐赠金额较低。实验结果显示,在该实验中,受到高社会压力影响的被试比低社会压力组的被试倾向于捐赠更多的金钱。

(4) 文化因素。从众是否在所有文化中都存在呢?Whittaker 和 Meade(1967)在七个国家和地区重复了阿施的实验,发现大多数国家和地区的从众比例接近:黎巴嫩31%,中国香港32%,巴西34%,只有津巴布韦的班图为51%,因为班图是一个对不从众者施加强力制裁的部落。米尔格拉姆发现,与挪威学生相比,法国学生表现出较少的从众行为。Bond 和 Smith(1996b)通过对133个研究进行元分析,证实了文化价值观对从众的影响。与个人主义盛行的国家和地区相比,在集体主义文化下生活的人更容易受到他人影响而做出反应,在这些国家和地区从众是积极的表现。在日本,与其他人保持一致不是软弱的表现,而是忍耐、自我控制和成熟的象征(Markus,Kitayama,1994)。而在西方的个人主义文化下,人们并不赞赏屈从于同伴压力。因此在个人主义者看来,从众一词往往含有消极的价值判断。文化对从众的影响也在不断地变化,研究者以英国、加拿大和美国大学生为被试,重复阿施的实验,发现与二三十年前观察到的情况相比,人们表现出较少的从众行为(Lalancette,Standing,1990)。由此可见,从众在全世界都非常普遍,也会随着文化和时代的不同而改变。

二、顺从

顺从(compliance)是指在他人的直接请求下按照他人要求去做的倾向,在做出顺从行为的时候,人们可能私下同意他人的请求,也可能私下不同意他人的请求,或者没有自己的主意。在现实生活中,我们经常向他人提出这样或那样的要求,希望他人顺从我们的观点与行为。Buss(1987)对引起顺从的环境与策略进行探讨,发现顺从与我们对他人的了解程度、自己的社会地位、请求的性质等有关。

1. 影响顺从行为的因素

以下三个因素有助于建立一个使人们感到愉快的顺从气氛。

(1) 积极情绪。情绪好的时候人们顺从的可能性更大,尤其是要求他人做出亲社会的助人行为时(Isen,1987)。心情之所以有这样的作用是因为心情好的人更愿意也更可能做出各种各样的行为(Batson,1979)。第二种解释是好的心情会激发愉快的想法和记忆,而这些想法和记忆使人们喜欢提要求的人(Carlson,1988;Forgas,1987)。由于好心情有助于增加顺从行为,所以人们经常会在向他人提要求之前先给他人一点好处。Liden 和 Mitchell(1988)把这种策略称为讨好,预先讨好和奉承对增加顺从十分有效(Byrne,Rasche,Kelley,1974;Kacmar,1992)。

(2) 互惠规范。互惠规范强调一个人必须对他人给予自己的恩惠予以回报

（Gouldner，1960），如果他人给我们一些好处，我们必须相应地给他人一些好处。这种规范使双方在社会交换中的公平性得以保持，同时也变成了影响他人的一种手段。在 Regan（1971）的一项研究中，被试与另外一个学生一起完成一项工作。实际上这名学生是研究者的助手，在有些情况下他对被试很友好，在另外一些情况下他对被试不友好。实验中途休息的时候，助手出去一会儿，几分钟后又回来了。回来的时候有些人给被试带来一瓶饮料，有些人则什么也没带。不久，助手要求被试购买票面价值为25美分的演出票。结果发现有饮料的被试人均购票两张，而没有饮料的被试只买了一张票。互惠规范被广泛应用于日常生活中，尤其是市场销售活动。汽车销售人员在消费者购买了他们的产品之后经常会赠送一些礼物；保险销售人员也如此，他们挨家挨户推销产品的时候，经常会给人们送台历之类的小礼品，增加人们的顺从行为。

（3）合理理由。当他人给自己的请求找一个合理解释的时候，顺从的可能性更大。在研究中，主试让助手去加塞复印一些文件，在有些情况下助手没有说出理由，只是简单地说"我可以先印这5页文件吗"，结果60%排队的人顺从了助手的要求。在另一种情况下，助手给了一个简单的理由，他说"我时间紧张，可以先印这5页文件吗"，结果94%排队的人顺从了助手的要求。仅仅给出一个简单的理由就可以增加他人的顺从行为，是因为人们习惯为他人的行为寻找原因，并且我们也相信他人不会提出不当要求。

2. 增加顺从行为的技巧

怎样才能增加他人的顺从行为呢？心理学家提出了以下几种增加顺从的技巧。

（1）登门技巧（foot-in-the-door technique）。这是一种分两步实施的顺从技巧，第一步先向他人提出一个小的要求，等他人满足该要求之后，再向其提出一个较大的要求，此时对方满足较大要求的可能性也会增加。弗里德曼对家庭主妇交通安全问题的研究发现：曾经在请愿书上签名的妇女，随后同意在自己家草坪上竖立宣传牌的比例（55%）远远高于一般人（17%）。Schwarzwald（1983）有关捐钱保护环境问题的研究，以及Dillard（1991）对此问题的元分析都证明了这一方法的有效性。

登门技巧为什么能增加人们顺从他人的倾向呢？弗里德曼等人认为这与个体自我知觉的改变有关，在弗里德曼的研究中，家庭主妇原先可能认为自己是不参加社会活动的人，一旦她们同意了实验者小的要求，她们的自我形象可能会发生变化。既然签了名，那么她就应该属于参加此类活动的人。因此随后出现一个大要求的时候，她们会比以前更愿意顺从。也就是说接受小的要求改变了个体对自己的态度，这种改变减少了她对以后类似行为的抗拒。

（2）门前技巧（door-in-the-face technique）。与登门技巧相反，这种方法是先向他人提出一个很大的要求，在对方拒绝之后紧跟着提出一个小的要求，这时候小要求被满足的可能性会增加。Cialdini 和他的同事（1975）先要求参加实验的大学生在下一年度每周抽出 2 个小时的时间参加一些青少年的活动，提供大哥哥或大姐姐的榜样。由于大学生没有那么多的时间，所以没有人会同意这样的要求。随后研究者又提出了第二个要求，问他们是否愿意参加一次这样的活动，结果 50%的大学生同意第二个要求；而控制组只有不到 17%的人同意随后的小要求。

门前技巧起作用必须满足三个前提：首先，最初的要求必须很高，当人们拒绝该要求时不会对自己产生消极的推论。其次，两个要求之间的时间间隔不能过长，如果过长义务感就会消失，这一点与登门技巧不同，后者具有长期性。最后，较小的请求必须由同一个人提出，如果换了人，该效应不出现。

门前技巧的发生与互惠规范有关，Harari 等人（1980）认为当人们知觉到他人的让步时（既然不能捐 1000 元钱，捐 10 元钱总行吧），就会感到来自互惠的压力，即对他人的让步做出回报从而满足他人的第二个要求。从这一点来看，门前技巧比登门技巧更有效，正因为如此，该效应被广泛应用于各种各样的协商情境中。

（3）折扣技巧（that's-not-all）。折扣技巧是先提出一个很大的要求，在对方回应之前赶紧打折扣的顺从技巧。与门前技巧相比，折扣技巧不给对方拒绝初始高要求的机会。Burger（1986）研究了用这种技巧销售面包时的效果，发现当顾客询问没有标明价格的面包时，如果开始要价很高，并且在顾客回应之前告诉他们这个价格里还包含着一份礼物，此时有 73%的人会购买面包。而在控制组的顾客问完价格后马上给他们看同样的礼物，并且说面包价格里已经包括了礼物，这时有 40%的人会购买。

（4）滚雪球（snowballing）。滚雪球是指在最初的要求被他人接受之后，又告诉他人由于自己的要求被低估，又提出了新的较高的要求或价码。如在某些商品的以旧换新中，销售人员一开始给你的旧电视机估价 400 元，但当你真正购买的时候，销售人员说这笔交易还要经过销售经理认可。在假装问了经理之后，他会很沮丧地告诉你：经理认为旧的电视机只值 200 元。这时他又面带微笑地对你说：“你只要多掏 200 元钱就可以把新电视机搬回家。”在这种情况下，销售人员使用的策略就是滚雪球。

三、服从

1. 服从的定义与研究

服从（obedience）是指在他人的直接命令之下做出某种行为的倾向，很多时候人们会服从地位高的他人或权威的命令。父母、老师、警察等都是我们服从的对象，对权威与他人的服从也是一个人社会适应是否良好的标志。早在 1963 年，米尔格拉姆就研究了人们的服从倾向。在实验中，当志愿参加实验的大学生来到实验室时，实验者告诉他将与另外一个人一起参加一项惩罚对字词学习的影响的研究，同时让被试扮演实验中的"老师"角色,而让另外一个人扮演实验中的"学生"角色("学生"实际上是实验者的助手)。被试的任务是当学生字词配对错误时对其实施电击,电压变化范围为15~450伏特。被试每犯一次错误,惩罚的电压就增加15伏特。实验中,在隔壁房间学习的学生故意犯了许多错误,当电压升到150伏特的时候,学生开始求饶,随着电压的进一步上升,学生大喊大叫,哭着求老师放过自己。老师有时候也有迟疑,但每次犹豫不决的时候,实验者会告诉他"继续""实验要求你必须继续""你毫无选择,必须继续"等。实验开始前,精神病学家预测会有10%的人服从实验者的命令且坚持到用450伏特的电压电击学生,然而实际上这个比例达到了65%。

米尔格拉姆在耶鲁大学继续做这方面的实验,他想知道在互相熟悉的人之间,会不会出现因为服从实验者的命令而电击对方的现象。他找到了正在校园里一起散步的两个人,请他们参加与之前设计一样的实验,总共有40名年龄在20~50岁的男性被试参加了这个实验。结果令他震惊,即使是彼此熟悉的人,也有65%的被试用最高的电压电击学生。当然假扮学生的实验助手并没有受到电击,他们的哭喊声都是事先制作好的录音。

该实验的结果出乎意料,为稳妥起见,米尔格拉姆通过改变实验方式进一步研究人们的服从行为。发现权威的实验者比普通人引起服从的比例更高;在实验中实验者与被试之间的距离也对服从有影响,距离越近,服从的比例越大。据此,米尔格拉姆指出服从是人的天性。其他人的研究表明,在澳大利亚这个比例是68%(Kilham, 1974),约旦为63%(Shanab, 1977),德国高达85%(Mantell, 1971)。

专栏8-4　米尔格拉姆对社会心理学的贡献

米尔格拉姆是美国著名社会心理学家,名列20世纪最具影响力的心理学家第46位。米尔格拉姆于1933年出生在美国纽约的一个犹太家庭,他在家里三个孩子中排行老二。1954年于纽约皇后学院获得政治学学士学位,1960年在哈佛大学获得哲学博士学位,同年转入耶鲁大学成为助理教授。1963年回到哈佛大学担任社会关系学院国际比较研究课题的行政负责人。因为米尔格拉姆著名的服从实验在社会上引起了巨大的争议,哈佛大学剥夺了其教职。1967年获得纽约州立大学终身教授,1984年因心脏病去世,可谓英年早逝。

米尔格拉姆对犹太族裔的身份认同,使得他特别关注大屠杀和权威服从的研究。他于1961年开始实施著名的电击实验,该实验又被称为权力服从研究。目的是测量被试在面对权威者下达违背良心的命令时,人性所能发挥的拒绝力量到底有多强。结果表明人类有一种服从权威命令的天性,在某些情景下人们会背叛自己一直遵守的道德规范，听从权威人士去伤害无辜的人。他提出了"六度分隔理论"（six degrees of separation），认为任意两个人都可以通过平均6个熟人的关系联系起来。米尔格拉姆还设计了著名的丢失信件实验（lost letter experiment），通过对随机选择的300多人的实验研究，发现人们更愿意寄出对社会有贡献的团体的信件，揭示了人们对不同的社会群体的偏见。指出尽管偏见存在于日常事务中，但人们并没有意识到其存在。

米尔格拉姆一生进行了很多具有开创性的实验，引领了社会心理学发展的方向。他发现并验证了众多重要的心理学理论，影响了后来的心理学家。由于对心理学的创造性贡献他获得了许多荣誉，被认为是社会心理学发展历史上最重要的人物之一。米尔格拉姆是美国科学促进会会员，于1964年获得了行为科学研究奖，于1965年获社会心理学奖。他出版了多本著作，例如《对权力的服从》《电视与孤僻行为》《社会生活中的个体》。米尔格拉姆曾经说过："作为一名社会心理学研究者，我是这样看待世界的——我们不应该企图控制它，而是应该了解它。人与人之间应相互沟通、相互了解。"

2. 服从的原因

（1）规范性社会影响。规范性压力使得人们很难拒绝，只好继续。正如我们所看到的，如果有人真的希望我们做某事，要拒绝似乎是很困难的事，特别是当这个人处于权威的位置时。米尔格拉姆研究的参与者也许会认为，假如他们拒绝继续实验，实验者也许会失望、受挫或者生气，所有这些压力使得他们只好继续。这个实验很重要的一点是与阿施的研究不同，它在设计上要求实验者"主动出击"让人们顺从，比如给出一些强硬的命令"你必须继续下去"。当一位权威人士如此坚定时，我们服从了，因为拒绝真的太困难了。在另一个稍加变化的研究中，可以清晰地看到规范性压力的影响。这一次，一共有三名教师，其中两名是实验者的同谋。一位同谋按指示念单词表上的词对，而另一位则负责告诉学生他的答案是否正确。真正的被试负责实施电击，每多犯一个错误就会增加一个级别的电击强度。当到达150伏特时，也就是学生第一次发出强烈的反对声音时，第一位同谋拒绝继续实验，尽管实验者命令他要继续。到210伏特时第二个同谋也拒绝继续实验。当看到同伴拒绝，被试更容易做出不服从的行为。在这个实验中只有10%的被试一直实施电击直到最高强度。这一结果与阿施研究相似：当有实验同谋反对大多数成员的意见而坚持给出正确的答案时，人们的服从水平就会降低。

（2）信息性社会影响。当人们处于一个令人困惑的情景中，无法确定自己该做什么时，他们就会求助他人来弄清状况。当环境模糊不清时，信息性社会影响的威力尤其强大。米尔格拉姆实验的参与者所面临的情景也是令人困惑不解、不熟悉且不安的。当实验者向他们解释实验时一切似乎是明了的，但后来却好像变了样。学生已经痛得大喊大叫了，而实验者却告诉参与者虽然电击很痛，但不会造成永久性伤害。参与者并不想伤害任何人，但是他已经答应参加研究并服从指示。当出现矛盾冲突时，参与者会很自然地用专家——实验者的意见来帮助他们决定怎样做才是对的。

米尔格拉姆另一版本的实验也证明信息性影响的作用。这一版本的实验与最初的实验相比有三个不同之处：第一，实验者没有规定应该使用哪级别的电击强度，把决定权交给了真正的参与者；第二，在研究开始之前，实验者接到了一个电话，必须离开实验室；第三，有一位实验同谋也充当老师的角色，他负责记录学生反应的速度，当实验者离开后，这位实验同谋提议他想到一个很好的方法，学生每犯一次错误就提高一个级别的电击强度，坚持让真正的参与者遵照这种程序。在这个情景中，发出命令的人的专业水准发生了变化。他只是个普通人，并不比参与者懂得更多。因为他缺乏专业知识，人们就不太可能以他作为应该如何行动的信息来源了。在这一版本的实验中，服从行为大大减少了，实施最大电击的百分比从 62.5% 下降到 20%。

（3）对错误规范的遵守。我们无意暗示米尔格拉姆研究中的参与者都是无头脑的，或者根本没有意识到自己在做什么。实际上他们非常关心学生的处境，问题是他们在矛盾的规范之间纠结，不知道应该服从哪个规范。在实验开始时，服从规范是完全合理的。服从权威，服从合法的权威是没有问题的，实验者自信而且拥有丰富知识，而研究看起来也是对一个有趣的假设的合理验证。所以为什么不与实验者合作、不按他说的做呢？但渐渐地，游戏规则开始变化，而这种服从权威的规范不合适了。那个之前看起来合乎情理的实验者，现在却让人们对其他参与者施加极大的痛苦。一旦人们开始服从某一规则，要在中途改变似乎是困难的。人们必须意识到这一规范已经不再合理了，而另一规范"不对其他人施加不必要的痛苦"是应该遵守的。假设实验者在一开始就解释说他希望大家向其他参与者施加可能致命的电击，有多少人会同意？我们估计是极少的，因为这很明显已经违反了重要的社会规范。相反，实验者采用了先诱导再转变的策略，首先让服从权威的规范看起来很恰当，然后慢慢地违背这项规范（Collins，Brief，1995）。

在米尔格拉姆的实验中，由于情景中的两个关键因素使得人们很难放弃服从权威的规范。首先，实验进行的速度是相当快的，这使得参与者没有时间好好审视自己正在做什么。他们正忙于记录学生的答案，注意单词表上的下一个词对是什么，还要判断学生的答案是否正确。鉴于他们需要关注如此之多的细节并且进行的速度很快，很难意识到指导自己行为的规范——与权威人士合作已经不再合适。假如实验进行到一半时，研究的参与者被告知可以休息 15 分钟，并可以一个人坐在房间里，我们推测会有更多的参与者通过对情景的重新定义从而成功地拒绝继续实验。

（4）被试的自我辩解。在米尔格拉姆的研究中，参与者最初答应实施第一次电击时已经开始产生继续服从的压力。随着参与者实施了强度逐渐增加的电击，他们必须在心中找到理由为自己的行为辩护。一旦他们为某一特殊的电击强度找到理由，就很难再找到一个可以停止的点。事实上，他们要如何解释："好的，我给了他 200 伏特的电击，但我不会给他 215 伏特的电击，永远都不！"每次成功地实施电击之后，其辩护理由都为下一次电击奠定了基础，此时如果要他们停止就会产生失调的体验。215 伏特与 200 伏特似乎区别并不是很大，而 230 伏特与 215 伏特也没差多少。因此，那些中止实验的人是在内心遭受极大的要求继续的压力的情况下做出决定的。Mika Hartios-Fatouros 指出 20 世纪 60 年代末，希腊的军事独裁政权就是使用这种渐进方式来训练施刑官的。在与曾经担任过施刑官的人的访谈过程中，Mika Haritos-Fatouros 了解到，最初他们只是给政治犯送食物，偶然会殴打几下；接着，当其他施刑官施加酷刑时，他们在旁边看守；之后，他们会参与一些集体性的殴打；最后，他们自己开始实施酷刑。而在这个过程中，指挥官没有给他们任何思考的时间。

3. 现在的人们还会服从吗？

今天，重做米尔格拉姆的实验会得到同样的结果吗？一些人认为，由于媒体的广泛报道，比如阿布格莱布监狱中的狱警滥用职权，或者 2003 年伊拉克战争前对大规模杀伤性武器情报的分析，都使得人们越来越不相信权威，让人们去服从伤害另一个人的指令的可能性也就减小了。Jerry M. Burger 做了与米尔格拉姆相似的实验（Burger, 2009; Burger, Girgis, Manning, 2011），在实验过程中 Burger 发现了一个关键时刻，即不服从最有可能发生的时刻是被试实施了 150 伏特电击而学生抗议之时。他发现没有在这个时间点停止的被试，在随后的实验中 80%的人都不会停止。Burger 认为将人们置于不服从实验者与实施 300～400 伏特电击二者的压力下，人们表现出的服从行为本身在伦理上就值得怀疑。但如果这个过程不那么有压力——比如最高电压只有 150 伏特，到那个电击点前学生都没有提出抗议，参与者就会推测由电击引起的痛苦并没有那么糟糕。

为克服米尔格拉姆研究中的伦理问题，Burger 采取了不少措施来保护被试的权益。首先，在电话中询问有兴趣的参与者是否有过精神疾病的诊断，现在是否在接受精神治疗或者服用治疗焦虑/抑郁的药物，或者是否有过严重创伤。对上述任何一个问题回答"是"的人都不允许参加 Burger 的实验。其次，通过最初筛选的被试被告知他们会收到 50 美元作为两段 45 分钟测验的报酬。在第一个时间段，参与者会填写一系列心理测验量表，如贝克抑郁量表，接着会和临床心理学家进行面谈。如果临床心理学家在参与者的问卷回答或面谈中发觉了任何他们不适于研究的迹象，那么被试就会拿到 50 美元并退出第二个时间段的实验。那些通过两个阶段筛选的人，将会复制米尔格拉姆实验中的声音反馈实验。结果同米尔格拉姆看到的一样，在听到学生的抗议后仍有 70%的参与者愿意实施下一等级的电击（165 伏特）。男性和女性有相同的可能性在 150 伏特的关键水平后继续实施电击,而且被试是否服从实验者与他们在测试共情或对生活中事件的控制欲的人格量表上的得分无关。也就是说现在人们对服从压力的反应似乎和 50 年前一样。

推荐读物

1. CIALDINI R B, 1993. Influence: science and practice. 3rd ed. New York, NY: Harper Collins. 作者对有关社会影响的研究做了深入的分析,主要结合日常生活讲述社会影响对人们的作用,是一本值得参考的书。

2. DIENER E, 1980. Deindividuation: the absence of self-awareness and self-regulation in group members. // Psychology of Group Influence. Hillsdale, NJ: Lawrence Erlbaum: 209-242. 作者在这本书中对去个体化行为的产生和原因做了深入的分析,是其有关这一领域研究的总结。

3. HOMANS G C, 1958. Social behavior as exchange. American journal of sociology, 63: 597-606.

4. HOMANS G C, 1961. Social behavior: its elementary forms. New York, NY: Harcout, Brace & World.

霍曼斯是社会交换理论的最初倡导者之一,上述这篇文章和这本书是对其理论的完整陈述,有兴趣的话可以好好地研读一下。

5. MARKUS H R, KITAYAMA S, 1991. Culture and the self: implications for cognition, emotion, and motivation. Psychological review, 98: 224-253.

6. MARKUS H R, KITAYAMA S, 1994. A collective fear of the collective: implications for selves theories of selves. Personality and social psychology bulletin, 20: 568-579.

以上两篇文章探讨了文化环境对人的自我的影响,是文化心理学研究的重要突破之一。看看这些文章,你将会对东西方文化和东西方人有更深入的了解。

7. MILGRAM S, 1974. Obedience to authority: an experimental view. New York, NY: Harper & Row. 本书是米尔格拉姆的代表作,是他关于服从研究的最经典的著作。

8. MILGRAM S, 1992. The individual in a social world: essays and experiments. Readings, MA: Addison Wesley.

上面两本书是米尔格拉姆有关服从研究的经典著作。实际上,米尔格拉姆对人类服从倾向的研究的现实意义比我们所能想象到的还要大。早在 1970 年,米尔格拉姆就在《科学》(*Science*)杂志上发表了有关人类城市生活经验的文章,分析人类生活的特征与实质。

9. ARONSON E, WILSON T D, AKERT R M, SOMMERS S R, 2015. Social

Psychology. 9th ed. Boston, MA: Pearson/Allyn and Bacon. 这是一本很好的社会心理学专著，我们讨论的很多内容，比如从众，在这本书中有很好的总结。

思考题
1. 试述社会交换理论的基础及思路。
2. 什么是社会影响？文化如何影响中国人的心理与行为？
3. 社会影响理论是怎样解释来自他人的影响的？
4. 什么是社会促进？为什么会有社会促进现象发生？
5. 联系我国实际，谈谈怎样才能有效地克服社会懈怠。
6. 什么是从众？谢里夫和阿施是怎样研究人类从众行为的？
7. 试述影响从众行为的因素。
8. 增加顺从行为的技巧有哪些？
9. 什么是服从？影响它的因素有哪些？

9

团体与领导

团体生活是人类最基本的生活方式，生活在团体之中，人类的心理与行为必然要打上团体的烙印。以东西方差异为例，两种团体截然不同的生活方式，决定了团体成员之间的种种不同。因此了解团体生活的特征及其对个体的影响，对人类具有重要的理论与现实意义。本章将在介绍团体一般特性的基础上，探讨团体领导者以及团体内部的沟通和团体决策。

§1 团体概述

McGrath（1984）根据群体内人们结合的紧密程度把社会群体分为以下 6 种：一是统计集合，即根据研究目的对人群进行划分，如 65 岁以上的老人、家庭主妇、大学生等。统计集合内的成员具备共同的特性，他们可能彼此不认识，也没有互动。二是观众群，如观看《欢乐总动员》节目的观众，彼此不认识、无互动，仅仅因为他们参与了同样的活动。三是群众，物理距离很接近，并且对同一情境进行反应的群体称为群众。比如，在街头围观他人打架的一群人，演出结束后等在门口找歌星签名的人都属于群众。四是组或队，即为某个特定目标而聚集且彼此有互动的一群人。如工作团体、足球队、高尔夫球俱乐部等。五是家庭，因血缘、婚姻以及收养关系等而形成并且居住在一起的群体。六是正式组织，以清楚而有结构的方式在一起工作，以完成任务为目标的一群人，如工厂、学校等。本章所讲的团体主要是后三种，即组或队、家庭和正式组织。

一、团体

1. 团体定义

心理学中的团体是指由相互依赖、相互影响的人组成的集合，团体成员间通常有面对面的接触或互动的可能性（Cartwright，Zander，1968）。据此标准，统计集合就不是一个团体，如所有球迷，因为他们彼此不认识、没有面对面的接触，且彼此没有影响；而北京国安足球俱乐部的球员则是一个团体，因为他们彼此互动且相互影响。

社会中的团体很多，这些团体在规模、价值观、目标和存在时间上各不相同。规模是团体最重要的维度之一，其中配偶是最小团体，心理学主要研究3~20个人的小团体。从存在时间上看，家庭等团体可以延续数代，而陪审团的成员则可能因某一案件而成立数天，一旦结案则自行解散。不同团体的价值观也不一样，宗教团体与学生团体有各自的价值取向。

2. 团体的心理功能

团体对个人心理方面的作用体现在以下几个方面。

（1）归属感。成员具有的一种自己属于团体的感觉，比如落叶归根就是个人归属感的体现。人们正是因为具有团体归属感才会产生一系列独特的情感，比如民族情感、国家情感，甚至包括家庭情感。一个人不论在什么时候、什么地方都会寻找归属。

（2）认同感。指团体成员对一些重大事件与原则问题的认识与团体的要求一致，个体往往把团体作为自己社会认同的对象。尤其是当情境不明确的时候，团体的认同感对个体的心理与行为的影响更大。比如大学生对恋爱问题的观点往往受同伴团体的影响，同伴团体对恋爱的态度是自己认同的对象。

（3）社会支持。当个体的思想、行为符合团体的要求时，团体往往会加以赞许与鼓励，从而强化这种思想与行为。团体的社会支持是个体心理得以健康发展的重要条件，当一个运动员在奥运会上获得金牌，为祖国、为民族争得荣誉的时候，他们常常把亿万中国人的社会支持放在首位。团体所提供的社会支持对任何一个人来说都是必不可少的。

专栏 9-1　人们为什么要加入团体？

人类的许多活动实际上完全可以独自完成，但这并不意味着团体不重要。实际上团体成员资格对我们的社会生活是极为重要的，正如心理学家 Shaw（1981）所言，这种资格给我们的生活增添了许多重要的特色。我们为什么要加入团体？有两个原因起着主要作用。

一是团体活动可以促进合作等公民道德行为。研究发现，集体决策和成员共同活动可以增强成员的组织归属感与认同感，从而促进团体内成员做出更多利他、合作等亲社会行为表现。Tan（2021）的一项行为实验研究就证明了共同决策的过程比决策的结果更能促进团体的凝聚力和团体成员间的社会偏好。首先，研究人员要求所有人共同完成一项"开盒子"任务。其中部分被试被随机分入"共同决策"组,要求他们通过集体讨论的方式来决定打开10个盒子中的5个;而剩下的5个盒子则自动归入"非共同决策"组。随后,各小组成员共同参与了"独裁者"和"互惠"两个游戏,并被要求在组内对游戏奖励进行自主分配。结果发现经过共同决策过程的小组成员更愿意将更多的好处分给团体中的其他人,即使在明知他人犯错的情况下依然如此。可见,团体活动对个人及其团体中所有人均有积极的影响。

二是团体活动可以帮助人们提高生活质量和幸福感。近年来,许多研究探讨了集体生活和人类幸福感之间的关系。昆士兰大学的一项持续一年的纵向研究发现,与控制组相比,来自合唱团和艺术小组的团体成员的健康水平有显著的改善,并且其自我报告的组织认同感越高,成员的健康状况也越好(Williams et al., 2019)。另外,一项针对我国农民的微观调查结果也表明,政治参与感和来自乡村的社会支持对农民个体的生活幸福感的影响非常重要(Tang et al., 2020)。

二、团体规范

1. 什么是团体规范?

为了保证团体目标的实现,团体本身必须有制约其成员思想、信念与行为的准则,这种要求团体成员必须严格遵守的准则就是团体规范。正是由于团体规范的存在,团体才表现出了某种程度的一致性。但是,团体规范并不对成员的一言一行加以约束,它只是规定了一个可接受的和不可接受的范围。

团体规范可以根据不同的标准划分为许多种,但心理学家常常从规范的正式程度把它分为两种:正式规范和非正式规范。正式规范往往是有正式的文件,并由上级或团体的其他成员监督执行的规范,比如学校的各种规章制度、纪律等。正式规范只存在于正式团体中。非正式规范是成员约定俗成的、无明文规定的行为标准,如风俗、习惯等。非正式规范不仅存在于非正式团体中,也存在于正式团体中。

2. 团体规范的作用

团体规范对团体是一种重要的约束,它的作用表现在以下几个方面。

(1)保持团体的一致性。团体最重要的特色就是成员在某些方面具有一致性,而只有团体规范的存在才能使这种一致性落到实处。团体规范一方面从外部制约着成员的思想、信念与行为方式,另一方面又从内部为成员提供了彼此认同的依据,即从内、外两个方面促使成员与团体保持一致。团体规范会对成员产生约束力,使团体成员与团体保持一致,否则个体就会感到焦虑,这使得个体在观点和行为上尽量同团体中的大多数人保持一致。团体规范的这种约束力往往相当强大,我们在前面提到的从众行为和以下将要阐述的团体决策都与团体规范的约束力密切相关。

（2）为成员提供认知标准与行为准则。即使对同一件事情，不同的人的看法也不同。在这种情况下，团体规范往往能为成员提供衡量自己与他人言行的统一标准，这一标准成为成员认识事物、判断是非的共同心理参照系。

（3）规范的惰性作用。团体规范有时候也会制约成员的努力水平，它要求成员不能表现得太好或太差，而是保持在一个适中的水平上。比如在霍桑实验中，梅奥（George E. Mayo）等人发现，在一个生产小组中，规范使得人们的工作不能太好，但也不能太差，而是保持在一个适中的水平上。一旦有人违反了规范的要求，比如生产率比别人高出很多，其他成员就会用一些方法阻挠这个人的努力。规范对人的行为有重要的制约作用，但并不意味着规范必须很严格。谢里夫等人的研究也发现，较为松散的规范对个体的影响不大，但这种规范能长期存在下去；而严厉的规范对个体行为的影响很大，但这种规范很容易被他人修改。

专栏 9-2　宽松与严格：哪种企业文化更好？

在过去的几十年里，人们发现我们的工作环境变得更加放松了。在20世纪，很多公司的等级制度很僵化，规则也很严格。如今越来越多的创业公司的出现为我们带来了更加宽松的企业管理方式。那么到底哪种管理方式对企业更有效呢？

宽松的企业文化使员工有更多的自主权和自由度，因而也更容易在工作中发挥出最好水平。在这样的组织中，个体感觉自己受到了更多的尊重，工作时也能感到更加愉快和幸福。宽松管理的公司往往被认为拥有更好的创新能力，由于员工不被要求必须严格按照领导的指示行事，而是可以选择以自己独特的方式来处理很多工作中的问题，因此新奇的想法或者独创性的方式更有可能被提出来并被组织所接纳，推动组织的创新型改革和更高效地解决问题，以及面对外界突如其来的变化采取更加灵活的应对措施。然而这种管理方式也有缺点，那就是当涉及工作时间和资源分配时往往存在巨大的浪费，因为并没有一个明确的规范或者工作流程需要大家共同遵守。很多员工会因此把注意力放在一些无关紧要的任务上，或者由于讨论决策的时间过长而耽误了进度。另一个缺点是在人员选拔上，由于没有明确的任务分工和严格的岗位职责，当一个员工提出离职时，公司不知道该如何找到可以替代的人员。由于职责存在交叉，大家的角色出现了膨胀，因此当需要有人对项目的结果负责时，往往很难找到真正的问责对象。不管是管理者和员工都会尽量避免为意外出现的问题负责，这让企业管理者很难约束或者惩罚那些犯错误的人。

在管理规范严格的企业中,每个人都有明确的岗位职责与角色定位,知道自己是为谁工作以及该为谁负责。由于有严格的层级划分和明确的规章制度,因此各岗位的工作时间和资源也能被最大化地利用,并减少了浪费。虽然每个人的行为被严格地约束和有严密的组织规范需要遵守,但个体对组织也能形成一种责任感。出现问题时能很快知道谁该为此负责,并做出相应的惩戒措施,减少因找不到责任人而发生错误的概率。此外,越来越先进的技术和管理软件的出现,也让严格的组织规范的实施成为可能。管理人员可以用 GPS 轻松跟踪员工的活动,避免问题的反复出现和提高员工的工作效率,确保产出最大化。然而,这种管理方式也有很大的缺陷,那就是员工缺少工作的动力或者对严格的规章制度感到厌倦,大大降低了员工的工作效率和为组织做贡献的意愿。尤其是当组织需要变革,面临新的问题和挑战时,严格的组织规范往往会限制人们的创造力和变革能力,大家只能拘泥于现有的条条框框而不知道如何做出新的改变。由于大家习惯了依照组织的规章制度行事和运用已有的陈旧的知识和技能,对新的知识和技能往往熟视无睹或者不思进取,因而过于严格的组织管理规范常常容易导致组织人员冗余、公司管理僵化、人员思维固化,不能应对层出不穷的新问题而最终难以为继。

三、团体凝聚力

1. 定义及影响因素

团体凝聚力(group cohesiveness)是指能使团体团结一致的力量,它往往用团体对成员的吸引力和成员彼此之间的吸引力来衡量。费斯汀格指出,凝聚力不只包括由成员之间人际吸引所决定的正性力量,还包括由离开团体而付出高代价所决定的负性力量。凝聚力是团体生活最重要的方面之一,许多因素对团体的凝聚力有影响。

(1)需要的满足。一个团体越能满足成员的需要,对成员的吸引力越大,其凝聚力也就越大。比如华为公司的员工凝聚力高,是因为他们的管理者意识到了团队精神对企业发展的重要性,总是通过各种方式满足员工的各种需要,员工体验到了与企业共同成长的乐趣。

(2)团体目标。当成员的个人目标与团体目标一致时,团体的凝聚力高(Lott,1965)。相反如果个人的目标和团体的目标差距很大,比如让反战的人参军打仗,这样的人越多,这支军队的凝聚力就越低。考虑到这一点,提高中华民族的凝聚力,我们应该把个人的发展和国家的富强这两个目标结合起来,并把它转化为可以实现的个人目标,而不是只喊口号。

(3) 团体活动和领导者。团体的凝聚力与成员参加什么样的活动有着紧密的关系,团体活动对成员越有吸引力,团体的凝聚力也就越高(Hackman,1976)。领导者也会影响凝聚力,Cartwright(1968)发现在决策中允许成员参与的民主型领导能带来较高的团体凝聚力。

(4) 团体多样性。尽管人们喜欢与自己相似或背景相同的人一起工作和生活,然而最新的研究表明多样性的团体虽然可能在一定程度上牺牲团体的凝聚力,却可能由于多元文化让团体变得更有活力,更容易取得高效结果,从而增加团体的凝聚力。

工业与组织心理学家经常研究各种各样的组织激励的方法,其中很重要的因素是工人是否应该参与决策?早在20世纪初期,梅奥的霍桑实验就证明了关注、参与等人际关系因素在提高生产效率方面起着重要的作用。但在心理学界人们对这个问题的争论却一直没有停止过。为了解决这个问题,Vroom和Yetton(1973)从领导与下级在决策中的影响力出发,把决策分为五类:一是领导独自解决问题,与下级没有任何的商量;二是下级向领导提供用于决策的材料,由领导自己做出决策;三是领导向下级询问决策的信息与方法,然后自己决定;四是领导与下级一起处理问题,但由领导决策;五是由团体中的所有成员共同做出团体决策。结果发现参与决策在提高士气上是有效的,而在提高生产效率方面未必全都有效。Latham和Locke(1979)对此加以总结,如表9-1所示。

表9-1 参与决策的效果

	生产效率	工作满意感
正性影响	22%	60%
负性影响	22%	9%
无影响	56%	31%

可见,参与决策对工作满意感的影响大于其对生产效率的影响。随着社会的发展与工业自动化程度的提高,我们不应该把工作仅仅看成是一种生存手段;如何让工作给人们带来更多的快乐,让工作满足人们更多的需要,已成了一个不容忽视的问题,而参与决策在某种程度上对此有促进作用。

2. 凝聚力的作用

团体凝聚力的作用体现在以下几个方面。首先,凝聚力对团体稳定性有影响。团体凝聚力越强,对成员的吸引力越大,成员越不愿离开该团体,团体也就越稳定。其次,凝聚力强的团体对其成员的影响力也大,就像我们在前面讲到从众行为时说的那样,高凝聚力导致人们对团体更高的从众和对成员不当行为的高容忍度(Akkerman et al., 2020)。再次,凝聚力影响人们的自尊。凝聚力高的团体成员有更高的自尊心,同时表现出更低的焦虑（Smirnova et al.，2022）。Julian，Bishop 和 Fiedler（1966）认为高凝聚力的团体能导致相互信任，而这种信任使得成员感到安全，进一步令自尊心提高。最后，凝聚力影响团体的产出。由参与决策引起的工作满意感的增加必然会导致凝聚力的提高，最终会影响实际工作效率。这里需要注意，在凝聚力高的团体中，只有团体规范倡导高效时生产效率才会提高；如果团体规范不鼓励高效，则凝聚力越高，生产效率反而越低（Zander，1977）。

3. 凝聚力的测量

对用什么方法测量团体凝聚力这一问题，心理学家到目前为止还没有达成共识。有研究者让成员用 7 点量表评价他们对团体的喜欢程度，以此衡量团体凝聚力。Gross 和 Martin（1952）的凝聚力量表是根据费斯汀格对凝聚力的定义编制的，此量表有着稳定的单维结构。另一些研究者则要求成员评价除自己之外的每一个成员，并用所有评价的平均分作为凝聚力指标。这两种方法有时会有一定程度的相关，有时却未必（Eisman，1959）。比如在一个团体中，团体目标对成员来说极为重要，但同时团体内有某成员自己非常讨厌的人。Hornsey 等人（2012）尝试用一道图画题来测量凝聚力，让成员从 6 幅图中选择一幅来形容自己对团体凝聚力的感受（图 9-1），研究证明这种方法非常有效。

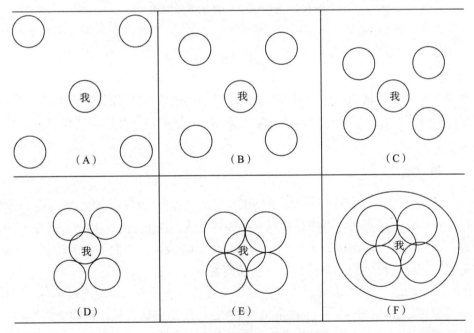

图 9-1　团体凝聚力的图片测量

测量团体凝聚力的方法最早是由 Moreno（1953）提出来的，即社会测量法。这种方法首先让某团体成员指出愿意一起完成某项任务的其他人的姓名,这些人当中有些人是该团体的成员,而有些人不是。凝聚力的指标是选择的他人中团体成员所占的比例,如果一个团体中大部分成员选择了外人,则该团体的凝聚力低。在处理结果的时候,Moreno 使用了一种被称为社会指向图的方法,该方法以图示的形式展现了团体成员之间的相互选择。图 9-2 就显示了 A、B、C、D、E 五人团体的社会选择,他们每个人只能选择两个人,箭头的指向为选择的方向,双箭头指互相选择。Q 和 R 是五人团体外的另外两个人。团体凝聚力用五个人的内部选择在总选择中所占的比例来表示。

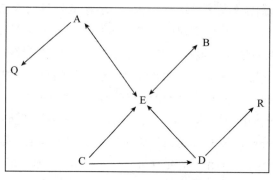

图 9-2　一个五人团体的选择模式

§2　团体领导

领导在一个团体或组织中的重要性是由其在组织中的特殊地位与贡献决定的,正如毛泽东、邓小平等老一辈无产阶级革命家所论述的,好的领导是组织建设取得成功的重要保证。

一、领导定义

对于什么是领导,不同心理学家的认识有很大的差异。有些人认为领导是一种影响力,而另外一些人则把领导看成是执行某些职能的人。Hollander(1985)整合了以上两种观点,认为领导是对团体行为与信念施加较大影响的人,他们引发活动、下达命令、分配奖惩、解决成员之间的争论、促使团体向着目标迈进。

Bales(1970)从社会影响的角度把领导分成任务型领导(task leadership)和社会情绪型领导(socioemotional leadership)。前者关心的是团体目标,他们常常指导下级,通过指导下级达到工作目标来体现自己的价值和风格,这种领导一般比较独裁,喜欢自己做决定。后者关心团体的内部情绪与人际关系,他们对成员友好、富有同情心,处理矛盾时的协调能力很高,表现出更多的民主倾向。从效果上看,这两种类型的领导各有优势，但要从效能上对二者加以区分是一件困难的事情。Zaccaro，Foti 和 Kenny（1991）认为灵活采用这两种领导方式从效果上来看是最好的，如果一个领导知道自己在什么时候应把精力放在完成任务上，什么时候放在人际、情绪方面，那他将是一个成功的领导。

二、领导理论

1. 特质理论

历史学家卡莱尔（Thomas Carlyle）曾经说过："世界的历史就是伟人的历史。"受这种观点的影响，早期心理学家在看待领导问题的时候从特质论入手，把研究重点放在了人格特质与能否成为领导的关系上。传统的特质理论认为，领导者具有某些固有特质，这些特质是与生俱来的，只有先天具备这些特质的人才能成为领导。

从 20 世纪 30 年代开始，心理学家对特质论进行了大量研究，但却没有找到能将领导者和非领导者区分开来的特质因素，或者将成功领导和失败领导区分开来的特质因素。这表明试图找到一组独特特质来鉴别成功领导者的努力是失败的。但还有研究表明，有一些特质，如智慧、支配性、自信、精力充沛、富有专业知识等是与成功领导者相关的。这说明具备某些特质确实能提高领导者成功的可能性，但并不存在一种特质能保证领导者成功。尽管如此，特质理论依然是心理学家特别喜欢的理论，与其他理论相比，特质是比较容易描述的。有代表性的特质理论有：

（1）吉布（Cecil A. Gibb）的特质理论。吉布认为要想成为卓越的领导者，就必须具备以下特质：身强力壮，聪明但不能过分聪明，外向，有支配欲，有良好的调适能力，自信。

（2）斯托格迪尔（Ralph M. Stogdill）的特质理论。斯托格迪尔进一步扩大了特质的范围，认为领导者应该具有下列特质：对所完成的工作有责任感，在追求目标的过程中热情并能持之以恒，解决问题时勇于冒险并有创新精神，勇于实践，能很好地处理人际紧张并忍受挫折等。

（3）交易型和变革型领导理论。伯恩斯（James MacGregor Burns）把领导分为交易型领导（transactional leadership）和变革型领导（transformational leadership）。前者依据的是一个人在组织中的与地位相关的权威和合法性，这种领导强调任务的明晰度、工作的标准和产出，关注任务的完成以及员工是否顺从，依靠组织的奖励和惩罚等手段来影响员工的绩效。变革型领导则通过更高的理想和组织价值观来激励其追随者，这种领导能够为组织制定明确的愿景，他们更多地通过自己的领导风格来影响员工的动机和团队绩效。伯恩斯指出变革型领导会使组织在面对革新和变化时达到超额的绩效。变革型领导可以通过选拔、晋升、培训和发展培养出来，他们将会使组织有效地运转并且健康地成长。可惜的是，变革型领导只能解释小部分领导者的行为特征，而这些人也只有在社会发生变革或危机的时候才能出现（Bass，1985），在社会稳定的时候未必如此。

（4）魅力型领导。豪斯（Robert J. House）基于伯恩斯的变革型领导，提出了魅力型领导（charismatic leadership）理论。豪斯认为这种领导能依靠自身的影响力改变下属的行为，比如为印度独立做出努力的甘地、美国总统罗斯福、南非的曼德拉，以及毛泽东和邓小平等人，他们在很大程度上改变着其所处时代的人的行为。Bass 与 Avolio（1993）、Hater 与 Bass（1988）用调查和访谈的方法，区分了魅力型领导的四个特征：①有魅力（charisma），指那些被下属信任、看作楷模加以认同并模仿的特征。比如老一辈革命家朱德身上体现出的民族责任感就是一种魅力。②激发动机（inspirational motivation），利用手段激发下属热情和对预期目标的理解。③智力激发（intellectual stimulation），鼓励下属重新检查自己的信念和价值观，并构想发展自身的创造性方法。④个人化的对待（individualized consideration），能注意到他人的不同需求，用不同的方式公平地对待下属，给下属提供学习机会，对每个下属采取不同的方法。

（5）伦理型领导（ethical leadership）。这是从伦理道德角度提出的一种新型领导类型（De Vries，2012），布朗（Michael E. Brown）从班杜拉的社会学习理论视角出发，将伦理型领导定义为领导者通过个人符合社会道德规范的行为或人际沟通方式,将类似行为传递给下属或追随者，从而实现与团队成员的双向交流、知识共享、决策和组织绩效等多重目标（Bavik et al.，2018）。这一理论主要强调领导所具备的诸如诚实、公正、关爱、可信赖的等个人品质，以及在此基础上做出的各种符合道德规范的行为准则（Brown et al.，2005）。

2. 胜任特征理论

随着时代的发展，心理学家意识到要想做好工作，领导身上就必须具备某些胜任特征，这些特征能帮助他顺利完成任务。哈佛大学著名心理学家麦克莱兰通过自己几十年的研究，提出作为一个优秀的领导者，应该具备的能力包括：①成就和行为，领导者应该有较高的成就动机和抱负，对环境的变化有较强的自我监控能力，能够创新并且不断地寻求新的信息和机会。②服务意识，能够满足他人的需要，使自己适应他人的兴趣与要求，包括有较强的人际理解力，有为他人服务的意识，有较强的组织意识，能够与他人建立亲密而牢固的关系，并且对他人有较大的影响力。③管理才能，能够为他人创造条件，使他人有成长的机会，包括团队式领导、与团队合作、为他人提供指导等。④认知能力，包括分析智力、抽象的思维方式和知识深度等。⑤个人效能，包括自我控制、自信和工作中的灵活性，以及具有较高的组织承诺。

除此之外，领导者还需要具备职业献身精神、有远见、有准确的自我评价、有较高的社会亲和力、注意细节、有较强的沟通能力等胜任特征。在此基础上，研究者进一步把领导者的胜任特征简化为三个：①预测变化，有远见、有想象力、敢于冒险、有创新精神、坚韧不拔；②寻求支持，组织意识强、鼓励参与、有团队精神、与他人同甘共苦；③驱力水平，为自己定的目标高、有活力且能承受压力和挫折。

随着人们对领导才能的不断发掘，更多的研究者意识到，简单地谈论这些特质没有太大的意义。心理学家意识到从不同的层次理解能力差异更为重要。以麦克莱兰、斯潘塞（Lyle M. Spenser）、温特等人为代表的心理学家把个体与能力有关的特征分为核心特质、自我特质和表面特质。其中，核心特质包括个体的动机和一些人格特质，是最难发展的特质；自我特质包括一个人的态度和价值观，它的发展也比较难；而表面特质是最易发展的能力，它包括一个人所具有的知识和技能。

我国学者也开展了对不同领域领导胜任特征的研究，如王重鸣、时堪、李超平、孙健敏等人都提出过关于领导胜任特征的理论。其中我国党政领导的胜任特征分为：①协调关系，包括利他周到、民主宽容、积极表现和信任合作；②工作能力，包括勇于担当、工作热情、有计划、会统筹、善于控制、坚韧沉着等；③知识背景，包括熟练好学、进取心强、善于钻研和更新知识。也就是说学习能力强；④工作风格，包括办事周详、张弛有度、反应敏捷；⑤自我约束，包括公正自律、有信仰以及善于处理人际关系；⑥工作策略，包括积极开拓、宣传、组织实施、以人为本等；⑦领导能力，包括决策能力和驾驭能力。这些胜任特征可以进一步归结为三个，分别是解决问题的能力、人际能力和好学自律（图9-3）。

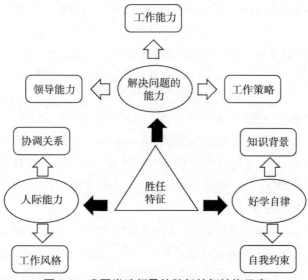

图 9-3　我国党政领导的胜任特征结构示意

3. 领导与下属交换理论

尽管对领导的研究已有很长的历史，但人们却一直忽略了一个问题，即下属在领导者影响力建立方面的作用。Hollander（1993）认为领导和下属的关系也符合社会交换原理，Hollander（1961）最早用个人特异学分（idiosyncrasy credits）对这种交换加以解释。特异学分是指领导通过帮助团体达到目标和遵从团体规范而获得的人际影响力，领导对团体的帮助越大，对团体规范遵从越多，他的特异学分就积累得越多，影响力也越大。Lombardo 等人（1988）发现有能力以及遵从规范的领导，在赢得了下属的信任之后，即使他们身上出现反从众行为，团体对其容忍程度也较大。

Graen 及其同事（1982）发展了 Hollander 的理论，提出了领导-成员交换理论（leader-member exchange，LMX）。按照这一理论，领导者对待同一团体内部的不同下属时，往往根据其与自己关系的亲疏程度，采取不同的态度和行为。据此，领导-成员交换理论认为，团体领导者与下属在确立关系的早期，就把下属分成圈内人和圈外人。领导者与圈内人打交道时更容易一些，而下属也能感觉到领导对他们更负责。领导倾向于对圈内人投入更多的时间和感情，很少使用正式的领导权威。作为下属，圈内人比圈外人在工作中承担更大的责任，对所在部门贡献更多，绩效评估也更高。Graen 把 LMX 的进程分为 4 个阶段：一是区分领导与下属的探索阶段，二是对 LMX 关系中的特征及其组织含义的调查，三是对领导与下属二元合作关系建构的描述，四是在团体水平上区分二元关系（包括组织内部的网络，以及与客户、供货商、股东等外部的关系）。

领导-成员交换理论认为，上下级的交换过程是一个互惠的过程。从社会认知角度来说，领导为了达到绩效目标，应该着手改变下属的自我概念。同时作为互惠的另一部分，下属通过自己的反应也在改变领导的自我图式。也就是说领导向下属提供好处，下属通过使自己变得更乐于接受领导的影响力来回应之。Gerstner 等人（1997）关于 LMX 的元分析研究进一步证实了领导-成员交换理论在绩效、满意感和关系质量等方面的有效性。

4. 权变领导模型

Fred E. Fiedler 提出的权变领导模型（contingency model of leadership）认为，领导效果取决于领导者个人因素与情境因素之间的相互作用，领导者的人格特质与环境的匹配程度决定着绩效。权变领导模型由四个部分构成，其中一个与领导风格有关，其他三个与情境特征有关。

从领导风格上讲，Fiedler 把领导分为任务取向的领导（task oriented leaders）和关系取向的领导（relationship oriented leaders）。一个甲级足球俱乐部的外籍教练可能是任务取向的领导，因为取胜对他来说是最重要的事情；而一支社区少年足球俱乐部的教练则可能是关系取向的领导，因为关心小队员的情绪感受与人际关系对他来说更重要。在测量这两种领导风格的时候，Fiedler 发展了名为"最不愿共事者量表"（least preferred coworker scale）的工具，让领导评价团体中自己最不愿共事的人的特征。那些对他人做消极评价的领导倾向于追求工作成就，是任务取向的领导；而那些对他人做积极评价的领导较为关心团体内部的人际关系，是关系取向的领导。

Fiedler指出，不论是任务取向的领导还是关系取向的领导，他们的领导效果往往取决于情境允许他们对成员施加影响的水平，称为领导对情境的控制程度，这种控制与三种情境因素有关。一是领导与团体的关系，即关系越好影响力越大；二是任务结构，指团体目标与任务的清楚程度，变化的范围很大，从模糊到清楚；三是领导的职位权力，指由自身职位提供的权力，可以从强到弱。

Fiedler整合了领导风格以及领导对情境的控制两个方面之后，指出没有一种领导风格在任何条件下总是有效，也没有一种领导风格总是无效，它们之间的关系可用图9-4表示，关系取向的领导在中等控制条件下效果好，而任务取向的领导在控制程度低或高的时候绩效最好。在控制程度低的情况下，成员需要更多的指导，而任务型的领导正好能提供指导，所以他们的绩效高；相反，关系取向的领导通常比较民主，不常提供这样的指导，所以绩效较差。当控制程度高时，任务取向的领导会再次因为自己的指导使生产效率达到高的水平；而关系取向的领导对关系的过分关注却会降低组织的效能，Fiedler的模型已被很多研究证实（Peters，Hartke，Pohlmann，1985；Strube，Garcia，1981）。

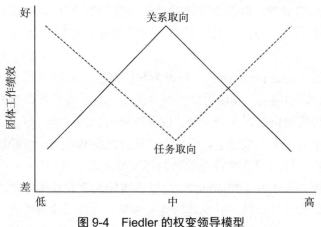

图9-4　Fiedler的权变领导模型

5. 路径-目标理论

路径-目标理论由豪斯提出，按照这一理论，领导者的主要任务是帮助下属达到他们的目标，并提供必要的支持和指导，以确保下属的目标与群体或组织的目标相适应。该理论认为领导者的行为如果想被下属接受，就必须能够为员工提供满足感。这种满足感既有关于现实的，也有关于未来的。路径-目标理论认为，领导的激励作用在于：一方面使绩效的实现与员工需要的满足相结合,另一方面为工作绩效的提高提供必须的指导和支持。为此,豪斯把领导分为四种类型:①指导型领导,让员工明确领导对他的期望、成功绩效的标准和工作程序;②支持型领导,努力建立舒适的工作环境、亲切友善、关心下属的需求;③参与型领导,主动征求并采纳下属的意见;④成就取向型领导,设定挑战性目标、鼓励下属达到自己的最佳水平。

豪斯认为领导者能根据不同的情况表现出上述不同的领导行为。路径-目标理论认为有两个权变因素在领导行为与领导结果之间起着中介作用。一是下属控制范围之外的环境因素,如工作结构、正式的权力系统、工作团队等。二是下属的个人特征,如经验、能力、内外控等因素。不同的领导行为适合不同的环境因素和个人特征。当下属的工作是结构化的,支持型领导可以带来高的绩效和满意度;而对于能力强或经验丰富的下属,指导型领导可能被认为是多余的;相信自己能够控制命运的内控型下属对参与型领导更满意,而外控型下属对指导型领导更满意。

6. 三重需要理论

麦克莱兰提出了著名的三重需要理论,认为个体在工作情境中有三种重要的需要。

(1) 成就需要 (need for achievement),指争取成功、希望做到最好的需要。高成就需要者常常寻求能够发挥其独立处理问题能力的工作环境;希望得到有关工作绩效的及时且明确的反馈信息,从而了解自己是否有进步;喜欢设立具有适度挑战性的目标,不喜欢凭运气获得的成功,也不喜欢接受那些在他们看来特别容易或特别困难的工作任务。这些人事业心强、有进取心、敢冒一定的风险、比较实际,大多是进取的现实主义者。

(2) 权力需要 (need for power),指影响和控制别人的愿望或驱动力。权力需要较高的人喜欢支配、影响他人,喜欢对别人发号施令,看重地位和影响力。他们喜欢具有竞争性和能体现较高地位的场合或情境,也会追求出色的成绩。但他们这样做并不像高成就需要者那样是为了个人成就感,而是为了获得地位和权力,或者是为了与自己已有的权力和地位相称。权力需要是管理成功的基本要素之一。

(3) 亲和需要 (need for affiliation),指寻求被他人喜爱和接纳的一种愿望。高亲和需要者倾向于与他人进行交往,至少是为他人着想,这种交往会给他带来愉悦感。高亲和需要者渴望友谊,喜欢合作而不是竞争的工作环境,渴望沟通与相互理解,他们对环境中的人际关系更敏感。有时,亲和需要也表现为对失去某些亲密关系的恐惧和对人际冲突的回避。亲和需要是保持社会交往和人际关系和谐的重要条件。

麦克莱兰发现,在小企业的经理人和独立负责一个部门的管理者中,高成就需要者往往会取得成功;而在大型企业或其他组织中,高成就需要者并不一定就是一个优秀的管理者,原因是高成就需要者往往只对自己的工作绩效感兴趣,并不关心如何对别人产生积极影响。亲和需要和权力需要与管理成功密切相关,麦克莱兰发现,最优秀的管理者往往是权力需要很高而亲和需要相对较低的人。如果一个大企业的经理的权力需要与责任感和自我控制相结合,那么他很有可能会成功。

三、影响领导效能的其他因素

除了领导风格与情境因素,心理学研究发现许多因素对领导者的领导绩效有影响,其中比较重要的两种因素是性别与文化。

(1)性别与领导。Eagly 和 Johnson(1990)对 150 项探讨性别与领导方式的关系的研究做了元分析,结果发现在组织环境中,女性与男性领导者在任务取向上基本一致,不同之处在于女性比男性领导者更倾向于采用民主和参与的方法。也就是说,女性领导者更可能会邀请下属参与决策过程;而男性领导者喜欢独裁和指导性的方法,是一种任务取向的管理方法。也就是说,女性能较好地把两种领导风格融合在一起(Eagly,Karau,Makhijani,1995)。在解释这种微小差异时,A. H. Eagly 认为女性在社会化过程中人际技能的发展比男性完善,这种优势使得她们容易采用体谅他人的领导方式。

(2)文化与领导。许多跨文化研究者越来越重视由文化引起的领导方式的差异。特里安迪斯发现在集体主义与个人主义文化中,人们心目中理想领导者的特征不一样。在集体主义文化中,关心团体的需要与人际关系最重要,如在伊朗或印度,有教养被看成是最主要的领导特征(Ayman,Chemers,1983;Sinha,1986)。而在美国,独立、以任务为中心和对个人成就的强调,使得美国人更喜欢任务型领导方式。在我国,受传统儒家文化的影响,家长式的领导方式在许多组织中普遍存在,主要表现在领导的权威、仁慈及伦理道德对于个体心理及行为方式的不同影响作用(Liu et al.,2022;Hiller et al.,2019)。

§3 团体内部沟通

沟通是团体与组织功能得以实现的重要保障,也是团体活动中的重要课题。从委员会无休止的讨论,到大学生宿舍夜谈,沟通使我们了解他人,也让他人了解了我们。

一、团体沟通的特性

1. 成员发言的不平等性

所有的团体在沟通中都有一个共同的特征:有些人说的话多,有些人说的话少。心理学家发现,在团体沟通过程中,不论谈论什么话题,不论团体成员之间熟悉与否,在团体讨论的时候,总会出现一两个人主导讨论的场面。Stephan 和 Mishler(1952)对这一现象进行了描述,并用对数函数表达了其中的规律(图 9-5)。

三个人数分别为4、6、8的团体在沟通时的规律是：每个团体中总有一个人发言最多，第二个人的发言次数就少得多，并依次递减。在8人团体中，前两位成员说的话加起来占全部发言的60%，第三个人占14%，其他五个人占26%。当然，团体规模不同，每个人说的话也有变化，但总体上仍然遵循这一规律。

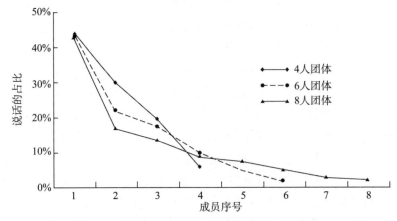

图9-5　不同规模团体内成员说话量的对数函数

2. 领导的主导作用

团体沟通的另一个特点是领导在沟通中的突出作用。团体成员发言情况与其是否是领导有着紧密联系，领导在团体中说话最多。即使是在一个临时组成的团体中，如果一个人被指派为领导者，他也会变成团体中最活跃的人。在未指派领导的团体中，沟通会对谁将成为领导产生影响。为证明这一点，Alex Bavelas邀请了一所大学工业工程系的学生参加实验。学生们尽管在一个系，但彼此并不熟悉。实验包括三个阶段：第一阶段，研究者将被试每四人分为一组，给一个题目让他们讨论10分钟，并且告诉他们会有人在单向玻璃后面观察他们的讨论情况。观察人员记录每个人发言的次数与时间。随后请观察人员填写问卷，评定每名被试的领导能力。实验中，每名被试的面前还有一个用于提供反馈的红绿灯盒子。

第二阶段的实验程序与第一阶段基本相同，不同的是在第二阶段开始前，实验者告诉其中一些被试，将会根据他们的表现给予反馈。红灯亮起表示他们的谈话妨碍了讨论进程，绿灯亮起表示他们的谈话有助于团体讨论。第二阶段的被试是从第一阶段中被评定为最不具领导特征的被试中选出来的。第三阶段的任务是研究在第二阶段所树立的信心是否持久。

结果如表9-2所示，和预期一样，在第二阶段受到强化的被试的发言数量增加，并且这种效果可以持续到取消强化的第三阶段。同时这些最初被评价为不具领导特质的人,在随后的实验中被观察者评为具有领导特质。由此看来简单的说话常成为判断一个人是否可以成为领导者的重要因素。在一个组织或团体中,个体越主动参与就越可能成为领导者。必须注意这里只是以讨论团体为研究对象,在其他团体中这一结果未必适用。实际上,在不同团体中其他行为特质可能更重要。比如在一个足球队中,球技比口语行为重要。尽管如此,我们还是认为口语行为很重要,许多研究证明发言次数是一个人能否成为领导的必要条件。

表 9-2 对口语行为的强化及领导者评定

讨论阶段	口语表现[①]	评定为领导者[②]
第一阶段(无灯光强化)	15.7%	1.77
第二阶段(有灯光强化)	37.0%	3.30
第三阶段(无灯光强化)	26.9%	2.70

① 表示发言占团体总量的百分比。
② 表示4点量表的评价结果(1为最低,4为最高)。

二、团体沟通

1. 沟通的形态

在一个团体与组织内部,人们的沟通方式可能是多种多样的,如果针对这一过程画图的话,一定是一件困难的事情。为了研究方便,心理学家常常对这一过程进行简化,并用特定的模式来表示。比如在研究中,可以成立一个由5个人组成的团体,并且限制这5个人之间的沟通程度。通常采取的方式是把被试安排在不同房间,只允许他们通过对讲机或者写字条沟通。实验者可以控制哪些人互相交谈,从而可以产生4种沟通网络(图9-6)。

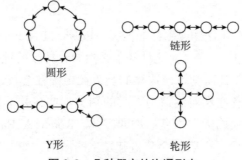

图 9-6 几种假定的沟通形态

- 圆形:所有成员的沟通机会均等,每个人只能与相邻的人交流,不能与其他人沟通。

- 链形：两端的两个人只能与相邻的一个人沟通，其他三个人可以同时与两个人沟通。
- Y形：端点的三个成员只能和另一名成员沟通，夹在中间的两个人，一名可与两个人交流，另一名可与三个人交流。
- 轮形：一名成员可以与所有成员交谈，其余四人只能与处在中央的成员交流。

2. 沟通对团体士气与效率的影响

Ridgeway（1983）和 Shaw（1981）发现沟通是否顺畅对团体活动效率有很大影响。20 世纪 50 年代 Leavitt（1951）就发现，团体成员之间越能自由交流信息，他们的满意感也将越高，而能与所有成员交谈的人的满意感最高。这是因为在团体中领导往往处在信息的中心，所以有更多的机会与他人交往，领导的满意感高于一般成员。需要注意的是这种满意感有时会使领导产生一种错觉，认为他人都尊重自己，实际上这种感觉来自其职位。

沟通也会影响团体问题解决效率。解决简单问题时，集中度高的沟通有利，因为领导者可以很快地收集到所有的信息；而在处理复杂问题时，较为分散的沟通有利，因为成员可以自由交流信息。有研究发现高效的团队沟通不仅可以提高团队成员工作的效率和积极性，还能够促进团队个体的心理健康及应对压力、危机等的心理韧性（Barasa et al.，2018）。Bui等人（2019）利用组织心理学中经典的输入-过程-输出模型（input-process-output framework），通过对 35 个实证研究结果的相关数据进行元分析，总结出了团队多样性、沟通的频次与开放性，以及团队绩效三者之间的内在影响机制，发现年龄和民族多样性有利于团队成员进行自由且开放的沟通，并与团队外部环境紧密联系，提高团队整体的效率和心理韧性。

三、团体冲突解决

每一个团体中都会存在这样或那样的冲突。Edward E. Lawler 指出，在一些稳固的关系中，存在着争权夺利的斗争，而这种斗争必然导致持续的竞争与冲突。比如组织的等级结构常使员工为了晋升而竞争，这样的竞争在中国社会较为普遍。冲突产生的主要原因是利益与矛盾的存在和对利益与矛盾的知觉，冲突并不只是涉及利益与矛盾，也涉及对他人行为的错误归因和不良的沟通方式。Robert A. Baron 的研究发现，当人们的利益受到损害的时候，一般都会分析其发生的原因，如果当事人认为是对方蓄意破坏，那么就埋下了冲突的种子。

1. Kenneth W. Thomas 的冲突解决方式

冲突是指两个或多个社会成员之间由于反应或期望的互不相容而产生的紧张状态，冲突分为零和与非零和冲突。零和冲突是指在冲突中一方的收益是对方的损失，冲突完全是竞争性的；非零和冲突是指一方的收益不等于对方的损失，前面讲过的囚徒困境就属于这种冲突。Robert W. G. Hunt 从角色知觉的视角分析了生活中的人际冲突，指出调整沟通方式以及改变知觉方法是解决冲突的关键。

K. W. Thomas 从个体的角度进一步分析人们解决冲突的方式，他从人们关注自己与关注他人两个维度对一个人进行分析，总结出了人们对待人际冲突的五种方式（图9-7）。

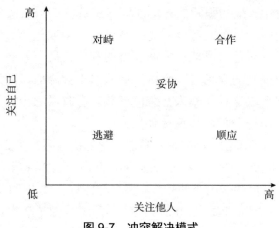

图 9-7　冲突解决模式

（1）对峙：关心自己的需求，对他人漠不关心。采取这种策略的人在和别人交往时，当产生利益冲突的时候，只顾自己的收益，不管别人的死活。采取对峙方式解决冲突的人常常是在某些方面实力较强的人。

（2）逃避：拒绝承认冲突的存在，尽可能地避免与他人接触，这些人既不关心自己的需求，又漠视他人的存在。

（3）顺应：关注他人的感受与需求，不关心自己的需求，常常做出让步，即使自己没有过错。

（4）妥协：与他人进行协商直到达成一种妥协。尽管这种方法比较合理，但也包含许多风险。妥协双方对自己与他人的关注均处在中等水平。

（5）合作：双方将冲突作为需要双方共同处理的问题，是解决冲突的最佳处理模式，合作的双方既关心自己也关心他人。

2. 协商式沟通

生活中人们常常通过协商来解决人际冲突，因此有效的协商被看成是解决冲突的最好方法。协商结果取决于谈判双方的策略和协商代表对谈判过程的定位，如果谈判双方都采取合适而有效的策略，且协商代表把谈判看成非对立的，那么协商结果完全可以取得双方利益的最大化。心理学家在协商过程中发现了一些策略，利用这些策略不仅可使冲突得到解决，而且可以令使用这些策略的人得到更大的收益，这些策略强调三点：

一是协商中最初立场要强硬。开始时的立场对自己在协商中的获益有很大的影响，到底是采用极端的最初立场好，还是采用温和的最初立场较有利呢？有研究者用模拟汽车买卖的实验对此问题加以研究，发现当卖方要价与买方期望价差距较大的时候，买方愿出更高的价格，而卖方愿意接受更低价格。可见最初强硬的立场会使对方妥协，从而使自己受益。为什么最初强硬的立场能够产生这样的效果呢？这与协商双方的期望有关，因为在协商中，每个人都对协商的结果有一个期望，而这种期望水平由两个方面的因素决定：一方面是自己期望能够获得的利益，另一方面则是认为对方会给予的利益。当对方采取强硬的立场时，个体的期望水平会降低，因为他看到对方不可能做出更大的让步。但采取这种策略未必总能奏效，有时候它会激起对方的愤怒，从而有可能使协商终止，所以我们应该谨慎使用。

二是在协商中让步要多次、小幅度。通过协商解决人际冲突必然包含着让步，如果没有让步协商就不可能进行下去。Komorita 和 Brenner（1968）等人研究了让步的策略，发现在协商中如果一方每次做出小的让步，那么与他每次做出大的让步相比（总体的让步幅度一样，只不过前者可能做了 10 次让步，而后者只做了 2 次让步），他将获得更大的收益。

三是采用逐渐回报策略。采取强硬的最初立场和每次做出小让步并非总是有效的，有时候它们也会产生副作用，前者可能导致协商破裂，而后者则使让步一方遭受损失。为克服这些不足，Osgood（1962）提出了一种被称为"逐渐回报"的策略。这种策略以日常生活中的回报原则为基础，假设一方减少威慑力的行为将引起另一方采取同样的缓和步骤，从而使协商能够以合作的方式进行。这种策略通常包含以下几个步骤：①协商的一方公开声明愿意缓和紧张，并明确宣布自己为减少紧张所做出的单方面的让步措施，同时向对方呼吁，希望对方也做出相应的行为（比如交战一方宣布单方面停火 30 天）；②向对方表明自己的上述行为是值得信任的和真诚的，自己的这些行为是在对方没有任何回报的情况下做出的，并且可做公开的检验；③通过上述两个步骤向对方施加压力，促使对方做出让步。如果对方确实这样做，通过逐渐的单方面让步，会使冲突双方最终解决冲突。但采用这一策略有一个前提，就是最初做出让步的一方必须有能力保护自己，不会让对方趁机伤害自己。

3. 利用中间人沟通

现实生活中的冲突解决由于双方裂痕太大，面对面协商有时候无法解决这些冲突，这时候我们往往求助于中间人来调解。协商中的中间人常常是中立的，并且双方都能够接受。不论是在国际事务还是在日常生活中，利用中间人进行调解是人们经常使用的方法。中间人之所以能够起到这样的作用，与中间人能够使协商双方保全面子有关。我们知道在协商过程中一旦双方明确表达了自己的要求和立场,就很难做出让步,因为在相持阶段任何形式的让步都将被看成是"软弱"的表现。为了顾全面子人们不太会向他人做出让步,但中间人在场可以克服这一问题。Jerome E. Podell 发现在人们向他人做出让步的时候,中间人在场和中间人不在场的效果有较大差异。中间人在场时人们对冲突中的另一方评价高,并且愿意做出的让步也大。Bogacz 等人(2020)采用随机对照实验探讨中间人式的夫妻冲突解决模式,发现有第三方调解员在场的夫妻冲突事件相比无调解员在场更容易达成和解,夫妻双方对沟通的满意度也更高。由此可见,中间人的调解能够使冲突双方在不失面子的情况下做出更大让步,并为沟通双方赢得更大满足感。

4. 智能信息化沟通

互联网技术的发展使得人们的沟通模式不再局限于线下面对面的交流与协商,而是更多地通过线上,如打电话、发电子邮件、视频会议等方式进行。自 2019 年起,线上沟通越来越普遍和重要。典型的线上沟通主要包括电子邮件、电话、手机、聊天软件等。研究发现,与功能性的冲突相比,非功能性的冲突更易于通过网上解决,而非面对面地协商解决(Chen, Tseng, 2016; Hertlein, Chan, 2020)。互联网避免了一个让矛盾双方直接对峙和激化冲突的机会,从而有利于更好地化解矛盾和避免见面后不必要的尴尬。近年来随着人工智能技术的发展,人们开始尝试使用大数据算法和数据挖掘技术开展不同领域的针对沟通的支持服务。Kaya 和 Schoop(2020)尝试用机器学习(machine learning)的方式来对已有的沟通文本进行筛选,以发现人们可能存在的不同沟通模式。

四、沟通的性别与文化差异

1. 沟通的性别差异

男性和女性在沟通方面的表现大体相似,但也存在一个基本差异:男性更注重地位和权力(Tannen, 1994),女性关注如何与其他人建立积极的社会联系。正是因为有这样的差异,男性倾向于在表述中使用"我",而女性倾向于使用"我们"。男性喜欢参与公务对话以便客观高效地进行信息交换,而女性则倾向于通过亲密交谈来建立关系;男性总是试图展现自信,将提问看成是一种弱点;而女性不经常展现自信,更多地使用间接要求的语言,道歉频率更高,而且征求别人意见的速度也比男性快。还有研究发现,女性对非语言信号的敏感度比男性强得多。

2. 沟通的文化差异

随着全球化进程的不断加深,跨文化沟通的问题日益突显。以往跨文化沟通只是那些出国留学或工作的人才会遇到的问题,而如今它已步入每个人的生活。尤其是对在跨国公司或组织工作的人员来说,跨文化沟通更是每天必须面对的问题。彭凯平(2009)从心理学的角度界定了跨文化沟通中存在的三个主要因素:

第一，不同的价值观念的影响。价值观念的不同会导致行为差异。例如相对于中国人对国家的强烈认同感，美国人更尊崇个人的自由、独立和权利。心理学家特里安迪斯曾经做过一个研究，调查全世界不同国家公民对自己国家形象的关注程度。结果发现，包括中国在内的亚洲国家中，95%的公民对自己国家的形象"关心"或"非常关心"；而美国只有大约30%的民众对此问题的回答是"关心"或"非常关心"。这并非说明美国人不爱自己的国家，只是美国的爱国主义教育强调的是美国文化所尊崇的价值观念，在他们看来这些价值观超越了抽象的国家形象。

第二，不同思维方式的影响。不同的文化背景导致人们不同的思维方式。比如中国文化的思维方式强调中庸，传统思维还强调全面、整体，中医就是这种思维方式的很好体现。西方文化则更强调具体和个别的分析思维，不太强调整体思维。因此，中医强调的是内外交融，系统调节，而西医却是头痛医头、脚痛医脚。

第三，不同的沟通风格的影响。以讲话风格为例，中国人习惯先讲大的事情，再讲小的事情；而西方人则习惯从小往大讲。例如，中国的媒体报道先讲大背景，再讲小的案例，最后再回到大的意义上；西方的报道往往是从一个具体的案例、一个具体的人谈起，再引申到大的背景和意义，最后再回到具体的案例和个人上。这种沟通风格的差异会引起人们心理预期上的差异，从而影响沟通的过程和效果。

§4 团体决策

团体生活是人类社会生活的基本方式，而利用团体解决问题对人类的进一步发展也是必不可少的。尽管从组成上讲团体是由个体组成的，但实际上团体在问题解决中所产生的效应以及所使用的方式与个体有着明显的区别。早在20世纪30年代，著名的工业与组织心理学家勒温提出的团体动力学就开始分析团体活动的特征。随着时代的进步，团体问题受到了越来越多的关注，下面我们将从社会心理学的角度分析与团体决策有关的一系列问题。

一、团体决策的一般问题

刚开始做团体决策的时候，大家的观点总是五花八门，只有在经过一段时间的讨论甚至争论之后，成员的观点最终才会整合为团体的观点。在这个过程中有许多问题值得我们关注。

1. 两类决策问题

从某种意义上讲，团体决策的好坏取决于他们在什么问题上做决策。Laughlin（1980，1996）认为人们遇到的决策问题，实际上可以看作是一个连续体，这个连续体的一头是智力问题，这些问题有正确的答案，决策的任务就是找到这样的答案；另一头则是与行为、伦理和审美等有关的判断问题，这些问题没有唯一正确的结论，而是与每个人的价值观、审美和内在需求有关。不同问题决定着人们接受何种影响，正如前面讲过的那样，在社会生活中我们所接受的社会影响主要是信息性社会影响和规范性社会影响。前者基于人们从他人处获得的有关世界的信息，它影响着我们对智力问题的决策；而后者依赖于人们对积极结果的期待，所以对判断问题的影响更大（Kaplan, Miller, 1987; Stasser, Stewart, 1992）。规范性社会影响中的"规范"主要指在社会生活或团体中，大多数人约定俗成的、大家需要共同遵守的、除法律条文之外的风俗习惯和行为准则。一般可以分为描述性规范和命令性规范。前者指在某情境下大多数人是如何做的，例如大部分中国人都不会在公众场所随地吐痰就是一种描述性规范。而后者指在某情境下大多数人认为该如何做，例如大多数中国人认为不应该随地吐痰就是一种命令性规范。相关研究发现社会规范，尤其是描述性社会规范的示范效应对人们的亲社会行为，如利他行为、合作行为等会产生积极的影响作用（陈鹤之，2020; Andersson, Erlandsson, Vastfjall, 2022）。

2. 多数人与少数人的影响

团体决策往往是多数人意见的整合，比如 Kalven 等人（1966）访问了 225 名陪审团成员，发现团体决策中 97%的最终决策与多数人的意见一致。也就是说如果团体中的大多数成员最初支持某种选择，团体的讨论仅仅是对此观点加以强化。Stasser 及其同事（1989）指出大多数最终被选择的意见与信息性和规范性社会影响有关，团体讨论更可能把注意力放在大多数人的意见上，并且这种多数人的意见会产生更大的压力，要求所有团体成员遵从。但是，并不是所有的团体决策都会选择多数人的意见，有时候少数人也会对团体决策产生影响，但是这样的人必须满足下列两个条件。

一是少数人必须是团体的领导。在团体决策中领导者的地位往往比较突出，当决策中持有少数者观点的人是领导时，领导有能力使自己支持的意见最终被团体采纳，这种现象在我国极为普遍。侯玉波等人通过对国有企业中团体决策情况的调查分析发现，高层的团体决策实际上是由一把手决定的，同层次的其他人只参与讨论。也就是说当大多数成员的意见与领导不同时，领导有权否决大家的意见。不仅如此，处在同一层次的领导的影响力也不一样，而是出现权力极化现象，即在一个团体中主要领导与同级的其他领导在职位上差别不大，但在决策中的权力上却差别很大的现象。比如在一个车间里，一把手与二把手的职位差别并不显著，但在决策时主要还是一把手说的算，二把手的影响力与一般成员没有太大的区别。这种权力极化现象在某种程度上是领导内斗的根源。

二是少数人对自己的观点极为坚持。在团体决策中如果少数人极力坚持自己的意见，便可能引起决策团体的分裂，并最终改变多数人的意见。Moscovici，Lage 和 Naffrechoux（1969）让女性被试 6 人一组判断 36 张幻灯片的颜色，这些幻灯片都是蓝色，只是饱和度不同。另外，被试也不知道这 6 个人中有 2 个人是实验者的助手，这 2 个人按照实验者的要求把每张幻灯片说成是绿色。Moscovici 还设计了一个对照组，由 6 名真正的被试组成。随后实验者向被试依次呈现这 36 张幻灯片，并要求被试大声报告自己的判断。结果证明了少数人的确会对多数人的意见产生影响，与对照组 25%的错误反应相比，实验组的错误反应达到 33%。少数人的这种影响除了与上面所说的引起团体分裂有关外，还与多数人对这种坚持的知觉有关，这种坚持导致多数人反而对自己的观点产生怀疑。我们也可以从弗洛伊德对古典精神分析的执着看出少数人对多数人的影响。群众的决策也不一定总是正确的，多数人也会跟少数人一样犯错误。John M. Levine 的研究还发现，如果少数人中的某个人是从多数人叛变过来的，那他会比那些一直处于少数人中的人更具说服力。一旦多数人中开始有人叛变，其他人常常会紧随其后。

3. 领导在决策中的影响

Lindsay 和 Dempsey（1985）研究了中国人通过开会讨论决策问题的情境，她发现与美国人处理同类决策问题的情况相比，中国人在位置安排、发言顺序等许多方面人为地突出领导的作用。领导总是坐在最显眼、最中心的位置上，人们发言的顺序也是由重要到不重要。在大多数情况下大家只参加讨论而非决策，并且尽量避免公开冲突。也许你经常能碰到这样的事情，领导把大家召集在一起，告诉大家我们需要做出一项团体决策，希望大家提意见，畅所欲言。于是大家开始讨论，并提出了一些建议，但最终还是由领导拍板决定。领导会对大家说你们的意见很好、值得考虑，并宣布："在分析了大家的建议之后，我决定……"然而实际上，没有任何一个成员的意见体现在最终决策中，领导的决策是早就做好了的。正是基于这些原因，Lindsay 认为中国人的团体决策实际上并非真正意义上的团体决策。她还分析了这些现象的文化根源，她认为这源于中国的传统，人们太看重权威与人际关系和谐，所以不愿意与权威和他人对抗。

4. 团体决策规则

尽管在团体讨论中，信息性和规范性社会影响会作用于成员的判断，但是对决策团体本身来说，它还有自己遵循的规则，这些规则有：①一致性规则，即在做出最终决策之前，所有团体成员必须同意此选择。②优势取胜规则，即某个方案被 50%以上的团体成员认可时选择该方案。③多数取胜规则，即在没有一个意见占优势时选择支持人数较多的方案。在使用这些决策规则的时候，它可能是正式而明确的，也可能是非正式而模糊的。

5. 团体决策中的投机行为

"搭便车"（free riding）是在团体中普遍存在的一种投机行为，含义是在一个共同利益团体中，其成员不付成本而坐享他人之利。由于团体中的利益共享，某些成员即使不付出也能获得收益，于是产生了搭便车的投机心理与行为。Kameda 等人（2011）在团体边际收益递减的假设前提下对团体决策行为进行研究，结果表明合作者和搭便车者以一种稳定的方式共存于团体之中。研究还证明，相对于精英决策，在民主决策下，个体获得的平均收益更高。

> **专栏 9-3　基于人工智能技术的组织决策过程**
>
> 　　新技术的发展总是伴随着新的组织管理和决策过程的转变。近年来比较热门的人工智能、大数据技术等正在被运用于包括工业、金融、教育、零售等多个不同行业和领域（设计、生产、营销、人力等）的组织环境与决策体系中，已然成为除领导者、团队成员、社会环境之外，影响团体决策和组织绩效的第四股主要力量。Nishant，Kennedy 和 Corbett（2020）指出，相比以往由人做出的组织决策，人工智能技术拥有明显的优势，包括数据分析和机器学习、逻辑推理和认知，以及理性思考和决策的能力。因此，一些研究利用人工智能技术的这些特点，将其用于对组织和商业成果的预测领域，作为领导者组织决策的参考性工具和手段。例如，Al-Surmi，Bashiri 和 Koliousis（2022）采用结构方程模型（SEM）和人工神经网络（ANN）相结合的算法技术，综合了多个不同场景和刺激条件下，不同决策方法对组织绩效的预测效果大小，同时考虑了环境因素中的动态变化（environmental dynamism）和组织架构（organizational structure）这两大因素。最终研究发现，在综合考虑了组织环境和多重技术支持等因素的影响作用后，决策者往往能依据算法推荐或最优决策做出更加理性且科学的判断，并在竞争日益复杂和激烈的市场环境下采取更高效的组织策略，最终获得一个更加积极的市场效果。

6. 文化对组织决策的影响

全世界的决策制定过程从表面看都是相同的吗？答案是否定的。人们在制定决策时基本遵循同样的步骤，同时来自不同文化的人们还存在一定的差异，组织行为学家格林伯格（Jerald Greenberg）认为，这些差异体现在以下几个方面：

一是要明确决策的问题是什么。假设你管理着一个大的建筑项目，你发现一个最重要的供应商在必需材料的交货上要晚几个月。你会怎么办？你可能会想："这是一个愚蠢的问题，我会努力找到另一位供应商，就这么简单。"如果你来自美国，这可能就是你采取的做法。但如果你来自泰国、印度尼西亚或马来西亚，你很可能把这种情况视为命运的安排，允许项目被拖延。换言之，对于美国、加拿大等国家的管理者，这种情况被认为是需要决策的一个问题，泰国、印度尼西亚或马来西亚的管理者则认为这个问题不存在。因此，必须注意到，决策制定开始于确定问题的存在，这是最基本的，但不是所有人都把同样的情况视为问题。

二是要明确谁来决策。在注重个性的美国，个人决策是很平常的事，而在日本等强调集体主义文化的国家中，在没有首先得到同事认同的情况下就制定决策被认为是不可接受的。文化决定了人们期望参与决策制定过程的程度。在瑞典，让所有层级的员工参与对其产生影响的决策是一种传统，瑞典人可能完全忽略组织层级，不管决策制定者的级别多高，都会联系制定决策所需的所有人。然而在印度，管理者就某一决策咨询下属会被认为是软弱的表现。

三是时间观念。决策制定的另一个文化差异与制定决策所需的时间有关。在美国，好的决策制定者的一个标志是果断，愿意承担重要决策的风险，且毫不拖延。而在其他文化中，时间不是最重要的。例如在埃及，问题越重要，决策制定者做出决策所花的时间就越长。在整个中东地区，迅速做出决策会被视为过于匆忙。正如这些例子所揭示的，来自不同国家的人在制定和执行决策的方式上存在一些有趣的差异，了解这些差异是为全球经营活动提出合适策略的重要步骤。

二、团体极化

1. 团体极化的定义

团体极化（group polarization）是指通过团体讨论使得成员的决策倾向更趋极端的现象。早在20世纪60年代初，心理学家就注意到团体讨论对成员最终决策选择有较大的影响。当时还在麻省理工学院读管理研究生的斯托纳（James A. F. Stoner）开始着手研究这方面的问题，他想知道在团体决策中，团体是否真的会像人们所认为的那样趋于保守。他在研究中用到了下面的例子：假定你是一个管理咨询专家，有一天加拿大某个公司的经理E先生向你咨询。由于他的公司非常兴旺，生产的产品供不应求，所以E先生想扩大生产规模，再建一个分公司。他有两种选择：一是把分公司建在国内（加拿大），这里社会稳定、易于管理，但缺点是投资回报率一般；另一种选择是把分公司建在国外某个国家，那里原料和劳动力价格都比较低，所以投资回报率高，但缺陷是从历史上来看，那个国家的社会不太稳定，一些少数党派一直想要控制国家政权和外国投资。你要选择的是：当这个国家发生政变的可能性为多大时，你会建议E先生在该国建分公司。发生政变的概率变化范围为0.1~1.0（数字越小代表社会越稳定）。

斯托纳通过对几十名学习管理的学生的研究，发现经过团体讨论之后的结果比个人做出的决策更冒险，后来心理学家把这种现象称为风险转移（risky shift），即通过团体讨论使结果更为冒险的现象。但是随着对这个问题研究的深入，许多心理学家发现团体决策中有时候也会出现与风险转移相反的保守情况（Fraser，Gouge，Billig，1971；Knox，Safford，1976）。为了更好地解释团体决策中的这些现象，Moscovici，Lage 和 Naffrechoux（1969）、Myers 和 Lamm（1976）把这两种情况都称为团体极化——当个体最初的意见保守时，通过团体讨论得出的结果将更加保守；而当成员最初的意见倾向于冒险时，团体讨论将使结果更加冒险，如图 9-8 所示。研究表明，在相同的方向上（赞成或反对），加入群体后的平均反应往往要比加入群体前的平均反应更加极端。研究者还发现与解决一般问题相比，人们在解决重要问题时更容易产生团体极化。

从 20 世纪 80 年代开始，心理学家开始使用一些新的方法来研究团体决策中的极化现象。Martell（1993）等人先后把信号检测论（signal detection theory）的原理和指标用于研究这一问题，进一步证明了团体极化现象的普遍性。进入 21 世纪的互联网时代，国内外的众多研究结果均表明，由于网络的匿名性、普遍性等因素，网络群体极化已经成为十分普遍的现象。Sarita Yardi 对 30 000 名关注某堕胎事件的社交网站用户进行观察研究表明，志趣相投的人们会加强身份认同，并且增强团体极化。而且他们发现，虽然在互联网上人们能接触到的观点增加了，但是进行有效讨论和决策的能力仍然受到限制。

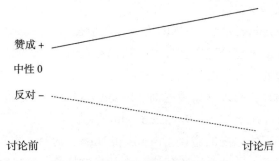

图 9-8　团体极化现象的作用方式

2. 团体极化产生的原因

为什么团体在决策中会出现这种现象呢？大多数心理学家支持社会比较理论和说服性辩论的观点。社会比较理论强调在极化产生过程中规范性社会影响的作用，而说服性辩论的观点则把重点放在了信息性社会影响上。

按照社会比较理论的思路，在团体讨论过程中，成员比较关心自己在某些问题上的观点与团体其他成员相比到底如何（Goethals，Zanna，1979），人们在决策开始时往往认为自己的观点在社会要求的方向上比别人的更好。所谓更好要看团体或任务的性质而定，比如在一个强调自由的团体里，更好意味着更开放，而在一个强调保守的团体里，更好意味着更保守。但在决策过程中，通过与他人观点的社会比较，个体发现自己的观点并不像当初想象的那样与社会要求一致,因为人们希望他人能对自己做积极的评价(规范性社会影响),所以会采取更极端的方式以与他人或社会的要求一致,最终造成团体的决策趋于极端。Vorauer 和 Ratner(1996)指出,在人际交往的开始阶段,每个人都害怕迈出第一步,都以为其他人可能对此不感兴趣,所以会选择拘谨的沉默。Miller 和 McFarland(1987)的研究也发现了类似的现象。他们让被试阅读一篇很难理解的文章,并告诉被试在阅读过程中遇到任何困难都可以寻求帮助,结果却是没有人寻求帮助。

说服性辩论则认为人们并非希望他人对自己有一个积极的评价,而是认为人们期望获得有关问题的正确答案。在这里,论点对决策选择更重要(信息性社会影响)。因为人们从他人处获得论点和信息,如果多数人支持这些论点,个体也会倾向于支持它;并且会出现更多的支持而非反对的论点,从而使得这种观点变得极端。无论团体极化的基础是什么,其影响力非常大是一个不争的事实。McCauley 和 Segal(1987)对世界范围内的恐怖组织所做的研究表明,那些有相同不满情绪的人聚到一起,彼此相互交流,逐渐变得更加极端,最终做出暴力行为。

三、团体思维

1. 团体思维的定义

团体思维(groupthink)也叫小集团思维,是指在一个高凝聚力的团体内部,人们在决策及思考问题时由于过分追求团体的一致,导致团体对问题的解决方案不能做出客观及符合实际的评价的一种思维模式,这种思维模式经常导致灾难性事件的发生。最早关注此现象的是美国社会心理学家贾尼斯(Irving L. Janis),他通过研究美国政府对珍珠港事件、猪湾事件(Bay of Pigs Invasion)和越南战争的决策资料发现,处理这些事件的团体决策都犯了团体思维的错误。Evans 和 Dion(1991)也发现,在工作团体中,由友爱所支持的高凝聚力团体有助于促进生产效率的提高,但在决策的时候,这样的小团体却可能会付出高昂的代价。

2. 团体思维产生的条件

贾尼斯认为团体思维比较容易发生在由强有力的领导带领的团体和凝聚力极高的团体中。团体凝聚力使得团体成员对外界的意见保持沉默,领导经常会提出某些问题的解决方案,并且极力主张推行。团体成员不会提出异议,一方面是他们害怕被团体拒绝,另一方面是他们不想因此打击团体的士气。在这些分析的基础上,贾尼斯进一步提出了团体思维产生的先决条件:决策团体是高凝聚力的团体,团体与外界的影响隔离,团体的领导是指导式的,没有一个有效的程序保证团体对所有选择从正反两方面加以考虑,外界压力太大,要找出一个比领导者所偏好的选择更好的解决方式的机会很小。因为这些因素,团体成员强烈地希望团体内部保持一致性,而不管是否有团体思维的产生。

3. 团体思维的表现与后果

贾尼斯及其后的心理学家还分析了团体思维的表现，主要有以下几个：

- 不会受伤害的幻想，相信自己的团体所做的决定一定不会错；
- 相信团体的道德，团体的决定是为了大家好，不会有偏私；
- 对决策选择的合理化，多数人选择的一定是准确的东西；
- 对对手的刻板印象，我们可以使用任何措施针对对手，因为他们是不值得尊敬的；
- 对反对意见的自我审查，一旦有反对意见出现，马上予以反驳；
- 一致性的幻想，认为团体的一致比什么都重要；
- 对提不同意见的人的直接压力，有不同意见就靠边站，不要妨碍团体。

与上述表现相比，团体思维的后果往往是有害的，它对团体决策的不良影响主要有：

- 对行为的其他可能原因调查不完全，使人们不再关注问题的真正原因；
- 对团体目标调查不完全，一部分人的利益代替了团体的目标；
- 对所偏好的方案的危险性缺乏检查，认为它已完美，无需深入分析；
- 对已经否决的方案不再进行重新评估，意味着这类方案包含的合理因素也被抛弃；
- 未详细探讨有关信息，一部分人所提供的信息不受重视；
- 处理信息时有选择性偏差，合我意的进来，不合我意的删除。

因此，团体思维常常会引发灾难。英国心理学家 B. Newell 和 D. Lagnado 认为，团体思维也许可以解释伊拉克战争。萨达姆和布什身边都有一群和他们具有同样目的的进言者，这就会迫使其他反对者保持沉默，而令其只挑选支持自己的信息，伊拉克人的思维是对入侵者进行反抗，美国人的思维则是成功的入侵会带来和平的领土占领和今后长期的民主统治。但实际上，二者的目的都没有达到：伊拉克人没能抵挡美国人的军事打击，美国人也没有在伊拉克获得他们希望看到的和平。

4. 克服团体思维的方法

如何打破团体思维以增进团体决策的有效性？贾尼斯认为应该从五个方面入手：①领导者应该鼓励每一个成员踊跃发言，并且对已经提出的主张加以质疑。为此，领导者必须能够接受成员对自己的批评。②领导者在讨论中应该保持公平，在所有成员表达了观点之后，领导者才能提出自己的期望。③先把团体分成若干个小组独立讨论，然后再一起讨论以找出差异。④邀请专家参与团体讨论，鼓励专家对成员的意见提出批评。⑤在每次讨论的时候，指定一个人扮演批评者角色，向团体的主张挑战。

贾尼斯提出的团体思维是一种相当复杂的团体历程，事实上许多有着强有力的领导且凝聚力高的团体并不会犯此类错误，因此团体思维和高凝聚力本身并没有必然的联系。在贾尼斯提出这个概念 25 年之后，美国的一个心理学期刊专门为此出了一期专刊讨论团体思维的问题，有意思的是当现在的心理学家重新审视这个问题的时候，依然争论不休。

四、团体决策方法

团体决策问题从方法上讲也经历了一个漫长的发展过程，在这一发展过程中先后有四种团体决策方法被人们采用。这些方法不仅被广泛地运用于心理学研究，而且在实际生活中也产生了巨大的影响。

1. 头脑风暴

早期对团体问题解决能力的探讨大多数是以头脑风暴（brainstorming）的方式进行的。这种方法是由一个名叫奥斯本（Alex F. Osborn）的广告经理设计的、可以产生新奇思想且富有创造性的问题解决技巧。这种方法常常给团体一个特定的题目，如为某个商品设计广告词，要求团体成员在较短时间内想出尽量多的解决方案。然后再寻求整合与改进，一方面增加或改正自己与他人的意见，另一方面还要把自己与他人的观点结合在一起，提出更好的决策选择。

奥斯本还强调在团体决策中采用头脑风暴要遵循五大原则：一是禁止在提意见阶段批评他人，反对意见必须放在最后提出；二是鼓励自由想象，想法越多越好，不要限制他人的想象，最狂妄的想象是最受欢迎的；三是重量不重质，即为了探求大量的灵感，任何一种构想都可被接纳；四是鼓励利用别人的灵感加以想象、变化、组合等以激发更多更新的灵感；五是不准参与者私下交流，以免打断别人的思维活动。不断重复以上五大原则进行智力激励的培训，可以使参与者渐渐养成弹性思维方式，涌现出更多全新的创意。在众多创意被提出来后，管理者再进行综合和筛选，最后形成可供实践的最佳方案。

心理学家 Taylor，Berry 和 Block（1958）利用头脑风暴对一个 5 人团体解决问题的情况的研究发现，与成员单独解决问题相比，利用头脑风暴的效果并不像人们想得那么好（表 9-3）。

表 9-3 头脑风暴与个体单独决策的比较

组别	不同意见的平均数	独特意见的平均数
5 人团体	37.5	10.8
单独决策	68.1	19.8

从表 9-3 中可以看出，团体决策不论是在提出意见的数量上还是质量上都比不上成员单独决策。那么能不能据此否认头脑风暴的作用呢？答案是否定的。后来心理学家指出，在解决复杂问题，比如需要多学科知识的时候，利用团体头脑风暴的效果远好于成

员单独决策。因为团体决策至少给成员提供了互相检验彼此工作的机会，并且成员各自所具有的专业知识对解决复杂问题是必不可少的。

2. 德尔菲法

头脑风暴有助于人们解决问题。但是在处理许多决策问题的时候，由于团体成员在各方面参差不齐，所以在解决某些问题的时候效果并不好。为了克服这一点，有一种叫作德尔菲法（Delphi method）的专家决策技术被广泛应用于决策领域。德尔菲法又称专家评估法，它是一种背对背的决策技术，由专家提供反馈，包括以下几个步骤。第一步，要求团体成员对某个问题提出尽可能多的解决方案；第二步，专家对团体成员的意见加以整理，并将整理的结果反馈给成员；第三步，团体成员在得到反馈之后重新就刚才的问题提出新的解决方案；第四步，专家再整理并提供反馈，直到团体就此问题达成一致。

与一般的团体决策方法相比，德尔菲法不需要团体在一起讨论，可以避免由于面对面争论而引发的人际冲突，但这种方法比较费时。

3. 名义群体法

在团体决策过程中，个体会自觉或不自觉地感受到来自他人的压力，团体思维现象的出现就与此有关。为了克服这一点，心理学家 A. L. Delbecq 等人提出了名义群体法（nominal group technique）。这种方法主要用在当团体成员对所要解决的问题不太了解，并且在讨论中难以达成一致时，名义群体技术包括四个步骤。第一步，出主意，由成员单独提方案，越多越好；第二步，记录方案，把每个人提出的所有方案全部列出，不能选择；第三步，对方案加以分类，团体讨论并分别记下的每个方案；第四步，对方案加以表决，每个人从 12～20 个备选方案中选出自己认为最好的 5 个，并选择累计得分最高的方案。

4. 阶梯技术

上述三种方法对团体决策的效果有一定的作用，但是也存在着一些固有缺陷。这种缺陷主要有两个：一是在团体中成员讨论不充分，二是在团体中可能会出现社会懈怠。为了解决这些问题，Rogelberg, Barnes-Farrell 和 Lowe（1992）提出了一种名为阶梯技术（stepladder technique）的团体决策方法。在使用这种方法时，团体成员是一个一个加入的，比如一个由 5 人组成的团体在利用阶梯技术决策时，先由两个成员讨论，等他们达成一致后，第三个成员加入。加入之后先由他向前两个人讲自己的观点，然后再听前两个人已经达成的意见，最后三个人一起讨论，直到达成共识。第四、第五个成员也以同样的方式依次加入，最终整个团体获得一致性的方案。对比德尔菲法、名义群体法和阶梯技术后，S. G. Rogelbery 指出，阶梯技术在实际方案选择和心理感受上均优于另外两种方法。该方法也比较费时，所以主要用于大的、重要的决策问题。

5. 群体决策支持系统

群体决策支持系统（group decision support systems，GDSS）是近年来引起关注的一种利用计算机提高群体决策质量的方法（Pollock，Kanachowski，1993）。这种方法将个人的观点输入电脑程序，并在聊天室里与其他人匿名讨论这些观点，这些讨论的记录会全部保留以备需要时查看。匿名记录使人们更愿意分享自己的观点，而且也更容易想到一些观点。这一方法清除了决策制定的很多障碍，使群体决策的质量得到提高。在一项研究中两个团队分别采用面对面方式和 GDSS 来解决模拟的管理问题，结果表明与面对面群体相比，使用 GDSS 的群体不仅分享了更多的信息，而且制定出了更好的决策（Lam，Schaubroeck，2000）。

推荐读物

1. 王垒，2020. 组织管理心理学（第二版）. 北京：北京大学出版社. 这本书的相关章节系统地介绍了领导的问题以及团体心理与行为，要想对组织问题有更多了解的读者可以阅读这本书。

2. FIEDLER F E, 1978. Recent developments in research on the contingency model // Group processes. New York, NY: Academic Press. 选录在书中的这篇文章是 Fred E. Fiedler 对自己的理论和研究的总结性评述。

3. JANIS I L, 1982. Groupthink: psychological studies of policy decisions and fiascoes. 2nd ed. Boston, MA: Houghton Mifflin Companies. 这本书是贾尼斯对自己有关团体思维理论的综述。

4. MCGRATH J E, 1984. Groups: interaction and performance. Englewood Cliffs, NJ: Prentice-Hall. 这是一本内容丰富的教科书，内容涵盖了团体过程的种种特性。

5. SHAW M E, 1981. Group dynamics: the psychology of small group behavior. 3rd ed. New York, NY: McGraw-Hill Companies. 这本书是对团体动力阐述得最好的一本书。

6. WORCHEL S, WOOD W, SIMPSON J A, 1992. Group process and productivity. Newbury Park, CA: Sage. 这本书系统论述了人们对团体过程的研究。

7. LUTHANS F, 2002. Organizational behavior. 9th ed. Boston, MA: McGraw-Hill Companies. 这本书是一本具有一定权威性的有关组织行为学的教材，本章的一些内容参考了 Luthans 教授的论述。对组织问题感兴趣的读者可以看看这本书。

8. 方文，2014. 转型心理学. 北京：社会科学文献出版社. 本书的第二部分对群体资格的边界和认同的思考从社会学的角度提供了理解团体的视角。

思考题

1. 什么是团体？它的心理功能有哪些？

2. 什么是团体规范？它对人们有什么影响？
3. 什么是团体凝聚力？它对团体的作用有哪些？
4. 结合自己的观点，评价一下有关领导特质的理论。
5. 在团体活动中，什么样的少数人才能影响多数人？
6. 团体沟通有什么特征？怎样利用协商解决人际冲突？
7. 团体极化产生的原因是什么？
8. 什么是团体思维？它的危害有哪些？我们怎样克服团体思维的影响？
9. 简述团体决策的几种方法。

10

健康心理学

健康被认为是 21 世纪人类面临的最重要的问题。尽管随着现代医学技术的进步，越来越多的疾病被人们攻克，但在经济社会快速发展的同时，一些新的问题又出现了。如何提高人们的健康水平一直是心理学和很多相关学科关心的问题，下面我们将从几个方面对健康与心理的关系加以分析。

§1　与健康相关的概念

一、健康、心理健康和健康心理学

人类个体的生命包括生理和心理两个方面，二者是一个有机的整体，离开任何一方生命都不可能存在，一个健康的人也少不了健康的生理和心理。在传统观念中，生理健康比较容易理解的，一个人只要没有医学上认定的病变就可以认为是健康的，而心理健康则比较复杂，它往往没有特别严格的衡量标准，况且人的心理和行为特征在不同的时间表现也不一样，所以心理问题的认定很难。随着社会的发展，人们越来越看重心理活动的意义，一个人有没有心理困扰甚至要比他的生理是否健康更重要。比如，一位盲人从生理上讲不是完全健康的，但如果他的心理充满阳光，他的生活就是美好的；相反一个生理上健全的人，如果他的心理被阴影所笼罩，生活就是痛苦的。

正因如此，世界卫生组织（WHO）在其宪章中对健康下定义时就同时考虑了生理和心理两个方面的内容。同时由于人类生活的社会性，世界卫生组织在定义健康时还考虑了社会和人际关系等因素。综合这三方面的因素，世界卫生组织（1948）把健康定义为：身体上、精神上、社会上的完满状态，而不只是没有疾病和虚弱的现象。

心理健康属于健康的范畴，它比一般意义的健康所涉及的范围要小，指个体由心理变量失常所引发的健康问题。心理健康是指个体能够积极地、正常地、平衡地适应当前和发展的社会环境的良好心理状态。心理健康的人拥有良好的自我意识，能够认识到自己的长处和不足，能够与社会相和谐。另外，我们每个人都生活在具有传统文化和现代特色的社会中，每天和这个社会中的其他人进行着这样或那样的相互作用。如果我们以积极健康的心态去面对生活，我们就是健康的；相反如果在适应过程中，我们不能面对生活的挑战，表现出人格上的偏执，遇事想不开、心胸狭窄等，就是不健康的表现。

健康心理学（health psychology）是心理学的分支学科，致力于研究人们怎样保持健康，研究内容包括人们患病的原因、生病后的反应以及健康预防等（Taylor，1990）。

二、健康模式的变迁

从20世纪90年代开始，关于人类健康的话题引起了许多领域研究者的关注，其中在医学领域，人们对健康模式的观念经历了以下几个发展阶段。

1. 生物医学模式

生物医学模式（biomedical model）在20世纪比较有影响力，这一模式认为一个人的身体和心理是两个独立的系统，把身体看成是一个机械系统，强调身体系统的重要性。健康心理学家McClelland（1985）就说过："人的身体被看成是一个机器，身体的任何一个部分可以被拆卸和转移，如果身体的某个部位出了问题，我们可以用其他人身体的同一部分来替代。"可以看出在生物医学模式中，只有和疾病有关的生化因素被考虑到了，其他的如心理因素、社会因素以及行为层面的因素都不在考虑范围内。

2. 心身医学模式

心身医学模式（psychosomatic medicine model）强调心理社会因素和生物因素在健康和疾病上的相互作用，为理解健康和疾病提供了一条新的思路。它告诉人们生物因素并不必然导致人们患上某些疾病，心理因素才是更重要的。Ader（1980）认为所有的失常都可称为心身疾病，因为所有的感觉输入都要经过大脑的解释和加工。健康心理学关于心身关系问题的研究，为心身医学模式提供了许多实证支持。比如心理学家关于癌症病人康复的研究发现，心理因素在癌症的产生和治疗中起着重要作用。McConnell（1989）在《理解人类行为》（*Understanding Human Behavior*）一书中，谈到了身体组织和系统如何与心理因素相互作用的问题，他指出人类的免疫系统更容易受到心理因素的影响，而后面谈到的心身疾病很多与免疫功能的作用有关。

3. 生物-心理-社会模式

Engel（1980）、Jasnoski和Schwartz（1985）等人进一步发展了心身医学模式，认为仅考虑心理和生理两方面的因素，并不能真正反映影响健康的实际因素。人类生活在社会中，抛开社会因素来看待健康问题本身就是不全面的。社会环境、社会变化和社会压力等都会影响人们的健康，由此他们构建了生物-心理-社会模式（bio-psycho-social model），增加了社会因素。美国国家健康统计中心发布的数据表明，20 世纪初期，导致死亡的疾病排在前五位的依次为流感和肺炎、结核病、肠胃病、心脏病和中风，癌症排在第八位；而到了 20 世纪 80 年代，排在前五位的变成心脏病、癌症、意外事故、中风和慢性肺炎，可见社会变化对健康的影响不容忽视。

三、心身疾病

1. 定义

心身疾病是一组躯体疾病，但它的产生、发展、治疗与预防都和社会心理因素有关，对这些疾病的治疗常常采用心理治疗的方法。心身疾病的种类很多，常见的有高血压、心脏病、癌症、溃疡和哮喘等。心身医学模式在理解心理和身体的关系时，认为人的生理与心理是协调发展的，任何心理活动都会引发相应的生理反应。所以如果某些不良的心理反应持续时间太久，就必然引发人体某些器官功能的紊乱，严重的甚至会发生器质上的变化。心身疾病的特点有四个：由情绪和人格因素引发；患者身上有明显的器质性病变；患者躯体变化与正常情绪反应时的生理变化相同，但更持久和强烈；心身疾病不是神经症和精神病，后两者没有器质上的异常，而心身疾病有。

在医学实践中，心身疾病在所有临床疾病中的比例为 25%～35%，在循环系统疾病中的比例最高，超过了 50%。另外，女性心身疾病的发病率高于男性，脑力劳动者心身疾病的发病率高于体力劳动者，城市高于农村，高度紧张职业者高于一般职业者。科技越发达，生活节奏越快，生活事件越多，心身疾病的发病率就越高。

2. 心身疾病及其致病因素分析

心身疾病往往和个体的人格特征联系在一起，比如患高血压的人比较容易发怒，但在发怒之后，又往往压抑自己愤怒情绪的表达，同时又经常好高骛远。癌症患者则习惯自我克制，比较内向，经常压抑自己的情绪且多愁善感。由于心身疾病是因为心理因素导致应激或情绪反应，进而出现身体器质性病变的过程，所以心身疾病的致病原因，除了人格特质之外，还有以下几个方面：

（1）生理因素。心身疾病的产生与人的生理因素有关，相同的心理社会刺激，比如在战争或社会动荡年代，只有少数人患身心疾病，而且所患的病也各不相同。有人患溃疡，有人患冠心病，有人则患癌症。为什么会出现这种情况？辛克尔（Lawrence E. Hinkle, Jr.）的"器官选择理论"认为，在心理和社会因素的作用下，首先受伤害的器官是那些发育较弱的器官。

（2）心理因素。心身医学模式证明人的心理与生理是相互适应的，心理紊乱必然引发生理上的不适。比如一个人遇到不愉快的事情，往往会睡不着觉、吃不下饭，生理功能明显受到影响。如果这种紊乱是短期的还可以调整过来，但如果是长期的，必然会引发身体器质性变化。心理紊乱最直接的体验是紧张、压抑、心理矛盾和创伤，这些体验通过情绪反映出来。

（3）社会文化因素。每个人都不是生活在真空中，我们所生活的环境，包括生活与工作环境、人际关系环境、家庭环境、角色适应和变化、社会制度、社会地位、文化传统和宗教习俗等都影响着我们的生活。在社会文化因素中，对人影响最大，也是现在研究最多的是生活事件，关于生活事件的影响问题，我们在后面将会做专门论述。

专栏 10-1　　正念有助于身心健康吗？

正念（mindfulness）是对当下有意识的、不评判的注意。正念以一种开放好奇和接纳的态度注意觉察情绪、认知和身体感觉。正念干预被广泛运用于缓解抑郁和焦虑情绪困扰，缓解如教师、家长等高压群体的心理压力。正念的监控接纳理论（monitor and acceptance theory）认为，正念过程中的注意监控可以提高认知能力同时增强情绪反应，而保持接纳可以降低由监控带来的情绪反应。从广义上讲，接纳意味着愿意保持当下的体验，监控它们的出现和消失，不企图去改变或回避消极的想法或情感，也不评价它们的好坏。所以正念干预通过监控和接纳两种核心成分提高个体的认知水平，缓解消极情绪和压力，改善心理健康水平。

抑郁个体有两种认知加工模式，即自动化加工和反思性加工。抑郁个体的消极自动加工偏向会导致消极的认知、情绪反应，如果不能促发反思性加工并有效纠正消极自动化思维，则会陷入恶性心境循环。抑郁个体的执行功能缺陷会导致消极认知偏向和非适应性的情绪调节策略，而这将强化消极自动化加工偏向。

研究者认为，正念干预能有效改善抑郁个体的执行功能，减少由执行功能缺陷导致的消极认知偏向。正念干预一方面可以通过去中心化机制直接降低自动化加工偏向，另一方面能有效提高执行功能，增加认知资源，有利于抑郁个体进行反思性加工。有研究者认为，对于由错误认知造成的焦虑，接纳意味着中性地描述那些令人烦恼的、不断闯入的消极体验和记忆。接纳有助于修正自我与当下体验的关系，能够降低焦虑者的自动化情感反应，不夸大威胁或低估自己的能力，在一定程度上改变认知偏见和情绪调节策略。对内在体验随时随地的接纳促进了认知、行为应对策略的改变。当接纳的自我报告不断增加时，焦虑的症状也随之缓解。所以焦虑者能够明确自身的认知加工和意义采择，也能够整合这些不舒服的体验并讲述出来，或者让它们消失。

正念不仅对焦虑、抑郁有改善作用，也对健康个体有积极作用。有研究者通过追踪设计，对国内中小学生的正念注意觉知发展和心理健康关系进行研究，发现正念注意觉知与心理健康密切相关，正念注意觉知通过情绪调节能力间接作用于中小学生心理健康。

§2 压 力

一、生活事件

生活事件（life events）是指生活中出现的可能影响个体生活的事件，它的出现常常会给个体带来压力。生活事件可以是关于家庭的、工作的或者健康的，也可以是身体方面的。对个体来说，不同的人生阶段所遇到的生活事件不同，生活中遇到的非常事件，如战争、疫情等都可以称为生活事件。

生活事件会给个体带来压力，个体应对这些压力的过程称为应激。应激是身体对威胁性事件产生的生理反应。心理学家 Selye（1956，1976）最早关注应激问题，他研究的重点是人的身体如何适应环境中的威胁，他没有区分这种威胁是来自心理的还是生理的。后来的研究者扩展了他的研究范畴，想知道产生威胁的生活事件到底是什么。比如 Holmes 和 Rahe（1967）就发现应激的产生取决于人们在应对外界事件时所做的转变及适应的程度，转变越多应激就越强烈。为评价这些转变对个体的影响，Holmes 和 Rahe（1967）编制了"社会再适应评定量表"（Social Readjustment Rating Scale）。这个量表反映了生活事件对人的影响，一个事件所得到的生活转变值越高，它对个体的影响就越大。许多研究表明，人们在该量表上的得分越高，他们的身心健康就越糟糕。

表 10-1 列出了前 20 个对个体生活有影响的生活事件，以及这些事件的影响大小。

表 10-1 社会再适应评定量表

排序	生活事件名称	影响大小
1	配偶去世	100
2	离婚	73
3	分居	65
4	入狱	63
5	亲密的家人去世	63
6	自己受伤或生病	53

(续表)

排序	生活事件名称	影响大小
7	结婚	50
8	被老板解雇	47
9	复婚	45
10	退休	45
11	家人健康问题	44
12	怀孕	40
13	性功能障碍	39
14	孩子出生	39
15	工作变动	39
16	经济状况的改变	38
17	好友去世	37
18	从事不同性质的工作	36
19	与配偶吵架次数的改变	35
20	贷款超过一万美元	31

从这个表的排序可以看出，对成年人来说配偶去世的影响最大。这个量表提供了评定生活事件影响的思路，但也存在很大的问题，其中明显的问题有四个：一是量表的文化适应性问题，因为西方人遇到的问题，不一定是东方人会遇到的问题；二是量表忽略了个人内在因素对事件评价的影响，也就是说遇到同样的问题，不同的人的理解不同，比如抗逆力不同的个体对压力事件的反应不同；三是量表比较陈旧，内容不符合时代发展；四是量表以美国中产阶级为调查对象，忽略了贫困者和少数族裔的压力源。

对具有不同经验或不同年龄的人来说，生活事件的种类和影响也不一样。Renner 和 Mackin（1998）通过对 1247 名大学生的调查分析，编制了适合大学生的生活事件量表。表 10-2 列出了其中前 20 个题目以及评价方法，要求大学生把过去一年中经历过的生活事件的压力等级分数填在最后一栏，然后把分数加总。

表 10-2　大学生生活事件量表（节选）

生活事件	压力等级	你的得分
1. 被强奸	100	
2. 发现自己是 HIV 阳性	100	
3. 被控告强奸	98	
4. 亲密好友的死亡	97	
5. 亲密家庭成员的死亡	96	

（续表）

生活事件	压力等级	你的得分
6. 感染了一种性传播疾病（非 AIDS）	94	_____
7. 担心怀孕	91	_____
8. 考试周	90	_____
9. 担心伴侣怀孕	90	_____
10. 考试睡过头	89	_____
11. 一门课考试不及格	89	_____
12. 被男友或女友欺骗	85	_____
13. 结束一段稳定的恋爱关系	85	_____
14. 好友或亲密家庭成员患重病	85	_____
15. 经济困难	84	_____
16. 写必修课期末论文	83	_____
17. 考试作弊被抓	83	_____
18. 醉酒驾车	82	_____
19. 感到学习或工作不堪重负	82	_____
20. 一天有两门考试	80	_____

我国学者杨德森和张亚林（1990）也编制了一个适合中国人的生活事件量表。该量表包含 48 个项目，把人们遇到的问题分为家庭问题、工作学习问题和社交与其他问题三类。量表同时考虑了这些事件发生的时间、事件的性质、对个体的影响程度以及事件持续的时间，用这些因素的总和估算出正性和负性生活事件的影响值。计算公式为：$E = V \times T \times N$，其中，E 代表某生活事件的影响值，V 代表该事件的影响程度，T 代表该事件的持续时间，N 代表该事件发生次数，这个公式较为客观地衡量了生活事件的实际影响。

二、对压力的知觉

生活事件的确会影响健康，但简单地将人们经历的负性事件的数量加总的方式，明显违反了社会心理学基本原理中主观情境对人的影响大于客观情境这一原理。杨德森等人在编制中国人生活事件量表时指出，个体对应激性事件的知觉某种程度上比事件本身更能预测个体的健康状况。比如，有人认为收到一张罚单是一件很严重的事情，但也有人认为这是小事一桩而毫不在意；有人把离婚看成解脱，也有人认为那是人生的一次重大失败。为此，心理学家 Lazarus（1996）指出，是主观压力而不是客观事件本身产生的问题，一件事情除非被诠释为应激来源，否则算不上是应激事件。正因如此，Richard

S. Lazarus 将应激定义为：一个人觉得自己无法应付环境要求时产生的负性感受与消极信念。

为证明人们对事件的看法是产生应激的重要因素，Lazarus 进行了一系列经典研究。在一项以伐木工为对象的研究中，他让工人观看含有血淋淋画面的事故录像。比如，在其中一个画面中，有一位粗心大意的工人被锯子锯断了手指。他认为看完这样的录像后，一个人的难受程度取决于人们如何解释这些事件。他把被试分成两组，对实验组被试，主试指导他们观看录像时关注工人之间的关系而较少关注事故。对控制组被试则没有任何指导，直接观看录像。结果发现：接受了指导的实验组被试并没有受录像的影响，由于这些被试用近乎医学的观点来看待录像中的意外，他们将那些会产生应激的情形看成是正常的，就像医生那样，看见流血也不惊慌。Lazarus 的研究证明了对应激事件的主观理解影响着人们的身心健康，人们对负性生活事件的诠释引发的压力会直接影响免疫系统，使人生病。以普通的感冒为例，当人们感染了感冒病毒后，只有 20%~60%的人会发病。

为了回答生活压力是否为发病的决定性因素这个问题，Cohen，Tyrrell 和 Smith（1991）邀请志愿者参加一项研究。研究开始时，实验者要求被试写出一年以来发生在自己身上的，并且对自己有影响的负性事件。紧接着研究人员给被试注射病毒或生理盐水，然后将他们隔离数天。结果发现那些有较多生活压力的人更容易患病毒性感冒（图 10-1）。

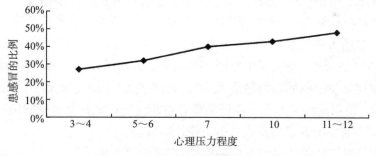

图 10-1　心理压力与患感冒的关系

经历负性事件较少的人只有 27%的人发病，经历负性事件较多的人发病率达到 50%，感冒发病率与负性事件数量呈正相关。负性事件的影响即使在去除其他可能会导致发病的因素（例如年龄、体重、性别）后仍然存在。其他类似的研究也证明个人承受的压力越大，他对疾病的抵抗力就越低。当然，S. Cohen 的研究属于相关研究，需要谨慎地加以解释。他们的研究测量被试所经历的压力大小，再计算它和被试患感冒概率的相关程度。被试抵抗力降低的原因或许并非压力本身，也许是另一个与压力相关的变量。如果将被试随机分到一个会让他承受长期压力的情境当中，这样的实验设计在伦理上是不允许的。更何况谁会愿意为了了解自己会不会患各种疾病而长期接受研究者的折磨呢？为解决这些问题，有研究者选择使用造成轻微压力的实验任务，例如连续心算6分钟或即兴演讲，并在实验前后分别测量被试的免疫反应。结果发现即使是上述这种相当轻微的压力源，都可能会抑制免疫系统的功能。

心理学研究还发现，与欧洲裔美国人相比，非洲裔美国人患高血压的可能性更大（Obrist，1981），Clark等人（1999）认为这一现象可能与人们对非洲裔美国人的刻板印象有关。Blascovich等人（2001）设计了两种刻板印象威胁情境：高刻板印象威胁条件下，一名欧洲裔主试告诉非洲裔被试，他们将接受智力测试，这一测试是由普林斯顿大学、斯坦福大学和密歇根大学编制的，在全国范围内有效；而在低刻板印象威胁条件下，一名非洲裔主试告知非洲裔被试，他们做的测试是由霍华德大学和密歇根大学编制的，这套测验不存在文化差异。结果发现高刻板印象威胁条件下的非洲裔美国人在测验过程中血压较高，且测验成绩也不好。

三、控制感

究竟是什么因素让人觉得某个情境是有压力的呢？心理学家发现知觉到的控制感和自我效能等因素起着重要的作用。知觉到的控制感是指人们相信自己可以用各种方式来影响和控制周围环境的感觉，至于结果是好是坏，则取决于自己所采取的方式。Taylor，Lichtman和Wood（1984）走访了患乳腺癌的女性，许多患者相信，如果癌症再次发作，她们能控制病情。这些相信癌症能够控制的女性，心理调适能力要比那些认为癌症无法控制的人强得多。其他研究也证实了这种信念会影响人们的身心健康，比如Helgeson（2003）发现，那些对未来有很高控制感的人比低控制感的人更不易患心脏病。但由于上述探讨知觉控制感与慢性病关系的研究采用的是相关研究，而不是揭示因果关系的实验研究，所以这些研究并不能证明患者对病情的控制程度会使病情好转，也有可能是因为身体逐渐变得健康后使人觉得更能控制病情。

为了确定知觉到的控制是否会影响病情，研究者将人们随机分到高控制和低控制两组中，然后分别进行实验以确定两者的因果关系。在一项研究中，Langer和Rodin（1976）以一家养老院的老人为被试，研究控制感对老年人健康的影响。开始时研究者把老人随机分到实验组和控制组，对实验组的老人，院长告诉他们："我希望你们能花一些时间去想一想，你们能够决定的事情有哪些。比如说，你们可以负起照顾自己的责任，并设法使这里成为生活的乐园。你们可以决定自己房间的摆设，你们可以安排自己的时间。另外，如果你们对这里有什么不满意，你们就应该发挥影响力去改变。这里有许多事情是你们能够决定的，你们应该时时思考这些问题。"院长接着告诉他们，下个星期会有两个晚上播放电影，由老人们决定是在哪两个晚上播放。最后，院长送给每个老人一盆花作为礼物，并告诉他们有责任去照顾这些花。而对控制组的老人，院长讲话内容并没说到任何有关提高控制感的话。他告诉这些老人："我希望你们能生活得很快乐，但你们没有任何权利决定自己的生活。下星期会播放两部电影，时间已经定好，你们可以前往观看。"他送给这些老人相同的花，但却说护士会帮他们照顾这些花。Langer 和 Rodin 相信增强这些老人对生活的自主性，会对他们有极大的益处。结果证实了这一假设：让老人决定何时放电影和让他们照顾一盆花，极大地提高了老年人的控制感。对这些生活受限制而觉得无助的老人来说，一个小小的激励对他们都会有极大的帮助。结果发现实验组的老人比控制组的老人活得更快乐、更积极。更有意思的是，这种控制感能够改善老人的健康状况，在此后的一年半死亡率也下降了。18 个月之后，实验组的老人死亡率为 15%，而控制组为 30%。

Schulz（1976）等人的另一项研究采取另一种方式来增加老人的知觉控制感，他们让一群大学生在两个月内每周访问一个养老院的老人一次。实验组由老人自己决定何时被访问以及访问持续多长时间；控制组则由学生们来决定何时进行访问以及时间有多长。从表面上看，这两组似乎没有太大差异。但两个月后实验组的老人比控制组的老人报告说自己更健康、快乐，客观上他们需要的医疗服务也显著减少。实验结束几个月之后，Schulz 又回到那家养老院，了解这项干预的长期效果。以死亡率为效标，他们发现在 Langer 和 Rodin 的研究中，控制感的提高降低了老人的死亡率，据此认为那些能够控制访问时间的老人更健康，死亡率较低。但在 Schulz 的研究中，干预产生了非预期的效果——实验干预结束后，实验组老人的情况比控制组差。

为什么同样是增加控制感却会产生不同结果呢？实际上这两项研究有一个很大的差异：在 Langer 和 Rodin 的研究中，老人有一种持久的知觉控制感。实验组的老人在研究结束后，继续自行决定何时参加活动，继续照顾花，并且仍然觉得自己能改变生活中发生在自己身上的事情。而在 Schulz 的研究中，研究结束后大学生的访问也随之结束，这使老人对学生来访的控制感突然消失了。这项研究结果对那些志愿访问养老院、监狱与精神病院的研究计划有重大参考意义，这样的访问只有短暂性的效果，并且在计划结束后，说不定还会带来负面效果。

一些研究还发现，在不同文化中，人们对控制感的需求也不相同。与东方人相比，控制感对西方人更重要。Sastry 和 Ross（1998）在一项研究中发现，亚洲被试报告说控制感并不重要，并且认为控制感与心理焦虑的关系也不大，而西方人却认为这些对他们来说都很重要。研究者认为西方文化比较推崇个人主义，强调个人成就，因此当人们感觉不能控制命运时，就会感到焦虑、痛苦。而东方文化强调集体主义，团体目标大于个人目标，因此低控制感不会过多地影响人们的感受。

四、自我效能

自我效能(self-efficacy)是指个体认为自己有能力执行特定行为以达到目标的信念。相信自己能够控制生活固然重要，但相信我们能够采取特定行为来达到目的更重要。例如张三觉得自己能够控制自己的生活，但这是否意味着他觉得戒烟很容易呢？按照班杜拉的观点，必须考察张三在这方面的自我效能。也就是说他是否相信自己有能力采取特定的行动来达到目标。只要张三相信自己有能力采取有助于戒烟的行为，例如丢掉香烟、避开一些最容易受香烟引诱的情境、想抽烟的时候能够做别的事以分散注意力等，这样他就有可能戒烟成功。反之如果他在这方面的自我效能低，无法采取有助于戒烟的行为，他很可能戒烟失败。

自我效能可以预测若干重要的健康行为，例如戒烟、减肥、健康饮食和规律运动等。在一项研究中，自愿参加实验的被试加入一项为时 14 周的戒烟治疗计划（Blittner，Goldberg，Merbaum，1978）。研究中被试被随机分配到三组：自我效能组、非自我效能组和对照组。其中前两组被试都接受戒烟治疗，只是自我效能组被试的自我效能被激起，而非自我效能组的被试没有激起自我效能。自我效能组的被试被告知，他们之所以被选为研究对象，是因为他们拥有坚强的意志力，以及控制并战胜欲望和行为的潜力，他们能在治疗过程中彻底戒烟。实际上自我效能组的被试并不是真的比非自我效能组和控制组的人拥有更强的意志，只是因为他们被随机分到接受自我效能反馈的实验组。非自我效能组和控制组的被试则没有得到这样的反馈。结果发现：自我效能组被试成功戒烟的比例比非自我效能组和没有接受任何治疗的控制组高出很多（图 10-2）。这一研究表明拥有认为自己能够戒烟的信念的人很可能成功地戒烟，其中认为自己办得到的信念是成功的重要决定因素。

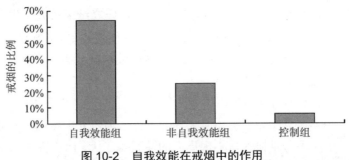

图 10-2　自我效能在戒烟中的作用

自我效能为什么会有如此重要的作用？Cervone 和 Peake（1986），以及 Litt（1988）等人认为自我效能常通过两种方式来提高一个人从事健康行为的可能性。第一，它会影响我们做事的毅力和努力程度，自我效能低的人通常很容易放弃，而自我效能高的人则经常会设定较高的目标，付出更多的努力，且在面对挫折时能持之以恒，因而成功的可能性高。第二，自我效能影响人们在追求目标时的生理反应，自我效能高的人在完成困难的工作时焦虑水平比较低，免疫系统的运作也比较好（Bandura et al.，1988），自我效能的作用机制就好像自证预言，你越相信你能够完成某件事，这件事成功的机会就越大。

专栏 10-2　　心理韧性与心理健康

心理韧性是近年来心理学家很关注的一个概念，在心理学家的眼里，心理韧性包括坚韧性、力量性、乐观性三个方面。其中坚韧性指个体在面对创伤、压力和逆境时坚韧不拔、顽强不屈、勇于超越困难和逆境的品质，具有坚韧性的人在应对压力时，即使希望渺茫也不会轻易放弃，不会因为失败而气馁，而是在压力下理智清醒地分析问题，使事情按照既定目标发展。力量性指个体具备挑战压力的能力，不仅指个体具有外在力量，也指具有内在的挑战困难的品质。力量性强的个体在应对压力时即使经历了困难挫折，也充满动力和信心，能较快恢复且快速适应转变。乐观性指个体能够积极看待过去已经发生的或者现在发生的事件，认识到压力事件的积极方面。具有乐观性的个体在应对压力时，即使遇到艰难困苦也能以乐观心态面对，可以在绝望中看到希望并以积极的视角解读事件。

许多研究发现心理韧性对心理健康的积极影响。李嘉（2019）以甘肃兰州四所高校的 490 名在校学生为调查对象，发现了心理韧性对大学生心理健康的影响机制：心理韧性在压力知觉与情绪耗竭之间起部分中介作用，个体通过提高心理韧性来降低情绪耗竭。李佳和郑安云（2018）在对老年人的研究中也发现老年人心理韧性与心理健康的关系：社会支持对心理健康的预测效应是通过心理韧性这一中介因素实现的。这些研究在一定程度上揭示了心理韧性作为一种中介因素，对促进心理健康有重要的作用。

五、习得性无助

习得性无助是指个体将负性事件归于稳定的、内在的与全面性的因素时所带来的悲观状态（Abramson，Seligman，Teasdale，1978；Overmier，2002）。心理学家发现健康也和人们的归因方式有关，我们来看看在一次数学考试中成绩不好的两个大学生的情况。学生甲对自己说："我想是教授故意出了很难的题目考我们，目的是想激励我们好好学习，我应该更认真地学习，争取下次考试能考好。"学生乙则对自己说："我可能没法在大学混下去了，我担心我的智商不够，现在我终于知道这是真的。"在这两种情况下，你认为在下一次考试中，哪个学生会有较好的成绩？不出意外的话，你肯定会说是甲，因为他对失败原因做了一些让自己觉得欣慰的解释；相反乙可能会陷入习得性无助状态。艾布拉姆森的归因风格理论认为人们在解释负性事件时的归因方式有三个：一是稳定归因，认为事件起因于某些不随时间而改变的因素（智力），而非随时间改变的因素（努力）；二是内在归因，认为事件起因于自己（能力或努力），而非外在因素（考试难度）；三是整体归因，认为事件的起因是某些适用于许多情境的因素（智力影响多方面的表现），而非某些只适用于特定情境的因素（音乐才能影响音乐课上的表现，不影响其他科目的表现）。

艾布拉姆森认为对负性事件做稳定、内在和整体归因会导致绝望、沮丧、降低努力程度以及学习困难。学生乙相信考试成绩差的原因是稳定的（不聪明），是自己的因素造成的（应该责怪自己），同时认为会对其大学生活造成多方面影响（不聪明会影响许多科目，不仅是数学）。这样的解释会导致习得性无助，从而造成情绪低落、努力减少以及学习困难。相反学生甲相信自己成绩不好是不稳定因素造成的（下次教授会出简单考题，自己下次可以更努力），是出于外在（教授有意出难题）、特殊的因素（数学不好不会影响其他科目）。

M. A. Layden 探讨了帮助抑郁型大学生改变归因方式的办法，他首先向抑郁型大学生解释了非抑郁型归因方式的好处（将成功归因于内部、失败归因于外部可增强信心）。在接下来的治疗阶段，他让每一个人记录每天的成功与失败，并让大学生注意成功的原因是由自己的因素造成，失败的原因是由外在的因素造成。结果归因训练结束一个月之后，大学生的归因风格变得更加积极，而归因风格越积极，抑郁水平下降得越多。

Wilson 和 Linville（1985）假设大一新生的学习成绩差是因为归因方式不当，由于对新学校环境的适应困难，大学生活对每位新生而言都是艰苦的经历。可许多学生并没有意识到适应问题的普遍性，而将适应不良归因于自身不可改变的一些缺陷，正是这样的归因模式导致了习得性无助。在另一项研究中，Wilson 和 Linville 告诉大学新生，大学生活初期的困难以及不适应是暂时的。实验组观看录像，内容是对四名高年级学生进行的采访，采访中他们谈到自己曾在大一时成绩很差或者中等，但后来成绩有了显著的提高。随后主试让学生阅读一份在大一表现差而后来进步的人的统计资料。研究者假设这些简单的信息能够避免学生产生习得性无助，让学生更努力并去除他们对自己能力的怀疑。结果证明确实如此，与同时参与实验但没有看录像和统计资料的控制组学生相比，实验组的学生在下一学年的进步比较明显，中途退学的人也较少。

§3 应对方式

一、应对与应对方式

应对（coping）是指个体在处理超过自身资源的生活事件时所做的认知和行为上的努力，应对方式（coping style）则是指人们在面对应激事件时的反应方式，在应激事件与健康之间，应对方式起着重要的中介作用。

早在1988年，Susan Folkman 和 Richard S. Lazarus 编制的应对方式的量表（ways of coping，WOC）就把人们的应对方式分为面对、远离、自我控制、寻求社会支持、接受责任、逃避、计划性解决问题和积极回应共八种方式，这八种方式又可以分为关注应对和情绪应对两大类。前者指直接解决事件或改变情境，后者指解决自身情绪反应。与 Folkman 等人的观点不同，Carver，Scheier 和 Weintraub（1989）编制的应对风格问卷则包括积极应对、计划、否认、情绪专注与宣泄等14个维度。但上述工具是在西方文化中编制的，未必符合我国的情况。为此，我国学者从实际出发，编制了中国人应对方式的测量问卷，其中比较有代表性的是施承孙等人编制的中国人应对方式问卷，这个问卷把应对方式分为针对问题的积极应对、否认与心理解脱、情感求助与宣泄，以及回避问题和转移注意四种方式。

二、性别与应对方式

男性和女性在面对应激事件时的应对方式不同。Walter B. Cannon 在研究动物行为时发现，动物在面对压力情境时经常采用两种方式：一种叫接受挑战，即在压力面前与压力源做斗争；另一种叫逃跑反应，即在压力面前采取逃避的行为。Taylor 等人（2000）研究了老鼠在面对压力时的反应，发现雄性老鼠和雌性老鼠在面对压力事件时的反应不同。接受挑战或逃跑反应这两种方式对雄性来说也许是适当的，而对雌性来说并不是最佳的选择。因为雌性需要照顾孩子，采取接受挑战或逃跑反应对怀孕或即将生产的动物来说，并不是最好的选择。因为它们缺乏足够的力量，即使要逃跑也很困难。Taylor 发现雌性动物发展出了一种新的应对方式，他称之为趋向与友好的应对方式。Taylor 指出女性不采取争斗或逃跑的应对方式，是因为她们肩负抚养孩子的责任。面对压力时她们需要做好保护自己和保护孩子的准备，而通过趋向与友好的方式，使自己和孩子远离危险，这对母亲和孩子都有益处。通过趋向与友好的方式与其他成员建立亲密关系，互相交换资源。就像在人际关系一章中讲到的，女性比男性更可能发展出亲密友谊，她们倾向与他人合作并将注意力集中在社会关系上。

趋向与友好也可能有生物学意义，就像接受挑战或逃跑反应在男性中存在一样。Ennis，Kelly 和 Lambert（2001），以及 Taylor 等人（2000）发现女性在应激状态下会分泌更多的激素，而激素能使人镇定并促进与他人的联系。有人反对这种生物学的解释，比如 Collins 和 Miller（1994）认为女性倾向于寻求社会支持，可能是由于女性和男性的社会化方式不同。有证据表明在压力情境下，女性由于求助他人以及讨论自身的问题而比男性得到了更多酬赏。

三、人格与应对方式

人格也会影响个体的应对方式，这方面比较有影响的研究有三个：一是有关悲观人格与乐观人格的研究，二是 A 型人格与 B 型人格的研究，三是压力易感性人格的研究。

1. 乐观与悲观

在生活中你会发现有些人天性乐观，对生活总是充满美好的期待；而有些人整天抱怨，总是看到人生的阴暗面。Armor 和 Taylor（1998）、Carver 和 Scheier（2003），以及 Salovey 等人（2000）发现乐观者能够对压力做出较好的反应，而且也比悲观者更健康。Taylor 和 Brown（1988，1994）发现大多数人对人生持乐观的态度，这种乐观甚至到了不切实际的地步。比如研究者曾让一群大学生估计各种可能发生在自己和同学身上的事件的概率，这些事件包括正性事件（比如毕业后找到一份自己喜欢的工作）和负性事件（比如离婚、患肺癌）。结果发现几乎每个人都认为，正性事件发生在自己身上的概率高于发生在同学身上，而负性事件发生在自己身上的概率则低于同学。尽管我们知道这种概率判断是错误的，不可能每个人都比其他人有更多的机会碰到好事、避免坏事，但如果我们能够尽力用积极的态度看待生活，就能提高控制感和自我效能感。况且大多数人在面对真正的威胁时，常能暂时收起自己的乐观，采取行动来面对威胁。比如著名运动员阿姆斯特朗在与癌症斗争时，其乐观态度促使他寻找所有与癌症有关的资料和最新的治疗方法，并且还向很多专家寻求意见。

2. A 型人格和 B 型人格

A 型人格通常争强好胜、缺乏耐心、带有敌对情绪、有侵略性、控制欲强；B 型人格则较有耐心、轻松自在，且不好竞争；从结果上看 A 型人格通常学业成绩优良、事业有成。然而这些成就需要付出代价：A 型人格在工作以外的活动上花费的时间少，并且难以平衡工作和家庭生活。

A 型人格比 B 型人格更容易患冠心病，为什么会这样？是因为 A 型人格在应激情况下会夸大自己的生理与心理反应。Meyer Friedman 和 Ray H. Rosenman 发现 A 型人格特征与心脏病有紧密关系，而 A 型人格中的竞争性和敌意特征是引发心脏病最主要的原因。C. S. Carver 认为这与 A 型人格的人在应对刺激时心血管系统的敏感性有关，他们过度的反应会对心血管造成损害。为调整这些不适，C. S. Carver 等人让个体先观察自己的行为，之后对行为加以控制，同时引导个体对生活环境中的紧张给予合理的解释。这些改变有效地减少了 A 型人格者心脏病的发病率。

是什么决定了一个人是 A 型人格？其中的因素有性别、是否是城市居民以及父母是否为 A 型人格等，也可能与个人所属的文化有关。比如，西方国家冠心病发生率高于亚洲国家，西方文化强调个人主义和竞争意识，因此比较容易产生 A 型人格；而在强调集体主义的东方文化中，人们承受压力时能得到较多的来自他人的社会支持，而社会支持能够帮助我们有效地应对压力。

3. 容易引发疾病的人格特征

Scheier 和 Bridges（1995）区分了 4 组容易引发疾病的人格因素。

（1）易发怒和具有敌意。这类人遇到挫折或逆境时往往采取对立态度，消极地看问题。人们在应对消极信息时采取夸大的策略，这种策略使得个体的不良情绪大大加强，最终会损害免疫系统，促使疾病产生。

（2）情绪压抑。如果一个人在遇到问题时不能很好地与人沟通，不能寻求积极的解决方法，而只是一味地压制自己的情绪表达，则可能会受到疾病的困扰。在压抑的情境下不愿表达自己的情感，对抑郁情绪的过分压抑是癌症产生的最主要因素。艾森克指出："已有足够的证据可以说明在人格与应激以及疾病之间存在着必然的联系，而这种联系会影响免疫系统的功能……人格与应激因素是癌症产生的重要原因。"

（3）失望感强烈。埃里克森的人格发展理论指出，个体步入老年的时候存在着自我完善与绝望的冲突。此时，个体回顾自己一生中所经历的事件，如果他们在先前各个阶段能够成功对待生活中的问题，就会产生完美感；相反，如果他们在回顾以往岁月时感到自己失去了机会选错了方向，就会后悔莫及并产生强烈的失落感，从而在以后的生活中萎靡不振，并最终引发疾病。

（4）悲观与宿命。悲观宿命者因为缺乏对生活的控制感，常常被消极情绪所笼罩。他们认为这些不好的东西是自己命中注定，所以常常失去主动性，越想越不好，最终身心健康受到影响。乐观与具有控制感的人就完全不同，Lobel 等人（2000）研究了 129 名 20～43 岁高危孕妇（患有糖尿病、高度紧张、胎位不正、有出血症状等）乐观与生育健康之间的关系，发现这些孕妇的乐观态度与怀孕期间的饮食和锻炼有着紧密的联系，悲观的孕妇生下的孩子的平均体重较轻，分娩时紧张程度更高。

4. 压力易感性人格

面对生活中的压力，为什么有些人生病，有些人却能够抵御疾病？这可能与一个人是不是压力易感性人格有关。根据压力易感性，研究者把个体分为疾病倾向型和自我治疗型：疾病倾向型的个体对压力非常敏感，常常以强烈的消极情绪和不健康的行为模式对压力做出反应；自我治疗型的个体可以很好地控制压力，保持健康行为，对生活充满热情，情绪稳定并且关心他人。心理学家从行为倾向、期望信念和个人特征三个方面对这两类人做了区分：

（1）从行为倾向看，疾病倾向型个体经常卷入人际冲突，追求完美，内向并且做事拖拉；而自我治疗型个体则会避免人际冲突，不追求完美，外向并且能够按时完成任务。

（2）从期望信念上看，疾病倾向型个体经常从负面解释压力事件，这些人外控倾向高，不相信公正的存在，自我效能感低，悲观逃避，常常关注消极目标；而自我治疗型个体经常从正面解释压力事件，内控倾向高，相信公正，自我效能高，乐观且关注积极的结果。

（3）从个人特征上看，疾病倾向型个体神经过敏，不能适应环境，自尊心低下，依赖别人，常常不知道自己喜欢什么或不喜欢什么；而自我治疗型个体能够很好地调适自己，自信心强，做事独立，知道自己喜欢什么和不喜欢什么。

四、积极的应对方式

在生活中遇到问题时，下列措施在维持个体健康方面很有价值。

1. 加强锻炼，增强体质

Jessor，Terbin 和 Costa（1998）等人对健康问题开出的第一个方子就是要加强营养、睡眠充足和经常锻炼。良好的体质是锻炼的结果，拥有良好体质会促进自我效能感，使人们感到自己有能力应对压力。健康的饮食习惯和生活方式需要强烈的动机、持之以恒以及管理自己行为的能力。健康行为，如运动、良好的营养条件、不酗酒等都是促进乐观主义者长寿的基本因素（Peterson，Bossio，2001）。

2. 增加积极情绪和控制好自己

Folkman 和 Moskowitz（2000a，2000b）认为应对压力包括两个层面：一是针对情绪的应对，增强积极情感，用乐观的心态面对问题是较好的情绪应对；二是针对问题的应对，积极了解问题本身，获得对情境的控制。增加积极情绪有很多途径，如笑、寻找积极的体验、与家人或朋友在一起、从事喜欢的工作、追求体验爱情或在宗教中寻找寄托等。针对问题的应对包括拥有积极的信念、从事建设性行为、为达到长期目标而放弃短期的快乐，以及对将来抱有积极的希望等。

3. 敞开心扉，倾吐心事

发生创伤性生活事件时采取什么方法应对最好？是尽量把它埋在心底，闭口不谈，还是敞开心扉，找人谈谈这些问题？虽然常识告诉我们向他人敞开心扉是最好的办法，但这个假说一直到现在才被证实。Pennebaker 和 Beall（1986）用很多有趣的实验证实了这一点。在一项研究中，他和 S. K. Beall 请一些大学生连续 4 天晚上花 15 分钟的时间，将自己经历过的创伤事件写下来。为了便于比较还设置了一个控制组，控制组的学生则是花同样的时间写一件小事。学生们所写的创伤性事件包括一些很悲惨的事情，比如被强奸、家人去世等。研究结果发现就短期效果来看，写下这些创伤性事件会使人难过——被试报告了较多的负面情绪，并且血压也升高了。但是就长期效果而言，这样做却是有好处的。在接下来的6个月时间里，这些人较少去心理咨询中心，并且也较少生病。

在另一项研究中 J. W. Pennebaker 也得到了类似结果，他发现大一新生如果愿意将他们刚上大学时遇到的问题写下来，在接下来的几个月内其健康状况会有所改善。在其他的研究中，Pennebaker 和 O'Heeron（1984）访问了自杀或交通事故遇难者的配偶，发现与能够坦然表达的人相比，那些独自承担悲痛的人有更多的健康问题。Pennebaker, Colder 和 Sharp（1990）还调查了 700 名女大学生，发现约 8.3%的人在儿童期有创伤性的性经历。与那些经历了与性侵犯无关的创伤的女性（例如父母死亡或离婚）相比，经历性创伤的女性报告了更多的头痛、胃病和其他健康问题，当她们对自己的秘密缄口不言时症状更明显。

敞开心扉向他人倾诉为什么能够促进健康？Pennebaker 认为可能和两个因素有关：一是一个能写出负性生活事件的人，常常会构建一个完整、有意义的故事来解释这些事件。通过对数百个被试写下的负性事件进行分析，他发现健康状况改善最多的人，是那些一开始对自己的问题描述得不连贯、无序，而后来在解释这些事件的时候却十分清晰连贯的人。因为一旦解释了这些事件，人们对这些事情就不再多想了。二是这些人抑制负性事件的想法较少，因为刻意压抑这些事件，可能会让人们更关注这些想法，越试图不去想那些事情，实际上会想得更多。将创伤性事件写下来，或者向他人倾诉会帮助人们更好地理解那些事件，然后轻装前进。正如一名被试所说："尽管我没有告诉任何人我写了什么，但我终于能够处理它，解决问题，而不是逃避。再想到它的时候也不会受伤害。"可见，倾诉大有裨益。

4. 寻求社会支持

社会支持是指我们在生活中所感受到的来自周围他人情感上的关心和支持，这种支持与我们拥有的人际和社会关系有关，社会支持有助于人们应对生活中的各种应激事件。心理学家发现，应激性生活事件对老年人免疫功能的影响与社会支持的缓冲作用有很大的关系。当个体面对应激刺激时，自主神经系统被激活，引起血压和心跳变化以应付可能出现的危险。以对抗炎症为例，较多的社会支持有利于产生更多的白细胞以清除炎症。

Norris 和 Kaniasty（1996）在一项飓风危害的研究中发现，应对飓风时表现最好的人，常常是那些感觉自己获得最多社会支持的人。这些支持包括他人来和自己聊天，并帮助我们解决问题。Uchino，Cacioppo 和 Kiecolt-Glaser（1996）也发现有依靠的人能够较好地处理生活中遇到的问题，并且能保持健康。研究也证实了社会支持对老年人的生活与人格健康有积极的作用，老年人受到的社会支持越多，身心健康状况越好。还有研究从生理学角度探讨了社会支持对免疫功能和应激行为的影响，发现社会支持在压力、应激源及应激行为之间起着缓冲作用，社会支持通过减轻压力和应激而对免疫功能产生影响。研究还证明了社会支持对抑郁症有影响，发现来自病友的社会支持可以解释37%的变异，而社会与经济压力只能解释其中的13%。

不同文化的研究也证明了社会支持的作用。Bond（1991）、Brislin（1993）、Cross 和 Vick（2001）等人的研究发现，强调互相依赖的集体主义文化中的人，患与应激事件相关的疾病的概率要比强调独立的个人主义文化中的人低。因为在集体主义文化下人们更容易获得社会支持，个人主义文化强调"凡事自己做"是以健康为代价的。在一项研究中，研究者调查了生活在1967年至1969年的美国人，发现社会支持少的男性在随后的12年中，死亡概率是具有较高社会支持的男性的2～3倍；具有较少社会支持的女性在随后的12年里，死亡的概率是具有较高社会支持的女性的1.5～2倍。

为什么社会支持有助于健康？Cohen 和 Wills（1985）等人提出的缓冲假设（buffering hypothesis）认为：人只有在处于压力环境时才需要社会帮助，在没有压力的时候并不需要利用这些社会关系。当遇到的问题很严重时，比如失恋或者家里出了比较严重的事情的时候，社会支持通过两条途径帮助人们渡过难关。第一，它可以帮助人们把困难看得不是那么严重。例如你发现你要在同一天参加心理学和数学两门考试，如果你在这些课上有一些朋友，他们同情你并且愿意帮助你，那么你就会发现这个问题并不是很严重。第二，即使你认为这件事给你带来了很大的压力，社会支持同样可以帮助你应付。比如说你在期中考试中表现不理想，心情不好，如果有亲密的朋友在你身边帮助你，给你提建议如何在下次考试中发挥更好就会好多了。

五、健康行为的塑造

1. 说服中的信息策略

大众传媒在个体健康行为的塑造方面有重要的影响。仔细考虑一下公益广告的表现形式就会发现，同样的信息用不同的形式表达，效果也不相同。在促进健康行为的说服中，人们使用的策略有两种：①强调获利策略，即强调从事某种健康行为的好处，例如安全套可以保持身体健康和防止性传播疾病；②强调损失策略，即强调如果不这样做的坏处，例如不用安全套就可能染上艾滋病。

表面看这两种策略都传播了同样的信息——应该使用安全套。然而实际结果表明用获利或损失来表达的信息具有很大的不同。在一项研究中，Rothman等人（1993）给女性被试呈现一段宣传预防皮肤癌的广告信息，一部分被试接收到的是以获利方式表达的信息，强调关注皮肤癌可能带来的好处。例如强调如果发现早，这些癌症大多能治愈。另一些被试则接收到以损失方式表达的信息，强调不关心皮肤癌可能会带来什么样的负面后果。比如除非早期发现、早期治疗，否则这些癌症大多无法治愈。结果发现强调损失的信息对被试接受检查行为最有效，而强调获利的信息对被试的预防行为最有效。据此Rothman（2000）指出，当试图说服大家去做疾病检查时，最好用强调损失的方式来表达信息，告诉人们不做检查的损失，如强调不用安全套的代价或者不做皮肤检查的损失。而当目标是说服大家从事预防疾病行为时，最好用强调获利的方式来表达信息，强调这些行为会带来什么好处，如使用安全套或防晒霜可以带来的好处。Higgins（1998）进一步证实了这一点，他发现用强调损失的方式表达信息提高了女性检查皮肤癌的行为，而用获利的方式表达信息则提高了女性使用防晒霜的预防行为。

为什么不同的信息表达方式会带来不同的效果？Rothman和 Salovey（1997）认为可能是不同的信息表达方式改变了人们看待自身健康的方式。强调损失的信息表达方式让人注意到自身有某个健康问题，而这些问题可以通过检查加以处理。强调获利的信息表达方式则会让人把注意力放在事实上，尽管目前自己健康状况良好，但如果想要保持健康就应该从事预防行为，比如在阳光暴晒下应该使用防晒霜。

2. 利用认知失调改变不良行为

尽管人们常常意识到健康的意义，但真正涉及自身健康行为的时候，仍然会有很多障碍。例如大多数人都知道艾滋病是一种很可怕的疾病，如果使用安全套就能够预防，但实际上很少人愿意使用安全套。一个重要的原因是很多人认为使用安全套不方便也不浪漫。在这种情况下如何让人们心甘情愿地使用安全套呢？社会心理学中有关认知失调的理论告诉我们，当你希望人们改变行为时，首先要使对方了解做这样的改变将使他们在心理上获得好处——这样做对自己有利，并且能维护其自尊。社会心理学家阿伦森及其同事就尝试运用认知失调理论促使人们做出更健康的行为。

在一项实验中，阿伦森要求一些大学生在摄像机前，针对艾滋病危险性和倡导使用安全套发表演说。研究者告诉参加实验的大学生，他们刚刚录完的视频会播放给高中生看。阿伦森想知道这样的演说是否能使大学生改变自己的行为，更愿意使用安全套。答案是肯定的。因为这些学生意识到，他们对高中生倡导必须使用安全套，而自己却没有做到时会认为自己是伪善的。没有人愿意让自己成为伪善者，所以这些被试就需要采取措施找回他们受损的自尊，而最好的方法就是按照自己所倡导的方式去做。阿伦森发现经历上述情境的大学生表示未来更愿意使用安全套，并且当有购买机会时也会比那些没有经历上述情境的人购买更多安全套。这个结果同时说明要改变一个人的行为,最好的方式是改变他们对行为与社会情境的诠释方式,而利用认知失调可以做到这一点。

3. 增进健康行为的 HAPA 模型

吸烟、酗酒、缺乏保护措施的性行为、不锻炼、不良饮食习惯等都会危害个体健康,如何培养健康的生活习惯是心理学家一直在探索的问题。Schwarzer,Lippke 和 Luszczynska (2011) 提出的健康行为过程理论(health action process approach,HAPA)对如何促进并保持健康行为做了详细的说明。按照这一理论,社会认知因素在与健康有关的行为改变方面起到了非常重要的作用。Schwarzer 认为行为改变包括两个重要的方面:一是要有基于某种信念的改变意图,二是这些改变必须在一个有计划的框架中进行。图 10-3 是 HAPA 的模型示意。

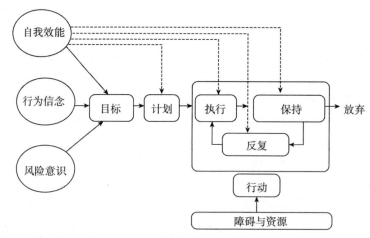

图 10-3 健康行为过程理论模型

从该模型中可以看出,在改变不健康行为的过程中,有三个社会认知因素起着重要的作用。一是风险意识,人们在从事某些行为的时候,首先会评估一下自己从事某危险行为所要承担的风险。Renner,Knoll 和 Schwarzer(2000)让 1500 多名不同年龄的被试估计自己或者他人患心血管疾病的概率。结果发现在所有年龄阶段,人们认为自己患病的可能性都远远低于他人,而实际上这个概率判断不应该有差异。所以,如果人们对自己所从事的危险行为没有正确的风险意识,就很难做出行为上的改变。二是行为信念,人们对所从事的行为会带来什么样的后果的预期。行为的后果有两种,积极的结果——如果我坚持运动,血压就会降低;消极的结果——如果我坚持锻炼就要花更多的钱和时间。人们改变不健康的行为和他们对行为结果的预期有重要的关联。三是自我效能,例如戒烟,尽管我们意识到了风险,也有放弃吸烟的信念,但当我们意识到自己做不到时就很难成功戒烟。

这个模型也阐述了改变不健康行为习惯的过程，这个过程包含两个重要步骤。第一步是计划，把目标转化成可以实施的行为。Gollwitzer（1999）指出，在这个过程中需要回答三个问题：什么时候从事这样的行为？怎样从事这样的行为？在什么地方做这样的行为？第二步是坚持，即调整自己的情绪和注意力，抵制各种诱惑，寻求各方面的支持。只有这两个步骤都实施了，不良习惯才可能消除，健康行为模式才能建立起来。

专栏 10-3　　用社会心理学知识提升戒烟效率

根据《中国居民营养与慢性病状况报告（2020年）》，2019年我国因慢性病导致的死亡占总死亡的88.5%，其中心脑血管病、癌症、慢性呼吸系统疾病死亡比例为80.7%。据2018年中国成人烟草调查结果显示，我国15岁及以上人群吸烟率为26.6%，每年有超过100万人因为吸烟引发的疾病死亡。虽然与既往调查结果相比，吸烟率呈现下降趋势，但与实现《"健康中国2030"规划纲要》的控烟目标——2030年15岁以上人群吸烟率下降至20%仍有较大差距。

社会支持的压力缓冲模型解释了社会支持影响戒烟的内在机制。该模型认为社会支持能减缓吸烟者压力，假设吸烟者的吸烟行为起因于高压力而缺乏恰当压力应对技巧，而社会支持有助于减缓压力。陈海德等人（2019）研究发现社会支持在尼古丁依赖削弱感知行为控制过程中起缓冲作用，而高抱怨批评削弱社会支持的缓冲作用。陈海德等人同时拓展了压力缓冲模型，说明了戒烟社会支持的认知功能，且支持了社会认同在社会支持发挥作用过程中占据重要地位。张宁和王安然（2023）认为可将助推戒烟的行为干预策略分为由政府和公共健康服务部门执行的情境型和认知型干预策略，以及吸烟者可自主执行的情境型和认知型干预策略，一方面便于吸烟者和相关部门选取可执行的戒烟行为干预策略，另一方面为进一步开发和验证助推戒烟的行为干预策略提供参考。

推荐读物

1. 赖斯，2000. 压力与健康. 石林，等，译. 北京：中国轻工业出版社. 这本书系统介绍了压力与健康的理论与实践问题。

2. SOMERFIELD M R, MCCRAE R R, 2000. Stress and coping research: methodological challenges, theoretical advances, and clinical applications. American psychologist, 55(6): 620-625. 这篇文章综述了压力与应对研究在方法和理论上的特色与进展，以及在临床领域的应用问题。

3. KARNEY B R, BRADBURY T N, 2000. Attributions in marriage: state or trait? A growth curve analysis. Journal of personality and social psychology, 78(2): 295-309. 这篇文章介绍了婚姻中的归因问题，并探讨了归因对婚姻生活的影响。

4. ARONSON E, WILSON T D, AKERT R M, 2015. Social psychology. 9th ed. Boston, MA: Pearson/Allyn and Bacon. 这本书是比较系统的社会心理学读物，第 15 章介绍了社会心理学与健康的关系，本章的一些内容即来自这本书。

5. SCHWARZER R, RENNER B, 2000. Social-cognitive predictors of health behavior: action self-efficacy and coping self-efficacy. Health psychology, 19(5): 487-495. 这篇文章探讨了自我效能在健康行为方面的作用。

6. JIANG F, LU S, HOU Y B, YUE X D, 2013. Dialectical thinking and health behaviors: the effects of theory of planned behavior. International journal of psychology, 48(3): 206-214. 这篇文章以计划行为理论为基础，探讨了思维方式对健康行为的影响。

思考题

1. 什么是健康？什么是心理健康？
2. 健康心理学关于健康的模式有哪些？
3. 什么是心身疾病？它的致病因素有哪些？
4. 什么是生活事件？举例说明生活事件的影响。
5. 知觉到的控制感对个体的健康有何影响？
6. 简述自我效能的概念及其影响。
7. 什么是习得性无助？艾布拉姆森解释负性事件时的归因维度有哪些？
8. 什么应对方式？男性和女性的应对方式有何区别？
9. 简述人格与应对方式的关系。
10. 在面对压力时，我们可以采取的积极应对方式有哪些？
11. 如何利用说服中的信息策略改变人们的健康行为？
12. 如何利用认知失调理论促进人们的健康行为？
13. 简述增进健康行为的 HAPA 模型。

11

文化心理学

作为一门最初于西方建立的现代科学,心理学从产生的那一天起就具有西化色彩,这种西化的主要表现是西方心理学家认为他们建构的心理学理论不仅适合分析在欧美文化背景下生活的西方人,而且对其他文化中的个体来说也适用。尽管冯特在建构实验心理学的时候注意到了社会文化的影响,并用 20 年的时间撰写了巨著《民族心理学》,想以此补充实验心理学忽视社会文化的缺陷,但却没有被其后继者采纳。直到 20 世纪 60 年代,文化在心理学中的地位才开始受到重视,本章我们就从几个方面来讨论文化与文化心理学的概念,以及心理学家对相关问题的研究。

§1 文化心理学概述

一、文化与文化心理学的概念

1. 文化的定义

文化(culture)是生活在一定地域内的人们的思想、信念及生活与行为方式的总称。文化一词源于拉丁语"cultura",原意为种植和耕种,后来逐渐发展出培养和修养的意思(周爱保,夏瑞雪,2020)。许多研究表明,生活在不同文化中的人所具有的心理与行为特征深深地根植于文化传统之中,离开文化,人类的发展就成了无源之水、无本之木。正因为如此,生活在世界不同地方的人,尽管有着相似的生理结构,却有着完全不同的心理与行为。截至今日,人们对文化概念的认识存在许多不同的看法。

- 文化是特定的生活方式:Berry(2002)认为文化包含衣食住行、经济生活和迁移方式、个人与家庭活动、政府形态、福利、宗教与科学艺术,以及生活圈等。
- 文化是历史概念:强调文化的历史传承,认为文化代表了一群人的传统。
- 文化是规范:强调规则和规范,认为文化制约着人们的思想和行为。

- 文化是心理概念：强调文化与个体的自我认同、自我概念、心理表征、意义系统联系在一起。

2. 文化心理学

文化心理学是研究心理和文化之间的关系的学科，主要目标是揭示文化和心理之间互相整合的机制。文化心理学有两个基本前提，一是认为人类的生活受制于自身所生活的社会文化情境；二是认为文化本身又是人类创造性活动的结果。文化心理学的研究目的是检验现有的有关文化的理论和假设，揭示与文化相关的特殊现象并发展出一些新的有关文化的理论。

二、文化心理学研究的范畴

1. 文化人类学

最早对文化感兴趣的是文化人类学（cultural anthropology）。从20世纪60年代开始，文化人类学就用现象学的方法探讨文化的影响问题，文化人类学以文化传播模式为主线，总结了不同文化相互影响的四个特性。

- 选择性：当两种文化接触时，并不是所有的文化成分互相交流，一些文化元素容易被其他文化接受，另一些则不容易传播，只有易传播的文化成分会从一种文化向其他文化传递。
- 相互性：强调文化影响是一个双向过程，在这个过程中强势文化与弱势文化的影响是相互的。世界上任何一种非主流文化的存在都有其必然性，在与主流文化的交流中不会被完全同化。
- 适应性：强调一种文化成分融入了另一种新的文化，它的形式与功能都会发生变化，但这种适应性并不表明旧文化成分的完全改变。有时候这种改变只是为了暂时适应，而本质未必改变。
- 不对等性：强调一些文化成分比另一些文化成分更易传播，物质文化比意识形态领域的文化更易传播。

文化人类学关注社会文化的特征及其运作方式，尽管一些文化人类学者在探讨不同文化间的差异及其心理学含义，但他们所关注的依然是文化本身的特征，以及这些特征对风俗、习惯等的影响。这一理念在其分支文化生态学中表现得尤为明显，文化生态学通过分析社会文化对其生态环境的适应，发现社会对其生态环境的适应会引发社会内部组织结构和功能的转变，并在此基础上形成社会独特的文化特征，这些特征通过风俗习惯等文化规范制约着人们。

2. 跨文化心理学

文化人类学关心社会文化的特征及其运作方式，对人的心理与行为并不重视。为了克服文化人类学在看待文化问题上的片面性，Magnusson 和 Endler（1977）把心理学中的互动论引入文化研究中。他们认为文化的形成与变迁是人们为了适应环境而与环境相互作用的结果，人是作用的主体，社会文化特征与外在生态环境的相互作用必须经由人的行为才有可能实现。这种人与环境互动论的观点，与文化人类学思想一起构成了跨文化心理学（cross cultural psychology）的基础。

跨文化心理学以不同文化下人们的心理与行为方式的异同为对象，探讨其文化背景及心理含义。早期跨文化心理学较关注不同文化中人们的共性，假定有普遍存在于人类的统一心智，它是跨文化的天生机制，比如感知觉、认知与动机等，跨文化心理学的目的就是找到这种机制。后来心理学家认识到很难找到这样的机制，因为即使像感知觉这样客观的心理过程，也必然受文化的影响。认识到这一点之后，跨文化心理学研究者开始用客观方法寻找不同国家、地域人们的心理与行为差异并分析其根源。比如，随着亚洲经济的发展，西方的跨文化研究者开始认识到东方文化对经济的促进作用。有学者从道家哲学和阴阳相生相克视角提出的矛盾领导行为就反映了东方领导的智慧，这种领导同时看重短期效率和长期发展，对研发投资、市场和企业声誉等诸多方面都有影响（Zhang, Han, 2019）。并且这种领导在面对矛盾处境时表现出更多辩证领导行为，应对更加灵活，更善于整合矛盾，从而表现出更多的创新性（王辉 等，2023）。

3. 本土心理学

本土心理学作为一种心理学观念，使用哲学和地域文化的理念，力图建构区域性的心理学体系。本土心理学反对西方主流心理学理论对文化的漠视，认为要真正理解某一区域人的心理，就必须从这一区域的文化出发，采用和该文化相契合的概念、理论和方法，并在此基础上建构能够反映这一文化的心理理论。在中国，本土心理学从 20 世纪 80 年代开始发展。杨国枢、杨中芳、李庆善、黄光国、郑伯埙和杨宜音等华人学者为此做出了巨大贡献。杨国枢主编的《本土心理学研究》，从 1993 年起已经出版了 40 多卷本，内容包括心理治疗、人际关系、组织管理、犯罪心理、家庭研究等。这些研究工作奠定了华人心理学在世界心理学中的地位。

除了上述几个主要范畴，文化心理学家把心理人类学（psychological anthropology）和民族心理学（ethnopsychology）看作文化心理学家族的成员。其中，心理人类学从人类学的观点出发，从档案资料中分析文化心理，而民族心理学则通过研究民族心理特点揭示民族文化和民族心理之间的关系。魏华等人（2019）在探讨孝道对民族心理的塑造时发现，专制孝道会导致适应不良和网络成瘾，而互惠孝道的作用则相反。

> **专栏 11-1** 文化是人类独有的吗?
>
> 文化是一个复杂的概念,目前学者对文化的定义尚未达成共识,人们依然以不同的方式理解和使用这一概念。身处其中很难察觉到文化的存在,只有远离原文化时才惊叹:"啊,原来这里的文化是如此不同。"这也导致了文化之间的差异更引人注目,而文化之间的共性却常常被人忽视。实际上文化的共性可能比特性更重要,因为共性常常能够给人们带来更多的启发,比如几乎所有的文化都包含管理规范、礼仪、信仰等内容。著名的文化心理学家鲍迈斯特就把文化看成是一种以信息为基础的控制系统,它有助于组织人的行为,让人们一起生活并满足彼此的需求。当某一文化能够更好地组织人们的生活并满足人们的需求时,文化便进化了。所以依据鲍迈斯特的定义,只要某一种群能够利用信息传递意义、组织活动并达到改善生活的目的,这个群体就具备了文化。事实上有很多研究证明,在动物世界中同样存在文化,比如有人研究了某一小岛上日本猕猴洗红薯的行为。由于甜红薯很硬,为避免粘在上面的泥土损坏牙齿,一只聪明的猴子通过冲洗红薯解决了这个问题。研究者发现,后来当地所有的猕猴都学会了这个方法,并把它传给下一代。从这一角度来说,人类并不是唯一拥有文化的物种。

三、文化心理学的发展

早在 1969 年,德沃斯(George A. DeVos)和希普勒(Arthur E. Hippler)就提出了文化心理学的名称,但当时他们主要关注文化与人格的关系,研究范畴也限定在由文化与人格决定的人类心理与行为上。他们从文化内涵与社会教化等方面分析了文化对心理与行为的影响,发现个体的动机、兴趣、价值体系、思想观念等无不打上文化的烙印。米德对文化与国民性关系的图解就反映了这种影响的过程,如图 11-1(a)所示。米德的观点立足于文化与人格,强调儿童社会化过程中的教养因素对国民性的影响。著名文化心理学者许烺光对米德的图解做了简化,如图 11-1(b)所示,他指出一个社会固有的文化模式与儿童期的教化经验及人格特质间存在相互影响。

从历史沿革上讲,文化心理学的发展经历了以下几个阶段。

1. 起步阶段

20 世纪 70 年代之前,人们主要关心由文化决定的人类心理与行为。这个时期文化心理学与文化人类学、跨文化心理学以及心理学中的"文化与人格"学派没有本质上的差异。那时的文化心理学只是把心理学的测量工具与程序运用到跨文化的研究上面,致力于追寻那些普遍存在的、先天的加工机制。

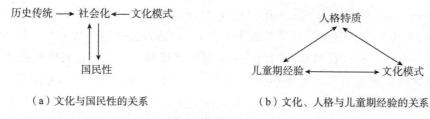

图 11-1　米德与许烺光的文化心理学观点

2. 发展阶段

20 世纪 70 年代到 80 年代中期，文化心理学开始关注文化环境和语言的意义，学者们开始从心理人类学和跨文化心理学的视角探讨文化。其中跨文化心理学把文化看成是独立于人类心理的客观存在，把文化客体化和概念化，并试图了解不同文化因素对人类心理与行为的影响，目的是发现什么样的文化刺激影响或促成了天生处理机制的发展（Berry，1969；1992）。而心理人类学者把文化看成是一群人的生活方式，是习得行为的总称，这些模式可以在代与代之间通过模仿传递。这个时期的文化心理学一方面继承了跨文化心理学和心理人类学的传统，另一方面特别强调社会文化内容和语言的影响。著名文化心理学家普莱斯-威廉姆斯（Douglas R. Price-Williams）就指出，跨文化心理学与心理人类学同样重视心理因素与文化母体的联系，而文化心理学正是提供且认同了这两个分支学科聚合的领域。这种聚合不仅迎合了主流心理学的发展，而且与社会心理学对情境的重视也产生了共鸣。

3. 繁荣阶段

20 世纪 80 年代中期至今，文化学者开始强调对文化的主观建构。心理学家 Toulmin（1980）呼吁在心理学发展中，不要忽视由文化知识累积塑造而成的人类心理与行为。坎托（Jacob Robert Kantor）认为文化心理学研究的主体应该是人的主观世界，社会制度、社会组织或者社会结构只有放在人如何知觉和解释它的时候，才能取得其自身的含义。他的观点把个人、社会与文化整合在一起，使我们看到了人与社会、文化相互作用的全貌。

Cole（1990，1995，1996）认为人的心理历程不同于动物的心理历程，它是以文化为中介的历史发展。人的心理是在文化习俗的实践过程发展出来的，每一个族群的发展都继承了其祖先世代积累起来的文化传统，并以此为中介创造新的文化。M. Cole 把生态文化模式（ecocultural model）引入了对人的分析，指出文化中介（如印刷字体）改变了人的心理并诱发了不同的生物结构。由于历史、遗传以及生态环境的原因，人不只是主观建构自己的心理，人的生物结构也被文化所塑造。文化在人类的心理构建中起中心作用，文化与心理互相依赖、无法分割。Ernest E. Boesch 提出的符号行动理论（symbolic action theory）认为文化是行为发生的"场"，既包括物质内容也包括内在意义。

20世纪90年代，文化心理学的领军人物R. A. Shweder 进一步整合了上述观点，认为没有一个社会的存在以及人们对它的认同，能够独立于人们自其中捕捉意义与资源的方式之外。他指出个人所生存的社会文化环境是一种意向世界，人类不断地在其所存在的意向世界中寻求意义与资源。因此文化心理学是研究意向世界的学问，它研究特殊意向世界中个人如何运作。而在运作过程中，主体与客体、自我与他人、心灵与文化、个人与社会等都紧密联系在一起。21世纪以来，以尼斯贝特为代表的心理学家，以人类文明的源头所对应的本体知识论为出发点，深入地探讨了文化和思维方式对东西方文化的不同含义。他的思维地缘学观点成为我们理解东西方文化影响人类心理的基础。

四、文化心理学的研究内容

从文化心理学兴起时起，人们对它研究的内容就存在分歧，在不同阶段有不同的主题。到目前为止，文化心理学的研究内容包括以下几个方面。

（1）文化与生理。M. Cole 的文化生态学从社会历史的角度出发分析文化塑造心理的过程，他认为不同文化中介（如中文与英文）改变了人的心理条件，诱发了不同的生物结构。由于历史积淀与遗传累积以及生态环境各异，人的生物结构也因此被文化塑造。

（2）文化与信息加工。文化对人的信息处理机制（如知觉、认知及逻辑思维）有影响，M. Cole 在研究印度教徒与基督教徒对牛的认识的时候发现，二者对牛的生物特征有着共同的非文化的知觉反应，但他们对牛却有着截然不同的文化反应，这种不同的反应与各自的文化系统相对应。

（3）文化与符号表征。人类的符号表征行为，如梦、性禁忌、神话和谚语等都与文化相关联。Ernest E. Boesch 把文化看作一个行为场，这个场中的任何物质内容均具有内在的文化意义。以解梦为例，周公解梦与弗洛伊德分析梦的方式都有文化的烙印。

（4）文化与社会化。社会化是个体学习和接受社会规范的过程，在社会化过程中，文化起着极为重要的作用。它对儿童教养方式、社会角色形成以及智力与情绪发展都有重要影响。例如，不同文化中母亲对婴儿的期待不同（Wefers et al., 2022），所以母亲在儿童成长过程中采取的培养策略也不相同。比如新德里的母亲比明斯特的母亲在家庭环境中提供了更多帮助，所以新德里的儿童表现出了更多的助人行为。亲社会行为的文化特异性会影响父母的社会实践，进而影响儿童亲社会行为的动机（Giner Torréns，Kärtner，2017）。

（5）多元文化的影响。自20世纪90年代以来，文化心理学者最关心的是多元文化的作用及适应性问题。Shweder 和 Sullivan（1993）指出当今世界没有一个社会文化环境的存在及人们对它的认同可以独立于其他文化之外，世界是多元的世界。这里的多元不仅是指不同文化之间的差异性，也包括同一文化内部的不同子文化。

（6）文化与健康。文化通过人的日常适应机制影响个体的健康行为。对西方人而言，当他们感到困惑或不适时，首先会想到医生或心理医生。但在中国的一些偏远乡村，有关鬼魂的传统对人的影响甚至比现代医学还大。

五、文化心理学的研究路径与方法

心理学的大多数研究方法都能被用于文化心理学研究，但这些方法的效果有着较大的差异，所以方法是否适当对文化心理学研究的结果有很大影响。

1. 文化心理学研究的路径

文化心理学已经形成了四种独特的研究路径：

（1）价值路径（value approaches），从价值取向出发，认为文化决定着生活在其中的人们的价值观，集体主义与个人主义就是这一理论的集中体现，目前有关东西方差异的许多研究都源于这一理论。

（2）自我路径（self-approaches），认为文化与人们的自我有着非常紧密的联系，正如 Markus 等人的研究所揭示的那样，中国人的自我是一种包容式或依赖式的。通过自我结构揭示文化影响是文化心理学发展的重要思路。

（3）情境路径（context approaches），把生态学的观点引入文化研究中，认为文化是一种生态环境，人的认知机制必须与这样的文化环境相适应。因此通过对不同文化环境中认知差异和特性的研究，我们可以了解文化的影响问题。

（4）理论路径（theory approaches），在成长的过程中人们学习了自身文化中的很多东西，这些东西构成了我们的认识论，对这种认识论的探讨能使人们从更深的层次上去了解文化如何造成差异。

2. 文化心理学研究的方法

文化心理学研究者最初采用观察、访谈、民俗分析等方法分析文化差异及其对人们的影响，著名的文化学者许烺光、彭迈克等人就通过文化观察与分析的方法揭示了中西文化的区别，他们的观点在很大程度上影响了西方人对中国人的看法。

价值调查法（value survey methods）用问卷调查对比不同文化中的人们在思想、信念与价值观上的差异，这种方法是文化心理学家用得最多的方法。特里安迪斯等人就是用这种方法得到中美价值观的差异，表 11-1 列出的结果反映了东西方人在社会价值观上的不同取向。

表 11-1 中美价值观的差异

价值观	美国人	中国人	显著性
自我控制（自律）	4.06	5.48	***
社会秩序	3.18	4.44	***
自由	5.42	4.07	***
热爱生活	5.42	3.07	***
归属感	5.18	1.33	***
宗教生活	3.03	4.33	***

资料来源：Peng, Nisbett, Wong, 1997.

注：***指在 $p = 0.001$ 的水平下达到显著。

文化心理学中的价值调查有四种形式，排序法（ranking）、评价法（rating）、态度量表（attitude scale）和行为场景法（behavioral scenario methods）。彭凯平等人比较了这四种方法在跨文化研究中的成效，发现排序法和评价法容易受到不同文化下人们对某些问题理解差异的影响，得到的结果与专家评判有着较大的差异；由态度量表得到的结果与专家的评判差别不大，行为场景法得到的结果有效度最高。正因如此，彭凯平等人对东西方文化的研究基本上以行为场景法为主。

随着文化心理学的进一步发展，莫里斯和彭凯平等人采用启动范式研究中国人和美国人在归因上的不同，他们借鉴了心理学家海德 20 世纪 90 年代中期提出的策略，向被试呈现一些与社会和文化现象无关的动物图片，让来自不同文化的被试做出反应。彭凯平等人以鱼群为启动刺激，探讨中国人与美国人的归因倾向，发现中国人对个体行为的归因以外在归因为主，而美国人则以内在归因为主，图 11-2 是他们在研究中所用的卡通鱼图片（Morris，Peng，1994）。康莹仪和莫里斯等人对这种方法的有效性给予了充分肯定，进一步指出启动范式在揭示内隐文化差异方面是其他方法无法比拟的。

随着科学技术的发展，越来越多的研究者通过认知神经科学的方法来探究文化差异，期望探究文化差异产生的生理基础和机制。文化神经科学（cultural neuroscience）就是这样一门整合了心理学、人类学、遗传学、神经科学等学科的新兴学科，其主要目标是研究心理、神经、基因过程中的文化差异，并阐明这些过程及其性质之间的双向关系。文化神经科学研究文化价值、习俗、信念塑造大脑功能的机制，探讨人脑在文化领域的功能如何产生，并如何在宏观与微观时间尺度上传递。文化神经科学不仅研究文化特质，如价值观、信念、习俗如何塑造神经机制和行为，还研究神经生物机制如何促进文化特质的产生和传递，并阐明文化特质与生物机制之间的双向互动作用。文化神经科学用文化、心理、神经、遗传协同互动的观点解释特定的心理与行为现象，通常采用 fMRI、EEG、TMS、事件相关电位等探究文化差异的神经机制。研究领域包括知觉、记忆、情绪、社会认知等。比如，韩世辉和马燚娜用文化-行为-大脑（CBB）循环模型阐释了文化和大脑之间的动态相互作用——文化通过情境化行为塑造大脑，大脑通过行为影响来适应和修改文化，这一模型促进了人们对文化、行为和大脑之间动态关系的理解（Han，Ma，2015）。Hedden 等人（2008）使用 fMRI 测量人们在完成垂直线测验任务中的神经活动，发现被试在从事与其文化价值观不一致的任务时，会使用能够把注意力控制在更大的范围内的额叶和顶叶区。

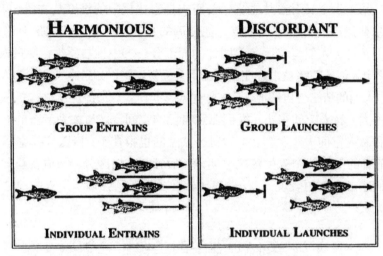

图 11-2　彭凯平等人在研究中所用的启动刺激

六、文化维度

为使文化研究的思路更清楚，心理学家找到了一些可以对文化进行比较的维度，通过在这些维度上进行比较解释文化差异。

文化心理学家霍夫斯泰德（Geert Hofstede）采用问卷调查的方法对 116 000 名来自 70 多个国家和地区的 IBM 员工进行研究，提出文化的四个维度。①个人主义与集体主义，指一个人的价值取向是强调个人的自由、成就，还是看重社会中与他人的关系或者团体的要求，前者是个人主义，后者是集体主义。②权力距离，指人们对权力差距的看法，其中小权力距离是指下级不认可上级拥有过多权力，如美国人对权力大小的看法就和韩国相反，韩国的下级承认上级拥有很大的权力。③不确定性的规避，指人们感受到来源不明的威胁的程度，以及在多大程度上想办法去避免这种情况的出现，包括人们对职业稳定性的看法、对常规的理解和对不合常规的行为的态度。④男性化或女性化，男性化是指社会中的主导价值观对自信和获取金钱，以及其他物质资料的强调程度，这样的文化强调决策的果断性；女性化则是指一个社会中的主导价值观对工作和生活质量的关注程度。前者的代表是日本，后者的代表是挪威。

另一名文化心理学家特龙佩纳尔斯（Fons Trompenaars）通过对28个国家和地区的15 000名经理人的研究，定义了文化的5个维度：①普遍主义对特殊主义，前者相信观念和实践可以在任何地方不需改变就能加以应用，后者则相信情境决定观念和行为。普遍主义和特殊主义是一个连续体的两端，高度普遍主义的社会强调规则的重要性，如必须严格遵守法律和合同，而高度特殊主义的社会则强调情境和关系的作用，强调具体问题具体分析。②个人主义对集体主义，与霍夫斯泰德提出的维度从本质上看是一样的，但特龙佩纳尔斯提出的概念更加细致。他强调的个人主义是指人们把自己看作一个个体，而集体主义是指人们将自己看作团体的一部分。③中性与感性，衡量人们的情感表达，中性文化中人们的情绪被很好地控制，不会轻易表露，如日本人和英国人就是这样；而感性文化中人们的情绪会自然地表露，如墨西哥和荷兰。④特定文化与扩散文化，前者指公共空间很大，私人空间很小，人们在意自己的空间，只与关系亲密的人共享；后者指公共空间和私人空间大小类似，个体对公共空间也很在乎，侵入公共空间意味着进入私人空间。前者的工作与个人生活区分明确，后者则难以区分。⑤成就与归属，成就型文化强调人们通过自身的表现来获得相应的地位，后者则强调一个人的地位取决于他是一个怎样的人。

§2 文化心理学的主要研究领域

近几十年来，文化心理学家的探索主要集中在以下几个领域。

一、个人主义与集体主义

如果对到目前为止文化心理学研究的成果做排名的话，个人主义与集体主义的研究无疑是排在第一的话题。从霍夫斯泰德于20世纪70年代提出这个概念以来，已经有超过3000篇论文在讨论这个问题。从某种意义上讲，对个人主义与集体主义的研究是有关东西方价值观研究的典范。

1. 基本概念

Gould和Kolb（1964）最早定义了个人主义-集体主义的概念，他们认为个人主义是一种以个体自己为最终目的、认识到自我和自己的决断，以及不能容忍社会压力之下的从众的信念。Lukes（1975）深化了这一概念的主题，认为它包括重视个人尊严与自我发展、自主与个人隐私，同时强调个体是社会的基础。集体主义是一种以强调内团体（ingroup）为核心的信念，它关注内团体的目标与需要胜于个体自己，强调团体的规范与责任而不是个体自身的快乐。

特里安迪斯指出美国的个人主义有三个特征：在竞争中依赖自我、不关心群体，以及与群体有距离感。这些特征明显地体现在个人目标与集体目标的关系上，在美国，群体目标总是从属于个人目标。A. S. Waterman 指出个人主义者的心理特征，认为他们具有较强的自我同一性、有自我实现的信念、属于内控型人格，以及能按道德规范行事。与个人主义相反，集体主义则与人际关系有关，由情感、信念和行为组成，体现在四个方面：一是考虑自己的行为或决定对他人的影响；二是能与他人共享物质与非物质资源；三是自我展露水平高，对社会影响敏感；四是有介入他人生活之感。

2. 个人主义与集体主义的测量

何友晖和特里安迪斯把个人主义与集体主义看成是一种人格结构，以便与霍夫斯泰德提出的他人中心主义者与自我中心主义者相对应。特里安迪斯指出在分析文化影响的时候，应该注意区分生态学的因素分析与文化内分析的不同。对个人主义与集体主义仅仅采用生态学分析是不够的，因为生活在个人主义文化中的人不见得是个人主义者，而生活在集体主义文化中的人也未必都是集体主义者。依据这一思路，何友晖和特里安迪斯构建了个人主义-集体主义量表（individualism-collectivism scale，IC）。该量表从个体对待配偶、父母、亲戚、朋友、邻居及同事的态度等六个方面衡量一个人的集体主义倾向。他们还以此为工具，证明了这一人格结构具有跨文化的普遍性。有研究者分析个人主义与集体主义的成因及发展趋势时指出，对群体生活的依赖是人类集体主义得以发展的根本原因，但随着社会异质化的发展，群体生活的优势越来越小。同时，生态环境的变化、人口流动性的增加，以及由农村向城市的过渡，最终会导致由集体主义向个人主义转化。

3. 个人主义与集体主义的影响

个人主义与集体主义的影响表现在三个方面。一是服从性，来自集体主义文化的人有较高的服从倾向。梁觉在研究到美国留学的中国学生时发现，当他们处理与导师的关系时，服从的倾向远高于美国学生。当他们遇到困难时，更愿意向上下级求助，而不是像美国学生那样求助于同级的朋友。

二是自我，Markus 和 Kitayama（1991）等人在提到文化与自我的关系时指出，与西方文化中的独立型自我相比，东方文化中的自我是一种依赖型自我。这种依赖型自我结构使得自我的内容延伸到了与自我关系密切的他人，对中国人来说，自我在一定程度上与内团体重合。因此，在处理与外界的关系时往往以内团体为准。这里的内团体包括父母、兄弟、朋友、同事等诸多与个体关系密切的人。

三是社会行为，Lu，Jin 和 English（2021）对社交网站用户数据进行研究，发现集体主义能显著地预测口罩佩戴率，即集体主义较强的国家或地区的口罩佩戴率也更高，个人主义越强则口罩佩戴率越低。在解决现实中的人际冲突时，集体主义者更倾向于用协商的方法，而不是像个人主义者那样更多地求助于法律。在社会知觉与人际交往方面，集体主义者看重团体的欢乐与和谐，而个人主义者强调竞争和控制他人。利他主义通常随着集体主义的提高而增加，但随着个人主义的提高而下降（Booysen, Guvuriro, Campher, 2021）。在人际交往方面的这些特性，使得这一文化特征也影响了人们的身心健康。特里安迪斯曾指出寂寞是个人主义文化中的问题，而不是集体主义文化的问题。但这并不是说集体主义就一定好，集体主义者由于情绪联系的扩大化，紧张的机会比个人主义者多，这一点不利于健康。

总之，对个人主义与集体主义及其影响的研究虽历经数年，但到目前为止还有颇多争议。费孝通指出中国人实际上是典型的个人主义者，他用"差序格局"说明中国人的人际关系模式的特性。最近，日本心理学家发现日本人的个人主义倾向比美国人还高，因此单从文化或人格某一方面分析个人主义与集体主义都是片面的，这些问题还将争论下去。同时个人主义和集体主义倾向也将随着时代的变化发生改变，近半个世纪以来世界范围内的社会文化变迁趋势基本表现为个体主义上升，集体主义在诸多方面不断衰落（Santos, Varnum, Grossmann, 2017；Cai, Huang, Jing, 2019）。

专栏 11-2　集体主义和个人主义的神经机制

研究表明，集体主义与个人主义这两种文化差异有着来自认知神经科学的证据支撑。研究者使用 ERP 技术发现了集体主义与个人主义文化价值观在视知觉神经机制表现上的一致性证据。Lewis, Goto 和 Kong（2008）测量被试完成 oddball 任务时的事件相关电位，也就是向同一感觉通道随机呈现两类刺激，一类刺激出现频率低，为新异刺激；另一类出现频率高，为标准刺激。被试通过按键或心算等方式对新异刺激做出反应，忽略标准刺激。研究结果表明，美国被试对目标事件表现出较强的新异刺激诱发的 P300 波幅，而亚洲被试则表现出较强的 P200 波幅。

在另一项研究中，林志成等人以来自集体主义与个人主义两种文化的人为被试，记录他们在以整体或局部的方式观看复合视觉刺激时的大脑纹外皮层的电生理活动（Lin, Lin, Han, 2008）。结果表明，相较于整体性加工过程，个人主义者的自我解释启动（self-construal priming）在局部加工过程中产生更强的 P100 波幅；相较于局部加工过程，集体主义者的自我解释启动在整体加工过程中产生更强的 P100 波幅。这些结果提供了一个新的思路，暂时提高个人的文化价值观意识能够动态地改变视知觉中的神经反应。综上所述，个人主义和集体主义文化价值观可以调节视知觉中的神经和电生理反应。在宏观和微观的时间尺度上，这些研究结果提供了一致性证据。

二、文化与自我

H. R. Markus 和 S. Kitayama 于 1991 年在《心理学评论》上发表了一篇题为《文化与自我》的文章,开创了文化心理学发展的新时代。在这篇文章中,他们把东西方文化下的自我分为依赖型自我和独立型自我,并探讨了这两种自我结构的广泛影响。

1. 独立型自我

独立型自我(independent view of the self)是西方文化中自我的主要表现形式,这种形式的自我强调个人的独立自主,关注个人的特点和目标,鼓励个人的成就,看重个人的权利和自由,反对顺从和一致。如图 11-3(a)所示,大圈表示自我,小圈表示特定他人,X 表示自我和他人各自的属性。独立型自我强调内部特质对个体的心理、行为起决定性作用。Cousins(1989)运用"20 句陈述测验",发现美国学生的自我描述以内部心理特质为主(如"我很开朗")。Kitayama 等人(1997)在日本和美国两地进行的跨文化研究发现,美国学生倾向于自我夸大,在社会情境中更是如此;而日本学生则倾向于自我贬低。Cousins(1989)考察了美国和日本文化对自我的影响,被试是 111 名美国大学生和 159 名日本大学生。实验材料包括"20 句陈述测验"和情境问卷,问卷中的问题是"描述在下列情境中的自我",情境包括在家里、在学校或和朋友在一起等。结果发现,日本被试列出的个体内部特征比美国被试少很多,日本大学生列出的与他人或环境有关的全局性描述比美国大学生多得多。

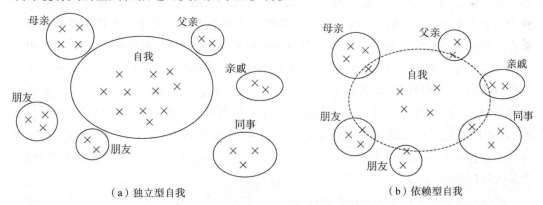

图 11-3 独立型与依赖型的自我结构

西方文化中的个体有着鲜明的个性,他们追求独立与个性发展,尽量表现出与众不同(Marsella et al., 1985; Miller, 1988; Shweder, Bourne, 1982)。西方人强调独立的文化生态,使个体在思维、感情和行动等各方面都以其独立的自我系统为中心,不被他人的思维、感情和行为所影响。H. R. Markus 称之为独立型自我,相近的称谓还有内倾、内导向、个人主义、利己主义、孤立自我、场独立性和自我中心等。我国心理学家分析了改革开放对中国人自我概念的影响，发现快速社会变迁使中国人的独立型自我建构变得普遍，依赖型自我建构逐渐减弱（蔡华俭 等，2020）。

2. 依赖型自我

东方文化强调人与人之间的相互联系，强调人与人之间相互依赖的关系，是一种依赖型自我（interdependent view of the self）。依赖型自我看重人与人之间的联系，强调集体的目标和团结，反对自私自利，认为关系和责任最重要。生活在东方文化下的人常常主动地使自己和周围的人群及环境融为一体，为达到这样的目的，他们常常会和别人建立良好的关系。依赖型自我者看重与他人的关系，所以其自我结构中有很多内容和别人重叠，如图 11-3（b）所示，无论是与父母、兄妹、朋友或同事，都有一部分共通的属性。依赖型自我结构本身是对外开放的，与独立型自我的封闭性形成了鲜明对比。与依赖型自我相近的概念还有社会中心主义、整体性、集体主义、非自我中心、全体化和关系主义等。

Singelis（1994）用情境测验对 364 名被试施测，将个人主义和集体主义、独立型自我和依赖型自我这两对概念结合在一起进行考察，发现集体主义与依赖型自我呈正相关，与独立型自我呈负相关。张妙清等人用中国人个性测量问卷（Chinese Personality Assessment Inventory）对 201 名美籍华人和 236 名欧洲裔美国人进行文化和人格差异比较，结果发现人际关系可作为一种具有高灵敏度的变量来考察美籍华人与欧洲裔美国人的差异。与美籍华人相比，欧洲裔美国人认为人际关系不重要；与对美国文化适应不良的美籍华人相比，对美国文化高度适应的华人认为人际关系不重要；人际关系与集体主义有中等程度的相关。

心理学家还发现，相对于面对自己的人际冲突，西方人在面对朋友的人际冲突时表现得更有智慧。这种能给别人提出明智的建议，而对自己的事情却处理不当的现象就是所罗门悖论。在依赖型自我文化下，所罗门悖论是否成立？魏新东和汪凤炎（2021）发现，在美国文化下朋友面对人际冲突时，西方人的智慧推理显著高于自我面对人际冲突时。而在依赖型自我占优的中国，朋友面临冲突与自我面临冲突的智慧推理没有差异，可见所罗门悖论只存在于独立型自我占优的文化中。

Kanagawa, Cross 和 Markus（2001）还研究了美国女性和日本女性自我结构的差异。他们以 128 名日本女性和 133 名美国女性大学生为被试，在 4 种不同情境中询问被试如"你是谁"等问题，每种情境询问 20 次，每次 45 秒。这 4 种情境分别是：在团体中、与一位教师在一起、与一名同龄人在一起、独自在研究室内。结果发现，美国和日本被试的自我结构明显不同，尤其是当情境中有他人存在时差异更大。当然依赖型自我也包括内部属性，如能力、价值观、决策及其他人格特征。但这些内部特征也需要从情境的角度去理解，这一点和米德、霍妮等人强调在社会互动中理解自我的思路相一致。在东方文化的很多场景中，一个人的观念、能力和其他特质只被看作是第二位的，第一位永远是控制和主导着一切的社会、文化和情境因素。

三、文化与归因

在过去三十年中，社会心理学家对归因偏差进行了跨文化的探索，得到了许多有趣的结论。

1. 基本归因偏差与文化

基本归因偏差是指从内部对行为进行归因，忽略行为产生的外部原因。这种偏差主要出现在个人主义的西方文化中，在这种文化环境中，个人被看成是独立自主的，他的行为反映了其内部特点、动机和价值观（Markus, Kitayama, 1991）。而中国、日本和韩国等国家强调的则是团体以及个体从所属社会团体中获得的自我感。强调个人自由和自主的西方文化是否会通过社会化使其成员偏好内在归因呢？而强调团体成员身份、相互依存以及对团体规范的服从的东方文化，是否会通过社会化使其成员更倾向于情境归因呢？

研究证实了这种猜测，生活在个人主义文化中的人的确更偏好对他人做内在归因，而生活在集体主义文化中的人更偏好情境归因。认为集体主义文化中的人从不进行内在归因则是错误的，其实他们也会做出内在特质归因，只是他们更多地注意到情境的影响，善于考虑情境的影响（Choi, Nisbett, 1998; Choi, Nisbett, Norenzayan, 1999; Krull et al., 1999; Miyamoto, Kitayama, 2002）。在Jones和Harris（1967）的一项研究中，先要求目标人物写一篇文章或做一段演讲，其写作或演讲的立场是研究者事先指定的。之后要求被试对目标人物在这一问题上的真实态度进行评定。被试写文章的立场是被指定的，不一定是真实态度。结果如预测的那样，美国被试对目标人物的评价犯了基本归因错误，他们认为目标人物所表达的态度就是真实的态度。

米勒以印度人和美国人为被试，让他们对朋友的各种行为进行归因（Miller, 1984）。结果发现美国被试偏好从内在人格来解释这些行为，他们相信朋友之所以这样做是因为他们就是这种类型的人，而不是行为发生的情境。相反，印度被试偏好从情境的角度解释朋友的行为，情境信息更重要。你可能会认为是美国人和印度人想到的例子不同，也许印度人想到的行为在很大程度上是由情境引起的，而美国人想到的行为在很大程度上是由内在人格引起。为了检验这一假设，米勒选取了一些印度被试想到的行为，并把它们交给美国被试来解释。这时再次出现了内部和外部归因的差异——美国人仍然会做内部人格归因，而印度人认为这些行为由情境引起。

彭凯平等人比较了中文和英文报纸上对两起谋杀案件的报道文章。一起案件是就读于美国艾奥瓦大学的中国学生卢刚在谋杀了几名大学教授和同学后自杀,另一起案件是美国密歇根州的一名白人邮政工人因为失业枪杀上司(Morris, Peng, 1994)。在分析了《纽约时报》和《环球杂志》(一份中文报纸)上有关这两起案件的文章后,莫里斯和彭凯平发现《纽约时报》的记者在撰写的文章中更多地使用内在归因,而《环球杂志》则认为这些谋杀主要由外部因素引发。美国记者将卢刚描绘成被黑暗蒙蔽心智的邪恶的人;中国记者在描述卢刚时更多强调情境原因,如"与他的导师相处不快""他与中国人没有沟通"。在一项对犯罪人员的行为进行原因分析的研究中,研究者发现中国人重视情境因素的影响,而美国人将情境归因视为为犯罪人员开脱(Tang, Newman, Huang, 2014)。从这一点来看,西方人更像人格心理学家,从人格角度来看待行为;东方人更像社会心理学家,考虑了情境的原因。

2. 文化与其他归因偏差

有研究者研究了韩国和美国的行动者和旁观者差异(Choi, Nisbett, 1998),发现在对自己的行为进行归因时,韩国被试和美国被试并没有太大差异,即对自己的行为都做出了情境归因。唯一的区别是他们会分别以一种自己熟悉的方式对他人的行为进行归因——美国人更有可能认为另一个人的行为是由其人格引起的,而韩国人更有可能认为他人的行为是由情境引起的。

一些研究者对自利偏差进行了研究。中国传统文化重视谦逊和人际和谐,因此可以预期中国学生会将其成功归于他人,比如老师、父母或者情境中的某些方面,如学校的教学质量很高(Bond, 1996; Leung, 1996)。中国的文化传统不鼓励个体将成功归于自己,而这一点是美国和其他西方国家所鼓励的。美国被试比中国被试更倾向于将成功归于自己(Anderson, 1999; Lee, Seligman, 1997)。中国学生将其成功归于情境正好反映了其所属文化的价值观。有趣的是,美籍华人虽然生活在美国,但他们并没有表现出那种欧洲裔美国人所持有的自利偏差(Lee, Seligman, 1997)。在个人主义文化中,人们可能产生自利偏差,在自身之外的情境中去寻找失败的原因;而在集体主义文化中,情况正好相反,人们会将失败归于内部原因(Anderson, 1999; Fry, Ghosh, 1980; Oishi, Wyer, Colcombe, 2000)。

还有一些研究者发现,公正世界的信念也会受到文化因素的影响。Furnham(1993)认为在一个大多数人倾向于相信世界是公正的文化中,经济和社会不平等会被看成是公正的,在这样的社会中,人们相信穷人和弱势群体之所以得到的较少是因为他们本身应该得到的就少。研究显示,与分配公平的国家相比,在贫富分化极其严重的国家公正世界归因更常见(Dalbert, Yamauchi, 1994; Furnham, 1993; Furnham, Procter, 1989)。例如,印度和南非被试在公平世界信念量表上的得分比美国、澳大利亚等国家被试的得分更高。

四、文化与思维方式

1. 东西方思维方式的差异

学者们常用辩证思维来描述东方人，尤其是中国人的思维方式；用逻辑思维或者分析思维来描述西方人，尤其是欧美人的思维方式。

中国人的辩证思维包含三个特点：变化、矛盾与中和。变化论从世界的变化性出发，认为世界永远处在变化之中，没有永恒的对与错；矛盾论则认为万事万物都是由对立面组成的矛盾统一体，没有矛盾就没有事物本身；中和论则体现在中庸之道上，认为任何事物存在着适度的合理性。鲁迅曾对此有过形象的描述："中国人的性格总是喜欢调和的、折中的。譬如你说，这屋子太暗，必须在这里开个窗，大家一定不允许。但如果你主张将屋子拆掉屋顶，他们就会来调和，愿意开窗了。没有激烈的主张，他们总连平和的改革也不可行。" 中国人更相信"福祸相依""塞翁失马焉知非福"的故事。中国人更容忍对立性，正负情感之间有强烈的正相关，而美国人则爱恨鲜明。儒家思想中的天人合一和道家理论中的阴阳学说是辩证思维的集中体现，天人合一是中国人追求和谐的思想基础，它和中国人的宇宙观紧密联系在一起。

与中国人的辩证思维不同，西方人的思维是一种逻辑思维。这种思维强调世界的统一性、非矛盾性和排中性：认为事物的本质不会发生变化；相信一个命题不可能同时对或错，要么对，要么错，无中间性。这种观念最直接地体现在埃里克森的自我同一性概念中，在埃里克森看来，当个体经历了青春期的剧变之后，就会在人格上形成稳定的自我概念，这种同一性很大程度上决定着个体的行为。

中国人在看待问题的时候喜欢从整体的角度对问题加以分析，强调事物之间的联系与关系，是一种整体思维。而西方人，尤其是美国人往往把问题从一个大的背景中分离出来加以考虑，看重他人或事物本身所具有的特征，是一种分析思维。早在二十年前，纪丽君、彭凯平和尼斯贝特等人就发现，中国人在认知事物的时候，往往不能把个别事物从它所处的情境中分离出来。比如在完成棒框实验时，中国人的判断比美国人的偏差大，主要原因是中国人把背景和判断目标当成整体看待，对目标的判断很容易受背景的影响。有人以下围棋为例，在水平恒定的情况下，中国人的成绩在棋盘由正方形变成其他形状时会下降。而在同样改变棋盘形状的情况下，西方人的成绩却不下降。原因在于中国人喜欢在整体的框架下看待事情，而西方人则把认知的重点放在客观事物本身，较少受背景影响。

这种对整体的强调在很大程度上影响着中国人的社会生活，使中国人在评价他人的时候往往把一个人的生活背景、家庭出身和周围环境联系起来，而不是把重点放在此人本身所具有的特性上。这样做的结果是过分夸大环境的作用，忽略个人的作用。这种倾向在前文提到的对谋杀事件的报道中得到了证实：中国人认为外部原因重要，而西方人认为个人的内在特征才是决定性的。在一篇题为《文化和思维系统：整体对分析认知》的论文中，尼斯贝特等人提出了一套系统的关于东西方思维方式差异及其原因的理论，认为东方人的思维是整体性的，这种思维强调整个环境的作用，不善于使用分类和逻辑推理，对事物的认识遵循辩证分析；而西方人的思维方式是分析式的，这种思维注重逻辑，关注客体特性以及它们所属的范畴和法则的运用。在他看来，不同文化中的巨大差异不仅影响了人们关于世界的信念，而且在深层次上影响着人们的形而上学观念和内在的知识论以及认知过程特性。

2. 东西方思维方式差异的文化来源

东西方存在着巨大差异，这种差异来自何处？尼斯贝特指出东西方文化的发展有着各自的轨迹，西方文明建立在古希腊传统之上，以亚里士多德的逻辑分析为特征，而以中国为代表的东方文化建立在深受儒教和道教影响的东方传统上，以辩证和整体思维为主要特征。他从古希腊和中国古代社会实践取向入手，系统地阐述了东西方思维产生的渊源和特性。

（1）社会背景：古希腊社会强调个人特性和自由，是一种以个人主义为主的社会；而中国古代社会则强调个人与社会的关系，是一种以集体主义为主要特征的社会。这种差异影响了各自的哲学信念，并导致了对科学和哲学问题的不同回答，这些问题包括连续与非连续性、场与客体、关系和相似性、分类与规则、辩证与逻辑等。

（2）认知系统：东西方哲学和认识论在社会历史背景中建构了不同的心理学理论。生活中复杂的社会关系使中国人不得不把自己的注意力用来关注外部世界，所以中国人的自我结构是依赖型的。西方人的社会关系比较简单，他们更有可能把注意力放在客体和目标上。中国人的认知以情境为中心，美国人则以个人为中心；中国人乐于接受外来的知识，美国人以主动的态度征服世界。

（3）生态背景：中国文化基于农业社会，这是一个复杂的等级社会，强调等级与和谐。与中华文明形成鲜明对比的希腊文明则不完全依赖农业，由于生态环境的原因，他们对狩猎和捕鱼的依赖性较大，而这些产业对个人特征的要求更高，所以为了适应这种生态环境，西方人的思维取向是个人式的。

这两种思维系统和与二者相适应的社会实践紧密联系在一起并且互相促进——思维系统引领社会实践，社会实践反过来也强化着思维系统。这一观点在尼斯贝特的《思维版图》一书中得到了充分的体现。在这本书中，尼斯贝特用大量实验证据批驳了当代认知心理学家关于知觉普遍性的假设，认为亚洲人的思维特性和西方人的思维特性不同。他的观点得到哈佛大学加德纳（Howard Gardner）教授和耶鲁大学斯滕伯格教授的支持,他们认为尼斯贝特关于东西方思维方式的理论对解决人类面临的新问题,如核危机、恐怖主义等具有重要的借鉴意义。

3. 理解思维方式的理论和实践价值

东西方思维方式的研究对我们从更深的层次理解东西方文化具有重要的理论和实践价值。首先,可以解释一些我们以前难以回答的问题。科学史学家李约瑟(Joseph Needham)注意到,中国人在很久以前就认识到"场""远程作用力"等概念,比西方人早1500年。但为什么以这些概念为基础的现代电磁学和量子力学却最早由西方人提出?心理学家把这一难以解释的现象称为"李约瑟难题"。考虑到东西方人的思维特性,这种矛盾并不难理解。因为西方人强调个体的作用,他们在处理客体时会把客体从它所处的背景中分离出来,忽略所处环境的作用。现代电磁学和量子力学的建立都需要对作用力做分解,西方人善于分解和分析,所以做到了这一点。

其次,为文化多元性理论提供支持。任何一种文化都来自某种传统,文化可以互相影响,但一种文化永远不可能代替另一种文化。时代在进步,文化也在发展。文化心理学的目的不仅在于从对比中认识自身文化的优点与缺点,同时也应该为继承和创造良好的文化服务。随着心理学和其他诸多学科对中国文化的关注,中华优秀传统文化必将为世界文明做出更大贡献。

最后,对促进东西方文化交流有重要作用。由于思维方式的差异,中国人和美国人在看待同样问题的时候存在着很多的不同。求同存异对双方的有效沟通极为重要,只有认识到这种思维差异,并且以此指导行为,才能使双方的交往更有效。以道歉为例,在中国人看来,向别人道歉表明了一个人的高姿态和诚恳,当我们接受别人道歉的时候,就预示着双方矛盾的解决;但对美国人来说,正式道歉则意味着要承担相应的责任,所以道歉只是进一步解决矛盾的前提。通过理解不同思维方式的特性,我们可以对人们的心理和行为做出理性的预测。

总之,文化对人的心理与行为有着巨大的影响,分析这些影响对理解中国文化与中国人心理之间的关系有重要的指导意义。中国是世界文明的发祥地之一,中华文明对人类的发展做出过重要贡献。一方面,我们要继续探索传统文化精华;另一方面,我们还要向世界先进文化学习。文化也不是一成不变的,全球范围内的文化互动与变迁已成为常态,这一变革将为文化心理学的发展提供新的机会。

§3 对中国文化的分析

罗素在《中国的文化问题》一文中写道:"中国人口约占世界总人口的四分之一,因而即使中国人不对其他国家的人产生影响,中国的问题本身也是一个意义深远的重要问题。事实上中国的事态发展无论如何都会对整个世界产生极其重要的影响。未来的二百年将表明，中国人何去何从会是影响整个世界发展的一个决定性因素。正因为如此，中国的问题不仅对于亚洲，而且对于欧洲和美国都具有重要的意义。"从某种意义上讲，假设心理科学是一座大厦，这座大厦的建构如果离开对中国人的分析，将是一个先天不足的作品。

一、研究中国文化的意义

中国文化是世界上最古老的文化之一，几千年来它一直塑造并影响着中国人的心理与行为方式。正是因为这种文化影响，才使得中国人在思想、信念及行为方式等诸多方面，区别于西方以及其他文化中的人。在21世纪，分析中国文化的影响，不仅对更好地适应环境有促进作用，还能在对比中使我们进一步了解中国文化的精神。

研究中国文化问题的重要性还与外来文化的入侵有关。当今世界，西方工业国家的文化与价值体系已经渗入了中国社会的每一个角落。以个人主义为主导的西方价值体系与中国传统文化体系有很大的差异，这种差异具体体现在每个人身上时也有所不同，研究这些问题有助于我们更好地理解文化的影响。

本土心理学的发展也需要我们对中国文化做深入分析。越来越多非西方国家的心理学者开始倡导心理学研究的本土化（Díaz-Guerrero, 1977；杨中芳, 1993；杨国枢, 1993），主张对人的研究不能离开他们所处的文化。如杨国枢等人以中国文化的特征为基础，反对在心理学，尤其是社会心理学研究中照搬西方概念的做法；主张心理学研究要做到"本土契合性"，即研究者的研究活动与成果要与被研究者的心理、行为及其产生的经济、文化、历史传统条件相符合。也就是说，探讨中国人的心理与行为，就必须从中国的文化与社会现实出发，而不能仅仅用西方人的观念去理解中国人。

二、关于中国文化研究的理论思路

1. 对中国传统文化特征的分析

中国是一个具有五千年历史的文明古国，在几千年的历史发展中，经过漫长的变迁与沉淀，形成了博大精深的中国传统文化。在文化学者看来，中国传统文化是中华民族历经世世代代的积淀所形成的相对稳定的意识形态体系，这个体系的特征包括：

（1）人本主义：提倡以人为本，强调伦理道德的作用。从古到今中国人就有"人为贵"的人本主义传统（燕国材，1993），潘菽也曾指出："中国古代心理学思想中很独特的一种思想就是人贵论。"

（2）家族主义：在中国，家庭可以被看成是整个社会的缩影，中国人对家庭的依赖远超西方人。传统的中国文化正是利用人们的尊祖情绪，使得家族主义在建立社会秩序等方面起了很大的作用，在家族主义中以孝为主的道德观念制约着人们的心理与行为。

（3）闭关主义：传统文化的第三个特征体现在经济基础上，以小农经济为特征的经济与生活方式使得中国文化形成了一种自给自足的、封闭式的文化体系，这一体系具有排他性的一面。但随着改革开放，这种体系已经基本上被开放的理念所取代。

2. 近代化理论的思路

20 世纪 50～60 年代，一批研究中国问题的美国学者提出的近代化理论，对中国传统文化的作用提出了挑战。费正清、迈尔斯、列文森（Joseph R. Levenson）、芮沃寿（Arthur F. Wright）和所罗门（Richard H. Solomon）等人通过比较近代的中国与日本，想要找出为什么明治维新之后的几十年内，日本近代化改革取得了成功，而近代化起步比日本早的中国却失败了。在分析了 19 世纪中国的经济、社会、政治及文化因素之后，他们指出：中国近代化失败主要是由儒家思想造成的，因为儒家思想所要求的安定团结与近代化要求的变革之间存在冲突。芮沃寿甚至断言："即使在最有利的条件下，儒家的社会也是不能纳入近代化国家的。"

近代化理论从文化与人格的视角分析了中国传统文化的负面影响。费正清认为中国的传统文化很重视集体，这里的集体是指家族而非国家；这种文化强调服从权威，所以不能培养出具有独立自主人格的人。他还指出中国传统文化的动机模式是依赖而非自主，这种传统培养出的人只适合农业社会，不适合工业社会的要求。哈根（Everett E. Hagen）在 *On the Theory of Social Change* 中表达了同样的观点。他用一个社会可否培养出创造性人格来分析一个国家的经济是否能够发展，认为在一个保守的社会中，培养创造性人格是困难的，没有这样的人社会发展也就无从谈起。

韦伯（Max Weber）从宗教视角对中国传统文化做了分析，在《中国的宗教：儒教与道教》中对儒家思想提出了尖锐的批评，认为儒家伦理缺乏自然与神、伦理要求与人性弱点、罪恶感与追求超脱、世俗行为与超俗的补偿，以及宗教责任和社会现实之间的紧张状态，因此就没有杠杆作用使人内在的力量超脱传统。也就是说，由于太重和谐，尤其是天、地、人的合一，使人与社会、自然之间缺乏紧张，从而没有能培养合理的克服外界的精神。与儒家伦理相反，基督教尤其是清教徒相信原罪而又力求克服原罪的观念，使他们发展出了一套克服内在罪孽的宗教修养功夫。这种功夫扩展到规范、习俗与权威上，使人不会盲从，而是去思考改进的方法。

近代化理论试图从对儒家文化的批判中，为中国社会的进一步发展寻找灵丹妙药。费正清指出，由于儒家思想阻碍了中国的发展，中国要想发展就必须有另一套思想，这种思想需要从西方文化中去寻找。这也是过去几十年在中国有人鼓吹西化的理论基础的原因。近代化理论在 20 世纪 60～70 年代风靡一时，但到了 80 年代开始受到批评。批评者认为近代化理论是在史料分析的基础上提出的，缺乏实证研究的支持。它对解决中国问题所持的西化观点,显示出他们对中国文化的偏见。因为文化总是在变化,用它解释19世纪中国的社会发展尚属勉强,就更不用说现在了。

> **专栏 11-2** 中国人缺乏批判性思维吗?
>
> 批判性思维是一种基于良好判断和使用恰当标准对事物的价值进行评估和思考的思维。在西方文化中,批判性思维可以很好地解释西方人的创造力。西方人认为,个体在独自一人时更具有创造性,因此他们的批判性思维强调独立思考,因此独立思考可以预测西方人的创造力在逻辑上成立。但以这样的思路去看待中国人的创造力就值得商榷了,这是因为在中国文化下,人们更倾向于认为大家在一起时更具有创造性。也就是说,中国人的创新常在与别人的讨论和交流中产出,独立的中国人也会有新想法,但是这些新想法往往由于某些原因而无法形成创造性产品,因而与独立思考精神相比,合作思考精神更能预测中国人的创造力。
>
> 有人认为中国人缺乏批判性思维,进而导致了创造力的匮乏。真的是这样吗?为了回答这一问题,李昊(2020)构建的"中国人批判性思维测查表"表明,和西方人一样,中国人也具有批判性思维。中国人的批判性思维由技能、开放、信念、成长和目的五个维度构成。前三个维度和西方一致,后两个维度则是中国人特有的。受中庸信念的影响,中国人批判性思维表现出辩证性和整体性的特征。以开放为例,西方模型中思维开放强调消息灵通和思维开阔,中国人的开放则强调三个方面:一是理性好奇,即好奇心有一个度,适当好奇才符合批判精神;二是求实自省,中国人善于关注背景信息,考虑他人意见,因而开放能打破自己的思维惯性和框架,寻找客观事实,是一种内在的真理追求方式;三是包容独立,中国人善于包容不同意见,而西方文化中的个体强调思想独立性,因而西方语境下批判性思维强调思维开放一定要有谦虚和包容精神,而对于本身就很谦虚包容的中国人来说,具有批判性思维的标准与西方人不同。从这一点来看,中国人和西方人同样具有批判性思维,只是各有文化特色而已。所以用西方的工具测量中国人的批判性思维是不合适的,这也是我们构建适合中国人批判性思维测量工具的初衷。

3. 世界体系理论

Wallerstein(1974)提出的世界体系理论(world system theory)认为文化之间的相互影响受经济与政治因素的制约。I. Wallerstein 认为从全球角度看,世界各国在国际政治与经济方面形成了一套权力结构系统。在这个系统中有些国家（大多数欧美国家）处于权力核心地位，另一些国家（尤其是亚非国家）则处于权力的边缘。这个体系中权力地位的差异最终导致了文化与学术的差异，处在文化与学术权力核心的国家对边缘国家有支配性。受此观点影响，目前许多跨文化研究往往依据西方，尤其是来自美国的概念与框架。这些概念和框架对理解他们自己有用，对理解其他国家未必可行。以这种思路建立起来的文化心理学只能是一种买办式的西化心理学。

从某种意义上讲，世界体系理论是与经济和政治霸权联系在一起的，它用经济和政治实力去理解文化影响方向。我们应从发展的眼光看待文化的影响，随着我国国力的增强，中国在国际政治和经济中的地位将不断加强，中国文化的影响力也将不断上升。

4. 对中国文化影响的展望

汤一介先生曾经指出在 20 世纪出现的全盘西化的思潮，使中国人在一定程度上丧失了对自身文化的自信。中国人在吸收外来文化上有较强的自觉性和主动性，而在向外传播自己的文化方面则缺乏这种自觉和主动，这种状况与中国人的民族性格有关。在历史上中国人能够用宽容的态度对待外来文化，但中国人缺乏向外的进取精神。这种状况和中国强盛时的大国心理有关。中国人认为其他人到我们这儿来学是天经地义的事情，我们没有必要去他们那儿传播中国文化。可惜近两个世纪以来，随着西方国家的崛起，中国人的自大心理慢慢沦为自卑心理，觉得自己处处落后。

在《论东西文化的互补关系》一文中，季羡林先生用"三十年河东，三十年河西"来形容东西方文化的历史变迁。他认为人类发展到 21 世纪，以形而上学式分析为主的西方文化已经走到了尽头，代之而起的必然是综合见长的东方文化。为此他提出在处理西方文化与中国文化的关系时，一方面我们应该注意吸收西方文化中所有好的东西，包括物质的和精神的，通过拿来改变我们的价值观念和思维方式；另一方面我们更应该继承和发扬中国文化中合理的成分，使东方文明为人类的发展做出更大的贡献。

推荐读物

1. PENG K P, 1999. Cultural psychology. Oakland, CA：University of California Press. 这本书是彭凯平教授在美国伯克利加州大学开设文化心理学课程时自编的讲义，内容主要包括近 20 年来文化心理学研究的主要成果。

2. PENG K P, NISBETT R E, 1999. Culture, dialectics, and reasoning about contradiction. American psychologist, 54(9): 741-754. 这篇文章是该研究小组对中国人辩证思维加以研究的经典之作。

3. SPENCER-RODGERS J, PENG K P, WANG L, HOU Y B, 2004. Dialectical self-esteem and east-west differences in psychological well-being. Personality and social

psychology bulletin, 30(11): 1416-1432. 这篇论文通过比较不同文化中人的思维特性以及对健康观念的影响，发现了思维特性的重要作用。这篇论文获得美国社会问题心理学研究会(The Society for the Psychological Study of Social Issues) 2004—2005 年度优秀论文奖，是有关辩证思维影响研究的重要文献。

4. TRIANDIS H C, 1994. Cultural and social behavior. New York, NY: McGraw-Hill Book Company. 该书是对特里安迪斯所做研究的系统总结。

5. 孙隆基, 2011. 中国文化的深层结构. 桂林：广西师范大学出版社. 该书从中国人内在的良知系统、作为个体的中国人、人际关系以及国家与社会等层面分析了中国文化与中国人的本质问题，是有关中国人研究的一部经典著作。

6. 杨国枢, 1996. 文化心理学探索. 台北：桂冠图书公司. 该书收录了本土心理学有关文化研究的论文，值得一看。

7. 杨中芳, 2009. 如何研究中国人：心理学研究本土化论文集. 重庆：重庆大学出版社. 书中谈到了本土心理学研究应该注意的问题。

8. 余德慧, 1996. 文化心理学的诠释之道. 本土心理学研究, 6: 146-202. 这篇文章是余先生对文化影响理解的说明。

9. 希雷, 利维, 2013. 跨文化心理学：批判性思维和当代的应用：第 4 版. 侯玉波, 等, 译. 北京：中国人民大学出版社. 这本书是跨文化心理学领域的必读书，包含过去几十年跨文化心理学研究的重要领域和成果，对我们理解跨文化心理学的理念和方法具有重要意义。

10. 方文, 2022. 文化自觉之心. 北京：中国人民大学出版社. 这本书是方文教授对社会心理学研究中文化意义的深层次思考与探索，他从社会心理学发展的内在逻辑阐述了文化自信的实现手段。

思考题

1. 什么是文化？什么是文化心理学？
2. 文化人类学关于文化影响的特点有哪些？
3. 简述文化影响的层次，以及与此对应的学科是什么。
4. 简述文化心理学的发展历史。
5. 文化心理学的研究对象和研究方法是什么？
6. 简述心理学家关于文化维度的观点。
7. 谈谈你对中国传统文化和近代化理论的看法。
8. 什么是个人主义和集体主义？它有何影响？
9. 简述独立型与依赖型的自我结构。

10. 结合相关内容，谈谈文化如何影响个体的认知。
11. 东西方人的思维方式有什么不同？对我们的认知活动有什么影响？
12. 请评价近代化理论和世界体系理论的观点。
13. 结合生活实际，谈谈中国人应该怎样进行文化创新。

12

积极心理学

积极心理学是继人本主义后，心理学领域的又一次革命。积极心理学继承了人本主义对人的积极因素的强调，进一步把它推广到每一个普通人的身上，使每一个人都能从中获益。改革开放四十多年来，中国经济与社会得到了迅猛的发展，经济总量在世界上排在第二位，影响力与日俱增。作为一个负责任的大国，我们该有什么样的心态？积极心理学为我们提供了一个新的思路。

§1 积极心理学的基本问题

一、什么是积极心理学

积极心理学（positive psychology）是研究如何正确把握幸福人生的科学。它是美国心理学会前主席塞利格曼和密歇根大学的彼得森等人在 1998 年提出的一种新的心理学理念。积极心理学以整个人生过程为研究对象，认为每个人的一生都会经历高峰与低谷——既有美好的经历，也会有挫折和消沉的经历，而正是这些高峰和低谷构建了完整的人生。积极心理学认为，挫折和低谷是与成功和高峰体验同样重要的人生经历。积极心理学关注人生中那些美好的东西，认为在日常生活中发生的好的事件是我们人生中最重要的东西。积极心理学的倡导者还有奇克森特米哈伊（Mihaly Csikszentmihalyi）、迪纳（Ed Diener）、贾米森（Kathleen Hall Jamieson）和瓦利恩特（George E. Vaillant）等人。

人们对心理学感兴趣是因为心理学可以解答生活中的很多困惑，让人们摆脱困扰，让生活更加美好，但实际上心理学并没有做到这些。仔细分析心理学在第二次世界大战后的发展不难发现，心理学关注的一直都是"偏差或者变态"的心理与行为，心理学的很多方法也是致力于纠正这种偏差或者变态。关注偏差和变态让心理学在理解、治疗和预防心理疾病方面取得了巨大的进步，但这种关注是以心理学对人类内在天性的病态假设为前提。在这种病态假设下，很多心理学家很难做出正确选择。作为一种新的范式，积极心理学认为现在已经到了要纠正这种不平衡、向病态模型提出挑战的时候了。塞利格曼在 2003 年出版的《真实的幸福》（*Authentic Happiness*）一书中明确提出，心理学需要对人类的优势和弱点给予同等程度的关注——一方面修补坏的世界，另一方面塑造好的事物。基于这样的出发点，积极心理学假设人类善良美好的一面与病态的一面同样真实地存在着，且优势对人类生命的意义更加重要。

二、积极心理学要澄清的几个问题

1. 研究对象

积极心理学研究积极的品质，包括友善、好奇心、团队协作能力，以及价值、兴趣、天赋和能力，同时还研究可以促进幸福生活的社会因素——友谊、婚姻、家庭、教育和宗教等。

2. 积极心理学不是常识

积极心理学的研究成果并不是大众所认为的常识，所谓常识通常都是在事实发生之后才提出的，并非事前提出。积极心理学是对这些常识的矫正，试图从司空见惯的常识之中寻找机制与途径。对于积极心理学的成果，无论是否在意料之中，都需要琢磨和深究。

3. 积极心理学的目的

积极心理学研究积极体验和积极特质等，它强调描述和解释客观事实，使人们了解在什么情况下追求怎样的目标。积极心理学强调并非所有的结论都是乐观的，但它们都是有价值的，因为这些都与美好生活密切相关。

4. 积极心理学的关注点

积极心理学不仅关注人类积极美好的一面，还关注人类病态的一面。无论是从事社会心理学研究的积极心理学家，还是研究临床心理的积极心理学家，都承认人类美好的生活中存在着偏见和争端。积极心理学更强调积极、快乐、幸福、开心等，反对把人生看成是悲剧的观点，以及由此衍生的"痛苦的人和快乐的猪"的说法；认为那些快乐的人通常更优秀，在学习和工作中更成功，与他人的关系更融洽，寿命也更长。积极心理学还认为，并非只有在繁荣和平的社会中才能享受快乐。比如汶川地震之后中国人并没有因为受灾而变得消沉，而是在困境中意识到了生活的美好以及友爱和关怀的价值。

5. 积极心理学的本质

积极心理学不是一场根本性的革命，只是对研究问题的重新聚焦。它用传统心理学的研究范式探讨美好生活问题，认为对美好生活的追求是超越地域文化限制的，所有的文化都向往并追求美好的生活，积极心理学尝试从全球化的视角定义文化经验。

6. 积极心理学的分支

积极心理学涉及心理学的很多分支，如社会心理学、人格心理学、临床心理学和组织管理心理学。在发展心理学、社区心理学和文化心理学中还不是很流行，在认知心理学和生理心理学领域刚开始受到关注。

7. 积极心理学的研究主题

积极心理学的研究主题基本上可以分为三类：①积极的主观体验，如快乐、福流、满意、实现感；②积极的个人特质，如性格、天赋、兴趣、价值观；③积极的社会关系，如家庭、学校、单位和社交圈等。

研究表明，积极的社会关系可以促进积极的个人特质的发展，从而进一步促进积极的主观体验。但三者之间并非严格的因果关系，虽然其中某个因素的缺乏并不一定会导致另一因素无法实现，但实际生活往往是这三者的结合产物。

§2 积极心理学的基本内容

一、积极的主观体验

1. 快乐

快乐（pleasure）是最常见的积极的主观体验。每个人都希望自己生活快乐，快乐的感觉很棒，大多数人都深深体会过并努力维持或强化它。人们不仅关注此时此刻的快乐，也体验着过去（回忆）和未来（期望）带给我们的快乐。诺贝尔经济学奖获得者卡尼曼（Daniel Kaheman）提出的峰-终理论（peak-end theory）认为，人们对过去体验的总体评价，主要反映了体验过程中感受最强的时刻和体验结束的时刻，而不是每个阶段的平均。为证实这一点，实验者对被试在许多简单快乐场景下进行研究。如让被试看一部喜剧电影，当这种体验正在进行的时候，要求被试评定自己当时愉快和不愉快的程度，体验结束以后要求被试做一个简单的总体评定。许多研究结果都支持了峰-终理论。这一发现的意义在于，人们应该给自己的快乐找到高峰点和好的结尾，这样在日后回忆时就可以有所侧重了。也有研究者对人们在生活中发生重大事件的前后进行研究，如恋爱关系结束、申请工作等。研究者让被试预测当一个好的或坏的结果出现时，他们会有什么样的感觉，并预测这种感觉会持续多久；事件发生以后记录下被试的真实反应，并与之前的预测对比。结果表明尽管被试猜对了好的结果的确比不好的结果更令他们快乐，但他们都对自己的反应持续时间做了过高的估计，坏情绪持续的时间并没有他们想象的那么长，好情绪也一样。

> **专栏 12-1 为什么要做君子？**
>
> 　　君子是中国传统儒学思想中理想的人格特质。在中国传统哲学中，君子人格与积极心理状态的关系一直是重要的学术课题。孔子的"君子不忧不惧"和孟子的"君子有三乐"更是受到后世学者的广泛探讨。为什么君子具有更积极的心理状态？思想家程子用"克己"和"诚"来解释，认为它们是君子具有积极心理状态的内在原因。朱熹将这一解释编入了《四书章句集注》，使之成为一种代表性的理论主张，对后世产生了深远的影响。为了给这一论断提供当代解释，葛枭语和侯玉波采用科学心理学的方法，系统地探讨了君子人格与心理健康的关系。这一研究的成果发表在《心理学报》2021 年第 4 期上，论文的题目是《君子不忧不惧：君子人格与心理健康——自我控制与真实性的链式中介》。
>
> 　　在这项研究中，葛枭语和侯玉波用 4 个实验系统地探讨了君子人格影响心理健康的机制。他们发现君子人格能正向预测同时测量的心理健康和 6 个月后测量的自尊、核心自我评价、情感平衡，负向预测 6 个月后的心理不良症状。为了探求君子人格影响心理健康的机制，研究者还纳入了自我控制和真实性两个个体变量。通过进一步操纵证明了这两个变量在君子人格与心理健康之间的链式中介作用。在研究中，他们发现君子人格能够正向预测特质性自我控制和在情境中的自我控制决策，并且这一结果无论是在实验情境还是真实生活情境中都成立。这种链式中介作用表明君子人格得分高的人能够控制冲动、抵制诱惑，感到自己的行为与真实的自我一致，没有疏离与违背，因此具有更加积极的心理状态。
>
> 　　研究所揭示的君子人格对心理健康的正向效应在两个层面上具有重要的意义。一是从文化视角来看，文化-个体一致性模式认为，个体具备特定文化中受重视的特质时会更加幸福。由于以君子人格为核心的儒学思想是中华民族生存发展所积累的文化-心理结构，因此具有与之契合的君子人格特质的个体能够更好地适应社会。二是从人性视角来理解，君子人格是一种具有普遍价值的心理结构，这一结构反映了儒家思想所倡导的理性生活态度和合规的生活方式更符合人性的追求。

2. 福流

　　福流（flow）是奇克森特米哈伊在 1990 年提出的一个概念，指人们高度参与某些活动时所伴随的一种心理状态。奇克森特米哈伊在研究画家的创造力时对福流产生了兴趣，发现艺术家在专心地创作一幅画时会忘掉饥饿、疲劳和不舒服，然而一旦作品完成后兴趣会很快投入到另一个创作中去。处在福流状态的个体觉得时间过得非常快,注意力集中在所做的事情上,觉得自己充满活力。处在福流状态的个体没有感情和意识,作为社会角色的自我丧失了其本来的意义。人们把福流描述得非常快乐是事后的判断,在活动过程中快乐的感觉并没有显现出来。

NBA明星球员本·戈登（Ben Gordon）在描绘自己打球"处于巅峰状态"时写道："失去了对时间的感知,不知道现在是第几节比赛;听不到观众的叫喊声;不知道自己得了多少分;什么也不去想,只是打球;所有的动作都像是本能的。"

奇克森特米哈伊研究了福流产生的条件和结果,采用寻呼技术（beeper technique）,即让被试随身携带一个寻呼机,然后随机抽取时间段让被试描述此刻正在做的事情及此刻的感觉怎么样。奇克森特米哈伊发现,当技巧与挑战处于平衡状态时福流最有可能产生。福流代表了人与环境融为一体的体验。他发现人人都可以体验到福流,关键是面对挑战时个人的技巧能满足要求,挑战太多或技巧太少都会破坏这一过程。

福流作为一种心理过程,它的生理基础是什么？目前针对福流的研究,大部分以被试的自我报告为主,也有研究者从神经科学的视角展开研究。Dietrich（2004）发现在福流体验里,人们依靠内隐知识完成高度熟练的技能,这一过程不涉及意识系统。福流产生的前提是大脑额叶发生暂时性功能降低,使人的元意识（监控和调节意识的能力）功能被暂时抑制。许多人描绘福流体验时会觉得自己没有做有意识的思考,只是自发地去完成那些复杂的活动。人们在从事这些活动时并不需要前额叶皮层功能,这一结果符合许多神经科学的研究结果,因为人们一般是在学习新技能时发生前额叶皮层、前运动皮层的活动;而经过练习熟练掌握这项技能后就变为由基底核、丘脑和海马控制身体进行这类动作。De Manzano等人（2010）考察了福流体验中的生理变化,他们招募了21名专业的钢琴家,让他们自由地弹奏钢琴曲目以进入福流体验,同时记录生理指标。结果发现,福流体验伴随着明显的血压、心率、呼吸深度和肌肉活动的变化。研究还发现在积极情绪下,这些需要极度专注的弹奏活动反而一点也不费力。A. Dietrich 和 O. De Manzano据此认为,福流不仅是一种随意注意,而且和一系列生理变化有关——自主神经系统中的交感神经系统兴奋,随之带来呼吸深度增加,以及之后的肌肉兴奋,都可以视作福流的生理指标。

二、积极的个人特质

1. 乐观

乐观是积极心理学家感兴趣的话题,奠定了积极心理学这个新领域的基础。20世纪30年代,精神病学家瓦利恩特主持了一项名为"哈佛成人研究"的长期调查项目。到20世纪80年代中期,通过塞利格曼的牵线,瓦利恩特邀请彼得森到档案馆利用过去几十年收集到的资料开展研究工作。彼得森使用瓦利恩特档案库的数据资料，研究了一个人早期的思维方式与随后生活中身体健康的关系。在这项追踪研究中，最初的被试是哈佛大学的学生，约占学生总数的 3%。学生们首先完成调查生活状况的问卷，然后参加心理和体育测验，最后接受关于童年生活的访谈。所有研究资料都被完整地记录和保存下来，研究者对这些被试进行了长期跟踪研究。几乎所有被试在第二次世界大战期间都在美国军队服役，一些人完成了学业，一些人学业中断，多数人在战争结束时还活着。1945 年，被试再次接受了问卷调查，同时描述了自己在战争中遇到的困难经历。

彼得森的工作就是分析这些文章，并通过文章中所描述的内容来评估被试的乐观程度。彼得森随机选取了 99 个年轻人的描述性文章，这些文章一般有几百字，写得很真诚且富有表现力，清楚易读。研究者还从文章中寻找了一些对糟糕事件（如逆境、失败、失望和挫折）的描述，主要关注文章作者对事件原因的解释。经过编码，彼得森对这 99 个人的乐观程度打分，并把这个分数和瓦利恩特的分数合并起来。瓦利恩特的分数由这些被试的私人医生每 5 年组织体检得到的健康评分构成。结果相当令人兴奋，研究者发现年轻时的乐观可以预测 35 年后的幸福生活——年轻时越乐观的人若干年后的健康状况越好（Peterson，Seligman，Vaillant，1988），乐观和良好健康状况的正相关从 40 岁时开始出现，到 45 岁时达到了最大值（$r=0.35$）。

乐观的作用也得到了另一项和总统选举有关的研究的证实。1988 年，美国宾夕法尼亚大学的祖罗（Harold M. Zullow）主持了一项总统候选人的乐观程度对选民和选举结果影响的研究。他以候选人在党派提名会上的演讲为原始素材，把候选人分为乐观型和悲观型，研究了从 1900 年到 1984 年的 22 场选举中总统候选人的乐观表现，结果发现有 18 次是更乐观的人获得了胜利。例如，克林顿在 1992 年的选举中向美国公众发出了乐观的信息："我来自一个叫'希望'的地方。"尽管他的对手也发出了乐观的信号，但克林顿在演讲中提到了更多的代表乐观的"希望"。最终的选举结果表明，美国选民更喜欢乐观主义者而不是悲观主义者做领导，这个结论和其他关于人们日常生活的研究结果一致（Peterson，Maier，Seligman，1993）。

乐观的作用有时候也体现在盲目乐观原则中。Matlin 和 Stang（1978）发现，人们往往依照积极-消极的方式组织内容和指导认知过程，积极常常被看成是默认的，每个人都认为自己在平均水平之上。他们把这种思维过程中显著的积极选择性称为盲目乐观原则——人们总是认为自己比平均水平好。这一概念说明虽然乐观会让人失去一些准确把控现状的能力，但人们还是喜欢乐观。Tenney，Logg 和 Moore（2015）认为其中的原因在于，人们相信乐观能使美好的结果更容易实现。人们觉得一个具有乐观思维的人会在追求目标时有更好的表现，从而成功的可能性也会增加，这种现象就是乐观-成就假设（optimism-performance hypothesis），而 E. R. Tenney 认为乐观的作用主要体现在让人更能坚持，而坚持会导致成功。

2. 美德

苏格拉底曾指出，拥有美德是幸福的基础，现代生活更是如此。迈尔森基金会2000年创建了一个名为实践价值研究所（The Values in Action Institute，VIA）的组织，主要任务是给青年发展提供积极的思路与方法，工作重点就是探讨良好性格或者美德的问题。研究者想知道良好性格到底指的是什么以及如何测量等问题。彼得森和塞利格曼把良好的性格分为23种、共6类美德。

（1）智慧，指与获取和使用信息有关的积极特质，包括5种：创造力，想出新颖的方法；好奇心，对事物有兴趣，发现吸引人的话题，善于探索和发现；爱学习，掌握新的技术、主题和知识，不管是自学还是正式学习；头脑开放，从多个角度看问题，不急于下结论，面对证据能够改变观点，公平地对待全部证据；洞察力，能够为他人提供有智慧的忠告，具有独特的看待世界的方式。

（2）勇气，指面对阻力时努力实现目标的意志，包括4种：真实，诚恳地呈现自己，不掩饰意图，对自己的感觉和行动负责；勇敢，在威胁、挑战、困难和痛苦面前不退缩，为正确的事物辩护，依信念行动；恒心，不顾艰难险阻，有始有终地坚持行动；热忱，饱含激情，不半途而废，活泼有生气。

（3）人道，指关心与他人的关系的积极特质，包括3种：友善，做好事，帮助他人，关心他人；爱，重视与他人的亲密关系，互相关心和注重分享；社会智力，能够意识到自己和他人的动机和感受，知道如何做才能适应不同的社会情境。

（4）正义，指与个人和群体之间最优互动有关的特质，包括3种：公平，对他人一视同仁，不干扰他人决策，给每个人公平的机会；领导力，鼓励群体实现目标，并培养良好的组内关系；团队合作，忠于群体，完成分内的工作。

（5）节制，免于过度的积极特质，包括3种：谦虚，不寻求成为他人关注的焦点。审慎，小心选择，不承担不必要的风险，不做后悔的事，不说后悔的话；自我调适，调整感受和行动，守纪律，控制个人的欲望和情绪。

节制在一定程度上是通过人对行为的抑制而实现的，缺乏节制要比存在节制更容易被观察到。在测量节制的时候研究者发现，美国主流人群很少认可和称赞节制；而那些受佛教或者其他强调平衡与和谐教义影响的国家，节制往往受到称颂。

（6）超越，与庞大的宇宙形成联系，为生命提供意义的特质，包括5种：欣赏，注意并欣赏生活中的美；感激，意识到美好的事物并心怀感谢，花时间表达自己的感谢；希望，期望未来有好的结果并努力去实现，相信美好的未来可以实现；幽默，为他人带来欢笑，能看到光明面，能够开玩笑；灵性，对宇宙的更高目的和意义有一致的信念，知道个人在环境中的位置，具有关于生活意义的信念。

三、价值观

1. 价值观的定义

价值观是一种偏好某些目标的持久信念,不同的人和不同社会群体有着不同的价值观。价值观是人类学、经济学、政治学、社会学和心理学共同关注的主题。心理学家斯科特(William Scott)从 1963 年就开始研究价值观,他的工作重点是如何定义和评估价值观。斯科特从访谈开始,先问一系列热身问题,如想一想你崇拜的人,他们在哪些方面是值得钦佩的。然后让被试考虑这些问题:他的哪些方面你认为是好的?哪些个体特征是你特别钦佩的?请想一想你刚刚提到的特征,哪些是与生俱来的好的特征,所有人都应该认为是好的?斯科特用钦佩一词来指代人们认为有价值的概念,而不是宽泛的好或坏。通过访谈,斯科特得到的价值观包括:成就、创造力、诚实、独立、理性、友好、忠诚、体力、笃信、自我控制、社会能力、社会地位,他发现这些价值观具有鲜明的时代特性。在理解价值观概念的时候,我们要清楚它和一些心理学概念的区别。

首先,价值观不是态度,尽管两者之间有些联系。价值观是一个抽象的信念,而态度是对一个特定事物喜欢或不喜欢的评估。比如我们认为人们应该对其他人友好,这就是价值观;如果我们相信司机在转弯时应该打转向灯,这就是态度。价值观和态度之间还有一些更深远的差别:价值观在个人自我概念中处于更核心的位置(Hitlin, 2003),和具体的态度相比,价值观和具体行为的联系更小,但价值观在一生中更稳定。

其次,价值观不是特征,特征是想法、感觉和行为表现,而价值观是关于渴望目标的信念,它没法和具体的特征相匹配。有些特征是积极的,有些是消极的,但是更多的是中性的。人们使用自己的价值观而不是特征去评价他人。

再次,价值观也不是规范,尽管两者都存在"应该"的含义。规范是个体在特定情境中特定的行为模式,如参加婚礼应该带礼物。价值观则跨越不同情境,人们应该礼貌地对待他人,包括对待领导和服务员等。

最后,价值观也不是需要,尽管两者都影响着我们的行为。需要与一些生理活动联系在一起,例如饥饿、口渴等,促使个体做出某些行为来满足自己;价值观则通过提供社会认可的方式来满足需要。比如婚姻是一种社会认可的满足个体对亲密关系的需要的方式,而嫖娼则是违法行为。

2. 价值观的分类

价值观研究的另一个主要问题是对价值观的分类。早期的研究是由哈佛大学心理学家 G. 奥尔波特(Gordon W. Allport)及其同事主持完成的,他们提出了 6 种基本价值观:①理论的,看重真实和发现;②经济的,看重有用和实用;③审美的,看重美与和谐;④政治的,看重权力、影响和名望;⑤社会的,看重他人以及他们的财富;⑥宗教的，看重卓越以及在更广泛的范围内交流。

在 G. 奥尔波特之后，罗克奇（Milton Rokeach）又把价值观分为终极价值观和工具性价值观。终极价值观是指存在的理想状态的信念，包括舒适的生活、多彩的生活、成就感、世界和平、充满善的世界、平等、家庭安全感、自由、快乐、内在和谐、成熟的爱、国家安全、愉悦、救助、自尊、社会认可、真正的友谊和智慧。工具性价值观则是指有助于促进终极价值观的理想行为模式的信念。

政治学家英格尔哈特（Ronald Inglehart）用马斯洛需要层次理论将人们的价值观目标特殊化。马斯洛认为人的动机可能阶段性地反映个体需要，最底层的是生理需要，例如饥渴，人们不能够长时间不满足这些需要，只有这些需要得到满足，才能从危险中解脱出来。人们还需要一种安全感，不论是生理上的还是心理上的，人们需要相信整个世界是稳定、持久的。紧接着是归属需要，引导人们和他人接触，去爱和被爱。人们还应该感到受尊重，包括自尊和被他人尊重。对知识和对新奇事物的需要是认知需要，之后是审美需要。最顶端的是自我实现的需要——充分发挥并运用个人的天赋、能力和潜力。马斯洛认为人们在追求更高层次需要之前，必须满足低层的需要。

英格尔哈特对这些需要重新进行了分配，他把这些需要作为人们追求的最终状态，提出了价值观分类体系，把价值观分为生存价值观和自我表达价值观，前者和需要层次理论最底层的需要相对应，后者则与高层的需要相对应。通过对不同国家价值观的研究，他发现随着时间的推移，不同国家的价值观显示出了从生存价值观向自我表达价值观的转变。

博克（Sissela Bok）利用抽象程度来评价价值观的普遍性，她认为所有人都应该赞同三种价值观：一是相互关心和对等的积极责任；二是反对抛弃、欺骗以及背叛的消极命令；三是积极责任和消极命令冲突之间平等与正义的规范。博克称这三种为最基本的价值观。她认为这些价值观对于一个有活力的社会而言是最基本的需求，缺少其中任何一个，社会将难以维持下去。此外，还有最广泛的价值观，它的数目更多，广泛而详尽，也更加依赖文化情境。在她看来任何给定的文化组织都有最广泛的和最基本的价值观，所以不能将它们区别开来。

施瓦茨（Shalom H. Schwartz）及其同事从个体最普遍的生存和成长需求出发，指出人有三种需要：①个体的生理需要；②与他人相互作用的需要；③关注团体利益的需要。这些需要在很大程度上和罗克奇提出的价值观相对应。文化心理学家霍夫斯泰德则更加关注工作中的价值观，把价值观看成是跨情境的，认为细微行为中的价值观也具有普遍性。

施瓦茨要求被试根据价值观的重要性进行排序，然后让被试重新审视他们的排序结果，他和同事们在 70 个国家和地区进行了重复研究，在每个样本中发现了相似的结果。在世界范围内区分出 10 个不同的价值观，分别是：①成就感，和社会标准相联系的个体成功；②善心，给社会圈子中另一个人好处；③一致性，约束自己不脱离社会规范和期望；④享乐主义，追求个体满足感和愉悦感；⑤力量，社会地位、威望、控制力以及对他人的控制；⑥安全感，社会安全、和谐和稳定；⑦自我定向，独立思考和行动；⑧鼓励，追求生活中的兴奋感、新奇以及挑战；⑨传统，尊重和接受他人的文化和宗教习俗；⑩普遍性，理解、感激、保护所有人和自然。

四、人际与社会关系

正如在人际关系一章所讲的那样，和别人建立联系、发展友谊和爱情是人类最基本的需求。积极心理学吸收了传统心理学的观点，进一步扩展了这一观念，把这种关系的范畴扩大到社会关系领域。

1. 人际关系

积极的人际关系对个人至关重要，心理学的经典研究之一——哈洛的恒河猴实验就说明了这一点。哈洛在小猴刚出生时就把它们跟母亲分开，并将它们单独与两个静止不动的"猴妈妈"模型一起放在笼子里。其中一个"猴妈妈"是用金属丝做成的，另一个是用绒毛做成的。用金属丝做成的"猴妈妈"身上有一个可以提供牛奶的奶嘴，而用绒毛做成的"猴妈妈"除了手感很好之外并没有提供任何东西。如果说依恋的形成是被喂食的结果，那么小猴子就应该与能够给它提供食物的"猴妈妈"形成依恋才对。然而，研究结果却表明小猴子更喜欢用绒毛做成的"猴妈妈"。它们只有在饿的时候才去找金属"猴妈妈"，其他时间都与绒毛妈妈待在一起。小猴子受到惊吓后会快速跑到绒毛妈妈那里与它紧紧地抱在一起。哈洛由此推断婴儿会倾向于与那些像绒毛妈妈一样的对象形成依恋。哈洛的研究说明，即使是在动物之间，社会联系的形成也不仅仅是为了生理需求的满足。

在另一项研究中，哈洛把一部分恒河猴隔离起来进行饲养，在一年的时间里，这些猴子跟其他猴子没有任何接触，它们变得非常胆怯和孤僻。很多对于它们来说应该是很平常的行为，它们做起来却显得非常怪异。这些被隔离的猴子不能跟其他猴子进行正常的互动，并不是因为营养不良或有生理缺陷，而是因为它们跟自己的同类没有接触，社会功能受到了严重的损害。积极的人际关系包含的范围很广，人类的友谊、爱情等都属于积极的人际关系。关于这部分的具体内容，可以参照本书关于人际关系的论述。

专栏 12-2　　子女孝顺的老人会更幸福吗？

孝道是中华优秀传统文化中重要组成部分，强调子女对父母的尊敬、关爱和孝顺。孝道代表了一种传统文化价值观，能够帮助我们建立和谐的家庭关系，促进社会和谐发展。因此在一般人的眼里，子女越孝顺，老年人越幸福。但心理学家对二者关系的研究，却发现了一些和我们的常识不一样的东西。心理学家发现老人对子女的孝道期待和子女的孝道支持的匹配才是决定二者关系的关键。

李西营等人（2022）采用响应面分析，考察了老年人孝道期待和子女孝道支持行为的匹配程度与老年人生活满意度和孤独感的关系。他们使用老年人孝道期待量表评估老年人对子女的孝道期待，使用老年人接受子女支持量表评估老年人感受到的子女孝道行为。结果发现，当子女支持与老年人的孝道期待匹配时，老年人不会体验到剥夺感。同时高期待导致了高支持和高亲子互动，从而提高了亲密感和积极情绪，并最终提高了幸福感（Dai，1995）。相反，当孝道期待与子女孝道行为不匹配时，会使家庭关系不和谐。在中国文化背景下，老年人更易受不和谐家庭关系的影响，导致生活满意度下降（Huang，Fiocco，2020）。子女支持在减少老年人孤独感方面也发挥了重要作用，经常与孩子互动的老年人孤独感更低。

如果你想对这个问题有更多的了解，请阅读：李西营，金奕彤，刘静，等，2022. 子女越孝顺老年人越幸福吗？老年人孝道期待的作用. 心理学报，54（11）：1381-1390.

2. 社会关系

在中国传统文化中，孔子提出有6种关系对我们的生活有重要意义，分别是君臣、父子、夫妻、长幼、师生和朋友。孔子认为除朋友关系之外，君臣、父子、夫妻、长幼、师生都存在上下之分，也就是说只有当上级对下级表现出仁慈和关爱时，下级才有听命于上级的义务。实际上儒家的责任观并没有规定弱者对强者要谦卑、默从，而是呼吁相互尊重。这种相互尊重始于家庭关系，并最终延伸到国家与公民之间。儒家对礼的提倡是教导人们要尊重他人，日常生活中所培养的恭敬和顺从，不是因为对规则和习俗的盲从，而是出于对他人感受的顾忌。正因为如此，儒家关于好社会的观点，如尊敬家长、爱他人、做正确而不是对自己有利的事、践行互惠主义等都有重要的实践价值。在心理学家看来，积极的社会关系包括以下特征：①公平，社会内的公平交易，以及人与人之间的机会均等；②好运，重要的有纪念意义的事会发生在个体身上；③正义，存在合理的法律和统治基础；④耐心，有度过危机的能力；⑤远见，对未来命运的感知；⑥安全，拥有健康和公共福利。

§3 积极心理学与人类幸福

幸福是积极心理学关注的核心课题，所有人都有权享受生活、享受自由、追求幸福。人生最重要的事情莫过于对自己所做的选择和走过的路感到满意。

一、幸福的含义

人们总是倾向于将幸福与快乐等同起来,比如将幸福与吃巧克力和接受爱抚时的快感相提并论。两千年前的哲学家们非常仔细地思考了幸福的意义,并最终认为幸福的含义要远远超出那些转瞬即逝的感受。

亚里斯提卜提出的享乐主义认为,追求幸福就是将快乐最大化而让痛苦最小化,将最直接的感觉满足作为幸福的最终追求。伊壁鸠鲁进一步阐释了享乐主义的内涵,认为人最根本的道德责任就是让自己的快乐体验最大化。而亚里士多德提出的幸福论强调人们要对自己的内在自我保持真诚,真正的幸福是认同并培养美德,并使之与道德和谐共存。

积极心理学研究表明,幸福可以超越快乐成为生活满意度的预测指标。比如彼得森等人用不同的样本和方法发现,凡是以幸福作为终极目标的人比那些单纯追求快乐的人对自己的生活更加满意。无论是哪个年龄阶段的成年人,无论是男是女,无论是美国人、加拿大人还是其他国家的人,结果都一样。当然,这并不是说享乐主义与生活满意感一点关系都没有,我们只是说在同等条件下,享乐主义比幸福论对长期幸福的贡献要小一些。

在一项研究中, Danner,Snowdon 和 Friesen(2001)分析了修女们写的自传中与情绪相关的内容。早在 1930 年,这所修道院的女院长就要求修道院中的每一名修女写一篇自传体回忆录,内容是关于自己的童年、读书的学校、宗教体验以及为何加入修道院。这些回忆录只有简短的几百字,就和我们平时所写的自我介绍一样。修女们写的简短自传在被人读过之后就被搁置起来,尘封了几十年。参加研究的这些修女还同意去世后接受尸检以诊断是否患有阿尔茨海默病。这项研究选择修女作为被试是从医学和心理学角度考虑的,修女在收入、饮食、教育、卫生情况、生活习惯以及很多方面是稳定的,因此心理因素对健康的影响不受其他因素的干扰。

研究者仔细阅读了 180 名修女所写的传记文章,并对这些文章中涉及的情绪内容打分。打分方法很简单,记录出现积极情绪词汇和消极情绪词汇的句子数。例如修女 A 写道:"我出生于 1909 年 9 月 26 日,是七个孩子中的老大。我有四个妹妹和两个弟弟。过去一年的时间我是在修道院度过的,在修道院学习化学和拉丁语。享受着上帝的仁慈,我想要竭尽我的所能为教会服务,传播主的旨意,追寻献身。"修女 A 写的大部分内容是描述性的,从情绪上来看是中性的。修女 B 的描述则不同,她写道:"承蒙上帝的恩赐,主让我的人生在开始时非常顺利……过去的一年我作为候选人在圣母院学校学习。这段日子是非常快乐的。现在我热切的期盼着穿上姐妹们的短祭袍,并享受与圣爱同在的生活。"修女 B 的描述充满了幸福感。

研究者分析了这些60多年前所写的这些文章中带有的情绪化内容与个人寿命的关联，结果发现积极情绪与寿命有非常显著的相关，而负性情绪则没有。研究样本中快乐的修女比不快乐的修女多活了10年，这甚至比一个人是否吸烟会产生的7年左右的寿命差异还要大。

二、幸福与生活满意度

最早的关于幸福的研究常采用自我报告法，问卷中的某些项目是针对生活整体进行提问的，而其他项目则要求人们从自己生活中某个具体的角度来描述幸福，比如工作、健康、家庭、休闲活动等。一般来说那些对生活某个方面感到满意的人也会对其他方面感到满意，并在总体上对自己的生活感到满意。Park 和 Huebner（2005）研究了美国和韩国青少年的幸福感，发现这两个国家的幸福感都与整体生活满意感有很强的关系。这本来没什么特别之处，有意思的是美国个人幸福感与整体生活满意感的相关比韩国的高，而韩国青少年的学校幸福感对整体生活满意感的贡献要比美国青少年的大。

为什么会这样？E. Diener 做了一项针对特殊领域幸福感与整体满意度的跨国对比研究，结果发现对美国人而言，能够预测整体幸福感的最好的指标是一个人对自己最满意的领域的看法，比如一个美国人可能会对自己的工作、婚姻、健康都不满意，但如果他的孩子表现出色，那他的生活在整体上还是很幸福的。而在日本则发现了不同的模式，一个人对于他最不满意的领域的态度能够预测整体幸福感，比如即使一个日本人的工作、婚姻、健康都不错，但是如果他的孩子表现很糟糕，那么他的整个生活就是糟糕的。

对于幸福感的测量，目前最流行的测量幸福的方法是 Diener 等人（1985）的生活满意度量表。该量表包括5个条目，每个条目分为7个等级，即从1（非常不同意）到7（非常同意），得分从5分到35分不等。条目如下：

- 生活的大部分方面与我的理想状态很接近。
- 我的生活条件非常优越。
- 我对生活感到很满意。
- 到目前为止，我已经得到了对我的生活来说非常重要的东西。
- 如果再活一次的话，我不会试图改变任何东西。

如果你回答了这些问题并算出总分，对得分的大概解释是：31~35分为非常满意，26~30分为很满意，21~25分为基本满意，20分为中性，15~19分为不太满意，10~14分为很不满意，5~9分为极不满意。有研究者还设计了专门针对儿童和青少年的幸福感问卷，甚至还有对幼儿的测量方法——让他们指出对应的图案来表达相应的感觉，这种方法被称为画脸测验（图12-1）。

图 12-1　画脸测验示意

有研究者用经验取样法研究幸福,给被试配发一个大小和烟盒差不多的电子设备,被试随身携带这个电子设备,在随机决定的某个时刻它会发出信号。然后被试要回答一些问题,比如描述自己所在的地方、正在做的事情、当前的感觉以及在想什么等。经验取样法的优点是避免了记忆干扰,被试不需要回忆自己平日做些什么,只需要报告此时此刻发生了什么。有人采用经验取样法检验大学生对学术活动的关注如何影响他们的社会活动,结果发现频繁关注学术活动可能会降低大学生生活满意度,有些大学生甚至会变得沮丧。

三、影响幸福感的因素

心理学家做了很多研究探讨影响幸福的因素,这类研究一般采用幸福感测验,再加上一些其他问题,看两者之间的关系。表 12-1 概括了 E. Diener 等人所做的研究中的一些重要结论,按照每个因素与幸福感关系的强弱做了梳理。

表 12-1　与幸福相关的因素

较低的相关	中等程度相关	较高的相关
年龄	朋友的数量	感恩
性别	已婚	乐观
教育	宗教信仰	工作
社会阶层	娱乐活动的参与度	性生活频率
收入	身体健康状况	体验积极情绪的比例
有孩子	尽责性	幸福测量的重测信度
种族	外向性	同卵双生子的幸福度
智力	神经质	自尊
外表吸引力	内控性	

从表 12-1 可以看出:首先,年龄、性别、种族、教育和收入等人口统计学变量,通常情况下是人们生活状况的非常重要的决定因素,这些因素与幸福有一定的相关,但相关程度较低。其次,人际因素与幸福感呈中度相关,这些因素包括朋友的数量、婚姻状况等;同时,乐观、外向性、尽责性、自尊等内在特质也与幸福感有中等或高的相关,比如幸福的人将积极的性格归因于自己,而不幸福的人则相反。最后,表中的很多因素彼此之间是有关联的,比如患有严重疾病的人无法去教堂;低收入者受良好教育的机会

比较少，获得的医疗资源也比较少，并且较少参与娱乐活动。此外，表中提到的某些因素之间的相关关系也不是严格的线性关系。比如收入与幸福感的关系总体上比较弱，但是在收入的低端处，两者的相关程度很高。这一定程度上说明了只有在满足了一些基本需要后才有可能感到幸福，一旦基本需要得到满足，收入就显得不那么重要了。

四、如何提升幸福感

幸福是如此重要，那么可不可以主动增加自己的幸福感？Lyubomirsky，Sheldon 和 Schkade（2005）给出了一个公式：幸福＝界点＋生活情境＋意志活动。其中，界点是一个常数，主要和遗传有关。Lykken 和 Tellegen（1996）在有关双生子幸福感的研究中发现了遗传性的影响。生活情境包括那些在我们控制之外的社会环境因素，表 12-1 列出了许多与幸福相关的生活环境因素。意志活动是公式中较有意思的部分，强调意志作用反映了积极心理学与人文学科的结合，承认意志和选择在决定幸福方面的价值是有意义的，幸福不仅仅是意志的产物，意志能够引导个体做更多的事情，产生更多的幸福感。

彼得森等人还提出了几种具体的增进幸福的方法——

（1）感谢信：要人们给对自己有恩的人写一封感谢信，用准确的语言说明为什么你要感谢他。写好这样的信之后，如果可能的话，亲自将信交给他，让他当着你的面阅读这封感谢信。如果做不到当面给，就使用邮件或传真，之后打个电话确认对方收到了感谢信。从以往的经验来看，这样的感谢信百分之百会起作用，收信人往往很感动，甚至会感动得流泪，寄信人也会感到很满足。

（2）三件好事：让个体每天晚饭后或者睡觉前，写下一天中三件自己觉得比较顺利的事情。坚持一星期，每天都这样做。这三件事可以是很小的事情，也可以是比较重要的事情。在列举的每件积极事件之后，回答为什么会发生这件好事？举个例子，你的丈夫给你买了你喜欢吃的冰激凌，在问及原因时，你可能推测你的丈夫之所以买冰激凌是因为"他十分有心"或者"他在上班时，我打电话给他让他在回家路上买的"。

除了这两种方式之外，还有很多提升健康和幸福的方法，请参考彼得森和塞利格曼等人撰写的积极心理学的相关书籍和文章。

专栏 12-3　嫉妒别人会给我们带来什么？

嫉妒是人类最常见的情绪之一，它是个体在能力、成功、成就等方面拿自己与他人进行比较时出现的一种负面情绪。这种情绪通常与个体的自我价值感、自尊心、控制欲和成就需求等密切相关。对于嫉妒的产生，心理学家常常把它和社会比较联系在一起，认为嫉妒往往是由向上比较引发的。在心理学家的眼中，这种社会比较是一个自动化的过程（Gilbert，Giesler，Morris，1995）。在互联网与社交媒体时代，这种社会比较变得更加频繁。这是因为通过社交媒体，个体可以随时随地向他人展现自己的优势，增加了向上比较的概率，继而诱发了更多的嫉妒。

嫉妒与幸福感之间是否存在因果关系呢？向燕辉、何佳丽和李清银（2022）的一项研究揭示了二者之间的关系。他们的研究包括两个实验，实验一使用纵向研究法，在某大学抽取了9个班级共307名大一和大二学生，对他们进行间隔1年的2次测查。结果发现学生的特质性嫉妒与消极情感呈显著正相关，与积极情感呈显著负相关，与生活满意度呈显著负相关。

实验二采用日记法，进一步探究嫉妒与主观幸福感之间的关系。以参与实验一的大学生为被试，以个体为单位做为期14天的日记法测查。从第一天开始采用在线问卷的形式，对被试每天的嫉妒水平、积极情感、消极情感和生活满意度进行日记法测查。结果发现从个体水平看：前一日嫉妒水平的变化可以正向预测后一日的消极情感；前一日积极情感、消极情感和生活满意度水平的变化，可以预测后一日的嫉妒水平。这一结果对我们的启示是：在使用社交媒体的过程中，要合理地与他人进行比较，避免产生嫉妒，这样有利于提升个体的幸福感。

此外，帮助他人也是让自己幸福的一个好办法。Dunn，Aknin和Nirton（2008）做了一个研究，他们为参与实验的志愿者随机发放装有不同面额现金的信封，这些钱必须在当天花完。一些人的任务是为自己花钱，另一些人的任务则是为别人买东西或者捐赠。实验结束后，研究者通过回访发现：把钱用于帮助别人的被试感到更幸福。自己花钱去帮助别人会使人感觉良好，这条规则对于世界各地的人们都成立。Aknin等人（2013）在136个国家和地区随机抽取约1000人，他们可能来自城市、乡镇或农村。通过访谈了解这些人的收入、在日常生活中是否会为慈善事业捐款，以及他们是否感到幸福等，结果发现花钱用于帮助别人的人具有更高的幸福感。他们还采用实验研究，招募北美洲（加拿大）、非洲（乌干达）和亚洲（印度）的被试。其中一些被试的任务是回忆并写下为自己花钱的经历，另一些被试则需要回忆并写下自己为帮助他人而花钱的经历。结果发现：在三个国家的被试中，那些回忆自己为帮助别人花钱的被试感到更幸福。研究者认为，通过帮助别人所获得的良好体验是人类共有的本性，受文化和经济环境影响很小。所以无论身处发达国家还是发展中国家，无论贫穷还是富有，帮助别人都可以增加自己的幸福感。

积极心理学是一种新观念，尽管它的研究范畴并没有超越传统心理学，但它所强调的实践方法和对积极心理因素的挖掘，对人类的身心健康起到了促进作用。在过去的二十多年里，积极心理学的观念已经深入人心。在彼得森和塞利格曼等人支持下，积极心理学在中国也得到了快速的发展，彭凯平、许燕、王垒等人为此做出了贡献。到目前为止，国际积极心理学大会已经召开了八届，中国国际积极心理学大会也已召开了六届，这对推动积极心理学在全球和中国的发展具有重要意义。随着积极心理学的不断发展，更多的中国心理学家已经意识到，中国经济与社会的飞速发展必须也必然会伴随着中国人整体素质的提升。处在这样的一个时代，中国的心理学家必须意识到自己的责任，为中国社会的全面发展提供理论与实践的指导。

推荐读物

1. SELIGMAN M E P，2002. Authentic happiness: using the new positive psychology to realize your potential for lasting fulfillment. New York, NY: Atria Publishing Group. 这是塞利格曼对自己的积极心理学研究工作的总结，作为研究积极心理学的先驱，其关于幸福的观念被广为推崇。

2. LINLEY P A, JOSEPH S, 2004. Positive psychology in practice. New York, NY: John Wiley & Sons, Inc. 这是一本实践性较强的积极心理学专著，介绍了积极心理学在生活中的应用。

3. KAHNEMAN D, DIENER E, SCHWARZ N, 1999. Well-being: the foundations of hedonic psychology. New York, NY: Russell Sage Foundation. 卡尼曼和迪纳等人对幸福研究的总结，以及关于幸福的理论和方法都可以在这本书里找到。

4. CSIKSZENTMIHALYI M, 1990. Flow: the psychology of optimal experience. New York, NY: Harper Collins Publishers. 这本书是奇克森特米哈伊对福流概念的系统解析。

5. https://ppc.sas.upenn.edu. 该网站为教授和学习积极心理学的人提供了多种多样的资源。

思考题

1. 什么是积极心理学？
2. 积极心理学关注的领域有哪些？代表人物有哪些？
3. 什么是峰-终理论？
4. 什么是福流？
5. 简述乐观的作用。
6. 良好社会的特征有哪些？
7. 什么是幸福？相关理论有哪些？
8. 结合Lyubomirsky, Sheldon, Schkade（2005）的幸福公式，谈谈如何增进幸福。

参 考 文 献

Gilovich T, Keltner D, Chen S, 等, 2016. 社会心理学: 第三版. 侯玉波, 等, 译. 北京: 中国轻工业出版社.

阿伦森, 威尔逊, 萨默斯, 2023. 社会心理学: 第 10 版. 侯玉波, 曹毅, 等, 译. 北京: 人民邮电出版社.

鲍迈斯特, 2021. 文化性动物: 人类的本性、意义与社会生活. 张建新, 等, 译. 上海: 华东师范大学出版社.

鲍文慧, 周广东, 2020. 恋爱关系中触摸和依恋对嫉妒的影响. 心理与行为研究, 18(5): 700-706.

彼得森, 2010. 打开积极心理学之门. 侯玉波, 王非, 译. 北京: 机械工业出版社.

毕玉芳, 2007. 情绪对自我和他人风险决策影响的实验研究. 上海: 华东师范大学.

蔡华俭, 黄梓航, 林莉, 等, 2020. 半个多世纪来中国人的心理与行为变化——心理学视野下的研究. 心理科学进展, 28(10): 1599-1688.

蔡颋, 吴嵩, 寇彧, 2016. 权力对亲社会行为的影响: 机制及相关因素. 心理科学进展, 24(1): 120–131.

车文博, 2007. 透视西方心理学. 北京: 北京师范大学出版社.

车文博, 1998. 西方心理学史. 杭州: 浙江教育出版社.

陈海德, 高峻峰, 李伟健, 等, 2018. 戒烟社会支持与吸烟者戒烟意向的关系: 亲友认同的调节作用和吸烟危害认识的中介作用. 心理科学, 41(1): 132-137.

陈海德, 李新伟, 曹柠梦, 等, 2019. 尼古丁依赖对男性吸烟者感知戒烟行为控制的预测: 社会支持与抱怨批评的作用. 心理科学, 42(6): 1499-1504.

陈鹤之, 2020. 第三方惩罚对亲社会行为的影响: 社会规范示范与道德情绪的作用. 杭州: 浙江大学.

陈艳桃, 高晓彤, 陈兆琳, 等, 2022. 基于双因素模型的老年人生命意义感与心理健康: 老化态度的中介作用. 心理与行为研究, 20(1): 88-95.

费孝通, 2012. 乡土中国. 北京: 北京大学出版社.

高鹏, 李纯青, 褚玉杰, 等, 2020. 短视频顾客灵感的触发机制及其对顾客融入的影响. 心理科学进展, 28(5): 731-745.

葛枭语, 侯玉波, 2021. 君子不忧不惧: 君子人格与心理健康——自我控制与真实性的链式中介. 心理学报, 53(4): 374-386.

郭夏玫, 黄靖雯, 2022. 大学生童年创伤和校园被欺凌经历与社交焦虑和生活满意度的关系. 中国心理卫生杂志, 36(9): 810-816.

洪程晋, Cody Ding, 朱越, 等, 2022. 正念干预改善抑郁个体执行功能及其神经机制. 科学通报, 67(16): 1821-1836.

侯玉波, 李昕琳, 2017. 中国网民网络暴力的动机与影响因素分析. 北京大学学报(哲学社会科学版), 54(1): 101-107.

侯玉波, 田林, 2001. 文化心理学的思路与范畴. 社会心理研究, (1): 35-40.
侯玉波, 张梦, 2012. 文化"动态建构"的理论和证据. 西南大学学报(社会科学版), 38(4): 83-89.
侯玉波, 朱滢, 2002. 中国文化与中国人的思维方式. 心理学报, 34(1): 106-111.
侯玉波, 2002. 人格、社会心理因素与健康老龄化. 中国临床康复, 6(17): 2523-2525.
侯玉波, 2003. 如何理解东西方人思维方式的差异. 光明日报, 2003-10-14 [2003-11-15].
黄光国, 1995. 心理学本土化运动中的世界观: 论"以牛刀切头发". 本土心理学研究, (4): 380-413.
黄光国, 1995. 知识与行动——中华文化传统的社会心理诠释. 台北: 心理出版社.
黄京华, 金悦, 张晶, 2016. 企业微博如何提升消费者忠诚度——基于社会认同理论的实证研究. 南开管理评论, 19(4): 159-168.
季羡林, 2001. 论东西文化的互补关系. 北京日报, 2001-09-24 [2001-10-15].
江盈颖, 马丽, 张丽锦, 等, 2022. 子女数量与育龄母亲生活满意度的链式中介模型. 心理与行为研究, 20(5): 651-656.
孔达, 2013. 社会认知: 洞悉人心的科学. 周治金, 朱新秤, 等, 译. 北京: 人民邮电出版社.
李昊, 2020. 中国人批判性思维的结构及其对创造力的影响. 北京: 北京大学.
李佳, 郑安云, 2018. 老年人社会支持、心理弹性与心理健康的关系. 中国健康心理学杂志, 26(3): 440-443.
李嘉, 2019. 压力知觉与情绪耗竭: 社会支持和心理韧性的中介作用. 现代交际, (10): 246-247, 245.
李俊一, 靳宇倡, 2014. 暴力视频游戏与亲社会游戏对认知、情感和行为的影响: 基于一般学习模型的视角. 中国临床心理学杂志, 22(6): 985-988.
李晴蕾, 王怀勇, 2019. 社会压力与决策角色对不同人际敏感性个体助人决策的影响. 心理科学, 3: 626-632.
李松, 冉光明, 张琪, 等, 2019. 中国背景下自我效能感与心理健康的元分析. 心理发展与教育, 35(6): 759-768.
李廷睿, 侯玉波, 2012. 儒家式应对的心理结构及其验证. 湖南师范大学教育科学学报, (3): 11-18.
李西营, 金奕彤, 刘静, 等, 2022. 子女越孝顺老年人越幸福吗?老年人孝道期待的作用. 心理学报, 54(11): 1381-1390.
林琳, 白新文, 2014. 基于计划行为理论的大学生学业拖延行为研究. 中国临床心理学杂志, 22(5): 855-859.
刘将, 葛鲁嘉, 2010. 文化神经科学的进展与前瞻. 心理研究, 3(6): 13-20.
刘俊香, 连怡遥, 王中会, 2022. 正念冥想改善焦虑的心理机制探究. 医学与哲学, 43(16): 30-33.
刘昕荟, 靳宇倡, 安俊秀, 2020. 社会支持与成年早期孤独感: 有调节的中介模型. 心理科学, 43(3): 586–592.
陆洛, 2003. 人我关系之界定: "折衷自我"的现身. 本土心理学研究, (20): 139-207.
梁漱溟, 1963. 中国文化要义. 香港: 三联书店.
马伟军, 冯睿, 张雅婷, 等, 2021. "熟人"差序格局及其在记忆中的体现. 心理科学, 44(6): 1446-1452.
迈尔斯, 2014. 社会心理学: 第11版. 侯玉波, 乐国安, 张智勇, 等, 译. 北京: 人民邮电出版社.
麦独孤, 1997. 社会心理学导论. 俞国良, 等, 译. 杭州: 浙江教育出版社.

米德, 2003. 十九世纪的思想运动. 陈虎平, 刘芳念, 译. 北京: 中国城市出版社.

南瑜, 李红, 吴寅, 2020. 睾酮与人类攻击行为. 心理科学进展, 28(10): 1697-1712.

彭凯平, 2009. 跨文化沟通心理学. 北京: 北京师范大学出版社.

普劳斯, 2004. 决策与判断. 施俊琦, 王星, 等, 译. 北京: 人民邮电出版社.

邱依雯, 娄熠雪, 雷怡, 2021. 青少年抑郁: 基于社会支持的视角. 心理发展与教育, 37(2): 288-297.

乔健, 1982. 关系刍议//杨国枢, 文崇一. 社会与行为科学研究的中国化, 台北: [出版者不详].

任玉嘉, 唐蓉, 肖腊梅, 2022. 锻炼认同对社区老年人精神幸福感的影响: 社会支持的中介作用. 中国临床心理学杂志, 30(5): 1130-1133.

任志洪, 张雅文, 江光荣, 2018. 正念冥想对焦虑症状的干预: 效果及其影响因素元分析. 心理学报, 50(3): 283-305.

邵嵘, 滕召军, 刘衍玲, 2019. 暴力视频游戏对个体亲社会性的影响: 一项元分析. 心理科学进展, 27(3): 453-464.

孙蒨如, 2002. 自我评价、自我提升及自我保护: 个人取向与社会取向的观点. 台北: 台湾大学.

孙蒨如, 王崇信, 2005. 华人的自我评价与自我肯定历程. 本土心理学研究, 24: 139-187.

施承孙, 董燕, 侯玉波, 2002. 应付方式量表的初步编制. 心理学报, 34(4): 84-90.

史攀, 黄于飞, 张翰之, 2020. 消极身体意象对青少年的负面影响. 心理科学进展, 28(2): 294-304.

斯坦诺维奇, 2015. 这才是心理学: 看穿伪心理学的本质: 第10版. 窦东徽, 刘肖岑, 译. 北京: 中国人民大学出版社.

唐莉, 米拉依, 胡莹, 等, 2022. 老年人乐观人格与抑郁, 主观幸福感的关系. 中国老年学杂志, 42(5): 1195-1197.

特纳, 2011. 自我归类论. 杨宜音, 王兵, 林含章, 等, 译. 北京: 中国人民大学出版社.

汪玥, 张豹, 周晖, 2022. 中小学生正念注意觉知与心理健康: 情绪调节和积极重评的跨时间中介作用. 心理发展与教育, 38(5): 692-702.

王辉, 王颖, 季晓得, 等, 2023. 辩证领导行为及其对企业创新能力和绩效的影响: 一项基于中国传统文化的领导行为探究. 心理学报, 55(3): 374-389.

王鹏程, 2018. 心理韧性与压力感知: 社会支持的调节作用. 海口: 海南大学.

王轶楠, 刘嘉, 2021. 让小我融入大我: 适恰自尊的积极心理学意义. 心理发展与教育, 37(4): 568-575.

王逸璐, 谢晓非, 2019. 帮助情境中的预测偏差: 成因与应对. 心理科学进展, 27(1): 117-127.

魏华, 段海岑, 丁倩, 等, 2019. 百善孝为先? 大学生双元孝道信念与网络成瘾的关系研究. 心理发展与教育, 35(1): 40-47.

魏新东, 汪凤炎, 2021. 自我-朋友冲突情境下智慧推理的文化差异及其机制. 心理学报, 53(11): 1244-1259.

魏真瑜, 邓湘树, 赵治瀛, 2021. 亲社会行为中的从众效应. 心理科学进展, 29(3): 531-539.

魏真瑜, 赵治瀛, 郑涌, 2017. 个体的人际信任水平对其从众倾向性的影响. 西南大学学报(自然科学版), 39(10): 139-146.

吴明证, 陈一冉, 严梦瑶, 2022. 家庭仪式与青少年的自尊: 亲子依恋和生命意义感的链式中介作用. 浙江大学学报: 人文社会科学版, 52(10): 69-83.

武峻生, 张璐, 刘佳彬, 等, 2023. 内疚和羞耻对自我服务偏向的影响. 应用心理学, 29(3): 239-245.

向燕辉, 何佳丽, 李清银, 2022. 嫉妒与幸福感因果机制: 基于追踪和日记法研究. 心理学报, 54(1): 40-53.

谢莹, 李纯青, 高鹏, 等, 2019. 直播营销中社会临场感对线上从众消费的影响及作用机理研究——行为与神经生理视角. 心理科学进展, 27(6): 990-1004.

辛勇, 白柯, 陈谢平, 等, 2019. 社会支持对青少年创伤后成长的影响: 心理韧性的中介作用. 心理与行为研究, 17(6): 817-823.

徐展菲, 席居哲, 2018. 矛盾态度的成因与应对. 心理科学进展, 26(2): 331-343.

鄢荘钰, 姜兆萍, 2022. 高校学生亲环境行为与自然联结和主观幸福感的关系. 中国心理卫生杂志, 36(11): 981-986.

鄢婷婷, 侯玉波, 2011. 中文版防御性悲观问卷(社会版)在大学生中的信效度检验. 中国临床心理学杂志, 19(5): 598–601.

燕国材, 1993. 关于心理教育的几个问题. 教育学术月刊, (2): 7-12.

杨德森, 张亚林, 1990. 生活事件量表. 中国心理卫生杂志, 4(1): 11.

杨国枢, 1992. 中国人的心理与行为: 文化、教化及病理篇. 台北: 桂冠图书股份有限公司.

杨国枢, 1993. 我们为什么要建立中国人的本土心理学? 本土心理学研究, (1): 6-88.

杨国枢, 1996. 文化心理学的探索. 台北: 桂冠图书股份有限公司.

杨国枢, 2002. 华人心理的本土化研究. 台北: 桂冠图书股份有限公司.

杨国枢, 陆洛, 2005. 社会取向自我实现者与个人取向自我实现者的心理特征: 概念分析与实证评价. 本土心理学研究, 23: 71-143.

杨国枢, 文崇一, 吴聪贤, 等, 1992. 社会及行为科学研究法. 台北: 东华书局.

杨国枢, 余安邦, 1992. 中国人的心理与行为. 台北: 桂冠图书股份有限公司.

杨淑芳, 张朋柱, 2022. 基于智慧健康养老社区的老年人孤独感探究. 北京理工大学学报: 社会科学版, 24(6): 104-115.

杨通华, 魏杰, 刘平, 等, 2016. 留守儿童心理健康: 人格特质与社会支持的影响. 中国健康心理学杂志, 24(2): 285-292.

杨莹, 寇彧, 2015. 亲社会互动中的幸福感: 自主性的作用. 心理科学进展, 30(7): 1226-1235.

杨中芳, 2008. 中庸思维与情绪管理. 中国社会心理学会 2008 年全国学术大会论文集. [出版地不详]: [出版者不详].

杨中芳, 2001. 如何理解中国人. 重庆: 重庆大学出版社.

杨中芳, 2009. 如何研究中国人: 心理学本土化论文集. 重庆: 重庆大学出版社.

杨中芳, 彭泗清, 1999. 中国人人际信任的概念化: 一个人际关系的观点. 社会学研究, 2(2): 1-21.

杨中芳, 1993. 试论如何深化本土心理学研究: 兼评现阶段之研究成果. 本土心理学研究, (1): 122-183.

叶明华, 2008. 中国人的家族主义及其变迁//杨国枢, 黄光国, 杨中芳. 华人本土心理学(上册). 重庆: 重庆大学出版社: 177.

尹天子, 黄希庭, 2017. 保护因素和风险因素提示对乐观偏差的影响. 心理学探新, 37(5): 416-422.

于斌, 乐国安, 刘惠军, 2013. 自我控制的力量模型. 心理科学进展, 21(7): 1272-1282.

余安邦, 杨国枢, 1987. 社会取向成就动机与个我取向成就动机: 概念分析与实证研究. "中研院"

民族学研究所集刊, 64: 51-98.

余英时, 2004. 中国思想传统及其现代变迁. 桂林: 广西师范大学出版社.

苑明亮, 张梦圆, 寇彧, 2016. 亲社会名声与亲社会行为. 心理科学进展, 24(10): 1655-1712.

曾润喜, 李游, 2023. 自我效能感与网络健康信息搜寻关系的元分析. 心理科学进展, 31(4): 535-551.

张玲玲, 徐晶, 朱安宏, 等, 2021. 领悟社会支持对大学生应对方式的影响: 生命意义感和心理韧性的链式中介作用. 中国健康心理学杂志, 29(5): 758-761.

张宁, 王安然, 2023. 助推戒烟的行为干预策略. 心理科学进展, 31(4): 684-696.

赵旭, 彭茂滢, 杨娟, 2020. 内隐品质/外貌自我概念对内隐自尊的预测: 性别的调节作用. 心理发展与教育, 36(3): 296-303.

赵云燕, 于荔, 连帅磊, 等, 2021. 被动性社交网站使用与青少年体像烦恼的关系: 体像比较和体像自我差异的中介作用. 心理发展与教育, 37(1): 34-45.

郑晓莹, 彭泗清, 彭璐珞, 2015. "达"则兼济天下? 社会比较对亲社会行为的影响及心理机制. 心理学报, 47(2): 243-250.

周爱保, 夏瑞雪, 2020. 文化、心理与脑. 北京: 科学出版社.

朱芬, 梁钧华, 麻彦坤, 2022. 现实利他行为与网络利他行为对大学生主观幸福感的影响: 多重中介模型. 心理科学, 45(3): 628-634.

朱亚鑫, 吴炜, 张怀文, 等, 2022. 老年人心理健康与社会支持的关系研究. 中国卫生统计, 39(5): 699-701, 706.

朱滢, 张力, 2001. 自我记忆效应的实验研究. 中国科学, 31(6): 537-543.

朱滢, 2014. 实验心理学. 第四版. 北京: 北京大学出版社.

朱滢, 2006. 心理实验研究基础. 北京: 北京大学出版社.

ABELSON R P, KINDER D R, PETERS M D, FISKE S T, 1982. Affective and semantic components in political person perception. Journal of personality and social psychology, 42(4): 619-630.

ABRAMSON L Y, SELIGMAN M E, TEASDALE J D, 1978. Learned helplessness in humans: critique and reformulation. Journal of abnormal psychology, 87(1): 49-74.

ACKERMAN D S, GROSS B L, 2005. My instructor made me do it: task characteristics of procrastination. Journal of marketing education, 27(1): 5-13.

ADAMS D, 1988. Treatment models of men who batter: a profeminist analysis//YLLÖ K, BOGRAD M. Feminist perspectives on wife abuse. London, UK: Sage Publications, Inc.: 176-199.

ADER R, 1980. Psychosomatic and psychoimmunologic research1. Psychosomatic medicine, 42(3): 307-321.

AINSWORTH M D S, BLEHAR M C, WATERS E., et al., 2015. Patterns of attachment: a psychological study of the strange situation. New York: Psychology Press.

AINSWORTH M S, 1989. Attachments beyond infancy. American psychologist, 44(4): 709-716.

AJZEN I, FISHBEIN M, 1975. A Bayesian analysis of attribution processes. Psychological bulletin, 82(2): 261-277.

AJZEN I, 1991. The theory of planned behavior. Organizational behavior and human decision processes, 50(2): 179-211.

AKKERMAN A, SLUITER R, JANSEN G, 2020. Temporary work and deviant behavior the role of workplace cohesion. Sociological quarterly, 61(4): 678-702.

AKNIN L B, BARRINGTON-LEIGH C P, DUNN E W, et al., 2013. Prosocial spending and well-being: cross-cultural evidence for a psychological universal. Journal of personality and social psychology, 104(4): 635-652.

ALLEN M S, ROBSON D A, MARTIN L J, LABORDE S, 2020. Systematic review and meta-analysis of self-serving attribution biases in the competitive context of organized sport. Personality social psychology bulletin, 46(7): 1027-1043.

ALLPORT F H, 1924. The group fallacy in relation to social science. American journal of sociology, 29(6): 688-706.

ALLPORT G W, 1935. Attitudes//MUECHISON C. A handbook of social psychology. Worcester, MA: Clark University Press: 798-844.

ALTMAN I, TAYLOR D A, 1973. Social penetration: the development of interpersonal relationships. New York: Holt, Rinehart & Winston.

AL-SURMI A, BASHIRI M, KOLIOUSIS I, 2022. AI based decision making: combining strategies to improve operational performance. International journal of production research, 60(14): 4464-4486.

AMATO P R, 1983. Helping behavior in urban and rural environments: field studies based on a taxonomic organization of helping episodes. Journal of personality and social psychology, 45(3): 571-586.

AMIR Y, 1969. Contact hypothesis in ethnic relations. Psychological bulletin, 71(5): 319-342.

ANDERSON C A, 1999. Attributional style, depression, and loneliness: a cross-cultural comparison of American and Chinese students. Personality and social psychology bulletin, 25(4): 482-499.

ANDERSON C A, MILLER R S, RIGER A L, et al., 1994. Behavioral and characterological attributional styles as predictors of depression and loneliness: review, refinement, and test. Journal of personality and social psychology, 66(3): 549-558.

ANDERSON D R, LORCH E P, FIELD D E, et al., 1981. The effects of TV program comprehensibility on preschool children's visual attention to television. Child development, 52(1): 151-157.

ANDERSON N H, 1965. Averaging versus adding as a stimulus-combination rule in impression formation. Journal of experimental psychology, 70(4): 394-400.

ANDERSON N H, 1970. Functional measurement and psychophysical judgment. Psychological review, 77(3): 153-170.

ANDERSON N H, 1968. Likableness ratings of 555 personality-trait words. Journal of personality and social psychology, 9(3): 272-279.

ANDERSSON P A, ERLANDSSON A, VÄSTFJÄLL D, 2022. Norm avoiders: the effect of optional descriptive norms on charitable donations. Journal of behavioral decision making, 35(1): 1-12.

ANDERSON S L, ADAMS G, PLAUT V C, 2008. The cultural grounding of personal relationship: the importance of attractiveness in everyday life. Journal of personality and social psychology, 95(2): 352-368.

APSLER R, SEARS D O, 1968. Warning, personal involvement, and attitude change. Journal of personality and social psychology, 9(2, Pt. 1): 162-166.

ARCHER J, 2004. Sex differences in aggression in real-world settings: a meta-analytic review. Review of general psychology, 8(4): 291-322.

ARGYLE M, 1988. Bodily communication. 2nd ed. London, UK: Routledge.

ARKIN R M, BAUMGARDNER A H, 1985. Self-handicapping// HARVEY J H, WEARY G. Attribution: basic issues and application. New York: Academic Press: 169-202.

ARMITAGE C J, CONNER M, 2001. Efficacy of the theory of planned behaviour: a meta-analytic review. British journal of social psychology, 40(4): 471-499.

ARMOR D A, TAYLOR S E, 1998. Situated optimism: specific outcome expectancies and self-regulation. Advances in experimental social psychology, 30: 309-379.

ARON A, ARON E N, TUDOR M, NELSON G, 1991. Close relationships as including other in the self. Journal of personality and social psychology, 60(2): 241-253.

ARON A, ARON E N, 1986. Love and the expansion of self: understanding attraction and satisfaction. New York: Hemisphere Publishing Corp/Harper & Row Publishers.

ARONSON E, CARLSMITH J M, 1963. Effect of the severity of threat on the devaluation of forbidden behavior. The journal of abnormal and social psychology, 66(6): 584-588.

ARONSON E, LINDER D, 1965. Gain and loss of esteem as determinants of interpersonal attractiveness. Journal of experimental social psychology, 1(2): 156-171.

ARONSON E, MILLS J, 1959. The effect of severity of initiation on liking for a group. The journal of abnormal and social psychology, 59(2): 177-181.

ARONSON E, TURNER J A, CARLSMITH J M, 1963. Communicator credibility and communication discrepancy as determinants of opinion change. The journal of abnormal and social psychology, 67(1): 31-36.

ARONSON E, WILSON T D, AKERT R M, 2013. Social psychology. 8th ed. Upper Saddle River, NJ: Prentice Hall.

ASHMORE R D, 2015. Sex stereotypes and implicit personality theory//Cognitive processes in stereotyping and intergroup behavior. Psychology press: 37-81.

ASHMORE R D, DEL BOCA F K, 1979. Sex stereotypes and implicit personality theory: toward a cognitive–social psychological conceptualization. Sex roles, 5(2): 219-248.

ATKINSON J W, HEYNS R W, VEROFF J, 1954. The effect of experimental arousal of the affiliation motive on thematic apperception. The journal of abnormal and social psychology, 49(3): 405-410.

AUSTIN W, MCGINN N C, SUSMILCH C, 1980. Internal standards revisited: effects of social comparisons and expectancies on judgments of fairness and satisfaction. Journal of experimental social psychology, 16(5): 426-441.

AXSOM D, YATES S, CHAIKEN S, 1987. Audience response as a heuristic cue in persuasion. Journal of personality and social psychology, 53(1): 30-40.

AXSOM D, 1989. Cognitive dissonance and behavior change in psychotherapy. Journal of experimental social psychology, 25(3): 234-252.

AYMAN R, CHEMERS M M, 1983. Relationship of supervisory behavior ratings to work group effectiveness and subordinate satisfaction among Iranian managers. Journal of applied psychology, 68(2): 338-341.

BAKKER A B, DEMEROUTI E, DE BOER E, SCHAUFELI W B, 2003. Job demands and job resources as predictors of absence duration and frequency. Journal of vocational behavior, 62(2), 341-356.

BAKKER A B, DEMEROUTI E, 2017. Job demands-resources theory: taking stock and looking forward. Journal of occupational health psychology, 22(3): 273-285.

BALDWIN M W, FEHR B, 1995. On the instability of attachment style ratings. Personal relationships, 2(3): 247-261.

BALES R F, 1970. Personality and interpersonal behavior. New York: Holt, Rinehart and Winston.

BANDURA A, CIOFFI D, TAYLOR C B, BROUILLARD M E, 1988. Perceived self-efficacy in coping with cognitive stressors and opioid activation. Journal of personality and social psychology, 55(3): 479-488.

BARASA E, MBAU R, GILSON L, 2018. What is resilience and how can it be nurtured? A systematic review of empirical literature on organizational resilience. International journal of health policy and management, 7(6): 491-503.

BARDSLEY N, SAUSGRUBER R, 2005. Conformity and reciprocity in public good provision. Journal of economic psychology, 26(5): 664-681.

BARKER R, DEMBO T, LEWIN K, 1941. Regression, retrogression, and development//BARKER R, DEMBO T, LEWIN K. Frustration and regression: an experiment with young children. Iowa City, IA: University of Iowa Press: 1-43.

BARNLUND D C, 1975. Communicative styles in two cultures: Japan and the United States// KENDON A, HARRIS R M, KEY M R. Organization of behavior in face-to-face interaction. Berlin: De Gruyter: 427-456.

BARON R A, 1977. Aggression: definitions and perspectives//Human aggression. Berlin: Springer-Verlag: 1-38.

BARON R A, 1972. Aggression as a function of ambient temperature and prior anger arousal. Journal of personality and social psychology, 21(2): 183-189.

BARON R A, BRANSCOMBE N R, BYRNE D, 2008. Social psychology. 12th ed. Upper Saddle River, NJ: Pearson Education, Inc.

BARON R M, KENNY D A, 1986. The moderator－mediator variable distinction in social psychological research: conceptual, strategic, and statistical considerations. Journal of personality and social psychology, 51(6): 1173-1182.

BARTHOLOW B D, ANDERSON C A, 2002. Effects of violent video games on aggressive behavior: potential sex differences. Journal of experimental social psychology, 38(3): 283-290.

BASS B M, AVOLIO B J, 1993. Transformational leadership: a response to critiques// CHEMERS M M, Ayman R. Leadership theory and research: perspectives and directions. New York: Academic Press: 49-80.

BASS B M, 1985. Leadership: good, better, best. Organizational dynamics, 13(3): 26-40.

BASS B M, AVOLIO B J, 1993. Transformational leadership and organizational culture. International journal of public administration, 17, 541-554.

BASSECHES M, 1980. Dialectical schemata: a framework for the empirical study of the development of dialectical thinking. Human development, 23(6): 400-421.

BASSECHES M, 1984. Dialectical thinking and adult development. Norwood, NJ: Ablex Publishing Corporation.

BATSON C D, BATSON J G, SLINGSBY J K, et al., 1991. Empathic joy and the empathy-altruism hypothesis. Journal of personality and social psychology, 61(3): 413-426.

BATSON C D, COKE J S, JASNOSKI M L, et al., 1978. Buying kindness: effect of an extrinsic incentive for helping on perceived altruism. Personality and social psychology bulletin, 4(1): 86-91.

BATSON C D, COKE J S, CHARD F, et al., 1979a. Generality of the "glow of goodwill": effects of mood on helping and information acquisition. Social psychology quarterly, 42(2): 176-179.

BATSON C D, HARRIS A C, MCCAUL K D, et al., 1979b. Compassion or compliance: alternative dispositional attributions for one's helping behavior. Social psychology quarterly, 42(4): 405-409.

BAUMEISTER R F, 1999. The self in social psychology. Philadelphia, PA: Psychology Press.

BAUMEISTER R F, LEARY M R, 2017. The need to belong: desire for interpersonal attachments as a fundamental human motivation. Psychological bulletin, 117(3): 497-529.

BAVIK Y L, TANG P M, SHAO R, LAM L W, 2018. Ethical leadership and employee knowledge sharing: exploring dual-mediation paths. The leadership quarterly, 29(2): 322-332.

BAXTER L A, 1987. Symbols of relationship identity in relationship cultures. Journal of social and personal relationships, 4(3): 261-280.

BAYER E, 1929. Beitrage zur Zweikomponententheorie des hungers. Zeitschr psychol, 112: 1-54.

BEAMAN A L, BARNES P J, KLENTZ B, et al., 1978. Increasing helping rates through information dissemination: teaching pays. Personality and social psychology bulletin, 4(3): 406-411.

BEDEIAN A G, FERRIS G R, KACMAR K M, 1992. Age, tenure, and job satisfaction: a tale of two perspectives. Journal of vocational behavior, 40(1): 33-48.

BELKIN L Y, KOUCHAKI M, 2017. Too hot to help! Exploring the impact of ambient temperature on helping. European journal of social psychology, 47(5): 525-538.

BELL P A, BARON R A, 1977. Aggression and ambient temperature: the facilitating and inhibiting effects of hot and cold environments. Bulletin of the psychonomic society, 9(6): 443-445.

BEM D J, 1967. Self-perception: an alternative interpretation of cognitive dissonance phenomena. Psychological review, 74(3): 183-200.

BENSON P L, KARABENICK S A, LERNER R M, 1976. Pretty pleases: the effects of physical attractiveness, race, and sex on receiving help. Journal of experimental social psychology, 12(5): 409-415.

BERGLAS S, JONES E E, 1978. Drug choice as a self-handicapping strategy in response to noncontingent success. Journal of personality and social psychology, 36(4): 405-417.

BERKOWITZ L, 1983. Aversively stimulated aggression: some parallels and differences in research with animals and humans. American psychologist, 38(11): 1135-1144.

BERKOWITZ L, 1989. Frustration-aggression hypothesis: examination and reformulation. Psychological bulletin, 106(1): 59-73.

BERKOWITZ L, 1993. Aggression: its causes, consequences, and control. New York: McGraw-Hill Book Companies.

BERKOWITZ L, LEPAGE A, 1967. Weapons as aggression-eliciting stimuli. Journal of personality and social psychology, 7(2p1): 202.

BERRY J, 1990. Psychology of acculturation: understanding individuals moving between cultures// BRISLIN R W. Applied cross cultural psychology. Newbury Park, CA: Sage Publications, Inc.: 232-253.

BERRY J W, 2002. Cross-cultural psychology: research and applications. Cambridge, UK: Cambridge University Press.

BERRY J W, 1969. On cross—cultural comparability. International journal of psychology, 4(2): 119-128.

BERRY J W, 1992. Cultural transformation and psychological acculturation. Migration and the transformation of cultures: 23-54.

BERSCHEID E, DION K, WALSTER E, et al., 1971. Physical attractiveness and dating choice: a test of the matching hypothesis. Journal of experimental social psychology, 7(2): 173-189.

BETTENCOURT B A, MILLER N, 1996. Gender differences in aggression as a function of provocation: a meta-analysis. Psychological bulletin, 119(3): 422-447.

BLAKEMORE J E O, BERENBAUM S A, LIBEN L S, 2009. Gender development. Hove, East Sussex, UK: Psychology Press.

BLANCHARD F A, LILLY T, VAUGHN L A, 1991. Reducing the expression of racial prejudice. Psychological science, 2(2): 101-105.

BLAU P M, 1964. Exchange and power in social life. New York: John Wiley & Sons Inc.

BLASCOVICH J, SPENCER S J, QUINN D, et al., 2001. African Americans and high blood pressure: the role of stereotype threat. Psychological science, 12(3): 225-229.

BLESS H, BOHNER G, SCHWARZ N, et al., 1990. Mood and persuasion: a cognitive response analysis. Personality and social psychology bulletin, 16(2): 331-345.

BLITTNER M, GOLDBERG J, MERBAUM M, 1978. Cognitive self-control factors in the reduction of smoking behavior. Behavior therapy, 9(4): 553-561.

BLUMSTEIN P, SCHWARTZ P, 1990. Intimate relationships and the creation of sexuality//MCWHIRTER D P, SANDERS S A, REINISCH J M. Homosexuality/heterosexuality: concepts of sexual orientation. New York: Oxford University Press: 307-320.

BICCHIERI C, XIAO E, 2009. Do the right thing: but only if others do so. Journal of behavioral decision making, 22(2): 191-208.

BIEHL M, MATSUMOTO D, EKMAN P, et al., 1997. Matsumoto and Ekman's Japanese and Caucasian Facial Expressions of Emotion (JACFEE): reliability data and cross-national differences. Journal of nonverbal behavior, 21(1): 3-21.

BITTERLY T B, SCHWEITZER M E, 2019. The impression management benefits of humorous self-disclosures: how humor influences perceptions of veracity. Organizational behavior and human decision processes, 151: 73-89.

BOGACZ F, PUN T, KLIMECKI O M, 2020. Improved conflict resolution in romantic couples in mediation compared to negotiation. Humanities social sciences communications, 7(1): 131.

BOHNER G, CROW K, ERB H P, et al., 1992. Affect and persuasion: mood effects on the processing of message content and context cues and on subsequent behavior. European journal of social psychology, 22(6): 511-530.

BOHNER G, DICKEL N, 2011. Attitudes and attitude change. Annual review of psychology, 62: 391-417.

BOND C F, TITUS L J, 1983. Social facilitation: a meta-analysis of 241 studies. Psychological bulletin, 94(2): 265-292.

BOND M H, 1991. Chinese values and health: a cultural-level examination. Psychology and health, 5(2): 137-152.

BOND M H, 1986. The psychology of the Chinese people. New York: Oxford University Press.

BOND M H, SMITH P B, 1996a. Cross-cultural social and organizational psychology. Annual review of psychology, 47(1): 205-235.

BOND R, SMITH P B, 1996b. Culture and conformity: a meta-analysis of studies using Asch's (1952b, 1956) line judgment task. Psychological bulletin, 119(1): 111-137.

BOOYSEN F, GUVURIRO S, CAMPHER C, 2021. Horizontal and vertical individualism and collectivism and preferences for altruism: a social discounting study. Personality and individual differences, 178: 110856.

BORNSTEIN R F, 1989. Exposure and affect: overview and meta-analysis of research, 1968–1987. Psychological bulletin, 106(2), 265-289.

BÖTTGER T, RUDOLPH T, EVANSCHITZKY H, PFRANG T, 2017. Customer inspiration: Conceptualization, scale development, and validation. Journal of marketing, 81(6): 116-131.

BOWER, G. H., HILGARD, E. R., 1981. Theories of Learning. 5th ed. Englewood Cliffs, New Jersey: Prentice-Hall, Inc.

BRADBURY T N, FINCHAM F D, 1990. Attributions in marriage: review and critique. Psychological bulletin, 107(1): 3-33.

BRANDEN N, 1969. The psychology of self-esteem: a revolutionary approach to self-understanding that launched a new era in modern psychology. San Francisco, CA: Jossey-Bass.

BREHM J W, COLE A H, 1966. Effect of a favor which reduces freedom. Journal of personality and social psychology, 3(4): 420-426.

BREHM J W, JONES R A, 1970. The effect on dissonance of surprise consequences. Journal of experimental social psychology, 6(4): 420-431.

BREHM J W, SENSENIG J, 1966. Social influence as a function of attempted and implied usurpation of choice. Journal of personality and social psychology, 4(6): 703-707.

BREHM J W, STIRES L K, SENSENIG J, et al., 1966. The attractiveness of an eliminated choice alternative. Journal of experimental social psychology, 2(3): 301-313.

BREHM S S, 1981. Oppositional behavior in children: a reactance theory approach. Developmental social psychology: theory and research: 96-121.

BREWER M B, MILLER N, 1984. Beyond the contact hypothesis: theoretical perspectives on desegregation. Groups in contact: the psychology of desegregation: 281.

BRISLIN R, 1993. Understanding culture's influence on behavior. Orlando, FL: Harcourt Brace Jovanovich.

BROTHERTON C J, 1999. Social psychology and management: issues for a changing society. Buckingham, UK: Open University Press.

BROWN M E, TREVINO L K, HARRISON D A, 2005. Ethical leadership: a social learning perspective for construct development and testing. Organizational behavior and human decision processes, 97(2): 117-134.

BUI H, CHAU V S, DEGL'INNOCENTI M, et al., 2019. The resilient organisation: a meta-analysis of the effect of communication on team diversity and team performance. Applied psychology, 68(4): 621-657.

BUMEISTER R F, VOHS K D, TICE D M, 2007. The strength model of self-control. Current directions in psychological science, 16(6): 351-355.

BUNKER C J, VARNUM M E W, 2021. How strong is the association between social media use and false consensus? Computers in human behavior, 125: 106947.

BURGER J M, 1987. Desire for control and conformity to a perceived norm. Journal of personality and social psychology, 53(2): 355-360.

BURGER J M, 1986. Increasing compliance by improving the deal: the that's-not-all technique. Journal of personality and social psychology, 51(2): 277-283.

BURGER J M, 1989. Negative reactions to increases in perceived personal control. Journal of personality and social psychology, 56(2): 246-256.

BURGER J M, 2009. Replicating Milgram: would people still obey today? American psychologist, 64(1): 1-11.

BURGER J M, BURNS L, 1988. The illusion of unique invulnerability and the use of effective contraception. Personality & social psychology bulletin, 14(2): 264-270.

BURGER J M, GIRGIS Z M, MANNING C C, 2011. In their own words: explaining obedience to authority through an examination of participants' comments. Social psychological and personality science, 2(5): 460-466.

BURGESS R L, HUSTON T L, 1979. Social exchange in developing relationships. London, UK: Elsevier Inc.

BURNS J M, 1978. Leadership. New York: Harper and Row.

BURNSTEIN E, CRANDALL C, KITAYAMA S, 1994. Some neo-Darwinian decision rules for altruism: weighing cues for inclusive fitness as a function of the biological importance of the decision. Journal of personality and social psychology, 67(5): 773-789.

BUSHMAN B J, 1993. Human aggression while under the influence of alcohol and other drugs: an integrative research review. Current directions in psychological science, 2(5): 148-152.

BUSHMAN B J, COOPER H M, 1990. Effects of alcohol on human aggression: an integrative research review. Psychological bulletin, 107(3): 341-354.

BUSHMAN B J, RIDGE R D, DAS E, et al., 2007. When God sanctions killing: effect of scriptural violence on aggression. Psychological science, 18(3): 204-207.

BUSS D M, 1987. Selection, evocation, and manipulation. Journal of personality and social psychology, 53(6): 1214-1221.

BUSS D M, 1989. Sex differences in human mate preferences: evolutionary hypotheses tested in 37 cultures. Behavioral and brain sciences, 12(1): 1-14.

BYRNE D, CLORE G L, SMEATON G, 1986. The attraction hypothesis: do similar attitudes affect anything? Journal of personality and social psychology, 51(6), 1167-1170.

BYRNE D, GOUAUX C, GRIFFITT W, et al., 1971. The ubiquitous relationship: attitude similarity and attraction: a cross-cultural study. Human relations, 24(3): 201-207.

BYRNE D, RASCHE L, KELLEY K, 1974. When "I like you" indicates disagreement an experimental differentiation of information and affect. Journal of research in personality, 8(3): 207-217.

CACIOPPO J T, BERNTSON G G, 1994. Relationship between attitudes and evaluative space: a critical review with emphasis on the separability of positive and negative substrates. Psychological bulletin, 115: 401-423.

CACIOPPO J T, GARDNER W L, BERNTSON G G, 1997. Beyond bipolar conceptualizations and measures: the case of attitudes and evaluative space. Personality and social psychology review, 1(1): 3-25.

CACIOPPO J T, PETTY R E, 1982. The need for cognition. Journal of personality and social psychology, 42(1): 116-131.

CACIOPPO J T, PETTY R E, KAO C F, et al., 1986. Central and peripheral routes to persuasion: an individual difference perspective. Journal of personality and social psychology, 51(5): 1032-1043.

CAI H, HUANG Z, JING Y, 2019. Living in a changing world: the change of culture and psychology//MATSUMOTO D, HWANG H C. The handbook of culture and psychology. 2nd ed. New York: Oxford University Press: 786-817.

CAMPBELL D T, 1975. On the conflicts between biological and social evolution and between psychology and moral tradition. American psychologist, 30(12): 1103-1126.

CAMPBELL J D, 1986. Similarity and uniqueness: the effects of attribute type, relevance, and individual differences in self-esteem and depression. Journal of personality and social psychology, 50(2): 281-294.

CAMPBELL W K, SEDIKIDES C, 1999. Self-threat magnifies the self-serving bias: a meta-analytic integration. Review of general psychology, 3: 23-43.

CANTOR N, MISCHEL W, 1977. Traits as prototypes: effects on recognition memory. Journal of personality and social psychology, 35(1): 38-48.

CAO H, ZHOU N, LEERKES E M, 2020. Childhood emotional maltreatment and couple functioning among women across transition to parenthood: a process model. Journal of family psychology, 34(8): 991-1003.

CARLOCK C J, 1999. Enhancing self-esteem. New York: Taylor & Francis.

CARLSMITH J M, ANDERSON C A, 1979. Ambient temperature and the occurrence of collective violence: a new analysis. Journal of personality and social psychology, 37(3): 337-344.

CARLSON G A, KASHANI J H, 1988. Phenomenology of major depression from childhood through adulthood: analysis of three studies. The American journal of psychiatry, 145(10): 1222-1225.

CARLSON L, GROSSBART S, 1988. Parental style and consumer socialization of children. Journal of consumer research, 15(1): 77-94.

CARLSON M, CHARLIN V, MILLER N, 1988. Positive mood and helping behavior: a test of six hypotheses. Journal of personality and social psychology, 55(2): 211-229.

CARNAGEY N L, ANDERSON C A, 2004. Violent video game exposure and aggression. Minerva psichiatrica, 45(1): 1-18.

CARRÉ J M, CAMPBELL J A, LOZOYA E, GOETZ S M, WELKER K M, 2013. Changes in testosterone mediate the effect of winning on subsequent aggressive behavior. Psych-neuroendocrinology, 38(10): 2034-2041.

CARTWRIGHT D, ZANDER A, 1964. Group dynamics research and theory. American journal of sociology, 19(2): 228.

CARTWRIGHT D, ZANDER A, 1968. Group dynamics. 3re ed. New York: Harper Collins Publishers.

CARTWRIGHT D, 1968. The nature of group cohesiveness. Group dynamics: research and theory, 91: 109.

CARVER C S, 2003. Self-awareness// LEARY M R, TANGNEY J P. Handbook of self and identity. New York: The Guilford Press: 179-196.

CARVER C S, SCHEIER M, 2003. Optimism// LOPEZ S J, SNYDER C R. Positive psychological assessment: a handbook of models and measures. Washington, DC: American Psychological Association: 75-89.

CARVER C S, SCHEIER M F, WEINTRAUB J K, 1989. Assessing coping strategies: a theoretically based approach. Journal of personality and social psychology, 56(2): 267-283.

CASELMAN T, 2012. Teaching Children Empathy, the Social Emotion: Lessons, Activities and Reproducible Worksheets (K-6) that Teach how to "Step Into Other's Shoes". [S. l.]: Youth Light, Incorporated.

CASH T F, WINSTEAD B A, JANDA L H, 1986. Body image survey report: the great American shape-up. Psychology today, 20, 30-44.

CERVONE D, PEAKE P K, 1986. Anchoring, efficacy, and action: the influence of judgmental heuristics on self-efficacy judgments and behavior. Journal of personality and social psychology, 50(3): 492-501.

CHADBORN D, EDWARDS P, REYSEN S, 2018. Reexamining differences between fandom and local sense of community. Psychology of popular media culture, 7(3): 241-249.

CHADBORN D, REYSEN S, 2018. Moved by the masses: a social identity perspective on inspiration. Current psychology, 37: 625-631.

CHAIKEN S, EAGLY A H, 1983. Communication modality as a determinant of persuasion: the role of communicator salience. Journal of personality and social psychology, 45(2): 241-256.

CHAIKEN S, GINER-SOROLLA R, CHEN S, 1996. Beyond accuracy: Defense and impression motives in heuristic and systematic information processing//GOLLWITZER P M, BARGH J A. The psychology of action: linking cognition and motivation to behavior. New York: The Guilford Press: 553-578.

CHAIKEN S, STANGOR C, 1987. Attitudes and attitude change. Annual review of psychology, 38(1): 575-630.

CHAIKEN S, WOOD W, EAGLY A H, 1996. Principles of persuasion// HIGGINS E T, KRUGLANSKI A W. Social psychology: handbook of basic principles. New York: The Guilford Press: 702-742.

CHATTERJEE P, CHOLLET B, TRENDEL O, 2017. From conformity to reactance: contingent role of network centrality in consumer-to-consumer influence. Journal of business research, 75, 86-94.

CHEN I, TSENG F, 2016. The relevance of communication media in conflict contexts and their effectiveness: a negotiation experiment. Computers in human behavior, 59:134-141.

CHEN P H A, WAGNER D D, KELLEY W M, et al., 2013. Medial prefrontal cortex differentiates self from mother in Chinese: evidence from self-motivated immigrants. Culture and brain, 1: 3-15.

CHEN S C, 1937. Social modification of the activity of ants in nest-building. Physiological zoology, 10(4): 420-436.

CHIAO J Y, 2009. Cultural neuroscience: cultural influences on brain function. Progress in brain research. London, UK: Elsevier Inc.: 287-304.

CHIAO J Y, HARADA T, KOMEDA H, et al., 2010. Dynamic cultural influences on neural representations of the self. Journal of cognitive neuroscience, 22: 1-11.

CHIU C Y, 2000. Assessment of Zhong Yong (dialectic) thinking: preliminary findings from a cross regional study. Hong Kong journal of social psychology, 18: 33-54.

CHOI I, DALAL R, KIM-PRIETO C, et al., 2003. Culture and judgement of causal relevance. Journal of personality and social psychology, 84(1): 46-59.

CHOI I, NISBETT R E, 1998. Situational salience and cultural differences in the correspondence bias and actor-observer bias. Personality and social psychology bulletin, 24(9): 949-960.

CHOI I, NISBETT R E, NORENZAYAN A, 1999. Causal attribution across cultures: variation and universality. Psychological bulletin, 125(1): 47-63.

CIALDINI R B, VINCENT J E, LEWIS S K, et al., 1975. Reciprocal concessions procedure for inducing compliance: the door-in-the-face technique. Journal of personality and social psychology, 31(2): 206-215.

CLAESSENS B J, VAN EERDE W, RUTTE C G, ROE A, 2010. Things to do today: a daily diary study on task completion at work. Applied psychology an international review, 59(2): 273-295.

CLAESSENS M, 2010. Mindfulness based-third wave CBT therapies and existential-phenomenology. friends or foes? Existential analysis: journal of the society for existential analysis, 21(2): 295-308.

CLARK C J, SILVERMAN J, KHALAF I A, et al., 2008. Intimate partner violence and interference with women's efforts to avoid pregnancy in Jordan. Studies in family planning, 39(2): 123-132.

CLARK M, BUSSEY K, 2020. The role of self-efficacy in defending cyberbullying victims. Computers in human behavior, 109: 106340.

CLARK M S, MILLS J, 1979. Interpersonal attraction in exchange and communal relationships. Journal of personality and social psychology, 37(1): 12-24.

CLARK M S, REIS H T, 1988. Interpersonal processes in close relationships. Annual review of psychology, 39(1): 609-672.

CLARK R, ANDERSON N B, CLARK V R, et al., 1999. Racism as a stressor for African Americans: a biopsychosocial model. American psychologist, 54(10): 805-816.

CLORE G L, BYRNE D, 1974. A reinforcement-affect model of attraction//HUSTON T L. Foundations of interpersonal attraction. New York: Academic Press: 143-170.

CLORE G L, HUNTSINGER J R, 2007. How emotions inform judgment and regulate thought. Trends in cognitive sciences, 11(9): 393-399.

CLORE G, SCHWARTZ M, 1988. How do I feel about It? The informative function of affective states// FIEDLER K, FPRGAS J P. Affect, cognition, and social behavior. Toronto, CJ: Hogrefe.

COATS E J, FELDMAN R S, 1996. Classic and contemporary readings in social psychology. Upper Saddle River, NJ: Prentice Hall, 1996.

COHEN D, GUNZ A, 2002. As seen by the other...: perspectives on the self in the memories and emotional perceptions of Easterners and Westerners. Psychological Science, 13(1): 55-59.

COHEN D, NISBETT R E, 1997. Field experiments examining the culture of honor: the role of institutions in perpetuating norms about violence. Personality and social psychology bulletin, 23(11): 1188-1199.

COHEN R L, GREENBERG J, 1982. The justice concept in social psychology//GREENBERG J, COHEN R L. Equity and justice in social behavior. New York: Academic Press: 1-41.

COHEN S, TYRRELL D A J, SMITH A P, 1991. Psychological stress and susceptibility to the common cold. New England journal of medicine, 325(9): 606-612.

COHEN S, WILLS T A, 1985. Stress, social support, and the buffering hypothesis. Psychological bulletin, 98(2): 310-357.

COIE J D, CILLESSEN A H N, DODGE K A, et al., 1999. It takes two to fight: a test of relational factors and a method for assessing aggressive dyads. Developmental psychology, 35(5): 1179-1188.

COLBY C A, GOTLIB I H, 1988. Memory deficits in depression. Cognitive therapy and research, 12: 611-627.

COLE M, 1996. Cultural psychology: a once and future discipline. Cambridge, MA: Harvard University Press.

COLE M, 1996. Interacting minds in a life-span perspective: a cultural-historical approach to culture and cognitive development//BALTES P B, STAUDINGER U M. Interactive minds: life-span perspectives on the social foundation of cognition. New York: Cambridge University Press: 59-87.

COLE M, 1995. Culture and cognitive development: from cross-cultural research to creating systems of cultural mediation. Culture & Psychology, 1(1): 25-54.

COLLINS B E, BRIEF D E, 1995. Using person: perception vignette methodologies to uncover the symbolic meanings of teacher behaviors in the Milgram paradigm. Journal of social issues, 51(3): 89-106.

COLLINS N L, MILLER L C, 1994. Self-disclosure and liking: a meta-analytic review. Psychological bulletin, 116: 457-475.

COLLINS W A, SROUFE L A, 1999. Capacity for intimate relationships: a developmental construction// FURMAN W, BROWN B B, FEIRING C. The development of romantic relationships in adolescence. New York: Cambridge University Press: 125-147.

COOPERSMITH S, 1967. The antecedents of self-esteem. San Francisco: W. H. Freeman & Co.

COUSINS S D, 1989. Culture and self-perception in Japan and the United States. Journal of personality and social psychology, 56(1): 124-131.

COX C R, ARNDT J, PYSZCZYNSKI T, et al., 2008. Terror management and adults' attachment to their parents: the safe haven remains. Journal of personality and social psychology, 94(4): 696-717.

COZBY P C, 1972. Self-disclosure, reciprocity and liking. Sociometry, 35(1): 151-160.

CRANDALL C S, 1988. Social contagion of binge eating. Journal of personality and social psychology, 55(4): 588-598.

CROSS S E, GORE J S, MORRIS M L, 2003. The relational-interdependent self-construal, self-concept consistency, and well-being. Journal of personality and social psychology, 85(5): 933-944.

CROSS S E, VICK N V, 2001. The interdependent self-construal and social support: the case of persistence in engineering. Personality and social psychology bulletin, 27(7): 820-832.

CUDDY A J, FISKE S T, KWAN V S, et al., 2009. Stereotype content model across cultures: towards universal similarities and some differences. British journal of social psychology, 48: 1-33.

CUNNINGHAM M R, 1986. Measuring the physical in physical attractiveness: quasi-experiments on the sociobiology of female facial beauty. Journal of personality and social psychology, 50(5): 925-935.

CUNNINGHAM M R, 1979. Weather, mood, and helping behavior: quasi experiments with the sunshine Samaritan. Journal of personality and social psychology, 37(11): 1947-1956.

CURTIS M G, KOGAN S, MITCHELL J W, STEPHENSON R, 2022. Dyadic effects of enacted stigma, internalized homophobia, and communal coping on depressive symptoms among cisgender sexual minority male couples. Family process, 61(4): 1541-1558.

DAI Y T, 1995. The effects of family support, expectation of filial piety, and stress on health consequences of older adults with diabetes mellitus. Seattle, WA: University of Washington.

DALBERT C, YAMAUCHI L A, 1994. Belief in a just world and attitudes toward immigrants and foreign workers: a cultural comparison between Hawaii and Germany. Journal of applied social psychology, 24(18): 1612-1626.

DANNER D D, SNOWDON D A, FRIESEN W V, 2001. Positive emotions in early life and longevity: findings from the nun study. Journal of personality and social psychology, 80(5): 804-813.

DARLEY J M, FAZIO R H, 1980. Expectancy confirmation processes arising in the social interaction sequence. American psychologist, 35(10): 867-881.

DAVIDAI S, GILOVICH T, 2018. The ideal road not taken: the self-discrepancies involved in people's most enduring regrets. Emotion, 18(3): 439-452.

DAVIDSON A R, YANTIS S, NORWOOD M, et al., 1985. Amount of information about the attitude object and attitude-behavior consistency. Journal of personality and social psychology, 49(5): 1184-1198.

DAVIS M, 1992. The role of the amygdala in fear and anxiety. Annual review of neuroscience, 15(1): 353-375.

DAVIS M H, FRANZOI S L, 1986. Adolescent loneliness, self-disclosure, and private self-consciousness: a longitudinal investigation. Journal of personality and social psychology, 51(3): 595-608.

DAVIS S, 1990. Men as success objects and women as sex objects: a study of personal advertisements.

Sex roles, 23(1): 43-50.

DAVITZ J R, 1952. The effects of previous training on post-frustration behavior. The journal of abnormal and social psychology, 47(2, uppl): 309-315.

DE CLAIRE K, DIXON L, LARKIN M, 2020. How prisoners and their partners experience the maintenance of their relationship during a prison sentence. Journal of community applied social psychology, 30(3): 293-306.

DELBECQ A L, VAN DE VEN A H, GUSTAFSON D H, 1975. Group techniques for program planning: a guide to nominal group and Delphi processes. The journal of applied behavioral science, 12: 581-581.

DE MANZANO O, THEORELL T, HARMAT L, ULLEN F, 2010. The psychophysiology of flow during piano playing. Emotion, 10(3): 301-311.

DEMARREE K G, WHEELER S C, BRIÑOL P, PETTY R E, 2014. Wanting other attitudes: actual-desired attitude discrepancies predict feelings of ambivalence and ambivalence consequences. Journal of experimental social psychology, 53: 5-18.

DENSON T F, 2011. A social neuroscience perspective on the neurobiological bases of aggression// SHAVER P R, MIKULINCER M. Human aggression and violence: causes, manifestations, and consequences. San Antonio, TX: American Psychological Association, 105-120.

DERLEGA V J, LEWIS R J, HARRISON S, et al., 1989. Gender differences in the initiation and attribution of tactile intimacy. Journal of nonverbal behavior, 13: 83-96.

DEUTSCH M, GERARD H B, 1955. A study of normative and informational social influences upon individual judgment. The journal of abnormal and social psychology, 51(3): 629-636.

DEUTSCH M, KRAUSS R M, 1960. The effect of threat upon interpersonal bargaining. The journal of abnormal and social psychology, 61(2): 181-189.

DE VRIES B, 2021. Why visiting one's ageing mother is not enough: on filial duties to prevent and alleviate parental loneliness. Medicine, health care and philosophy, 24(1): 127-133.

DE VRIES R E, 2012. Personality predictors of leadership styles and the self-other agreement problem. Leadership quarterly, 23(5): 809-821.

DE WAAL F B M, DE WAAL F B M, 1990. Peacemaking among primates. Cambridge, MA: Harvard University Press.

DE WAAL F B M, LUTTRELL L M, 1989. Toward a comparative socioecology of the genus Macaca: different dominance styles in rhesus and stumptail monkeys. American journal of primatology, 19(2): 83-109.

DÍAZ-GUERRERO R, 1977. A Mexican psychology. American psychologist, 32(11): 934-944.

DIENER E, 1976. Effects of prior destructive behavior, anonymity, and group presence on deindividuation and aggression. Journal of personality and social psychology, 33(5): 497-507.

DIENER E D, EMMONS R, LARSEN R, GRIFFIN S, 1985. The satisfaction with life scale. Journal of personality assessment, 49(1): 71-75.

DIENER E, FRASER S C, BEAMAN A L, KELEM R T, 1976. Effects of deindividuation variables on stealing among Halloween trick-or-treaters. Journal of personality and social psychology, 33(2): 178-183.

DIENER E, LUSK R, DEFOUR D, FLAX R, 1980. Deindividuation: effects of group size, density, number of observers, and group member similarity on self-consciousness and disinhibited behavior. Journal of personality and social psychology, 39(3): 449-459.

DIETRICH A, 2004. Neurocognitive mechanisms underlying the experience of flow. Consciousness and cognition, 13(4): 746-761.

DILLARD J P, 1991. The current status of research on sequential-request compliance techniques. Personality and social psychology bulletin, 17(3): 283-288.

DION K, BERSCHEID E, WALSTER E, 1972. What is beautiful is good. Journal of personality and social psychology, 24(3): 285-290.

DION K K, 1972. Physical attractiveness and evaluation of children's transgressions. Journal of personality and social psychology, 24(2): 207-213.

DION K K, STEIN S, 1978. Physical attractiveness and interpersonal influence. Journal of experimental social psychology, 14(1): 97-108.

DODGE K A, SCHWARTZ D, 1997. Social information processing mechanisms in aggressive behavior// STOFF D M, BREILING J, MASER J D. Handbook of antisocial behavior. New York: John Wiley & Sons Inc., 171-180.

DOLLARD J, MILLER N E, DOOB L W, et al., 1939. Frustration and aggression. New Haven: Yale University Press.

DONNERSTEIN E, WILSON D W, 1976. Effects of noise and perceived control on ongoing and subsequent aggressive behavior. Journal of personality and social psychology, 34(5): 774-781.

DONO J, MILLER C, ETTRIDGE K, WILSON C, 2020. The role of social norms in the relationship between anti-smoking advertising campaigns and smoking cessation: a scoping review. Health education research, 35(3): 179-194.

DOUGLAS K M, MCGARTY C, 2001. Identifiability and self-presentation: computer-mediated communication and intergroup interaction. British journal of social psychology, 40(3): 399-416.

DOVIDIO J F, PILIAVIN J A, GAERTNER S L, et al., 1991. The arousal: cost-reward model and the process of intervention: a review of the evidence//CLARK M S. Prosocial behavior. Sage Publications, Inc.: 86-118.

DOVIDIO J F, 1984. Helping behavior and altruism: an empirical and conceptual overview. Advances in experimental social psychology, 17: 361-427.

DRABMAN R, SPITALNIK R, SPITALNIK K, 1974. Sociometric and disruptive behavior as a function of four types of token reinforcement programs 1. Journal of applied behavior analysis, 7(1): 93-101.

DUFNER M, GEBAUER J E, SEDIKIDES C, DENISSEN J J A, 2019. Self-enhancement and psychological adjustment: a meta-analytic review. Personality and social psychology review, 23(1): 48-72.

DUNN E W, AKNIN L B, NIRTON M I, 2008. Spending money on others promotes happiness. Science, 319(5870): 1687-1688.

DUST S, WANG P, RODE J, et al., 2020. The effect of leader and follower extraversion on leader-member exchange: an interpersonal perspective incorporating power distance orientation. Journal of social psychology, 161(6): 714-730.

DUVAL T S, SILVIA P J, 2002. Self-awareness, probability of improvement, and the self-serving bias. Journal of personality and social psychology, 82(1): 49-61.

DWECK C S, 1975. The role of expectations and attributions in the alleviation of learned helplessness. Journal of personality and social psychology, 31(4): 674-685.

EAGLY A H, CHAIKEN S, 1993. The psychology of attitudes. Orlando, FL: Harcourt Brace Jovanovich.

EAGLY A H, CROWLEY M, 1986. Gender and helping behavior: a meta-analytic review of the social psychological literature. Psychological bulletin, 100(3): 283-308.

EAGLY A H, JOHNSON B T, 1990. Gender and leadership style: a meta-analysis. Psychological bulletin, 108(2): 233-256.

EAGLY A H, KARAU S J, MAKHIJANI M G, 1995. Gender and the effectiveness of leaders: a meta-analysis. Psychological bulletin, 117(1): 125-145.

EAGLY A H, KITE M E, 1987. Are stereotypes of nationalities applied to both women and men? Journal of personality and social psychology, 53(3): 451-462.

EAGLY A H, 1987. Reporting sex differences. American psychologist, 42(7): 756-757.

EAVES L J, 1983. Errors of inference in the detection of major gene effects on psychological test scores. American journal of human genetics, 35(6): 1179-1189.

EDER D, HALLINAN M T, 1978. Sex differences in children's friendships. American sociological review, 43(2): 237-250.

EISENBERG N, FABES R A, 1991. Prosocial behavior and empathy: a multimethod developmental perspective//CLARK M S. Prosocial behavior. London, UK: Sage Publications, Inc.: 34-61.

EISENEGGER C, NAEF M, SNOZZI R, et al., 2010. Prejudice and truth about the effect of testosterone on human bargaining behavior. Nature, 463(7279): 356-359.

EISMAN B, 1959. Some operational measures of cohesiveness and their interrelations. Human relations, 12(2): 183-189.

EKMAN P, 1976. Movements with precise meanings. Journal of communication, 26(3): 14-26.

EKMAN P, 1993. Facial expression and emotion. American psychologist, 48(4): 384-392.

EKMAN P, 1994. Strong evidence for universals in facial expressions: a reply to Russell's mistaken critique. Psychological bulletin, 115(2): 268-287.

EKMAN P, FRIESEN W V, 1971. Constants across cultures in the face and emotion. Journal of personality and social psychology, 17(2): 124-129.

EKMAN P, FRIESEN W V, 1974. Detecting deception from the body or face. Journal of personality and social psychology, 29(3): 288-298.

EKMAN P, FRIESEN W V, O'SULLIVAN M, et al., 1987. Universals and cultural differences in the judgments of facial expressions of emotion. Journal of personality and social psychology, 53(4): 712-717.

ELFENBEIN H A, AMBADY N, 2002. On the universality and cultural specificity of emotion recognition: a meta-analysis. Psychological bulletin, 128(2): 203-235.

EMBER C R, EMBER M, 2003. Gender-based social groups//Encyclopedia of sex and gender. Boston, MA: Springer: 128.

EMERSON R M, 1976. Social exchange theory. Annual review of sociology, 2: 335-362.

ENGEL G L, 1980. The clinical application of the biopsychosocial model. The American journal of psychiatry, 137(5): 535-544.

ENNIS M, KELLY K S, LAMBERT P L, 2001. Sex differences in cortisol excretion during anticipation of a psychological stressor: possible support for the tend-and-befriend hypothesis. Stress and Health: journal of the international society for the investigation of stress, 17(4): 253-261.

ERON L D, HUESMANN L R, 1984. The relation of prosocial behavior to the development of aggression and psychopathology. Aggressive behavior, 10(3): 201-211.

ERON L D, HUESMANN L R, LEFKOWITZ M M, WALDER L O, 1972. Does television violence cause aggression? American psychologist, 27(4): 253-263.

ESPENSHADE T J, 1979. The economic consequences of divorce. Journal of marriage and the family, 41: 615-625.

EVANS C R, DION K L, 1991. Group cohesion and performance: a meta-analysis. Small group research, 22(2): 175-186.

FARVER J A M, WELLES-NYSTRÖM B, FROSCH D L, et al., 1997. Toy stories: aggression in children's narratives in the United States, Sweden, Germany, and Indonesia. Journal of cross-cultural psychology, 28(4): 393-420.

FAZIO R H, LENN T M, EFFREIN E A, 1984. Spontaneous attitude formation. Social cognition, 2(3): 217-234.

FAZIO R H, POWELL M C, WILLIAMS C J, 1989. The role of attitude accessibility in the attitude-to-behavior process. Journal of consumer research, 16(3): 280-288.

FAZIO R H, WILLIAMS C J, 1986. Attitude accessibility as a moderator of the attitude-perception and attitude-behavior relations: an investigation of the 1984 presidential election. Journal of personality and social psychology, 51(3): 505-514.

FAZIO R H, ZANNA M P, 1981. Direct experience and attitude-behavior consistency. Advances in experimental social psychology, 14: 161-202.

FEENEY J A, NOLLER P, ROBERTS N, 1996. Emotion, attachment, and satisfaction in close relationships//ANDERSEN P A, GUERRERO L K. Handbook of communication and emotion: Research, theory, applications, and contexts. New York: Academic Press: 473-505.

FEENEY J, NOLLER P, 1996. Adult attachment. London, UK: Sage Publications, Inc.

FEINGOLD A, 1988. Matching for attractiveness in romantic partners and same-sex friends: a meta-analysis and theoretical critique. Psychological bulletin, 104(2): 226-235.

FERRIS G R, KACMAR K M, 1992. Perceptions of organizational politics. Journal of management, 18(1): 93-116.

FESHBACH S, 1971. Dynamics and morality of violence and aggression: some psychological considerations. American psychologist, 26(3): 281-292.

FESTINGER L, 1954. A theory of social comparison processes. Human relations, 7(2): 117-140.

FESTINGER L, 1962. Cognitive dissonance. Scientific American, 207(4): 93-106.

FINKELSTIEN M A, 2009. Intrinsic vs. extrinsic motivational orientations and the volunteer process. Personality and individual differences, 46(5-6), 653-658.

FIORE A, SWENSEN C H, 1977. Analysis of love relationships in functional and dysfunctional marriages. Psychological reports, 40(3): 707-714.

Fishbein M, 1979. A theory of reasoned action: Some applications and implications. Nebraska symposium on motivation, 27: 65-116.

FISHBEIN M, AJZEN I, 1974. Attitudes towards objects as predictors of single and multiple behavioral criteria. Psychological review, 81(1): 59-74.

FISHER H E, ARON A, BROWN L L, 2006. Romantic love: a mammalian brain system for mate choice. Philosophical transactions of the royal society B: biological sciences, 361(1476): 2173-2186.

FISKE A P, 1992. The four elementary forms of sociality: framework for a unified theory of social relations. Psychological review, 99(4): 689-723.

FISKE S T, 1980. Attention and weight in person perception: the impact of negative and extreme behavior. Journal of personality and social psychology, 38(6): 889-906.

FISKE S T, TAYLOR S E, 1991. Social cognition. 2nd ed. New York: McGraw-Hill Book Company.

FITZPATRICK M A, 1987. Marriage and verbal intimacy//DERLEGA V J, BERG J H. Self-disclosure: theory, research, and therapy. Boston, MA: Springer.

FOLKMAN S, MOSKOWITZ J T, 2000a. Positive affect and the other side of coping. The American psychologist, 55(6): 647-654.

FOLKMAN S, MOSKOWITZ J T, 2000b. Stress, positive emotion, and coping. Current directions in psychological science, 9(4): 115-118.

FORGAS J P, 2011. Can negative affect eliminate the power of first impressions? Affective influences on primacy and recency effects in impression formation. Journal of experimental social psychology, 47(2): 425-429.

FORGAS J P, 1987. The role of physical attractiveness in the interpretation of facial expression cues. Personality and social psychology bulletin, 13(4): 478-489.

FORGAS J P, BOWER G H, 1987. Mood effects on person-perception judgments. Journal of personality and social psychology, 53(1): 53-60.

FORSYTHE R, HOROWITZ J L, SAVIN N E, SEFTON M, 1994. Fairness in simple bargaining experiments. Games and economic behavior, 6(3): 347-369.

FRANK M G, GILOVICH T, 1988. The dark side of self-and social perception: black uniforms and aggression in professional sports. Journal of personality and social psychology, 54(1): 74-85.

FRANZOI S L, 1996. Social psychology. Dubuque, IA: Brown Benchmark Publishers.

FRASER C, GOUGE C, BILLIG M, 1971. Risky shifts, cautious shifts, and group polarization. European journal of social psychology, 1(1): 7-30.

FREEDMAN J L, FRASER S C, 1966. Compliance without pressure: the foot-in-the-door technique. Journal of personality and social psychology, 4(2): 195-202.

FREEDMAN M H, 1966. Professional responsibility of the criminal defense lawyer: the three hardest questions. Michigan law review, 64(8): 1469-1484.

FRENCH J R P JR., RAVEN B, 1959. The bases of social power// Cartwright D. Studies in social power. Ann Arbor, MI: University of Michigan Press: 150-167.

FROMING W J, WALKER G R, LOPYAN K J, 1982. Public and private self-awareness: when personal attitudes conflict with societal expectations. Journal of experimental social psychology, 18(5): 476-487.

FURNHAM A, 1993. Just world beliefs in twelve societies. The journal of social psychology, 133(3): 317-329.

FURNHAM A, PROCTER E, 1989. Belief in a just world: review and critique of the individual difference literature. British journal of social psychology, 28(4): 365-384.

FURY G, CARLSON E A, SROUFE A, 1997. Children's representations of attachment relationships in family drawings. Child development, 68(6): 1154-1164.

FRY P S, GHOSH R, 1980. Attributions of success and failure: comparison of cultural differences between Asian and Caucasian children. Journal of cross-cultural psychology, 11(3): 343-363.

GABRENYA W K, WANG Y-E, LATANÉ B, 1985. Social loafing on an optimizing task: cross-cultural differences among Chinese and Americans. Journal of cross-cultural psychology, 16(2): 223-242.

GALESIC M, OLSSON H, RIESKAMP J, 2018. A sampling model of social judgment. Psychological review, 125(3): 363-390.

GAO G, 2001. Intimacy, passion, and commitment in Chinese and US American romantic relationships. International journal of intercultural relations, 25(3): 329-342.

GAWRONSKI B, BODENHAUSEN G V, 2012. Theory and explanation in social psychology. New York: The Guilford Press.

GEBAUER, J E, MAIO G R, PAKIZEH A, 2013. Feeling torn when everything seems right: semantic incongruence causes felt ambivalence. Personality and social psychology bulletin, 39(6): 777-791.

GEBAUER J E, RIKETTA M, BROEMER P, MAIO G R, 2008. Pleasure and pressure based prosocial motivation: divergent relations to subjective well-being. Journal of research in personality, 42(2): 399-420.

GEEN R G, 1983. Evaluation apprehension and the social facilitation/inhibition of learning. Motivation and emotion, 7: 203-212.

GELLES R J, 1980. Violence in the family: a review of research in the seventies. Journal of marriage and the family, 42(4): 873-885.

GENTRUP S, LORENZ G, KRISTEN C, KOGAN I, 2020. Self-fulfilling prophecies in the classroom: teacher expectations, teacher feedback and student achievement. Learning and instruction, 66: 101296.

GERARD H B, WILHELMY R A, CONOLLEY E S, 1968. Conformity and group size. Journal of personality and social psychology, 8(1p1): 79-82.

GERGEN K J, 1978. Experimentation in social psychology: a reappraisal. European journal of social psychology, 8(4): 507-527.

GERSTEIN L H, TESSER A, 1987. Antecedents and responses associated with loneliness. Journal of social and personal relationships, 4(3): 329-363.

GERSTNER C R, DAY D V, 1997. Meta-Analytic review of leader-member exchange theory: correlates and construct issues. Journal of applied psychology, 82(6): 827-844.

GE X, HOU Y, 2022. Patterns of achievement attribution of Chinese adults and their sociodemographic characteristics and psychological outcomes: a large-sample longitudinal study. Personality and individual differences, 184: 111230.

GIBB C A, 1947. The principles and traits of leadership. The journal of abnormal and social psychology, 42(3): 267-284.

GILBERT D T, EBERT J E J, 2002. Decisions and revisions: the affective forecasting of changeable outcomes. Journal of personality and social psychology, 82(4): 503-514.

GILBERT D T, GIESLER R B, MORRIS K A, 1995. When comparisons arise. Journal of personality and social psychology, 69(2): 227-236.

GILBERT E, KARAHALIOS K, 2014. Computing and building around tie strength in social media. Foundations and trends in human-computer interaction, 7(3): 237-349.

GIBSON J L, IVANCEVICH J M, DONNELLY J H, 1997. Organizations, behavior structure processes. 5th ed. Plano, TX: Business Publications.

GIBSON B, SANBONMATSU D M, 2004. Optimism, pessimism, and gambling: the downside of optimism. Personality and social psychology bulletin, 30(2): 149-160.

GILBERT E, KARAHALIOS K, 2014. Computing and building around tie strength in social media . Foundations and trends in human-computer interaction, 7(3): 237-349.

GILOVICH T, 1981. Seeing the past in the present: the effect of associations to familiar events on judgments and decisions. Journal of personality and social psychology, 40(5): 797-808.

GILOVICH T, MEDVEC V H, SAVITSKY K, 2000. The spotlight effect in social judgment: an egocentric bias in estimates of the salience of one's own actions and appearance. Journal of personality and social psychology, 78(2): 211-222.

GINER TORRÉNS M, KÄRTNER J, 2017. The influence of socialization on early helping from a cross-cultural perspective. Journal of cross-cultural psychology, 48(3): 353-368.

GLIMCHER P W, RUSTICHINI A, 2004. Neuroeconomics: the consilience of brain and decision. Science, 306(5695): 447-452.

GOETHALS G R, ZANNA M P, 1979. The role of social comparison in choice shifts. Journal of personality and social psychology, 37(9): 1469-1476.

GOLDRING J, STRELAN P, 2017. The forgiveness implicit association test. Personality and individual differences, 108: 69-78.

GOLLWITZER P M, 1999. Implementation intentions: strong effects of simple plans. American psychologist, 54(7): 493-503.

GOLLWITZER P M, SHEERAN P, 2006. Implementation intentions and goal achievement: a meta-analysis of effects and processes. Advances in experimental social psychology, 38: 69-119.

GORN G J, 1982. The effects of music in advertising on choice behavior: a classical conditioning approach. Journal of marketing, 46(1): 94-101.

GOTTLIEB G, 1998. Normally occurring environmental and behavioral influences on gene activity: from central dogma to probabilistic epigenesis. Psychological review, 105(4): 792-802.

GOTTMAN J M, LEVENSON R W, 1992. Marital processes predictive of later dissolution: behavior, physiology, and health. Journal of personality and social psychology, 63(2): 221-233.

GOULD J, KOLB W L, 1964. A dictionary of the social sciences. New York: Free Press of Glencoe.

GOULDNER A W, 1960. The norm of reciprocity: a preliminary statement. American sociological review, 25: 161-178.

GOULDNER H P, 1960. Dimensions of organizational commitment. Administrative science quarterly, 11(1): 468-490.

GRAEN G, NOVAK M A, SOMMERKAMP P, 1982. The effects of leader—member exchange and job design on productivity and satisfaction: testing a dual attachment model. Organizational behavior and human performance, 30(1): 109-131.

GRANOVETTER M S, 1973. The strength of weak ties. American journal of sociology, 78(6): 1360-1380.

GREENAWAY K H, HASLAM S A, CRUWYS T, et al., 2015. From "we" to "me": group identification enhances perceived personal control with consequences for health and well-being. Journal of personality and social psychology, 109(1): 53-74.

GREENBERG J, COHEN R L, 1982. Why justice? Normative and instrumental interpretations//Equity and justice in social behavior. New York: Academic Press: 437-469.

GREENE D, STERNBERG B, LEPPER M R, 1976. Overjustification in a token economy. Journal of personality and social psychology, 34(6): 1219-1234.

GREENWALD A G, BANAJI M R, 1995. Implicit social cognition: attitudes, self-esteem, and stereotypes. Psychological review, 102(1): 4-27.

GREENWALD A G, BANAJI M R, RUDMAN L A, et al., 2002. A unified theory of implicit attitudes, stereotypes, self-esteem, and self-concept. Psychological review, 109(1): 3-25.

GREENWALD A G, MCGHEE D E, SCHWARTZ J L K, 1998. Measuring individual differences in implicit cognition: the implicit association test. Journal of personality and social psychology, 74(6): 1464-1480.

GROSS J J, 2013. Handbook of Emotion Regulation. New York: The Guilford Press.

GROSS J J, 2013. Emotion regulation: taking stock and moving forward. Emotion, 13(3): 359-365.

GROSS N, MARTIN W E, 1952. On group cohesiveness. American journal of sociology, 57(6): 546-564.

GRUSH J E, MCKEOUGH K L, AHLERING R F, 1978. Extrapolating laboratory exposure research to actual political elections. Journal of personality and social psychology, 36(3): 257-270.

GUSTAFSON R, 1999. Male alcohol-related aggression as a function of type of drink. Aggressive behavior, 25(6): 401-408.

HACKMAN J R, OLDHAM G R, 1976. Motivation through the design of work: test of a theory. Organizational behavior and human performance, 16(2): 250-279.

HADDOCK G, FOAD C, WINDSOR-SHELLARD B, DUMMEL S, ADARVES-YORNO I, 1976. On the attitudinal consequences of being mindful: links between mindfulness and attitudinal ambivalence. Personality and social psychology bulletin, 3(4): 439-452.

HAIDT J, KELTNER D, 1999. Culture and facial expression: open-ended methods find more expressions and a gradient of recognition. Cognition and emotion, 13(3): 225-266

HALFORD G S, 1992. Analogical reasoning and conceptual complexity in cognitive development. Human development, 35(4): 193-217.

HALFORD G S, WILSON W H, PHILLIPS S, 1998. Processing capacity defined by relational complexity: implications for comparative, developmental, and cognitive psychology. Behavioral and brain sciences, 21(6): 803-831.

HALFORD W K, HAHLWEG K, DUNNE M, 1990. The cross-cultural consistency of marital communication associated with marital distress. Journal of marriage and the family, 52(2): 487-500.

HALPERIN E, PORAT R, TAMIR M, GROSS J J, 2013. Can emotion regulation change political attitudes in intractable conflicts? From the laboratory to the field. Psychological science, 24(1):106-111.

HAMNER W C, YUKL G A, 1977. The effectiveness of different offer strategies in bargaining. Negotiations: Social-psychological perspectives, 17: 137-160.

HAN S, MA Y, 2015. A culture-behavior-brain loop model of human development. Trends in cognitive sciences, 19(11): 666-676.

HAN S P, SHAVITT S, 1994. Persuasion and culture: advertising appeals in individualistic and collectivistic societies. Journal of experimental social psychology, 30(4): 326-350.

HANSEN J W, 1995. Student cognitive styles in postsecondary technology programs. Journal of technology education, 6(2): 19-33.

HARARI H, MOHR D, HOSEY K, 1980. Faculty helpfulness to students: a comparison of compliance techniques. Personality and social psychology bulletin, 6(3): 373-377.

HARKINS S G, PETTY R E, 1982. Effects of task difficulty and task uniqueness on social loafing. Journal of personality and social psychology, 43(6): 1214-1229.

HARKINS S G, SZYMANSKI K, 1989. Social loafing and group evaluation. Journal of personality and social psychology, 56(6): 934-941.

HARLOW H F, SUOMI S J, 1974. Induced depression in monkeys. Behavioral biology, 12(3): 273-296.

HARMON-JONES E, WINKIELMAN P, 2007. Social neuroscience: integrating biological and psychological explanations of social behavior. New York: The Guilford Press.

HARTUP W W, LAURSEN B, 1999. Relationships as developmental contexts: retrospective themes and contemporary issues//COLLINS W A, LAURSEN B. Relationships as developmental contexts. Mahwah, New Jersey: Lawrence Erlbaum Associates Publishers: 13-35.

HATER J J, BASS B M, 1988. Superiors' evaluations and subordinates' perceptions of transformational and transactional leadership. Journal of applied psychology, 73(4): 695-702.

HATKOFF T S, LASSWELL T E, 1979. Male-female similarities and differences in conceptualizing love//Love and attraction. Oxford, UK: Pergamon Press, Ltd.: 221-227.

HAUGTVEDT C P, PETTY R E. Personality and persuasion: Need for cognition moderates the persistence and resistance of attitude changes. Journal of personality and social psychology, 63(2): 308-319.

HAYS R B. A longitudinal study of friendship development. Journal of personality and social psychology, 48(4): 909-924.

HAZAN C, 1987. Conceptualizing romantic love as an attachment process. Journal of personality and social psychology, 52: 511-524.

HEAROLD S, 1986. Withdrawn: a synthesis of 1043 effects of television on social behavior. Public communication and behavior, 1: 65-133.

HEBEL V, RENTZSCH K, 2022. One, two, three, sit next to me: personality and physical distance. Personality and individual differences, 198: 111798.

HEDDEN T, KETAY S, ARON A, MARKUS H R, GABRIELI J D E, 2008. Cultural influences on neural substrates of attentional control. Psychological science, 19(1): 2-16.

HEIDER F, 1944. Social perception and phenomenal causality. Psychological review, 51(6): 358.

HEIDER F, 1958. The psychology of interpersonal relations. New York: John Wiley & Sons, Inc.

HEIDER F, 2013. The psychology of interpersonal relations. New York: Psychology Press.

HEINE S J, KITAYAMA S, LEHMAN D R, et al., 2001. Divergent consequences of success and failure in Japan and North America: an investigation of self-improving motivation and malleable selves. Journal of personality and social psychology, 81(4): 599-615.

HEINE S J, LEHMAN D R, MARKUS H R, KITAYAMA S, 1999. Is there a universal need for positive self-regard? Psychological review, 106(4): 766-794.

HEINE S J, LEHMAN D R, 1997. Culture, dissonance, and self-affirmation. Personality and social psychology bulletin, 23(4): 389-400.

HEINE S J, LEHMAN D R, 1997. The cultural construction of self enhancement: an examination of group serving biases. Journal of personality and social psychology, 72(6): 1268-1283.

HELGESEN S, 2011. The female advantage: women's ways of leadership. Strawberry Hills NSW, Australia: Currency Press.

HELGESON V S, 2003. Cognitive adaptation, psychological adjustment, and disease progression among angioplasty patents: 4 years later. Health psychology, 22(1): 30-38.

HELGESON V S, 1994. Long-distance romantic relationships: sex differences in adjustment and breakup. Personality and social psychology bulletin, 20(3): 254-265.

HELGESON V S, 1994. Prototypes and dimensions of masculinity and femininity. Sex roles, 31: 653-682.

HELGESON V S, 1994. Relation of agency and communion to well-being: evidence and potential explanations. Psychological bulletin, 116(3): 412-428.

HELGESON S, JOHNSON J, 1990. The female vision: women's real power at work. 2nd ed. San Francisco: Barrett-Koehler Publishers.

HENDRICK C, HENDRICK S S, 1989. Research on love: does it measure up? Journal of personality and social psychology, 56(5): 784-794.

HEREK G M, 1993. Documenting prejudice against lesbians and gay men on campus: the Yale sexual orientation survey. Journal of homosexuality, 25(4): 15-30.

HERRNSTEIN R J, MURRAY C, 1994. The bell curve. Library quarterly, 66(1): 89-91.

HERTLEIN K M, CHAN D, 2020. The rationale behind texting, videoconferencing, and mobile phones in couple relationships. Marriage family review, 56(8): 739-763.

HETTS J J, SAKUMA M, PELHAM B W, 1999. Two roads to positive regard: Implicit and explicit self-evaluation and culture. Journal of experimental social psychology, 35(6): 512-559.

HIGGINS E T, 1998. Promotion and prevention: regulatory focus as a motivational principle. Advances in experimental social psychology, 30: 1-46.

HIGGINS E T, KRUGLANSKI A W, 1996. Social psychology: handbook of basic principle. New York: The Guilford Press.

HILL C T, RUBIN Z, PEPLAU L A, 1976. Breakups before marriage: the end of 103 affairs. Journal of social issues, 32(1): 147-168.

HILL C T, STULL D E, 1981. Sex differences in effects of social and value similarity in same-sex friendship. Journal of personality and social psychology, 41(3): 488-502.

HILLER N J, SIN H-P, PONNAPALLI A R, OZGEN S, 2019. Benevolence and authority as weirdly unfamiliar: a multi-language meta-analysis of paternalistic leadership behaviors from 152 studies. The leadership quarterly, 30(1): 165-184.

HITLIN S, 2003. Values as the core of personal identity: drawing links between two theories of self. Social psychology quarterly, 66(2): 118-137.

HOCHSTADT S, 1999. Mobility and modernity: migration in Germany, 1820-1989. Ann Arbor, MI: University of Michigan Press.

HODGES B H, 1974. Effect of valence on relative weighting in impression formation. Journal of personality and social psychology, 30(3): 378-381.

HOFFMAN M L, 1981. Is altruism part of human nature? Journal of personality and social psychology, 40(1): 121-137.

HOGG M A, 1992. The social psychology of group cohesiveness: from attraction to social identity. New York: Harvester Wheatsheaf.

HOGG M A, VAUGHAN G M, 2002. Social psychology. 3rd ed. Harlow, England: Pearson Education Limitted.

HOLLANDER E P, 1993. Legitimacy, power, and influence: a perspective on relational features of leadership//CHEMERS M M, AYMAN R. Leadership theory and research: perspectives and directions. New York: Academic Press: 29-47.

HOLLANDER E P, 1961. Some effects of perceived status on responses to innovative behavior. The journal of abnormal and social psychology, 63(2): 247-250.

HOLLANDER E P, 1985. Leadership and power. New York: Random House.

HOLLAND R W, VRIES M, HERMSEN B, et al., 2012. Mood and the attitude-behavior link: the happy act on impulse, the sad think twice. Social psychological and personality science, 3(3): 356-364.

HOLMES T H, RAHE R H, 1967. The social readjustment rating scale. Journal of psychosomatic research, 11(2): 213-218.

HOLT-LUNSTAD J, 2018. Why social relationships are important for physical health: a systems approach to understanding and modifying risk and protection. Annual review of psychology, 69: 437-458.

HOMANS G C, 1958. Social behavior as exchange. American journal of sociology, 63(6): 597-606.

HOMANS G C, 1961. The humanities and the social sciences. American behavioral scientist, 4(8): 3-6.

HONG Y-Y, IP G, CHIU C-Y, MORRIS M W, MENON T, 2001. Cultural identity and dynamic construction of the self: collective duties and individual rights in Chinese and American cultures. Social cognition, 19(3): 251-268.

HOOK J G, COOK T D, 1979. Equity theory and the cognitive ability of children. Psychological bulletin, 86(3): 429-445.

HOPTMAN M J, D'ANGELO D, CATALANO D, et al., 2010. Amygdala of frontal functional dysconnectivity and aggression in schizophrenia. Schizophrenia bulletin, 36(5): 1020-1028.

HORNSEY M J, OLSEN S, BARLOW F K, OEI T P S, 2012. Testing a single-item visual analogue scale as a proxy for cohesiveness in group psychotherapy. Group dynamics theory research practice, 16(1): 80-90.

HOU Y B, GAO G, WANG F, LI T R, YU Z L, 2011. Organizational commitment and employee creativity: the moderating and mediating effect of thinking styles. Annals of economics and finance, 12(2): 411–431.

HOU Y B, ZHU Y, PENG K P, 2003. Thinking styles and disease cognitions among Chinese. Journal of psychology in Chinese societies, 4(2): 161-180.

HOVLAND C I, JANIS I L, KELLEY H H, 1953. Communication and persuasion. New Haven: Yale University Press.

HOVLAND C I, LUMSDAINE A A, SHEFFIELD F D. 1949. Experiments on mass communication. (Studies in social psychology in World War II). Princeton, NJ: Princeton University Press.

HOWARD J W, DAWES R M, 1976. Linear Prediction of Marital Happiness. Personality and social psychology bulletin, 2(4): 478-480.

HUANG C L, ZHANG S, YANG S C, 2020. How students react to different cyberbullying events: past experience, judgment, perceived seriousness, helping behavior and the effect of online disinhibition. Computers in human behavior, 110: 106338.

HUANG V, FIOCCO A J, 2020. Measuring perceived receipt of filial piety among Chinese middle-aged and older adults. Journal of cross-cultural gerontology, 35(2): 195-208.

HUBER R E, KLUCHAREV V, RIESKAMP J, 2015. Neural correlates of informational cascades: brain mechanisms of social influence on belief updating. Social cognitive and affective neuroscience, 10(4): 589-597.

HUESMANN L, 1988. An information processing model for the development of aggression. Aggressive behavior, 14(1): 13-24.

HUGGINS M K, HARITOS-FATOUROS M, ZIMBARDO P G, 2002. Violence workers: police torturers and murderers reconstruct Brazilian atrocities. Oakland, CA: University of California Press.

HUGHES B L, BEER J S, 2012. Orbitofrontal cortex and anterior cingulate cortex are modulated by motivated social cognition. Cerebral cortex, 22(6): 1372-1381.

HUI C M, FOK H K, BOND M H, 2009. Who feels more ambivalence? Linking dialectical thinking to mixed emotions. Personality individual differences, 46(4): 493-498.

HULL J G, BOND C F, 1986. Social and behavioral consequences of alcohol consumption and expectancy: a meta-analysis. Psychological bulletin, 99(3): 347-360.

HUNT P J, HILLERY J M, 1973. Social facilitation in a coaction setting: an examination of the effects over learning trials. Journal of experimental social psychology, 9(6): 563-571.

HUPKA R B, 1991. The motive for the arousal of romantic jealousy: its cultural origin//SALOVEY P. The psychology of jealousy and envy. New York: The Guilford Press: 252-270.

HUSTON T L, BURGESS R L, 1979. Social exchange in developing relationships: an overview. New York: Academic Press: 3-28.

HUSTON T L, VANGELISTI A L, 1991. Socioemotional behavior and satisfaction in marital relationships: a longitudinal study. Journal of personality and social psychology, 61(5): 721-733.

IMAMI L, STANTON S C E, ZILIOLI S, et al., 2019. Self-disclosure and perceived responsiveness among youth with asthma: links to affect and anti-inflammatory gene expression. Personality and social psychology bulletin, 45(8): 1155-1169.

INGLEHART R, KLINGEMANN H D, 2000. Genes, culture, democracy, and happiness//DIENER E, SUH E M. Culture and subjective well-being. Cambridge, MA: The MIT Press: 165-183.

ISEN A M, 1987. Positive affect, cognitive processes, and social behavior//BERKOWITZ L. Advances in experimental social psychology. New York: Academic Press, 20: 203-253.

ISEN A M, DAUBMAN K A, NOWICKI G P, 1987. Positive affect facilitates creative problem solving. Journal of personality and social psychology, 52(6): 1122-1131.

ISEN A M, LEVIN P F, 1972. Effect of feeling good on helping: cookies and kindness. Journal of personality and social psychology, 21(3): 384-388.

IYENGAR S S, LEPPER M R, 1999. Rethinking the value of choice: a cultural perspective on intrinsic motivation. Journal of personality and social psychology, 76(3): 349-366.

IZARD C E, 1994. Innate and universal facial expressions: evidence from developmental and cross-cultural research. Psychological bulletin, 115(2): 288-299.

IZUMA K, KENNEDY K, FITZJOHN A, et al., 2018. Neural activity in the reward-related brain regions predicts implicit self-esteem: a novel validity test of psychological measures using neuroimaging. Journal of personality and social psychology, 114(3): 343-357.

JACOBS S, HANSEN F, KASL S, et al., 1990. Anxiety disorders during acute bereavement: risk and risk factors. The journal of clinical psychiatry, 51(7): 269-274.

JANIS I L, FESHBACH S, 1953. Effects of fear-arousing communications. The journal of abnormal and social psychology, 48(1): 78-92.

JANIS I L, GILMORE J B, 1965. The influence of incentive conditions on the success of role playing in modifying attitudes. Journal of personality and social psychology, 1(1): 17-27.

JANIS I L, MANN L, 1965. Effectiveness of emotional role-playing in modifying smoking habits and attitudes. Journal of experimental research in personality, 1(2): 84-90.

JANKOWIAK W R, FISCHER E F, 1992. A cross-cultural perspective on romantic love. Ethnology, 31(2): 149-155.

JASNOSKI M L, SCHWARTZ G E, 1985. A synchronous systems model for health. American behavioral scientist, 28(4): 468-485.

JESSOR R, TURBIN M S, COSTA F M, 1998. Among disadvantaged adolescents. Applied developmental science, 2(4): 194-208.

JI L, IMTIAZ F, SU Y, et al., 2022. Culture, aging, self-continuity, and life satisfaction. Journal of happiness studies, 23(8): 3843-3864.

JI L, PENG K, NISBETT R E, 2000. Culture, control, and perception of relationships in the environment. Journal of personality and social psychology, 78(5): 943-955.

JOHNSON B T, EAGLY A H, 1989. Effects of involvement on persuasion: a meta-analysis. Psychological bulletin, 106(2): 290-314.

JOHNSON R D, DOWNING L L, 1979. Deindividuation and valence of cues: effects on prosocial and antisocial behavior. Journal of personality and social psychology, 37(9): 1532-1538.

JONES D, BRACE C L, JANKOWIAK W, et al., 1995. Sexual selection, physical attractiveness, and facial neoteny: cross-cultural evidence and implications [and comments and reply]. Current anthropology, 36(5): 723-748.

JONES E E, HARRIS V A, 1967. The attribution of attitudes. Journal of experimental social psychology, 3(1): 1-24.

JONES E E, PITTMAN T S, 1982. Toward a general theory of strategic self-presentation//SULS J. Psychological perspectives of the self. Mahwah, New Jersey: Lawrence Erlbaum Associates Publishers: 231-261.

JONES W H, FREEMON J E, GOSWICK R A, 1981. The persistence of loneliness: self and other determinants. Journal of personality, 49(1): 27-48.

JOURARD S M, 1966. Some psychological aspects of privacy. Law and contemporary problems, 31: 307-318.

JULIAN J W, BISHOP D W, FIEDLER F E, 1966. Quasitherapeutic effects of intergroup competition. Journal of personality and social psychology, 3(3): 321-327.

KACMAR K M, DELERY J E, FERRIS G R, 1992. Differential effectiveness of applicant impression management tactics on employment interview decisions 1. Journal of applied social psychology, 22(16): 1250-1272.

KALLGREN C A, WOOD W, 1986. Access to attitude-relevant information in memory as a determinant of attitude-behavior consistency. Journal of experimental social psychology, 22(4): 328-338.

KALVEN H, ZEISEL H, CALLAHAN T, et al., 1966 The American jury. Boston, MA: Little Brown & Company.

KAMEDA T, TSUKASAKI T, HASTIE R, et al., 2011. Democracy under uncertainty: the wisdom of crowds and the free-rider problem in group decision making. Psychological review, 118(1): 76-96.

KANAGAWA C, CROSS S E, MARKUS H R, 2001. "Who am I?" The cultural psychology of the conceptual self. Personality and social psychology bulletin, 27(1): 90-103.

KANDEL D B, 1978. Similarity in real-life adolescent friendship pairs. Journal of personality and social psychology, 36(3): 306-312.

KANDUL S, LANZ B, 2021. Public good provision, in-group cooperation and out-group descriptive norms: a lab experiment. Journal of economic psychology, 85, 1-19.

KANIN E J, DAVIDSON K R, SCHECK S R, 1970. A research note on male-female differentials in the experience of heterosexual love. The journal of sex research, 6(1): 64-72.

KAPLAN L B, SZYBILLO G J, JACOBY J, 1974. Components of perceived risk in product purchase: a cross-validation. Journal of applied psychology, 59(3): 287-291.

KAPLAN M F, MILLER C E, 1987. Group decision making and normative versus informational influence: Effects of type of issue and assigned decision rule. Journal of personality and social psychology, 53(2): 306-313.

KARAU S J, WILLIAMS K D, 1993. Social loafing: a meta-analytic review and theoretical integration. Journal of personality and social psychology, 65(4): 681-706.

KARAU S J, WILLIAMS K D, 1997. The effects of group cohesiveness on social loafing and social compensation. Group dynamics: theory, research, and practice, 1(2): 156-168.

KAUFMAN-PARKS A M, LONGMORE M A, GIORDANO P C, MANNING W D, 2019. Inducing jealousy and intimate partner violence among young adults. Journal of social and personal relationships, 36(9): 2802-2823.

KAYA M F, SCHOOP M, 2020. Maintenance of data richness in business communication data. The European Conference on Information System, June 15-17. [S. l.]: [s. n.].

KELLEY H H, 1959. The social psychology of groups. Somerset, NJ: Transaction Publishers.

KELLEY H H, THIBAUT J, 1978. Interpersonal relations: a theory of interdependence. New York: John Wiley & Sons, Inc.

KELMAN H C, EAGLY A H, 1965. Attitude toward the communicator, perception of communication content, and attitude change. Journal of personality and social psychology, 1(1): 63-78.

KELTNER D, HAIDT J, 1999. Social functions of emotions at four levels of analysis. Cognition emotion, 13(5): 505-521.

KERR N L, 1983. Motivation losses in small groups: a social dilemma analysis. Journal of personality and social psychology, 45(4): 819-828.

KERR N L, BRUUN S E, 1983. Dispensability of member effort and group motivation losses: free-rider effects. Journal of personality and social psychology, 44(1): 78-94.

KERR N L, BRUUN S E, 1981. Ringelmann revisited: alternative explanations for the social loafing effect. Personality and social psychology bulletin, 7(2): 224-231.

KILHAM W, MANN L, 1974. Level of destructive obedience as a function of transmitter and executant roles in the Milgram obedience paradigm. Journal of personality and social psychology, 29(5): 696-702.

KINGDON J W, 1967. Politicians' beliefs about voters. American political science review, 61(1): 137-145.

KIRKPATRICK L A, HAZAN C, 1994. Attachment styles and close relationships: a four-year prospective study. Personal relationships, 1(2): 123-142.

KIRKPATRICK L A, SHAVER P R, 1992. An attachment-theoretical approach to romantic love and religious belief. Personality and social psychology bulletin, 18(3): 266-275.

KITAYAMA S, MARKUS H R, 1999. Yin and Yang of the Japanese self: the cultural psychology of personality coherence//CERVONE D, SHODA Y. The coherence of personality: social cognitive bases of personality consistency, variability, and organization. New York: Guilford Press: 242–232.

KITAYAMA S, MARKUS H R, MATSUMOTO H, et al., 1997. Individual and collective processes in the construction of the self: self-enhancement in the United States and self-criticism in Japan. Journal of personality and social psychology, 72(6): 1245-1267.

KLAUS M H, KENNELL J H, ROBERTSON S S, et al., 1986. Effects of social support during parturition on maternal and infant morbidity. British medical journal (clinical research ed.), 293(6547): 585-587.

KNOX R E, SAFFORD R K, 1976. Group caution at the race track. Journal of experimental social psychology, 12(3): 317-324.

KOMORITA S S, BRENNER A R, 1968. Bargaining and concession making under bilateral monopoly. Journal of personality and social psychology, 9(1): 15-20.

KOMORITA S S, PARKS C D, 1994. Social dilemmas. Dubuque, IA: Brown Benchmark Publishers.

KORTE C, AYVALIOGLU N, 1981. Helpfulness in Turkey: cities, towns, and urban villages. Journal of cross-cultural psychology, 12(2): 123-141.

KOWALSKI R M, GIUMETTI G W, SCHROEDER A N, et al., 2012. Cyber bullying among college students: evidence from multiple domains of college life. Cutting-Edge technologies in higher education, 5: 293-321.

KOWALSKI R M, GIUMETTI G W, SCHROEDER A N, et al., 2014. Bullying in the digital age: a critical review and meta-analysis of cyberbullying research among youth. Psychological bulletin, 140(4): 1073-1137.

KRAUT R E, POE D B, 1980. On the line: the deception judgments of customs inspectors and laymen. Journal of personality and social psychology, 39(5):784-798.

KREBS D L, 1998. The evolution of moral behaviors//CRAWFORD C B, KREBS D L. Handbook of evolutionary psychology: ideas, issues, and applications. Mahwah, New Jersey: Lawrence Erlbaum Associates Publishers: 337-368.

KRECH D, CRUTCHFIELD R S, 1948. Theory and problems of social psychology. New York: McGraw-Hill Book Companies.

KROSNICK J A, ALWIN D F, 1989. Aging and susceptibility to attitude change. Journal of personality and social psychology, 57(3): 416-425.

KRUEGER J, CLEMENT R W, 1994. The truly false consensus effect: an ineradicable and egocentric bias in social perception. Journal of personality and social psychology, 67(4): 596-610.

KRULL D S, LOY M H M, LIN J, et al., 1999. The fundamental attribution error: correspondence bias in individualist and collectivist cultures. Personality and social psychology bulletin, 25(10): 1208-1219.

KRUPKA E, WEBER R A, 2009. The focusing and informational effects of norms on pro-social behavior. Journal of economic psychology, 30(3): 307-320.

KRUZIC C O, KRUZIC D, HERRERA F, BAILENSON J, 2020. Facial expressions contribute more than body movements to conversational outcomes in avatar-mediated virtual environments. Scientific reports, 10(1): 20626.

KUDRET S, ERDOGAN B, BAUER T N, 2019. Self-monitoring personality trait at work: an integrative narrative review and future research directions. Journal of organizational behavior, 40(2): 193-208.

KUGIHARA N, 1999. Gender and social loafing in Japan. The Journal of social psychology, 139(4):

516-526.

KUPKE T E, HOBBS S A, CHENEY T H, 1979. Selection of heterosocial skills: I. Criterion-related validity. Behavior therapy, 10(3): 327-335.

KUNG F Y H, EIBACH R P, GROSSMANN I, 2016. Culture, fixed-world beliefs, relationships, and perceptions of identity change. Social psychological personality science, 7(7): 631-639.

KWAN V S Y, KUANG L L, HUI N H H, 2009. Identifying the sources of self-esteem: the mixed medley of benevolence, merit, and bias. Self and identity, 8(2-3): 176-195.

LALANCETTE M F, STANDING L, 1990. Asch fails again. Social behavior & personality: an international journal, 18(1): 7-12.

LAMMERS J, BURGMER P, 2019. Power increases the self-serving bias in the attribution of collective successes and failures. European journal of social psychology, 49(5): 1087-1095.

LAM S S K, SCHAUBROECK J, 2000. Improving group decisions by better pooling information: a comparative advantage of group decision support systems. Journal of applied psychology, 85(4): 565-573.

LANDY D, ARONSON E, 1969. The influence of the character of the criminal and his victim on the decisions of simulated jurors. Journal of experimental social psychology, 5(2): 141-152.

LANDY D, SIGALL H, 1974. Beauty is talent: task evaluation as a function of the performer's physical attractiveness. Journal of personality and social psychology, 29(3): 299-304.

LANGER E J, RODIN J, 1976. The effects of choice and enhanced personal responsibility for the aged: a field experiment in an institutional setting. Journal of personality and social psychology, 34(2): 191-198.

LANGLOIS J H, KALAKANIS L, RUBENSTEIN A J, et al., 2000. Maxims or myths of beauty? A meta-analytic and theoretical review. Psychological bulletin, 126(3): 390-423.

LANNOY S, CHATARD A, SELIMBEGOVIC L, et al., 2020. Too good to be cautious: high implicit self-esteem predicts self-reported dangerous mobile phone use. Computers in human behavior, 103(2): 208-213.

LAPIERE R T, 1934. Attitudes vs. actions. Social forces, 13(2): 230-237.

LARSON J H, 1984. The effect of husband's unemployment on marital and family relations in blue-collar families. Family relations, 33(4): 503-511.

LARSSON K, 1956. Conditioning and sexual behavior in the male albino rat. Stockholm: Almqvist & Wiksell.

LASSWELL M E, LOBSENZ N M, 1980. Styles of loving: why you love the way you do. New York: Doubleday Books.

LATANÉ B, WILLIAMS K, HARKINS S, 1979. Many hands make light the work: the causes and consequences of social loafing. Journal of personality and social psychology, 37(6): 822-832.

LATANÉ B, WOLF S, 1981. The social impact of majorities and minorities. Psychological review, 88(5): 438-453.

LATHAM G P, LOCKE E A, 1979. Goal setting—a motivational technique that works. Organizational dynamics, 8(2): 68-80.

LAUGHLIN P R, 1996. Group decision making and collective induction//WITTE E H, DAVIS J H. Understanding group behavior, Vol. 1. Consensual action by small groups. Mahwah, New Jersey: Lawrence Erlbaum Associates Publishers: 61-80.

LAUGHLIN P R, ADAMOPOULOS J, 1980. Social combination processes and individual learning for six-person cooperative groups on an intellective task. Journal of personality and social psychology, 38(6): 941-947.

LAZARUS R S, 1996. The role of coping in the emotions and how coping changes over the life course//MAGAI C, MCFADDEN S H. Handbook of emotion, adult development, and aging. New York:

Academic Press: 289-306.

LAZARUS R S, 1990. Theory-based stress measurement. Psychological inquiry, 1(1): 3-13.

LEAVITT H J, 1951. Some effects of certain communication patterns on group performance. The journal of abnormal and social psychology, 46(1): 38-50.

LEE E E, DEPP C, PALMER B W, et al., 2019. High prevalence and adverse health effects of loneliness in community-dwelling adults across the lifespan: role of wisdom as a protective factor. International psychogeriatrics, 31(10): 1447-1462.

LEE Y T, SELIGMAN M E P, 1997. Are Americans more optimistic than the Chinese? Personality and social psychology bulletin, 23(1): 32-40.

LEITER M P, MASLACH C, 1988. The impact of interpersonal environment on burnout and organizational commitment. Journal of organizational behavior, 9(4): 297-308.

LEMAY JR E P, CLARK M S, 2008. "Walking on eggshells": how expressing relationship insecurities perpetuates them. Journal of personality and social psychology, 95(2): 420-441.

LEPPER M R, GREENE D, NISBETT R E, 1973. Undermining children's intrinsic interest with extrinsic reward: a test of the "overjustification" hypothesis. Journal of personality and social psychology, 28(1): 129-137.

LEPPER M R, SAGOTSKY G, DAFOE J L, et al., 1982. Consequences of superfluous social constraints: effects on young children's social inferences and subsequent intrinsic interest. Journal of personality and social psychology, 42(1): 51-65.

LESKO W A, 1997. Readings in social psychology. 3rd ed. Boston: Allyn and Bacon.

LEUNG K, 1996. The role of beliefs in Chinese culture//BOND M H. The handbook of Chinese psychology. New York: Oxford University Press: 247-262.

LEUTHESSER L, KOHLI C, HARICH K R, 1995. Brand equity: the halo effect measure. European journal of marketing, 29(4): 57-66.

LEVINE R, SATO S, HASHIMOTO T, et al., 1995. Love and marriage in eleven cultures. Journal of cross-cultural psychology, 26: 554-571.

LEVINGER G K, SNOEK J D, 1972. Attraction in relationship: a new look at interpersonal attraction. [S. l.]: General Learning Press.

LEVY B, 1996. Improving memory in old age through implicit self-stereotyping. Journal of personality and social psychology, 71(6): 1092-1107.

LEWIN K, 1947. Group decision and social change. Readings in social psychology, 3(1): 197-211.

LEWINSOHN P M, STEINMETZ J L, LARSON D W, et al., 1981. Depression-related cognitions: antecedent or consequence? Journal of abnormal psychology, 90(3): 213-219.

LEWIS R S, GOTO S G, KONG L, 2008. Culture and context: East Asian American and European American differences in P3 event-related potentials and self-construal. Personality and social psychology bulletin, 34(5): 623-634.

LIBERMAN A, CHAIKEN S, 1992. Defensive processing of personally relevant health messages. Personality and social psychology bulletin, 18(6): 669-679.

LICHTENSTEIN S, SLOVIC P, FISCHHOFF B, et al., 1978. Judged frequency of lethal events. Journal of experimental psychology: human learning and memory, 4(6): 551-578.

LIDEN R C, MITCHELL T R, 1988. Ingratiatory behaviors in organizational settings. The academy of management review, 13(4): 572-587.

LIEBERMAN M D, 2010. Social cognitive neuroscience//FISKE S T, GILBERT D T, LINDZEY G. Handbook of social psychology. 5th ed. New York: John Wiley & Sons, Inc.: 143-193.

LIEBERT R M, SPRAFKIN J, 1988. The early window: effects of television on children and youth.

Oxford, UK: Pergamon Press, Ltd.

LIGMAN K, RODRIGUEZ L M, ROCEK G, 2021. Jealousy and electronic intrusion mediated by relationship uncertainty in married and cohabiting couples during COVID-19. Cyberpsychology behavior and social networking, 24(7): 444-449.

LI H, WANG T, CAO Y, et al., 2022 Culture, thinking styles and investment decision. Psychological reports, 125(3): 1528-1555.

LINDER D E, COOPER J, JONES E E, 1967. Decision freedom as a determinant of the role of incentive magnitude in attitude change. Journal of personality and social psychology, 6(3): 245-254.

LINDSAY C P, DEMPSEY B L, 1985. Experiences in training Chinese business people to use US management techniques. The journal of applied behavioral science, 21(1): 65-78.

LIN H, CHANG Y, CHEN C, et al., 2022. Are older adults more optimistic? Evidence from China, Israel, and the United States. The journals of gerontology. Series B, Psychological Sciences and Social Sciences, 77(4): E83-E94.

LIN Z, LIN Y, HAN S, 2008. Self-construal priming modulates visual activity underlying global/local perception. Biological psychology, 77(1): 93-97

LITT M D, 1988. Self-efficacy and perceived control: cognitive mediators of pain tolerance. Journal of personality and social psychology, 54(1): 149-160.

LIU P, LI S, ZHANG Q, ZHANG X, GUO L, LI J, 2022. Effect of paternalistic leadership on Chinese youth elite athletes' satisfaction: resilience as a moderator. Frontiers in psychology, 13: 1-10.

LOBEL M, DEVINCENT C J, KAMINER A, et al., 2000. The impact of prenatal maternal stress and optimistic disposition on birth outcomes in medically high-risk women. Health psychology, 19(6): 544-553.

LODEWIJKX H F M, KERSTEN G L E, VAN ZOMEREN M, 2008. Dual pathways to engage in 'silent marches' against violence: moral outrage, moral cleansing and modes of identification. Journal of community & applied social psychology, 18(3): 153-167.

LOEHLIN J C, HORN J M, WILLERMAN L, 1989. Modeling IQ change: evidence from the Texas Adoption Project. Child development, 60(4): 993-1004.

LOMBARDO M M, RUDERMAN M N, MCCAULEY C D, 1988. Explanations of success and derailment in upper-level management positions. Journal of business and psychology, 2: 199-216.

LOTT A J, LOTT B E, 1965. Group cohesiveness as interpersonal attraction: a review of relationships with antecedent and consequent variables. Psychological bulletin, 64(4): 259-309.

LOTT A J, LOTT B E, 1961. Group cohesiveness, communication level, and conformity. The journal of abnormal and social psychology, 62(2): 408-412.

LOTT B E, 1961. Group cohesiveness: a learning phenomenon. Journal of social psychology, 55(2): 275-286.

LUCE R D, RAIFFA H, 1957. Games and decisions: introduction and critical survey. New York: John Wiley & Sons, Inc.

LU J G, JIN P, ENGLISH A S, 2021. Collectivism predicts mask use during COVID-19. Proceedings of the National Academy of Sciences, 118(23): e2021793118.

LUKES S, 1975. On the social determination of truth. Social studies of science, 5: 501-505.

LYKKEN D, TELLEGEN A, 1996. Happiness is a stochastic phenomenon. Psychological science, 7(3): 186-189.

LYUBOMIRSKY S, SHELDON K M, SCHKADE D, 2005. Pursuing happiness: the architecture of sustainable change. Review of general psychology, 9(2): 111-131.

MACAULAY P J, BETTS L R, STILLER J, et al., 2022. Bystander responses to cyberbullying: the role of perceived severity, publicity, anonymity, type of cyberbullying, and victim response. Computers in human behavior, 131: 107238.

MACCOBY E E, 2000. Parenting and its effects on children: on reading and misreading behavior genetics. Annual review of psychology, 51(1): 1-27.

MACCOBY E E, JACKLIN C N, 1974. The psychology of sex differences. Redwood City, CA: Stanford University Press.

MACNEIL I R, 1985. Relational contract: what we do and do not know. Wisconsin law review: 483-525.

MACNEIL M K, SHERIF M, 1976. Norm change over subject generations as a function of arbitrariness of prescribed norms. Journal of personality and social psychology, 34(5): 762-773.

MAGNUSSON D, ENDLER N S, 1977. Personality at the crossroads: current issues in interactional psychology. Hillsdale, NJ: Lawrence Erlbaum Associates.

MA-KELLAMS C, SPENCER-RODGERS J, PENG K, 2011. I am against us? Unpacking cultural differences in ingroup favoritism via dialecticism. Personality and social psychology bulletin, 37(1): 15-27.

MALAMUTH N M, 1981. Rape proclivity among males. Journal of social issues, 37(4): 138-157.

MALLICK S K, MCCANDLESS B R, 1966. A study of catharsis of aggression. Journal of personality and social psychology, 4(6): 591-596.

MANTELL D M, 1971. The potential for violence in Germany. Journal of social issues, 27(4): 101-112.

MARKUS H, 1977. Self-schemata and processing information about the self. Journal of personality and social psychology, 35(2): 63-78.

MARKUS H R, KITAYAMA S, 1991. Culture and the self: implication for cognition, emotion, and motivation. Psychological review, 98(2): 224-253.

MARKUS H R, KITAYAMA S, 1994. A collective fear of the collective: implications for selves and theories of selves. Personality and social psychology bulletin, 20(5): 568-579.

MARKUS H R, KITAYAMA S, 1994. The cultural construction of self and emotion: implications for social behavior//KITAYAMA S, MARKUS H R. Emotion and culture: empirical studies of mutual influence. New York: American Psychological Association: 89-130.

MARKUS H R, KITAYAMA S, 1994. The cultural shaping of emotion: a conceptual framework//KITAYAMA S, MARKUS H R. Emotion and culture: empirical studies of mutual influence. New York: American Psychological Association: 339-351.

MARKUS H, WURF E, 1987. The dynamic self-concept: a social psychological perspective. Annual review of psychology, 38(1): 299-337.

MARSELLA A J, SARTORIUS N, JABLENSKY A, FENTON F R, 1985. Cross-cultural studies of depressive disorders: an overview//KLEINMAN A, GOOD B J. Culture and depression: studies in the anthropology and cross-cultural psychiatry of affect and disorder. Oakland, CA: University of California Press: 299-324.

MARTELL R F, BORG M R, 1993. A comparison of the behavioral rating accuracy of groups and individuals. Journal of applied psychology, 78(1): 43-50.

MASON T B, SMITH K E, ENGWALL A, et al., 2019. Self-discrepancy theory as a transdiagnostic framework: a meta-analysis of self-discrepancy and psychopathology. Psychological bulletin, 145(4): 372-389.

MASLACH C, 1998. A multidimensional theory of burnout//COOPER C L. Theories of organizational stress. New York: Oxford University Press: 68-85.

MASLACH C, SANTEE R T, WADE C, 1987. Individuation, gender role, and dissent: personality mediators of situational forces. Journal of personality and social psychology, 53(6): 1088-1093.

MASUDA T, NISBETT R E, 2001. Attending holistically versus analytically: comparing the context sensitivity of Japanese and Americans. Journal of personality and social psychology, 81(5): 922-934.

MATHEWS K E, CANON L K, 1975. Environmental noise level as a determinant of helping behavior. Journal of personality and social psychology, 32(4): 571-577.

MATLIN M W, STANG D J, 1978. The Pollyanna principle. Selectivity in language, memory, and thought. Cambridge, MA: Schenkman Books, Inc.

MATLIN M W, 2017. Pollyanna principle//POHL R F. Cognitive illusions: intriguing phenomena in thinking, judgment and memory. 2nd ed. New York: Routledge/Taylor & Francis Group: 315-335.

MATSUMOTO D, 1999. Culture and self: an empirical assessment of Markus and Kitayama's theory of independent and interdependent self-construal. Asian journal of social psychology, 2(3): 289-310.

MATSUMOTO D, EKMAN P, 2004. The relationship among expressions, labels, and descriptions of contempt . Journal of personality and social psychology, 87(4): 529-540.

MAY J L, HAMILTON P A, 1980. Effects of musically evoked affect on women's interpersonal attraction toward and perceptual judgments of physical attractiveness of men. Motivation and emotion, 4: 217-228.

MCADAMS D P, 1980. A thematic coding system for the intimacy motive. Journal of research in personality, 14(4): 413-432.

MCANDREW F T, 2002. New evolutionary perspectives on altruism: multilevel-selection and costly-signaling theories. Current directions in psychological science, 11(2): 79-82.

MCCARTHY J F, KELLY B R, 1978. Aggression, performance variables, and anger self-report in ice hockey players. The journal of psychology, 99(1): 97-101.

MCCAULEY C R, SEGAL M E, 1987. Social psychology of terrorist groups//HENDRICK C. Group processes and intergroup relations. Thousand Oaks, CA: Sage Publications, Inc.: 231-256.

MCCLELLAND D C, 1985. The social mandate of health psychology. American behavioral scientist, 28(4): 451-467.

MCCONNELL J V, 1989. Understanding human behavior. New York: Holt, Rinehart & Winston Inc.

MCFADYEN-KETCHUM S A, BATES J E, DODGE K A, et al., 1996. Patterns of change in early childhood aggressive-disruptive behavior: gender differences in predictions from early coercive and affectionate mother–child interactions. Child development, 67(5): 2417-2433.

MCGRATH J E, 1984. Groups: interaction and performance. Englewood Cliffs, NJ: Prentice-Hall.

MCGRATH J E, KELLY J R, MACHATKA D E, 1984. The social psychology of time: entrainment of behavior in social and organizational settings. Applied social psychology annual, 5: 21-44.

MESSRIPOUR S, ETEMADI O, AHMADI S A, et al., 2016. Analysis of the reasons for infidelity in women with extra-marital relationships: a qualitative study. Modern applied science, 10(5): 151-162.

MICHAEL J, 1982. Distinguishing between discriminative and motivational functions of stimuli. Journal of the experimental analysis of behavior, 37(1): 149-155.

MILGRAM S, 1961. Nationality and conformity. Scientific American, 205(6): 45-51.

MILLER A G, COLLINS B E, BRIEF D E, 1995. Perspectives on obedience to authority: the legacy of the Milgram experiments. Journal of social issues, 51(3): 1-19.

MILLER D T, MCFARLAND C, 1987. Pluralistic ignorance: when similarity is interpreted as dissimilarity. Journal of personality and social psychology, 53(2): 298-305.

MILLER J G, 1984. Culture and the development of everyday social explanation. Journal of personality and social psychology, 46(5): 961-978.

MILLER J G, 1988. Bridging the content-structure dichotomy: culture and the self//BOND M H. The cross-cultural challenge to social psychology. Newbury Park, CA: Sage Publications: 266-281.

MILLER N, CARLSON M, 1990. Valid theory-testing meta-analyses further question the negative state relief model of helping. Psychological bulletin, 107(2): 215-225.

MILLER S M, BLALOCK J, GINSBURG H J, 1984. Children and the aged: attitudes, contact, and discriminative ability. The international journal of aging and human development, 19(1): 47-53.

MILLIMAN R E, 1986. The influence of background music on the behavior of restaurant patrons. Journal of consumer research, 13(2): 286-289.

MINER J B, 1992. Industrial-organizational psychology. New York: McGraw-Hill Book Companies.

MITA T H, DERMER M, KNIGHT J, 1977. Reversed facial images and the mere-exposure hypothesis. Journal of personality and social psychology, 35(8): 597-601.

MIYAMOTO Y, KITAYAMA S, 2002. Cultural variation in correspondence bias: the critical role of attitude diagnosticity of socially constrained behavior. Journal of personality and social psychology, 83(5): 1239-1248.

MOLM L D, 2015. Homans's vision of social exchange//GEORGE C. Homans. London, UK: Routledge: 135-156.

MONIN J K, CLARK M S, LEMAY E P, 2008. Communal responsiveness in relationships with female versus male family members. Sex roles, 59: 176-188.

MOORE T W, 1998. Fertility in China 1982-1990: gender equality as a complement to wealth flows theory. Population research and policy review, 17: 197-222.

MORAN J M, JOLLY E., MITCHELL J P, 2014. Spontaneous mentalizing predicts the fundamental attribution error. Journal of cognitive neuroscience, 26(3): 569-576.

MORELLI G A, ROGOFF B, OPPENHEIM D, et al., 1992. Cultural variation in infants' sleeping arrangements: questions of independence. Developmental psychology, 28(4): 604-613.

MORENO J L, 1953. Who shall survive? Foundations of sociometry, group therapy and sociodrama. 2nd ed. New York: Beacon House Inc.

MORRIS M, NISBETT R E, PENG K, 1993. Causal understanding across domains and cultures//SPERBER D, PREMACK D, PREMACK A J. Causal cognition: a multidisciplinary debate. New York: Oxford University Press.

MORRIS M, PENG K, 1994. Culture and cause: American and Chinese attribution of physical and social events. Journal of personality and social psychology, 67(6): 949-971.

MOSCOVICI S, LAGE E, NAFFRECHOUX M, 1969. Influence of a consistent minority on the responses of a majority in a color perception task. Sociometry, 32(4): 365-380.

MOSS E, DAVIDSON S, 1982. Attitudes towards mental illness in a sample of Israeli rehabilitation workers. International journal of rehabilitation research, 5(1): 45-54.

MOYER K E, 1986. Biological bases of aggressive behavior//PLUTCHIK R, KELLERMAN H. Emotion: theory, research, and experience. Volume 3, Biological foundations of emotion. New York: Academic Press: 219-236.

MOYER K E, 1983. The physiology of motivation: aggression as a model//SCHEIRER C J, ROGERS A M. The G. Stanley Hall lecture series, Vol. 3. San Antonio, TX: American Psychological Association: 123-139.

MULLEN B, 1986. Atrocity as a function of lynch mob composition: a self-attention perspective. Personality and social psychology bulletin, 12(2): 187-197.

MURRAY J P, KIPPAX S, 1979. From the early window to the late-night show: international trends in the study of television's impact on children and adults. Advances in experimental social psychology, 12: 253-320.

MUTRAN E J, REITZES D C, MOSSEY J, et al., 1995. Social support, depression, and recovery of walking ability following hip fracture surgery. The journals of gerontology series B: psychological sciences and social sciences, 50(6): S354-S361.

MYERS D G, 2013. Social psychology. 10th ed. New York: McGraw-Hill Book Companies.

MYERS D G, LAMM H, 1976. The group polarization phenomenon. Psychological bulletin, 83(4): 602-627.

NEEDHAM J, 1954. Science and civilization in China, Vol. 1. Cambridge, UK: Cambridge University Press.

NEWBY-CLARK I R, MCGREGOR I, ZANNA M P, 2002. Thinking and caring about cognitive inconsistency: when and for whom does attitudinal ambivalence feel uncomfortable? Journal of personality and social psychology, 82(2): 157-166.

NEWCOMB M D, RABOW J, HERNANDEZ A C R, 1992. A cross-national study of nuclear attitudes, normative support, and activist behavior: additive and interactive effects 1. Journal of applied social psychology, 22(10): 780-800.

NG T W, LUCIANETTI L, 2016. Within-individual increases in innovative behavior and creative, persuasion, and change self-efficacy over time: a social–cognitive theory perspective. Journal of applied psychology, 101(1): 14-34.

NISBETT R E, PENG K, CHOI I, et al., 2001. Culture and system of thought: holistic versus analytic cognition. Psychological review, 108(2): 291-310.

NISBETT R E, 2003. The geography of thought: how Asians and Westerners think differently and why. New York: Free Press.

NISHANT R, KENNEDY M, CORBETT J, 2020. Artificial intelligence for sustainability: challenges, opportunities, and a research agenda. International journal of information management, 53:104-113.

NOHLEN H U, VAN HARREVELD F, ROTTEVEEL M, BARENDS A J, LARSEN J T, 2016. Affective responses to ambivalence are context-dependent: a facial EMG study on the role of inconsistency and evaluative context in shaping affective responses to ambivalence. Journal of experimental social psychology, 65: 42-51.

NOOK E C, ONG D C, MORELLI S A, et al., 2016. Prosocial conformity: prosocial norms generalize across behavior and empathy. Personality and social psychology bulletin, 42(8): 1045-1062.

NOOK E C, SCHLEIDER J L, SOMERVILLE L H, 2017. A linguistic signature of psychological distancing in emotion regulation. Journal of experimental psychology: general, 146(3): 337-346.

NOREM J K, 2001. Defensive pessimism, optimism, and pessimism//CHANG E C. Optimism & pessimism: implications for theory, research, and practice. San Antonio, TX: American Psychological Association: 77-100.

NORENZAYAN A, SMITH E E, KIM B J, et al., 2002. Cultural preferences for formal versus intuitive reasoning. Cognitive science, 26(5): 653-684.

NORRIS F H, KANIASTY K, 1996. Received and perceived social support in times of stress: a test of the social support deterioration deterrence model. Journal of personality and social psychology, 71(3): 498-511.

NOSEK B A, HAWKINS C B, FRAZIER R S, 2011. Implicit social cognition: from measures to mechanisms. Trends in cognitive sciences, 15(4): 152-159.

OBRIST P A, 1981. Cardiovascular psychophysiology: a perspective. New York: Springer.

OCHSNER K N, GROSS J J, 2007. The neural architecture of emotion regulation//GROSS J J. Handbook of emotion regulation. New York: The Guilford Press: 87-109.

OHBUCHI K, OHNO T, MUKAI H, 1993. Empathy and aggression: effects of self-disclosure and fearful appeal. The journal of social psychology, 133(2): 243-253.

OISHI S, GILBERT E A, 2016. Current and future directions in culture and happiness research. Current opinion in psychology, 8: 54-58.

OISHI S, WYER JR R S, COLCOMBE S J, 2000. Cultural variation in the use of current life satisfaction to predict the future. Journal of personality and social psychology, 78(3): 434-445.

OMOTO A M, SNYDER M, 1995. Sustained helping without obligation: motivation, longevity of service, and perceived attitude change among AIDS volunteers. Journal of personality and social psychology, 68(4): 671-686.

OSGOOD C E, 1962. An alternative to war or surrender. Urbana, IL: University of Illinois Press.

OSGOOD C E, SUCI G J, TANNENBAUM P H, 1957. The measurement of meaning. Chicago: University of Illinois Press.

OSKAMP S, HARRINGTON M J, EDWARDS T C, et al., 1991. Factors influencing household recycling behavior. Environment and behavior, 23(4): 494-519.

OSTROV J M, WOODS K E, JANSEN E A, et al., 2004. An observational study of delivered and received aggression, gender, and social-psychological adjustment in preschool: "This white crayon doesn't work…". Early childhood research quarterly, 19: 355-371.

OVERMIER J B, 2002. On learned helplessness. Integrative physiological & behavioral science, 37: 4-8.

OWENS S, DRIFFILL L, 2008. How to change attitudes and behaviors in the context of energy. Energy policy, 36(12): 4412-4418.

OXMAN T E, BERKMAN L F, 1990. Assessment of social relationships in elderly patients. The international journal of psychiatry in medicine, 20(1): 65-84.

OWENS S G, BOWMAN C G, DILL C A, 2008. Overcoming procrastination: the effect of implementation intentions. Journal of applied social psychology, 38(2): 366-384.

PALEOLOGOU S, 2002. Happiness, democracy and socio-economic conditions: evidence from a difference GMM estimator. Journal of behavioral and experimental economics, 101: 101945.

PANG J, KEH H T, LI X P, MAHESWARAN D, 2017. "Every coin has two sides": the effects of dialectical thinking and attitudinal ambivalence on psychological discomfort and consumer choice. Journal of consumer psychology, 27(2): 218-230.

PARK N, HUEBNER E S, 2005. A cross-cultural study of the levels and correlates of life satisfaction among adolescents. Journal of cross-cultural psychology, 36(4): 444-456.

PARLEE M B, 1979. Psychology and women. Journal of women in culture and society, 5(1): 121-133.

PATRICK S, SELLS J N, GIORDANO F G, et al., 2007. Intimacy, differentiation, and personality variables as predictors of marital satisfaction. The family journal, 15(4): 359-367.

PAULSON R M, LORD C G, TAYLOR C A, et al., 2012. A matching hypothesis for the activity level of actions involved in attitude-behavior consistency. Social psychological and personality science, 3(1): 40-47.

PAYNE B K, GAWRONSKI B, 2010. A history of implicit social cognition: Where is it coming from? Where is it now? Where is it going? //GAWRONSKI B, PAYNE B K. Handbook of implicit social cognition: measurement, theory, and applications. New York: The Guilford Press: 1-15.

PENG K, NISBETT R E, 1996. Cross cultural similarities and differences in the understanding of physical causality. Proceedings of the seventh interdisciplinary conference on science and culture, Kentucky State University, Frankfurt, KY.

PENG K, NISBETT R E, 1999. Culture, dialectics, and reasoning about contradiction. American psychologist, 54(9): 741-754.

PENG K, NISBETT R E, 2000. Dialectical responses to questions on dialectical thinking. American psychologist, 55(9): 1067-1068.

PENG K, NISBETT R E, WONG N Y C, 1997. Validity problems comparing values across cultures and possible solutions. Psychological methods, 2(4): 329-344.

PENG K, 1997. Naive dialecticism and its effects on reasoning and judgment about contradiction. Ann Arbor, MI: University of Michigan.

PENNEBAKER J W, BEALL S K, 1986. Confronting a traumatic event: toward an understanding of inhibition and disease. Journal of abnormal psychology, 95(3): 274-281.

PENNEBAKER J W, COLDER M, SHARP L K, 1990. Accelerating the coping process. Journal of personality and social psychology, 58(3): 528-537.

PENNEBAKER J W, O'HEERON R C, 1984. Confiding in others and illness rate among spouses of suicide and accidental-death victims. Journal of abnormal psychology, 93(4): 473-476.

PENNER L A, 2002. Dispositional and organizational influences on sustained volunteerism: an interactionist perspective. Journal of social issues, 58(3): 447-467.

PETERS L H, HARTKE D D, POHLMANN J T, 1985. Fiedler's contingency theory of leadership: an application of the meta-analysis procedures of Schmidt and Hunter. Psychological bulletin, 97(2): 274-285.

PETERSON C, BOSSIO L M, 2001. Optimism and physical well-being//CHANG E C. Optimism & pessimism: Implications for theory, research, and practice. New York: American Psychological Association: 127-145.

PETERSON C, MAIER S F, SELIGMAN M E P, 1993. Learned helplessness: a theory for the age of personal control. New York: Oxford University Press.

PETERSON C, SELIGMAN M E, VAILLANT G E, 1988. Pessimistic explanatory style is a risk factor for physical illness: a thirty-five-year longitudinal study. Journal of personality and social psychology, 55(1): 23-27.

PETTIGREW T F. Intergroup contact theory. Annual review of psychology, 1998, 49(1): 65-85.

PETTY R E, BRIÑOL P, TORMALA Z L, 2002. Thought confidence as a determinant of persuasion: the self-validation hypothesis. Journal of personality and social psychology, 82: 722-741.

PETTY R E, CACIOPPO J T, 1977. Forewarning, cognitive responding, and resistance to persuasion. Journal of personality and social psychology, 35(9): 645-655.

PETTY R E, CACIOPPO J T, HAUGTVEDT C P, 1992. Ego-involvement and persuasion: an appreciative look at the Sherif's contribution to the study of self-relevance and attitude change//GRANBERG D, SARUP G. Social judgment and intergroup relations: essays in honor of Muzafer Sherif. New York: Springer: 147-174.

PETTY R E, CACIOPPO J T, PETTY R E, et al., 1986. The elaboration likelihood model of persuasion. New York: Springer.

PETTY R E, HARKINS S G, WILLIAMS K D, et al., 1977. The effects of group size on cognitive effort and evaluation. Personality and social psychology bulletin, 3(4): 579-582.

PHILLIPS M L, LADOUCEUR C D, DREVETS W C, 2008. A neural model of voluntary and automatic emotion regulation: implications for understanding the pathophysiology and neurodevelopment of bipolar disorder. Molecular psychiatry, 13(9): 829-833.

PINTO L H, VIEIRA B P, FERNANDES T M, 2020. "Service with a piercing": does it (really) influence guests' perceptions of attraction, confidence and competence of hospitality receptionists? International journal of hospitality management, 86: 102-165.

PLOMIN R, DANIELS D, 1987. Why are children in the same family so different from one another? Behavioral and brain sciences, 10(1): 1-16.

POLLOCK C, KANACHOWSKI A, 1993. Application of theories of decision making to group decision support systems (GDSS). International journal of human-computer interaction, 5(1): 71-94.

POSNER M I, SNYDER C R, DAVIDSON B J, 1980. Attention and the detection of signals. Journal of experimental psychology, 109(2): 160-174.

POSTMES T, SPEARS R, SAKHEL K, et al., 2001. Social influence in computer-mediated communication: the effects of anonymity on group behavior. Personality and social psychology bulletin, 27(10): 1243-1254.

POSTMES T, SPEARS R, 1998. Deindividuation and antinormative behavior: a meta-analysis. Psychological bulletin, 123(3): 238-259.

PRESTON S D, DE WAAL F B M, 2002. Empathy: its ultimate and proximate bases. Behavioral and brain sciences, 25(1): 1-20.

PRICE-WILLIAMS D R, 1975. Explorations in cross-cultural psychology. [S. l.]: Chandler & Sharp.

PRATT D D, 1991. Conceptions of self within China and the United States: contrasting foundations for adult education. International journal of intercultural relations, 15(3): 285-310.

PRIESTER J R, PETTY R E, 2001. Extending the bases of subjective attitudinal ambivalence: interpersonal and intrapersonal antecedents of evaluative tension. Journal of personality and social psychology, 80(1): 19-34.

PRIESTER J R, PETTY R E, 1996. The gradual threshold model of ambivalence: relating the positive and negative bases of attitudes to subjective ambivalence. Journal of personality and social psychology, 71(3): 431-449.

RASCHKE H J, 1977. Family structure, family happiness, and their effect on college students' personal and social adjustment. Conciliation courts review, 15(2): 30-33.

RATTRIE L T B, KITTLER M G, PAUL K I, 2020. Culture, burnout, and engagement: a meta-analysis on national cultural values as moderators in JD-R theory. Applied psychology, 69(1): 176-220.

REGAN D T, 1971. Effects of a favor and liking on compliance. Journal of experimental social psychology, 7(6): 627-639.

REGAN J W, 1971. Guilt, perceived injustice, and altruistic behavior. Journal of personality and social psychology, 18(1): 124-132.

RENNER B, KNOLL N, SCHWARZER R, 2000. Age and body make a difference in optimistic health beliefs and nutrition behaviors. International journal of behavioral medicine, 7: 143-159.

RENNER M J, MACKIN R S, 1998. A life stress instrument for classroom use. Teaching of psychology, 25(1): 46-48.

RHEE E, ULEMAN J S, LEE H K, ROMAN R J, 1995. Spontaneous self-descriptions and ethnic identities in individualistic and collectivistic cultures. Journal of personality and social psychology, 69(1): 142-152.

RHODEWALT F, SALTZMAN A T, WITTMER J, 1984. Self-handicapping among competitive athletes: the role of practice in self-esteem protection. Basic and applied social psychology, 5(3): 197-209.

RICHARDSON D R, HAMMOCK G S, SMITH S M, et al., 1994. Empathy as a cognitive inhibitor of interpersonal aggression. Aggressive behavior, 20(4): 275-289.

RIDGEWAY C L, 1983. The dynamics of small groups. New York: St. Martin's.

RIDING R J, ASHMORE J, 1980. Verbaliser-imager learning style and children's recall of information presented in pictorial versus written form. Educational studies, 6(2): 141-145.

RODGERS J, PENG K, WANG L, HOU Y B, 2004. Dialectical self-esteem and east west differences in psychological wellbeing. Journal of personality and social psychology, 30(11): 1416-1432.

RODRIGUES P, HÉBERT M, PHILIBERT M, 2023. Neighborhood social support and social participation as predictors of dating violence. Journal of interpersonal violence, 38(13-14): 8400-8421.

ROGELBERG S G, BARNES-FARRELL J L, LOWE C A, 1992. The stepladder technique: an alternative group structure facilitating effective group decision making. Journal of applied psychology, 77(5): 730-737.

ROTHBAUM F, TSANG B Y P,1998. Lovesongs in the United States and China: on the nature of romantic love. Journal of cross-cultural psychology, 29(2): 306-319.

ROTHMAN A J, SALOVEY P, ANTONE C, et al., 1993. The influence of message framing on intentions to perform health behaviors. Journal of experimental social psychology, 29(5): 408-433.

ROTHMAN A J, SALOVEY P, 1997. Shaping perceptions to motivate healthy behavior: the role of message framing. Psychological bulletin, 121(1): 3-19.

ROTHMAN A J, 2000. Toward a theory-based analysis of behavioral maintenance. Health psychology, 19(1S): 64-69.

ROSS M, SICOLY F, 1979. Egocentric biases in availability and attribution. Journal of personality and social psychology, 37(3): 322-336.

RUTH B, 2019. Assessment of mindfulness by self-report. Current opinion in psychology, 28: 42-48.

RUSBULT C E, KUMASHIRO M, KUBACKA K E, et al., 2009. " The part of me that you bring out": ideal similarity and the Michelangelo phenomenon. Journal of personality and social psychology, 96(1): 61-82.

SABATELLI R M, SHEHAN C L, 1993. Exchange and resource theories//BOSS P G, DOHERTY W J, LAROSSA R, SCHUMM W R, STEINMETZ S K. Sourcebook of family theories and methods: a contextual approach. Boston, MA: Springer: 385-417.

SALANCIK G R, CONWAY M, 1975. Attitude inferences from salient and relevant cognitive content about behavior. Journal of personality and social psychology, 32(5): 829-840.

SALEEM M, ANDERSON C A, GENTILE D A, 2012. Effects of prosocial, neutral, and violent video games on children's helpful and hurtful behaviors. Aggressive behavior, 38(4): 281-287.

SALEH B, BRYAN F, LAURA M, ABDULAH B, 2018. Does mindfulness enhance the beneficial outcomes that accrue to employees with proactive personalities? Current psychology, 40: 475-484.

SALOVEY P, ROTHMAN A J, DETWEILER J B, et al., 2000. Emotional states and physical health.

American psychologist, 55(1): 110-121.

SANDERS A F, 1983. Towards a model of stress and human performance. Acta psychologica, 53(1): 61-97.

SANDERS G S, 1981. Driven by distraction: an integrative review of social facilitation theory and research. Journal of experimental social psychology, 17(3): 227-251.

SANDERS G S, BARON R S, 1975. The motivating effects of distraction on task performance. Journal of personality and social psychology, 32(6): 956-963.

SANTOS H C, VARNUM M E W, GROSSMANN I, 2017. Global increases in individualism. Psychological science, 28(9): 1228-1239.

SATOW K L, 1975. Social approval and helping. Journal of experimental social psychology, 11(6): 501-509.

SATPUTE A B, NOOK E C, NARAYANAN S, et al., 2016. Emotions in "black and white" or shades of gray? How we think about emotion shapes our perception and neural representation of emotion. Psychological science, 27(11): 1428-1442.

SAVITSKY K, GILOVICH T, 2003. The illusion of transparency and the alleviation of speech anxiety. Journal of experimental social psychology, 39(6): 618-625.

SASTRY J, ROSS C E, 1998. Asian ethnicity and the sense of personal control. Social psychology quarterly, 61(2): 101-120.

SCHACHTER S, SINGER J, 1962. Cognitive, social, and physiological determinants of emotional state. Psychological review, 69(5): 379-399.

SCHACHTER S, 1959. The psychology of affiliation: experimental studies of the sources of gregariousness. Redwood City, CA: Stanford University Press.

SCHACTER D L, ADDIS D R, 2007. The optimistic brain. Nature neuroscience, 10(11): 1345-1347.

SCHACTER D L, KASZNIAK A W, KIHLSTROM J F, et al., 1991. The relation between source memory and aging. Psychology and aging, 6(4): 559-568.

SCHEIER M F, BRIDGES M W, 1995. Person variables and health: personality predispositions and acute psychological states as shared determinants for disease. Psychosomatic medicine, 57(3): 255-268.

SCHINOFF B S, ASHFORTH B E, CORLEY K G, 2020. Virtually (in) separable: the centrality of relational cadence in the formation of virtual multiplex relationships. Academy of management journal, 63(5): 1395-1424.

SCHLENKER B R, WEIGOLD M F, 1992. Interpersonal processes involving impression regulation and management. Annual review of psychology, 43: 133-168.

SCHMITT D P, ALLIK J, 2005. Simultaneous administration of the Rosenberg Self-Esteem Scale in 53 nations: exploring the universal and culture-specific features of global self-esteem. Journal of personality and social psychology, 89(4): 623-642.

SCHULZ R, 1976. Effects of control and predictability on the physical and psychological well-being of the institutionalized aged. Journal of personality and social psychology, 33(5): 563-573.

SCHUMAN H, SCOTT J, 1989. Generations and collective memories. American sociological review,54(3): 359-381.

SCHWARZER R, LIPPKE S, LUSZCZYNSKA A, 2011. Mechanisms of health behavior change in persons with chronic illness or disability: the Health Action Process Approach (HAPA). Rehabilitation psychology, 56(3): 161-170.

SCHWARZWALD J, BIZMAN A, RAZ M, 1983. The foot-in-the-door paradigm: effects of second request size on donation probability and donor generosity. Personality and social psychology bulletin, 9(3): 443-450.

SCHWARTZ S H, GOTTLIEB A, 1980. Participation in a bystander intervention experiment and subsequent everyday helping: ethical considerations. Journal of experimental social psychology, 16(2): 161-171.

SEARS D O, 1983. The person-positivity bias. Journal of personality and social psychology, 44(2): 233-250.

SELYE H, 1956. Endocrine reactions during stress. Anesthesia & analgesia, 35(3): 182-193.

SELYE H, 1976. Forty years of stress research: principal remaining problems and misconceptions. Canadian medical association journal, 115(1): 53-56.

SENÉCAL C, 1995. Self-regulation and. The journal of social psychology, 135(5): 607-619.

SENÉCAL C, KOESTNER R, VALLERAND R J, 1995. Self-regulation and academic procrastination. The journal of social psychology, 135(5): 607-619.

SETOH P, LEE K J J, ZHANG L, et al., 2019. Racial categorization predicts implicit racial bias in preschool children. Child development, 90(1): 162-179.

SEZER O, GINO F, NORTON M I, 2018. Humblebragging: a distinct-and ineffective-self-presentation strategy. Journal of personality and social psychology, 114(1): 52-74.

SHANAB M E, YAHYA K A, 1977. A behavioral study of obedience in children. Journal of personality and social psychology, 35(7): 530-536.

SHAVER P, HAZAN C, 1987. Being lonely, falling in love. Journal of social behavior and personality, 2(2): 105-124.

SHAW M E, 1981. Group dynamics: the psychology of small group behavior. New York: McGraw-Hill Book Companies.

SHERIDAN C L, RADMACHER S A, 1992. Health psychology: challenging the biomedical model. New York: John Wiley & Sons.

SHWEDER R A, BOURNE E J, 1982. Does the concept of the person vary cross-culturally?//MARSELLA A J, WHITE G M. Cultural conceptions of mental health and therapy. Dordrecht, Netherlands: Springer: 97-137.

SHWEDER R A, HAIDT J, HORTON R, JOSEPH C, 2008. The cultural psychology of the emotions: ancient and renewed//LEWIS M, HAVILAND-JONES J M, BARRETT L. F. Handbook of emotions. 3rd ed. New York: The Guilford Press: 409-427.

SHWEDER R A, SULLIVAN M A, 1993. Cultural psychology: who needs it? Annual review of psychology, 44(1): 497-523.

SHERROD D R, DOWNS R, 1974. Environmental determinants of altruism: the effects of stimulus overload and perceived control on helping. Journal of experimental social psychology, 10(5): 468-479.

SHERIF M, SHERIF C W, 1965. The adolescent in his group in its setting: I. theoretical approach and methodology required//SHERIF M, SHERIF C W. Problems of youth: transition to adulthood in a changing world. Chicago: Aldine: 265-294.

SIBLEY C G, DUCKITT J, 2008. Personality and prejudice: a meta-analysis and theoretical review. Personality and social psychology review, 12(3): 248-279.

SIGALL H, OSTROVE N, 1975. Beautiful but dangerous: effects of offender attractiveness and nature of the crime on juridic judgment. Journal of personality and social psychology, 31(3): 410-414.

SILVER L, DUBLIN C C, LOURIE R S, 1969. Does violence breed violence? Contributions from a study of the child abuse syndrome. The American journal of psychiatry, 126(3): 404-407.

SIME J D, 1984. Escape behavior in fires: panic or affiliation. Guildford, UK: University of Surrey.

SMIRNOVA M O, MECKES S J, LANCASTER C L, 2022. The protective effects of perceived cohesion on the mental health of first responder. Psychological services, 19: 23-33.

SMITH V L, 1976. Experimental economics: induced value theory. The American economic review, 66(2): 274-279.

SMITH N, 2014. Justice through apologies: remorse, reform, and punishment. Cambridge, UK: Cambridge University Press.

SIMON H A, 1990. Invariants of human behavior. Annual review of psychology, 41(1): 1-20.

SIMON H A, NEWELL A, 1971. Human problem solving: the state of the theory in 1970. American psychologist, 26(2): 145-159.

SIMPSON S, MCCARREY M, HENRY P, 1987. Relationship of supervisors' sex-role stereotypes to performance evaluation of male and female subordinates in non-traditional jobs. Canadian journal of administrative sciences, 4(1): 15-30.

SINGELIS T M, 1994. The measurement of independent and interdependent self-construals. Personality and social psychology bulletin, 20(5): 580-591.

SINHA A K, 1986. Communication and rural development: the Indian scene. Gazette (Leiden, Netherlands), 38(1): 59-70.

SNYDER M, 1987. Public appearances, private realities: the psychology of self-monitoring. New York: Henry Holt & Company, Inc.

SNYDER M, CLARY E G, STUKAS A A, 1999. The functional approach to volunteerism//MAIO G R, OLSON J M. Why we evaluate. New York: Psychology Press: 377-406.

SNYDER M, DEBONO K G, 1985. Appeals to image and claims about quality: inderstanding the psychology of advertising. Journal of personality and social psychology, 49(3): 586-597.

SNYDER C R, LOPEZ S J, 2007. Positive psychology: the scientific and practical explorations of human strengths. London, UK: Sage Publications, Inc.

SOLANO C H, KOESTER N H, 1989. Loneliness and communication problems: subjective anxiety or objective skills? Personality and social psychology bulletin, 15(1): 126-133.

SPEARS R, 2011. Group identities: the social identity perspective//SCHWARTZ S J, LUYCKX K, VIGNOLES V L. Handbook of identity theory and research. New York: Springer: 201-224.

SPENCER L M, SPENCER P S M, 2008. Competence at Work models for superior performance. New York: John Wiley & Sons.

SPENCER S J, STEELE C M, QUINN D M, 1999. Stereotype threat and women's math performance. Journal of experimental social psychology, 35(1): 4-28.

SPIVEY C B, PRENTICE-DUNN S, 1990. Assessing the directionality of deindividuated behavior: effects of deindividuation, modeling, and private self-consciousness on aggressive and prosocial responses. Basic and applied social psychology, 11(4): 387-403.

SPIELBERGER C D, 1966. Anxiety and behavior. New York: Academic Press.

SPRECHER S, 2019. Does (Dis) similarity information about a new acquaintance lead to liking or repulsion? An experimental test of a classic social psychology issue. Social psychology quarterly, 82(3): 303-318.

STAJKOVIC A D, LUTHANS F, 1998. Self-efficacy and work-related performance: a meta-analysis. Psychological bulletin, 124(2): 240-261.

STASSER G, KERR N L, DAVIS G H, 1989. Influence processes and consensus models in decision-making groups//PAULUS P B. Psychology of group influence. 2nd ed. Mahwah, New Jersey: Lawrence Erlbaum Associates Publishers: 279-326.

STASSER G, STEWART D, 1992. Discovery of hidden profiles by decision-making groups: solving a problem versus making a judgment. Journal of personality and social psychology, 63(3): 426-434.

STAUB E, 2005. The roots of goodness: the fulfillment of basic human needs and the development of caring, helping and non-aggression, inclusive caring, moral courage, active bystandership, and altruism born of suffering. Nebraska symposium on motivation, 51: 33-72.

STEBBING T, 2011. A cybernetic view of biological growth: the Maia hypothesis. Cambridge, UK: Cambridge University Press.

STEELE C M, 1988. The psychology of self-affirmation: sustaining the integrity of the self. Advances in experimental social psychology, 21: 261-302.

STEPHAN F F, MISHLER E G, 1952. The distribution of participation in small groups: an exponential approximation. American sociological review, 17(5): 598-608.

STERNBERG R J, 1986. A triangular theory of love. Psychological review, 93(2): 119-135.

STETS J E, FARES P, KUSHIDA M, BLOOM Q, LEE J, 2022. Family arrangements, identity verification, and happiness. Social science research, 108: 102771.

STOGDILL R M, 1974. Handbook of leadership: a survey of theory and research. [S. l.]: Free Press.

STORBECK J, CLORE G L, 2008. The affective regulation of cognitive priming. Emotion, 8(2): 208-215.

STRAUS M, 1980. Victims and aggressors in marital violence. American behavioral scientist, 23(5): 681-704.

STROEBE K, SPEARS R, LODEWIJKX H F M, 2007. Contrasting and integrating social identity and interdependence approaches to intergroup discrimination in the minimal group paradigm// HEWSTONE M, SCHUT H A W, DE WIT J B F, VAN DEN BOS K, STROEBE M S. The scope of social psychology: theory and applications. Hove, East Sussex, UK: Psychology Press: 173-190.

STRUBE M J, GARCIA J E, 1981. A meta-analytic investigation of Fiedler's contingency model of leadership effectiveness. Psychological bulletin, 90(2): 307-321.

SU H, COSTANZO L A, LANGE K, GHOBADIAN A, HITT M A, IRELAND R D, 2022. How does guanxi shape entrepreneurial behavior? The case of family businesses in China. British journal of management, 1: 1-25.

SUH E M, 2002. Culture, identity consistency, and subjective well-being. Journal of personality and social psychology, 83(6): 1378-1391.

SUN P, YANG Z, JIANG H, CHEN W, XU M, 2023. Filial piety and meaning in life among late adolescents: a moderated mediation model. Children and youth services review, 147: 106837.

SWEENEY JR J W, 1973. An experimental investigation of the free-rider problem. Social science research, 2(3): 277-292.

SZNYCER D, AL-SHAWAF L, BEREBY-MEYER Y, et al., 2017. Cross-cultural regularities in the cognitive architecture of pride. Proceedings of the National Academy of Sciences, 114(8): 1874-1879.

TAJFEL H, TURNER J C, 1986. The social identity theory of intergroup behavior// WORCHEL S, AUSTIN W G. Psychology of intergroup relations. Chicago: Nelson Hall: 7-24.

TAJFEL H, TURNER J C, 2004. The social identity theory of intergroup behavior//MULDOON O, LIU J. Political psychology. New York: Psychology Press: 276-293.

TAJFEL H, TURNER J, 2001. An integrative theory of intergroup conflict//HOGG M A, ABRAMS D. Intergroup relations: Essential readings. New York: Psychology Press: 94-109.

TAN C H Y, 2021. The effects of group decision-making on social preferences: an experimental study. Journal of economic behavior organization, 190: 134-153.

TANG L, LUO X, YU W, HUANG Y, 2020. The effect of political participation and village support on farmers happiness. Chinese journal of political science, 25(4): 639-661.

TANG S, KOVAL C Z, LARRICK R P, HARRIS L, 2020. The morality of organization versus organized members: organizations are attributed more control and responsibility for negative outcomes than are equivalent members. Journal of personality and social psychology, 119(4): 901-919.

TANG Y, NEWMAN L S, HUANG L, 2014. How people react to social-psychological accounts of wrongdoing: the moderating effects of culture. Journal of cross-cultural psychology, 45(5): 752-763.

TANNEN D, 1994. Gender and discourse. New York: Oxford University Press.

TAYLOR D W, BERRY P C, BLOCK C H, 1958. Does group participation when using brainstorming facilitate or inhibit creative thinking? Administrative science quarterly, 3: 23-47.

TAYLOR S E, 1990. Health psychology: the science and the field. American psychologist, 45(1): 40-50.

TAYLOR S E, KLEIN L C, LEWIS B P, et al., 2000. Biobehavioral responses to stress in females: tend-and-befriend, not fight-or-flight. Psychological review, 107(3): 411-429.

TAYLOR S E, LICHTMAN R R, WOOD J V, 1984. Attributions, beliefs about control, and adjustment to breast cancer. Journal of personality and social psychology, 46(3): 489-502.

TAYLOR S E, PEPLAU L A, SEARS D O, 2004. Social psychology.10th ed. Upper Saddle River, NJ: Prentice Hall.

TAYLOR S E, BROWN J D, 1988. Illusion and well-being: a social psychological perspective on mental health. Psychological bulletin, 103(2): 193-210.

TAYLOR S E, BROWN J D, 1994. Positive illusions and well-being revisited: separating fact from fiction. Psychological bulletin, 116(1): 21-27.

TENNEY E R, LOGG J M, MOORE D A, 2015. (Too) optimistic about optimism: the belief that optimism improves performance. Journal of personality and social psychology, 108(3): 377-399.

TESSER A, 1993. The importance of heritability in psychological research: the case of attitudes. Psychological review, 100(1): 129-142.

THIBAUT J W, 2017. The social psychology of groups. London, UK: Routledge.

THIBAUT J W, KELLEY H H, 1959. The social psychology of groups. New York: John Wiley & Sons, Inc.

THOITS P A, 1995. Stress, coping, and social support processes: Where are we? What next? Journal of health and social behavior, Spec(extra issue): 53-79.

THOITS P A, 1982. Conceptual, methodological, and theoretical problems in studying social support as a buffer against life stress. Journal of health and social behavior, 23(2): 145-159.

THOMPSON J K, 1991. Body shape preferences: effects of instructional protocol and level of eating disturbance. International journal of eating disorders, 10(2): 193-198.

THOMPSON M M, ZANNA M P, 1995. The conflicted individual: personality-based and domain specific antecedents of ambivalent social attitudes. Journal of personality, 63(2): 259-288.

THOMPSON W C, COWAN C L, ROSENHAN D L, 1980. Focus of attention mediates the impact of negative affect on altruism. Journal of personality and social psychology, 38(2): 291-300.

TOCH H, 1980. Toward an interdisciplinary approach to criminal violence. Journal of criminal law and criminology, 71(4): 646-653.

TODOROV A, SAID C P, ENGELL A D, et al., 2008. Understanding evaluation of faces on social dimensions. Trends in cognitive sciences, 12(12): 455-460.

TOI M, BATSON C D, 1982. More evidence that empathy is a source of altruistic motivation. Journal of personality and social psychology, 43(2): 281-292.

TORMALA Z L, DESENSI V L, 2008. The perceived informational basis of attitudes: implications for subjective ambivalence. Personality and social psychology bulletin, 34(2): 275-287.

TOULMIN S, 1980. Toward reintegration: an agenda for psychology's second century// KASCHAU R A, KESSEL F S. Psychology and society: in search of symbiosis. Nueva York: Holt, Rinehart & Winston.

TOWNSEND J M, LEVY G D, 1990. Effects of potential partners' physical attractiveness and socioeconomic status on sexuality and partner selection. Archives of sexual behavior, 19: 149-164.

TRACY J L, MATSUMOTO D, 2008. The spontaneous expression of pride and shame: evidence for biologically innate nonverbal displays. Proceedings of the National Academy of Sciences of the United States of America, 105(33): 11655-11660.

TRACY J L, ROBINS R W, 2008. The automaticity of emotion recognition. Emotion, 8(1): 81-95.

TRAFIMOW D, TRIANDIS H C, GOTO S G, 1991. Some tests of the distinction between the private self and the collective self. Journal of personality and social psychology, 60(5): 649-655.

TRIANDIS H C, 1984. A theoretical framework for the more efficient construction of culture assimilators. International Journal of intercultural relations, 8(3): 301-330.

TRIANDIS H C, 1989. The self and social behavior in differing cultural contexts. Psychological review, 96(3): 506-520.

TRIANDIS H C, 1972. The analysis of subjective culture. New York: John Wiley & Sons.

TRIANDIS H C, 1995. Individualism and collectivism. Boulder, CO: Westview Press.

TRIPLETT N, 1898. The dynamogenic factors in pacemaking and competition. The American journal of psychology, 9(4): 507-533.

TURKHEIMER E, 1998. Heritability and biological explanation. Psychological review, 105(4): 782-791.

TWENGE J M, CAMPBELL S M, 2008. Generational differences in psychological traits and their impact on the workplace. Journal of managerial psychology, 23(8): 862-877.

UCHINO B N, CACIOPPO J T, KIECOLT-GLASER J K, 1996. The relationship between social support and physiological processes: a review with emphasis on underlying mechanisms and implications for health. Psychological bulletin, 1996, 119(3): 488-531.

VALENTINE K A, LI N P, MELTZER A L, TSAI M H, 2019. Mate preferences for warmth-trustworthiness predict romantic attraction in the early stages of mate selection and satisfaction in ongoing relationships. Personality and social psychology bulletin, 46(2): 298-311.

VAN CLEEMPUT K, VANDEBOSCH H, PABIAN S, 2014. Personal characteristics and contextual factors that determine "helping", "joining in", and "doing nothing" when witnessing cyberbullying. Aggressive behavior, 40(5): 383-396.

VAN DER LINDEN M, 1988. The national integration of European working classes (1871 – 1914): exploring the causal configuration. International review of social history, 33(3): 285-311.

VAN DE VEN N, ARCHER A T M, ENGELEN B, 2019. More important and surprising actions of a moral exemplar trigger stronger admiration and inspiration. The Journal of social psychology, 159(4): 383-397.

VANGELISTI A L, DALY J A, RAE RUDNICK J, 1991. Making people feel guilty in conversations: Techniques and correlates. Human communication research, 18(1): 3-39.

VAN TILBURG T G, STEINMETZ S, STOLTE E, et al., 2021. Loneliness and mental health during the COVID-19 pandemic: a study among Dutch older adults. The journals of gerontology: Series B, 76(7): e249-e255.

VAN VEEN V, KRUG M K, SCHOOLER J W, et al., 2009. Neural activity predicts attitude change in cognitive dissonance. Nature neuroscience, 12(11): 1469-1474.

VAN ZALK M, DENISSEN J, 2015. Idiosyncratic versus social consensus approaches to personality: self-view, perceived, and peer-view similarity. Journal of personality and social psychology, 109(1): 121-141.

VITELL S J, DAVIS D L, 1990. The relationship between ethics and job satisfaction: an empirical investigation. Journal of business ethics, 9: 489-494.

VORAUER J D, RATNER R K, 1996. Who's going to make the first move? Pluralistic ignorance as an impediment to relationship formation. Journal of social and personal relationships, 13(4): 483-506.

VRIES B, 2021. Why visiting one's ageing mother is not enough: on filial duties to prevent and alleviate parental loneliness. Medicine, health care and philosophy, 24(1): 127-133.

VROOM V H, YETTON P W, 1973. Leadership and decision-making. Pittsburgh, PA: University of Pittsburgh Press.

WAGNER H J, WULLE I, MEERFELD N, et al., 1991. Characterization of a GABAergic population of interstitial amacrine cells in the teleost retina. Vision research, 31(9): 1489-1500.

WALLACE D S, PAULSON R M, LORD C G, et al., 2005. Which behaviors do attitudes predict? Meta-analyzing the effects of social pressure and perceived difficulty. Review of general psychology, 9(3): 214-227.

WALLERSTEIN I, 1974. The Modern World-System I Capitalist Agriculture and the Origins of the European World-Economy in the Sixteenth Century, With a New Prologue. Oakland, CA: University of California Press.

WALSTER E, ARONSON E, ABRAHAMS D, 1956. On increasing the persuasiveness of a low prestige communicator. Journal of experimental social psychology, 2(4): 325-342.

WANG D, CUI H, ZHOU F, 2005. Measuring the personality of Chinese: QZPS versus NEO PI R. Asian journal of social psychology, 8(1): 97-122.

WANG E S T, LIAO Y T, 2023. Contribution of internet celebrities? Self-disclosure to fan-perceived interpersonal attraction and enduring involvement. Computers in human behavior, 140: 107601.

WANG H Z, BATRA R, CHEN Z X, 2016. The moderating role of dialecticism in consumer responses to product information. Journal of consumer psychology, 26(3): 381-394.

WANG Q, CONWAY M A, HOU Y B, 2004. Is infantile amnesia a universal phenomenon: a cross cultural investigation. Cognitive science, 1: 123-235.

WANG T, LI H, JIANG T, 2023. Fighting cyberbullying with past: the buffering effect of nostalgia. Computers in human behavior, 139: 107518.

WANG Y, FARDOULY J, VARTANIAN L R, LEI L, 2019. Selfie-viewing and facial dissatisfaction among Chinese adolescents: a moderated mediation model of general attractiveness internalization and body appreciation. Body image, 30: 35-43.

WARACH B, JOSEPHS L, GORMAN B S, 2019. Are cheaters sexual hypocrites? Sexual hypocrisy, the self-serving bias, and personality style. Personality social psychology bulletin, 45(10): 1499-1511.

WATERMAN A S, 1986. The psychology of individualism. New York: Praeger.

WEFERS H, SCHWARZ C L, HERNÁNDEZ L, et al., 2022. Maternal ethnotheories about infants' ideal states in two cultures. Journal of cross-cultural psychology, 53(6): 002202212210967.

WEGNER D M, ZANAKOS S, 1994. Chronic thought suppression. Journal of personality, 62(4): 615-640.

WEIGEL R H, VERNON D T A, TOGNACCI L N, 1974. Specificity of the attitude as a determinant of attitude-behavior congruence. Journal of personality and social psychology, 30(6): 724-728.

WEINER B, 1980. A cognitive (attribution)-emotion-action model of motivated behavior: an analysis of judgments of help-giving. Journal of personality and social psychology, 39(2): 186.

WEISS R, 1975. Loneliness: The experience of emotional and social isolation. Cambridge, MA: The MIT Press.

WELDON E, GARGANO G M, 1988. Cognitive loafing: the effects of accountability and shared responsibility on cognitive effort. Personality and social psychology bulletin, 14(1): 159-171.

WEITEN W, LLOYD M A, 1997. Psychology applied to modern life. Pacific Grove, Calif: Brooks/Cole

Publishing.

WHITE G L, 1981. Some correlates of romantic jealousy 1. Journal of personality, 49(2): 129-145.

WHITE G L, HELBICK R M, 1988. Understanding and treating jealousy//Treatment of sexual problems in individual and couples' therapy. Boston, MA: PMA Publishing: 245-265.

WHITTAKER J O, MEADE R D, 1967. Social pressure in the modification and distortion of judgment. A cross-cultural study. International journal of psychology, 2(2): 109-113.

WHITTAKER S, 2003. Theories and methods in mediated communication//GRAESSER A C, GERNSBACHER M A, GOLDMAN S R. Handbook of discourse processes. Mahwah, New Jersey: Lawrence Erlbaum Associates Publishers: 243-286.

WILLIAMS E, DINGLE G A, JETTEN J, ROWAN C, 2019. Identification with arts-based groups improves mental wellbeing in adults with chronic mental health conditions. Journal of applied social psychology, 49(1): 15-26.

WILLIAMS K D, KARAU S J, BOURGEOIS M J, 1993. Working on collective tasks: social loafing and social compensation//HOGG M A, ABRAMS D. Group motivation: social psychological perspectives. New York: Harvester Wheatsheaf: 130-148.

WILLIAMS K D, NIDA S A, BACA L D, et al., 1989. Social loafing and swimming: effects of identifiability on individual and relay performance of intercollegiate swimmers. Basic and applied social psychology, 10(1): 73-81.

WILSON T D, LINDSEY S, SCHOOLER T Y, 2000. A model of dual attitudes. Psychological review, 107(1): 101-126.

WILSON T D, LINVILLE P W, 1985. Improving the performance of college freshmen with attributional techniques. Journal of personality and social psychology, 49(1): 287-293.

WILSON D S, SOBER E, 1998. Multilevel selection and the return of group-level functionalism. Behavioral and brain sciences, 21(2): 305-306.

WORD C O, ZANNA M P, COOPER J, 1974. The nonverbal mediation of self-fulfilling prophecies in interracial interaction. Journal of experimental social psychology, 10(2): 109-120.

WORRINGHAM C J, MESSICK D M, 1983. Social facilitation of running: An unobtrusive study. Journal of social psychology, 121(1): 23-29.

WRIGHT P H, 1982. Men's friendships, women's friendships and the alleged inferiority of the latter. Sex roles, 8: 1-20.

WRIGHT P H, 1984. Self-referent motivation and the intrinsic quality of friendship. Journal of social and personal relationships, 1(1): 115-130.

XU Q, ARMSTRONG C L, 2019. Selfies at the 2016 Rio Olympics: comparing self-representations of male and female athletes from the U.S. and China. Journal of broadcasting electronic media, 63(2): 322-338.

YANG K S, 1986. Chinese personality and its change//BOND M H. The psychology of the Chinese people. New York: Oxford University Press: 106-170.

YARDI S, BOYD D, 2010. Dynamic debates: an analysis of group polarization over time on twitter. Bulletin of science technology society, 30(5): 316-327.

YETES J F, ZHU Y, RONIS D L, et al., 1989. Probability judgment accuracy: China, Japan, and the United States. Organizational behavior and human decision processes, 43(2): 145-171.

YONG J C, TAN Y W, LI N P, MELTZER A L, 2022. Looks and status are still essential: testing the mate preference priority model with the profile-based experimental paradigm. Journal of personality, 90(6): 821-845.

YUKL G, FALBE C M, 1991. Importance of different power sources in downward and lateral relations. Journal of applied psychology, 76(3): 416-423.

YUKL G, KIM H, CHAVEZ C, 1999. Task importance, feasibility, and agent influence behavior as determinants of target commitment. Journal of applied psychology, 84: 137-143.

ZACCARO S J, FOTI R J, KENNY D A, 1991. Self-monitoring and trait-based variance in leadership: an investigation of leader flexibility across multiple group situations. Journal of applied psychology, 76(2): 308-315.

ZAJONC R B, 1965. Social facilitation. Science, 149: 269-274.

ZAJONC R B, 1968. Attitudinal effects of mere exposure. Journal of personality and social psychology, 9(2): 1-27.

ZAKI J, MITCHELL J P, 2011. Equitable decision making is associated with neural markers of intrinsic value. Proceedings of the National Academy of Sciences, 108(49): 19761-19766.

ZAKI J, SCHIRMER J, MITCHELL J P, 2011. Social influence modulates the neural computation of value. Psychological science, 22(7): 894-900.

ZANDER A, 1977. Groups at work. San Francisco: Jossey-Bass.

ZEBROWITZ L A, MCDONALD S M, 1991. The impact of litigants' baby-facedness and attractiveness on adjudications in small claims courts. Law and human behavior, 15: 603-623.

ZHANG L, WANG H, LEE A J, et al., 2019. Chinese and UK participants' preferences for physical attractiveness and social status in potential mates. Royal society open science, 6(11): 181243.

ZHANG Y, HAN Y L, 2019. Paradoxical leader behavior in long-term corporate development: antecedents and consequences. Organizational behavior and human decision processes, 155: 42-54.

ZHAO Y, CHU X, RONG K, 2023. Cyberbullying experience and bystander behavior in cyberbullying incidents: the serial mediating roles of perceived incident severity and empathy. Computers in human behavior, 138: 107484.

ZHOU X, HE L, YANG Q, et al., 2012. Control deprivation and styles of thinking. Journal of personality and social psychology, 102(3): 460-478.

ZHU Y, QI J, ZHANG J, 2004. Self-face identification in Chinese students. Acta Psychologica Sinica, 36(4): 442-447.

ZILLMANN D, 1972. Rhetorical elicitation of agreement in persuasion. Journal of personality and social psychology, 21(2): 159-165.

ZILLMANN D, PAULUS P B, 1993. Spectators: Reactions to sports events and effects on athletic performance//SINGER R N, HAUSENBLAS H A, JANELLE C M. Handbook of research on sport psychology. New York: John Wiley & Sons: 600-619.

ZILLMANN D, KATCHER A H, MILAVSKY B, 1972. Excitation transfer from physical exercise to subsequent aggressive behavior. Journal of experimental social psychology, 8(3): 247-259.

ZIMBARDO P, EBBESEN E B, 1970. Influencing attitudes and changing behavior: a basic introduction to relevant methodology, theory, and applications. Boston, MA: Addison-Wesley.

ZVI J B, 2015. The meaning connection between mindfulness and happiness. The journal of humanistic counseling, 54(3): 221-235.